HET NIEUWE

puber brein

binnenstebuiten

Huub Nelis & Yvonne van Sark

HET NIEUWE puber brein binnenstebuiten

WAT BEWEEGT JONGEREN EN HOE KRIJG JE ZE IN BEWEGING?

KOSM•S

Kosmos Uitgevers, Utrecht/Antwerpen

KOSMOS

www.kosmosuitgevers.nl
kosmos.uitgevers
kosmosuitgevers

Kosmos Uitgevers vindt het belangrijk om op milieuvriendelijke en verantwoorde wijze met natuurlijke bronnen om te gaan. Bij de productie van het papieren boek van deze titel is daarom gebruikgemaakt van papier waarvan het zeker is dat de productie niet tot bosvernietiging heeft geleid. Ook is het papier 100% chloor- en zwavelvrij gebleekt.

Tweede druk, juli 2019

Vormgeving en omslagontwerp: Veronique van Campen, Studio Veer
Foto auteurs: André Bakker (www.andrebakker.com)

ISBN 978 90 215 6891 1
ISBN e-book 978 90 215 6892 8
NUR 847

www.youngworks.nl

Inhoud

Voorwoord

De puberteit was een periode die ik bij mijn eigen kinderen graag had overgeslagen. In de puberteit brengen de hersenen de productie van de geslachtshormonen op gang. Die hormonen werken in op het lichaam en de hersenen van de puber en zorgen voor enorme gedragsveranderingen. Dat is te begrijpen, want de functie van alle hersengebieden verandert door de geslachtshormonen, van het voorste deel van de hersenschors (de prefrontale cortex) tot in het ruggenmerg. Pubers hebben niet alleen een onrijp brein, zij moeten ook nog eens plotseling leren omgaan met een totaal anders functionerend brein. En dat is niet gemakkelijk, noch voor henzelf, noch voor de ouders, de school en de buurt. Toch heeft het pubergedrag, biologisch gezien, zin. Pubers worden klaargemaakt voor de voortplanting. En het pubergedrag met het afzetten tegen de ouders, het gezin en de eigen omgeving en het zoeken naar avontuur, voorkomt dat de voortplanting in de eigen kring zal plaatsvinden. Zij moeten het eigen nest dus verlaten, en daarbij hoort het zoeken naar nieuwe ervaringen, het nemen van grote risico's zonder enige angst en impulsief, soms agressief gedrag. Ouders doen hun uiterste best het onrijpe brein van hun kinderen te vervangen door het stellen van regels, door het kind uit zijn bed te halen en aan het huiswerk te zetten, maar dat werkt vaak alleen maar averechts. Pubers denken alleen aan gevolgen van hun gedrag op zeer korte termijn en ze zijn tijdens de risicovolle keuzes ongevoelig voor straf. Dat komt door de onrijpe prefrontale cortex. Hierdoor is er ook een verhoogde kans op het misbruik van verslavende middelen die aan het onrijpe puberbrein permanente schade kunnen aanrichten. Gelukkig is de consumptie van alcohol, tabak en drugs bij minderjarigen gedaald de afgelopen jaren, hoewel incidenten als comazuipen nog altijd veel voorkomen. De kans op ontremd, antisociaal, agressief en crimineel gedrag neemt ook toe. Er zijn ook hersenziekten waarvan de basis al gelegd is in de baarmoeder die opeens tot uiting komen in de puberteit, onder invloed van de werking van de geslachtshormonen op de hersenen, zoals schizofrenie. Het begin van eetstoornissen zoals anorexia nervosa heeft bij meisjes ook een piek rond de veertien jaar. Maar we moeten niet vergeten dat adolescenten juist door deze eigenschappen ook steeds weer zorgen voor de broodnodige vernieuwing van onze maatschappij. Overigens rijpen de hersenen van meisjes zo'n twee jaar eerder dan die van jongens, en dat zie je ook terug in hun betere prestaties op de middelbare school en op de universiteit.

Je krijgt soms het idee dat problemen door de puberteit iets van deze tijd zijn. Niets is minder waar, zoals blijkt uit de klacht van de filosoof Sokrates (5e eeuw v.Chr.): *'Onze jeugd heeft tegenwoordig een sterke hang naar luxe, heeft slechte manieren, minachting voor het gezag en geen eerbied voor ouderen. Ze geven de voorkeur aan kletspraatjes in plaats van training ... Jonge mensen staan niet meer op als een oudere de kamer binnen komt. Zij spreken hun ouders tegen, houden niet hun mond in gezelschap, ... en tiranniseren hun leraren.'* Het is natuurlijk wel zo dat iedere tijd zijn eigen problematiek rondom de puberteit meebrengt. Daarom is het goed dat Youngworks, wiens core business al meer dan twintig jaar jongerencommunicatie is, zich in deze problematiek verdiept heeft. Hiervoor zijn de auteurs van dit boek, Huub Nelis en Yvonne van Sark, het puberbrein ingedoken. Ze laten de woelige wereld van de puber zien in al zijn aspecten, belichten op een zeer toegankelijke manier de achtergronden van zijn doen en laten vanuit vele disciplines en komen met adviezen om de problematiek hanteerbaar te maken. Voor hen die ondanks al deze informatie toch midden in de heftige problemen van de puberteit blijven zitten is er één troost: ook de puberteit gaat eens vanzelf over!

Prof. Dr. D. F. Swaab

Dick Swaab is emeritus hoogleraar in de neurobiologie aan de Universiteit van Amsterdam en was tot 2005 directeur van het Nederlands Instituut voor Hersenonderzoek van de Koninklijke Nederlandse Akademie van Wetenschappen. Momenteel leidt hij een onderzoeksteam aan het Nederlands Herseninstituut en is hij hoogleraar aan de Zhejiang Universiteit in China. Dick Swaab geniet grote internationale bekendheid als hersenonderzoeker, mede door zijn boeken Wij zijn ons brein *en* Ons creatieve brein.

0.
Inleiding

Voorgoed anders kijken

Voorgoed anders kijken

'Alles wat je in die periode meemaakt, lijkt je leven te veranderen: de muziek die je dan hoort, de eerste liefde, je eerste gebroken hart. (...) Je beseft niet dat er nog genoeg liefdes en gebroken harten zullen volgen. Als je in de twintig bent zoals ik nu, kun je dat zien. Maar niet op het moment zelf, dan ontbreekt het perspectief.'[1]

Lykke Li (Zweedse songwriter, 21)

Al meer dan twintig jaar volgen wij jongeren en adviseren wij klanten hoe zij kunnen communiceren met deze uitdagende en veelzijdige doelgroep. Daarin kijken we steeds vanuit een wisselend perspectief. Je kunt op zoveel manieren naar ze kijken: hoe zijn ze als potentiële schoolverlater, als folderbezorger of hamburgerverkoper, als klant, als leerling, als nieuwe collega, als buurjongen of buurmeisje, als zoon of dochter, als gesprekspartner? Het blijven dezelfde jongens en meiden. De essentiële vraag is: hoe weet je wat ze echt bezighoudt en hoe dring je tot ze door? En, als je dat weet, wat kun je dan met die kennis? Veel mensen vragen zich vooral af hoe je jongeren in beweging krijgt, hoe je ze motiveert en zorgt dat ze geen gekke dingen doen.
Al die vragen hebben we in dit boek als uitgangspunt genomen. Het is geschreven voor iedereen die ermee worstelt. Als ouder of als professional die met jongeren te maken heeft, zoals docenten, marketeers, jongerenwerkers en beleidsmakers. Door met jongeren te praten, onderzoeken uit te voeren, trends te monitoren en campagnes en trainingen te ontwikkelen, hebben we in de loop van de tijd veel kennis, cases en anekdotes verzameld, die we in dit boek graag willen delen.

Toen tien jaar geleden de eerste versie van ons boek uitkwam, was de kennis rond het puberbrein nog heel nieuw. Wetenschappers kwamen met eerste artikelen en de voornaamste inzichten sijpelden algauw door naar de media en het bredere publiek. De boodschap dat jongeren nog geen volwassen brein hebben en dat we ze dus ook niet als zodanig moeten behandelen, haakte aan bij de dagelijkse bevindingen van veel opvoeders. Terugkijkend over de afgelopen tien jaar kunnen we gerust stellen dat we heel anders zijn gaan kijken naar en denken over jongeren en jongvolwassenen. Overheden zijn strenger geworden; denk aan NIX18 of aan coffeeshops in de buurt van scholen die moesten sluiten. Scholen begeleiden jongeren intensiever; denk aan het terugdringen van vroegtijdig schoolverlaten maar ook aan de intensivering van loopbaanoriëntatie en leerlingbegeleiding. En ouders laten jongeren minder 'los', maar kijken actief mee met de leervorderingen van

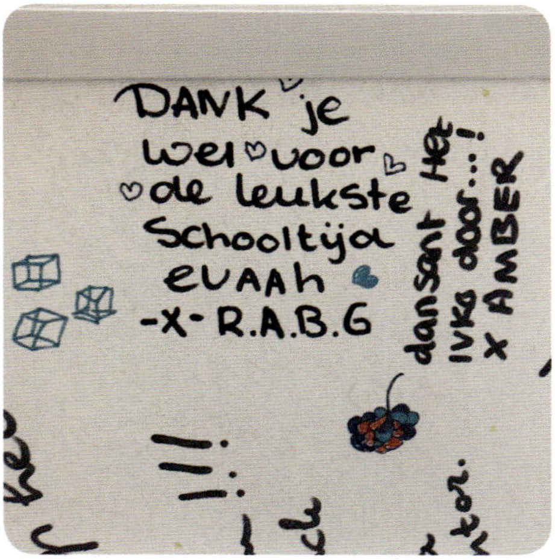

hun kind en bezoeken massaal open dagen om samen met hun kind een vervolgopleiding te kiezen.

Dit alles heeft, zoals we in deze vernieuwde uitgave zullen laten zien, zijn beslag op de jonge generatie van nu. De jeugd weerspiegelt immers de maatschappij waarin ze opgroeit. Jongeren beginnen later met genotmiddelen als alcohol en drugs en verlaten vaker met diploma een opleiding. Ze veroorzaken minder overlast voor andere bewoners. Ze beginnen zélfs steeds later aan seks. Grafieken over 'onverstandig gedrag' tonen een dalende lijn. Sommige deskundigen vragen zich zelfs af of deze generatie niet een beetje braaf is geworden.

HET PUBERBREIN ONTWIKKELT DOOR TOT 25 JAAR

Hoewel de term 'puberteit' meestal wordt gebruikt om de periode tussen pakweg twaalf en zestien jaar aan te duiden, volgen we in dit boek jongeren tussen hun 10e en 25e levensjaar. We gebruiken 'puberbrein' als metafoor voor wat er in jongeren omgaat, om te laten zien dat de hersenen tot het 25e levensjaar nog doorontwikkelen.[2]
Veel thema's die de revue passeren spelen weliswaar tijdens de tienerleeftijd in de meest heftige vorm. Maar we zullen ook zien dat bepaalde eigenschappen die we vooral aan pubers toeschrijven, nog doorwerken totdat jongeren zo'n 25 jaar zijn.

'DE JONGEREN' ALS DOELGROEP

Het is altijd gevaarlijk om een heel diverse doelgroep te beschrijven als 'jongeren'. We zijn ons ervan bewust dat we in dit boek soms enorm generaliseren. De processen die we beschrijven raken alle jongeren tussen 12 en 24 jaar; de uitwerking op hun gedrag verschilt per persoon. Om dat binnen het bestek van één boek te doen, praten we over jongeren, waar we oneindig veel subtielere indelingen kunnen maken, in leeftijden, opleidingsniveaus en sociale achtergronden, in waarden en motivaties.[3] We hebben gezocht naar algemene wetmatigheden en verklaringen. Dan blijken er volop overeenkomsten te bestaan tussen de 16-jarige vmbo-leerling uit Emmen en de 16-jarige vwo-leerling uit Rotterdam-zuid.

JONG = DE NORM

Goed kijken naar jongeren is heel relevant in het licht van twee opvallende ontwikkelingen uit de laatste dertig jaar. Allereerst is de jeugdcultuur de dominante cultuur in onze samenleving geworden. In mode en leefstijl proberen ouderen zo lang mogelijk jong te blijven. Jongerentrends, meestal bedacht door jonge mensen, zijn voor volwassenen een belangrijke inspiratiebron. Jong zijn is tot norm verheven en ouder (en wijzer) worden lijkt onaantrekkelijk. Ten tweede lijken jongeren steeds sneller volwassen te worden. *Kids Getting Older Younger*, noemen de Amerikanen dit fenomeen. Op jonge leeftijd weten pubers al dingen waar voorgaande generaties pas aan het eind van hun puberteit mee in aanraking kwamen. Ze wekken de indruk minder naïef te zijn en te weten wat er in de wereld te koop is. Ze vormen een ogenschijnlijk zelfverzekerde generatie, die alles weet van nieuwe media en technologie. Een generatie die op jonge leeftijd al meer kennis lijkt te hebben van seks, drugs en drank dan hun ouders. Alles duidt erop dat er voor het eerst in eeuwen een nieuw soort jongeren rondloopt.

GEEF ZE DE RUIMTE?

Het gevolg is dat volwassenen onzeker worden in hun rol als opvoeders en begeleiders. Wie zijn zij om deze nieuwe generatie bij te sturen, grenzen te stellen en te begeleiden? De waarde van ervaring is in deze tijd snel afgenomen. Net als de kloof tussen kinderen en hun ouders.

In de twintigste eeuw verdween het autoritaire opvoedmodel naar de achtergrond. In het gros van de Nederlandse gezinnen kreeg het onderhandelingshuishouden vorm. Hierbij krijgen kinderen meer vrijheid en verantwoordelijkheid, om zichzelf te ontwikkelen en eigen keuzes te maken. Opvoeders en begeleiders nemen meer afstand want, zo is de redenering, jongeren moeten vanaf de puberteit steeds meer ruimte krijgen. De afgelopen twintig jaar is dit vertaald in nieuwe vormen van onderwijs: zelfstandiger leren, meer eigen keuzes. De mythe dat de huidige pubers met al deze vrijheid goed kunnen omgaan, heeft postgevat in de hoofden van de veertigplussers die het beleid bepalen, het onderwijs inrichten en hun eigen pubers opvoeden. De laatste jaren klonk echter steeds vaker kritiek door op deze gedachte. Leggen we niet te veel vrijheid bij jongeren neer? Kunnen ze wel omgaan met al die verantwoordelijkheid?

BIJ TWAALF BEGINT HET PAS!

Het risico is namelijk dat we jongeren overschatten. Voor de goede orde: pubers zijn door de jaren heen in de basis helemaal niet veranderd: ze kunnen een heleboel dingen nog niet aan en hebben dezelfde onzekerheden als alle pubers voor hen. Natuurlijk, de vorm is heel anders. Ze kunnen 24 uur per dag online, ze hebben veel meer te besteden dan hun ouders indertijd en meer vrijheid dan de generaties voor hen. Maar ook pubers van nu moeten zich sociaal ontwikkelen door dingen te ervaren. Ook al bekijken sommige jongens van dertien nu regelmatig pornosites, ze vinden het nog steeds eng om hand in hand te lopen met een meisje. En een meisje uit de tweede klas vmbo dat een spreekbeurt houdt over XTC, spreekt vermoedelijk niet uit eigen ervaring. Wie goed kijkt, ziet dat er in de opvoeding iets anders nodig is dan loslaten. Tot twaalf jaar moeten we kinderen goed begeleiden – en daarna nog

veel beter. Want dan beginnen jongeren aan een ontdekkingstocht op weg naar hun volwassen ik. Terwijl het lichaam de ene na de andere groeispurt maakt, de hormonen op alle fronten veranderingen in gang zetten en de hersenen sterk in ontwikkeling zijn, hebben pubers, misschien nog wel meer dan jongere kinderen, structuur en kaders nodig.
Meer duidelijkheid, meer grenzen. Het klinkt bijna als terug naar de jaren '50. Maar de samenleving is zo veranderd dat dit, voorzover al wenselijk, geen reële optie is. De hoge dynamiek en interactie, de toegenomen mondigheid, de culturele diversiteit, de interactieve media; het zijn allemaal ontwikkelingen die van invloed zijn en die in hevigheid alleen maar zullen toenemen. Binnen de context van een open samenleving die aan jongeren veel ruimte en mogelijkheden biedt, moeten we zoeken naar nieuwe wegen om jongeren grenzen en structuur te bieden.

KENNIS OVER HET BREIN

Ons menselijk brein is pas rond het 25e levensjaar volgroeid. Tot die tijd maakt dat brein allerlei ontwikkelingen door. Actuele inzichten uit de hersenwetenschappen werpen een geheel nieuw licht op het gedrag van jongeren. Toen wij zo'n tien jaar geleden bekend raakten met deze kennis over het brein, werden we direct gegrepen. Veel van die bevindingen sloten perfect aan op inzichten die wij zelf in ons werk hadden opgedaan: jongeren voelen zich vaak overvraagd. Ze willen meer kaders en sturing dan volwassenen vaak denken. De samenleving daarentegen biedt hun echter enorm veel vrijheid, keuzemogelijkheden en complexiteit. De actuele bevindingen over de hersenen van jongeren deden ons in feite nog beter begrijpen waaróm dit vaak niet aansluit op hun behoeften.
Dit boek is geschreven omdat we de opgedane inzichten graag willen delen met een breder publiek en we de beschikbare informatie over het puberbrein willen omzetten in praktische adviezen over hoe we moeten omgaan met jongeren. Wat hebben jongeren nodig? En hoe kunnen we ze optimaal prikkelen en begeleiden in deze zo cruciale levensfase?
Voor de duidelijkheid: wij zijn specialisten in jongerencommunicatie en geen hersenwetenschappers. Voor de kennis over het brein zijn we te rade gegaan bij een aantal hersenspecialisten, die ons in hun werk, hun publicaties en in gesprekken hebben laten zien

wat tot nu toe de neurologische inzichten zijn. Wij gaan een stap verder dan de hersenwetenschappers, door hun inzichten te vergelijken met onze praktische kennis over jongeren en deze door te vertalen naar een visie op verschillende terreinen. 'Puberbrein' is dus niet alleen een verwijzing naar de langzaam rijpende hersenen, maar ook een metafoor voor het inzicht in de ontwikkeling van jongeren.

JEUGD VAN TEGENWOORDIG

Volwassenen hebben altijd een mening gehad over 'de jeugd van tegenwoordig'. Ze fronsen hun wenkbrauwen over de verschillen met hun eigen jeugd en vragen zich af of het nog wel goed gaat met de jongste generatie. Ook in deze tijd zijn er alarmerende verhalen over comazuipen, cyberpesten, sexting en gameverslaving. Toch gaat het in die berichten meestal maar over een klein deel van de jeugd en hebben meestal niet meer dan 5 tot 10 procent van de jongeren ermee te maken. Over die andere 90 procent horen en zeggen we weinig. Hoe zit het eigenlijk met de gemiddelde puber, die niet in de goot, de gevangenis of een orgie terechtkomt? Wat maakt hij of zij mee op de weg van kindertijd naar volwassenheid? Dit boek zoomt niet in op risicojongeren of probleemjongeren. We willen het omdraaiden: veel inzichten die gelden voor jongeren in het algemeen zijn ongetwijfeld ook van toepassing op deze groep. Probleemjongeren zijn ook gewoon jongeren. We bieden met dit boek vanuit dit uitgangspunt graag nieuwe perspectieven voor de benadering van groepen met risicovol en problematisch gedrag.

Puberbrein Binnenstebuiten komt voort uit onze passie en fascinatie voor de jongeren-doelgroep. Toen de eerste editie van ons boek uitkwam, hadden we beiden kinderen in de basisschoolleeftijd. 'Wacht maar tot je zelf pubers hebt,' hoorden we dan ook regelmatig. Inmiddels hebben die kinderen voor een groot deel hun middelbare schooljaren al doorgeploeterd en hebben we ook als ouder volop ervaring opgedaan met het opvoeden van tieners en vele uitdagingen die daarbij passeren. Soms is dat ontnuchterend, vaak is het ook inspirerend. Maar bovenal heeft het een motivatie geboden om dit boek nog een keer uitgebreid te vernieuwen.
We hopen dat iedereen die zich verdiept in het puberbrein, voorgoed anders gaat kijken naar die slungelige, giebelende, roekeloze en dynamische jongeren.

DE FOTO'S IN DIT BOEK

Voor dit nieuwe boek hebben we een tiental jongeren gevraagd om instagram-foto's te maken van hun leven. Gewoon de snapshots die ze zo vaak naar elkaar sturen. Deze zien we terug in het hele boek: jongeren met verschillende achtergronden, van Groningen tot Limburg en van Amsterdam tot Haaksbergen, die foto's hebben gemaakt van hun vrienden, ouders, school, huiswerk, hun kamer, hun sport, hun computer, hun huisdier, hun bijbaantje, hun vakantie en hun scooter. De vluchtigheid van deze foto's zijn daarmee voor lange tijd vereeuwigd in dit boek. We bedanken alle jongeren die op deze manier een inkijkje geven in hun leven en in het leven van 'de puber' van dit moment.

LEESWIJZER

Nadat we in hoofdstuk 1 inzoomen op het proces dat jongeren tussen hun 10e en 25e levensjaar individueel doormaken, vertalen we het door naar de leefwerelden van jongeren. We kijken naar de invloed van opvoeding (hoofdstuk 2) en van de school (hoofdstuk 3). Naar de betekenis van de netwerken van jongeren onderling (hoofdstuk 4) en naar de wijze waarop ook andere partijen, zoals kerken, moskeeën of sportverenigingen, van invloed kunnen zijn op jongeren (hoofdstuk 5). Om af te sluiten met een hoofdstuk over media en de online laag die alle leefdomeinen beïnvloedt (hoofdstuk 6).

Vervolgens belichten we verschillende terreinen waar jongeren te maken krijgen met de samenleving, waar wij zelf op werkzaam zijn. We laten zien hoe vanuit verschillende achtergronden en doelstellingen, geprobeerd wordt door te dringen tot het puberbrein: de invloed van voorlichters en marketeers (hoofdstuk 7), studie- en beroepskeuze (hoofdstuk 8) de intrede op de arbeidsmarkt (hoofdstuk 9) en de manieren waarop jongeren betrokken zijn bij maatschappelijke organisaties en de politiek (hoofdstuk 10).

Sterre (15 jaar) Lieveren, 3 havo

1.
Het puberbrein

De ontwikkeling van jongeren

Iedereen die in zijn directe omgeving met jongeren te maken heeft, weet welke enorme sprongen zij maken tussen hun tiende en hun vijfentwintigste levensjaar. Uiterlijke veranderingen springen natuurlijk direct in het oog. Maar ook vanbinnen spelen zich razendsnel allerlei ontwikkelingen af. In dit hoofdstuk belichten we dit ontwikkelingsproces dat elke jongere op zijn of haar manier doorloopt. Van groeistuipen tot gierende hormonen en communicerende hersendelen.

'Hoe meer we over deze unieke fase te weten komen, hoe beter we begrijpen dat de puberteit juist een zeer nuttige aanpassingsperiode is. Er gebeuren precies die dingen die je op dat moment nodig hebt.'
(B.J. Casey, hersenwetenschapper van Yale University)[1]

1.1 Drie sporen

In dit hoofdstuk beschrijven we de ontwikkeling van jongeren tussen hun tiende en hun vijfentwintigste jaar. We zien hierbij drie wegen, die tegelijk worden bewandeld en elkaar ook beïnvloeden: de lichamelijke ontwikkeling (de puberteit), de cognitieve ontwikkeling (de groei van het denkvermogen) en de sociaal-emotionele ontwikkeling (verantwoordelijk voor het inzicht in jezelf en in anderen). Eeuwenlang dachten we dat het brein aan het eind van de kindertijd wel zo'n beetje klaar was en daarna alleen nog maar gevuld hoefde te worden met kennis. Lange tijd vond hersenonderzoek plaats door hersenen van dode mensen en hersenpatiënten te bestuderen. Door voortschrijdende technologie zijn we de laatste decennia veel te weten gekomen. Met de uitvinding van de MRI-scanner kunnen we bijvoorbeeld beelden maken van levende hersenen in actie. Hierdoor weten we dat de hersenen juist in de tienerjaren een enorme transformatie doormaken. Een transformatie die wel duurt tot pakweg het vijfentwintigste levensjaar.
De inzichten in het puberbrein ontwikkelen zich in snel tempo. Waar we enkele jaren geleden dachten dat de frontaalkwab achterbleef in het rijpingsproces en jongeren daardoor minder controle hadden over hun handelen en meer getriggerd werden door emoties, weten we inmiddels dat deze verklaring te simplistisch is. Afhankelijk van context en motivatie kunnen jongeren soms juist heel goed lange- en kortetermijndoelen bereiken, omdat hun frontaalkwab heel flexibel is. Als jongeren, en dat is cruciaal, het nut hier maar van inzien.[2]

OP REIS IN HET PUBERBREIN

We compliceren de zaak nog wat verder: de fysieke en de psychosociale ontwikkeling verlopen niet synchroon. Terwijl de geslachtsrijping al voltooid is, zijn jongeren sociaal-emotioneel en cognitief nog lang niet uitgegroeid. Tijdens ouderavonden vragen ouders ons dikwijls of ze zich zorgen moeten maken als hun 17-jarige zoon nog volop aan het puberen is. Het antwoord is nee. Een 17-jarige jongen kan misschien al heel zelfstandig overkomen (en zich ook zo voelen), maar zijn lichamelijke ontwikkeling kan verhullen dat hij zich sociaal-emotioneel nog volop aan het ontwikkelen is. Daarbij is het belangrijk te benadrukken dat geen twee jongeren hetzelfde zijn. Denk aan een meisje dat vroeg in de puberteit komt, maar cognitief een laatbloeier is, of een jongen die al op zijn elfde naar het vwo gaat, maar er op zijn zestiende nog steeds uitziet als een brugklasser.
Deze in alle opzichten ongelijkmatige ontwikkelingen (sociaal-emotioneel, cognitief én lichamelijk) vormen de essentie van het 'puberbrein'. Het verklaart het typische, onlogische en soms riskante pubergedrag dat volwassenen soms voor raadsels stelt. Kennis van dat ontwikkelproces kan heel verhelderend zijn voor al die volwassenen (ouders, docenten, jongerenwerkers, marketeers, beleidsmakers) die worstelen met de vraag hoe zij die ongrijpbare pubers kunnen bereiken en begeleiden.

TIENERS, JONGEREN, ADOLESCENTEN OF PUBERS?

- 'Tiener' is vooral een leeftijdsindicatie (de leeftijd van tien tot twintig jaar).
- De term 'jongere' kan van alles inhouden: de een noemt kinderen van twaalf tot tweeëntwintig jaar jongeren, de ander legt de grens bij dertig jaar. De ondergrens ligt meestal rond de leeftijd waarop kinderen naar de middelbare school gaan. Als het in dit boek over jongeren gaat, bedoelen wij de leeftijdsgroep van tien tot vijfentwintig jaar.
- Op het moment dat de geslachtsrijping begint, wordt een kind een 'puber'. De echte puberteit duurt gemiddeld drieënhalf jaar en eindigt als de geslachtsklieren volledig functioneren. In de praktijk betreft dit de periode van een jaar of twaalf (dertien bij jongens) tot een jaar of vijftien, zestien. Meisjes lopen in het begin van de puberteit één à twee jaar voor, maar zo rond hun achttiende hebben jongens deze achterstand weer ingehaald. De puberteit omvat de vroege en middenadolescentie.
- 'Adolescent' heten jongeren als ze grofweg tussen de tien en tweeëntwintig jaar zijn. De adolescentie beslaat de hele ontwikkelingsfase van kind tot volwassene en is weer onder te verdelen in vroege, midden- en late adolescentie.

1.2 Lichamelijke ontwikkeling

De periode tussen pakweg het tiende en zestiende levensjaar is er een van grote lichamelijke veranderingen, die enorme invloed hebben op de manier waarop jongeren zijn, doen, denken en voelen.[3] In deze paragraaf schetsen we wat er tijdens de puberteit allemaal in het lichaam gebeurt.
'Hormonen!' is het standaardantwoord op de vraag naar de oorsprong van al deze ontwikkelingen. Voor een deel is dat waar: de hersenen jagen een chemische cocktail van hormonen door het lichaam met een snelheid waar geen formule 1-coureur tegenop kan. De hypothalamus (het 'hormoonorgaan') geeft het startsignaal voor de puberteit door aan de hypofyse. De hypofyse is een klier midden in het hoofd, onder de hersenen, die hormonen aanmaakt: bij jongens gaat het om een grote hoeveelheid testosteron en bij meisjes vooral om oestrogeen. Deze geslachtshormonen veroorzaken de lichamelijke veranderingen, maar verklaren deels ook verschillen in gedrag tussen jongens en meisjes.

HET BEGINT

De puberteit begint met een jaar of tien, als de geslachtsrijping op gang komt. Jongens hebben rond een jaar of dertien hun eerste zaadlozing, bij meisjes begint meestal rond elf, twaalf jaar de menstruatie. Aanvankelijk is er uiterlijk nog weinig van te merken, totdat geslachtskenmerken als schaam- en okselhaar, groeiende borsten bij meisjes en een groter wordende penis bij jongens ontstaan. De verdeling van vet- en spierweefsel over het lichaam verandert: bij meisjes concentreert het vet zich rond heupen, billen en dijen, bij jongens rond het middel. Jongens kweken in deze tijd ook meer spieren dan meisjes. Verder ondergaan bij jongeren de bloedsomloop en de luchtwegen grote veranderingen, waardoor ze doorgaans gezegend zijn met een groot uithoudingsvermogen.[4]

GROEISPURT

De laatste verandering is een enorme groeispurt, zowel in lengte als in gewicht. Meestal groeien meisjes het snelst rond hun twaalfde en dertiende en jongens rond hun veertiende en vijftiende jaar. De handen en voeten zijn het eerst aan de beurt; daarom moeten pubers altijd eerst nieuwe schoenen hebben en daarna pas een langere broek. Het 'van buiten naar binnen'-principe geldt overal: eerst nemen de onderarmen en -benen in lengte toe, dan pas de bovenarmen en -benen. Daarna groeit de ruggengraat en als laatste groeien jongeren ook in de breedte: bij jongens neemt de schouderbreedte toe, bij meisjes de heupbreedte. De groeispurt duurt gemiddeld een jaar of vier. In die tijd groeien pubers zo snel (jongens tot wel 9 centimeter per jaar) dat hun hersenen het niet altijd kunnen bijhouden. Hun lengte verandert, maar ook hun zwaartepunt en balans verschuiven. Vandaar dat ze zo onhandig kunnen overkomen en overal tegenop lijken te botsen.

VERANDEREND GEZICHT

Als je foto's van jongeren tussen hun tiende en achttiende op een rij zet, zie je hoezeer ze veranderen in de structuur van hun gezicht. Jongens krijgen een mannelijker gezicht met een pregnantere kaaklijn, adamsappel en jukbeenderen, de vorm van het voorhoofd verandert, ze krijgen lichaamsbeharing en de 'baard in de keel'. Door langere stembanden en een groter strottenhoofd gaat hun stem gemiddeld wel een octaaf omlaag. Meisjes krijgen meer vrouwelijke gelaatstrekken en bijvoorbeeld vollere lippen. En dan hebben veel jongeren tijdelijk last van jeugdpuistjes, meisjes vaak op iets jongere leeftijd (veertien – achttien jaar) dan de jongens (zestien – negentien jaar). Maar liefst 85 procent van alle jongeren krijgt hiermee te maken. Gelukkig is het rond het vijfentwintigste levensjaar voor de meesten weer over.

'Kan je als je veertien bent nog mooier worden? Of moet je het dan doen met het gezicht dat je hebt voor de rest van je leven?' (Rafaela)[5]

VOLGROEIDE GESLACHTSKLIEREN

De puberteit is geen makkelijke fase. Jongeren kunnen heel onzeker raken over hun eigen lichaam en wat daar ineens allemaal op en aan groeit. Zeker als daar ook nog ongemakken als jeugdpuistjes bij komen. En dat terwijl jongeren juist in deze levensfase, met vlinders in hun buik en ontluikende seksuele verlangens, indruk willen maken op leeftijdgenoten. Rond een jaar of vijftien, zestien zijn de geslachtsklieren volledig ontwikkeld en zijn pubers lichamelijk volgroeid. De puberteit is dan 'klaar', tot opluchting van de puber én diens omgeving. Maar dat geldt zeker niet voor een andere factor die de groei van kind naar volwassene sterk beïnvloedt: de ontwikkeling van de hersenen en, daarmee gepaard, hun sociaal-emotionele ontwikkeling.

1.3 Sociaal-emotionele ontwikkeling

Jongeren ontwikkelen zich schoksgewijs als het gaat om het inzicht in zichzelf en in anderen, hun sociaal-emotionele ontwikkeling. We onderscheiden hierin de vroege adolescentie (10-14), de midden adolescentie (14-16) en de late adolescentie (16-22). In iedere fase gedragen jongeren zich anders en voelen ze zich ook heel verschillend. Dat heeft directe gevolgen voor de manier waarop ze omgaan met beslissingen en in hoeverre ze in staat zijn om te overzien wat bepaalde keuzes voor henzelf betekenen (de helicopterview). Het is belangrijk om te begrijpen wat jongeren in iedere fase aankunnen en in hoeverre we bepaalde verantwoordelijkheden van ze kunnen verwachten.

VROEGE ADOLESCENTIE: DE ONTLUIKENDE PUBER

Het begint meestal tussen groep 6 en groep 7: in één zomervakantie maakt de *Donald Duck* plaats voor de *Tina*, wordt Kate Perry 'stom', kan de Lego definitief de kast in en verandert het geknuffel op de bank in een nieuwe, onbegrepen afstandelijkheid. Grote schrik bij ouders: waar is hun basisschoolkind gebleven? Rond hun tiende levensjaar gaan veel kinderen een nieuwe fase in. Ze gaan anders doen, denken en voelen. Deze psychosociale ontwikkelingen verlopen volgens een vast patroon dat bestaat uit drie fases, al is niet iedere jongere op dezelfde leeftijd toe aan een volgende fase en kunnen de fases elkaar overlappen.

'Ik ga echt tien keer liever met mijn vriendinnen naar de bios dan met mijn ouders. Ze vragen nog wel eens of ik mee wil, maar dan verzin ik altijd een smoes. Ik wil echt niet dat mijn klasgenoten me daar met mijn ouders zien!'

(Evelien, 13 jaar)

FASE 1 10-14 JAAR: VROEGE ADOLESCENTEN

LEVEN IN HET HIER EN NU

ZIJN:
- maken zich los van hun ouders
- gaan nieuwe emotionele bindingen aan met leeftijdgenoten

DOEN:
- handelen impulsief (hier en nu)
- willen vooral niet opvallen, buiten de groep vallen

DENKEN/VOELEN:
- emotioneel gevoelig
- gevoelig voor groepsdruk

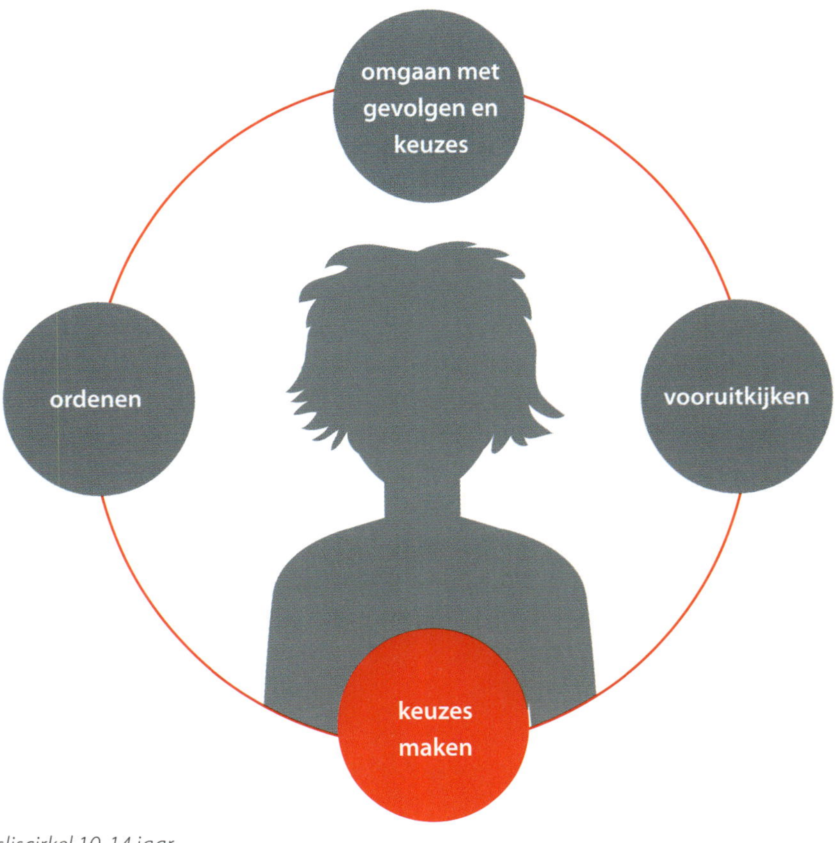

Besliscirkel 10-14 jaar

EEN NIEUW KOMPAS

'Je vader verandert van een held in een oude zak en je moeder van een warme haven in een theemuts,' schrijft Midas Dekkers in *De larf*.[6] Een van de eerste tekenen van de naderende revolutie is dat vroege adolescenten zich gaan losmaken van en afzetten tegen hun ouders. Voortaan varen ze op een nieuw kompas: dat van hun leeftijdgenoten. Tussen zes en twaalf jaar brengen kinderen al 40 procent van de tijd dat ze wakker zijn met leeftijdgenoten door.[7] Dit wordt nog meer als ze naar het voortgezet onderwijs gaan. 10- tot 14-jarigen willen het graag goed doen in de ogen van hun leeftijdgenoten: ze willen bij de groep horen en niet afwijken. Gaan alle klasgenoten na schooltijd voetballen op het pleintje in de buurt? Heeft iedereen een rugzak van Eastpak, of sneakers van Vans? Of een krat voorop de fiets? De vroege adolescent doet mee met de laatste hypes. Evolutionair gezien is deze conformistische opstelling heel logisch. Alle diersoorten, dus ook mensen, herkennen soortgenoten voornamelijk aan het uiterlijk. Als dat afwijkt, hebben ze grote kans om uit de groep gestoten te worden.[8]

LATER IS TE LAAT

Vroege adolescenten willen zelf bepalen wat ze doen, maar die keuzes zijn nog niet doordacht. Zoals we verderop zullen zien, zijn hun hersenen nog niet uitontwikkeld en hebben ze een overactief beloningscentrum. Daarom willen ze hun behoeften het liefst direct bevredigen: meteen dat nieuwe yoghurtdrankje proberen waar iedereen het over heeft, gelijk morgen naar de winkel om de nieuwste smartphone te bekijken die je oudere buurjongen ook heeft. Later is te laat. Van 'ordenen en vooruitkijken' is nog geen sprake. Bij keuzes overheerst de korte termijn en eventuele consequenties komen meestal als een verrassing. Een 13-jarige leeft in het hier en nu. Maar gaat er iets faliekant mis, dan zijn papa en mama gelukkig nog in de buurt om de scherven op te vegen.

Dramaqueens

Jongeren tussen de tien en veertien jaar reageren emotioneel bijzonder gevoelig op allerlei dingen. Ze kunnen zich ontpoppen tot ware *dramaqueens* en *-kings*. Hele scènes ontstaan rond issues als: mag ik die nieuwe laarzen meteen naar school aan? Hoeveel mag ik aan beltegoed uitgeven? Hoe laat moet ik 's avonds de computer uitzetten?

MIDDEN-ADOLESCENTIE: EEN EIGEN SMOEL

Tussen de veertien en zestien jaar is conformistisch gedrag niet langer voldoende om in de smaak te vallen bij leeftijdgenoten. Om erbij te horen moet je een beetje opvallen. Op zoek naar een echt eigen stijl gaan midden-adolescenten dan ook steeds meer experimenteren, allereerst op het gebied van uiterlijk. Het is geen uitzondering dat een 15-jarige zich gaandeweg ontwikkelt van hiphopper tot *fashionista*, twee uitersten op het spectrum van jongerenstijlen. Ook al zullen niet alle jongeren zich dergelijke stijlen toe-eigenen, uit angst uit de toon te vallen zullen ze zeker dingen uitproberen die ze eerder niet zouden hebben gedurfd, zoals een kleine tattoo of piercing, een gek kleurtje in het haar, een zelf vermaakt shirt of een opvallend statement op een schooltas.

FASE 2 14-16 JAAR: MIDDEN-ADOLESCENTEN

HET EXPERIMENT 'IK'

ZIJN:
- ontwikkelen een eigen 'ik'
- durven steeds meer af te wijken

DOEN:
- experimenteren met van alles
- nemen veel risico's

DENKEN/VOELEN:
- hebben veel stemmingswisselingen

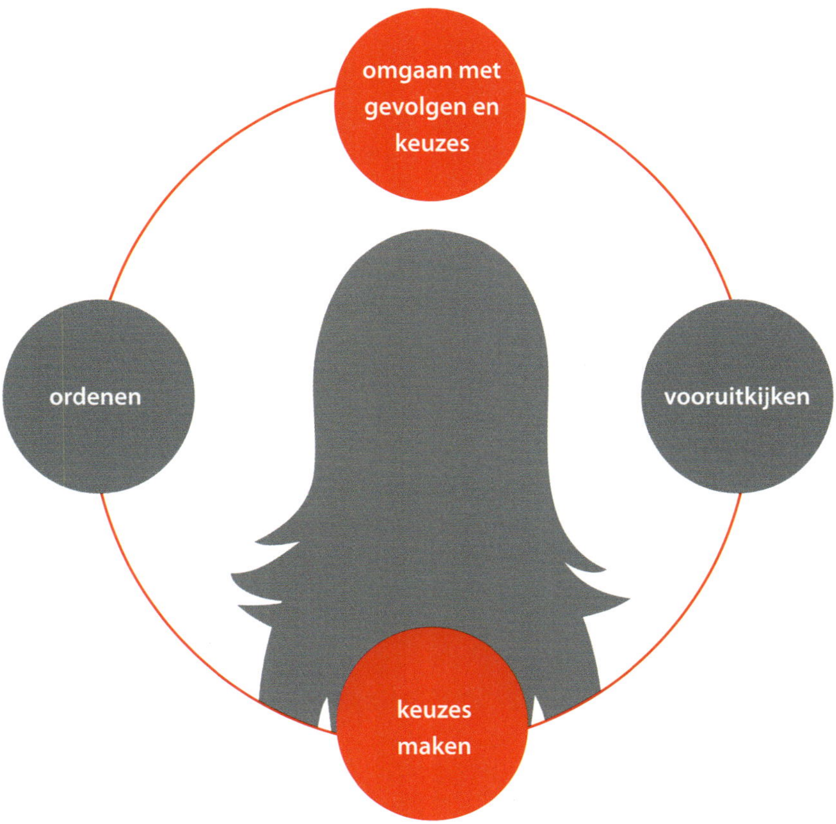

Besliscirkel 14-16 jaar

GAAN VOOR DE INSTANT KICK

Kenmerkend voor jongeren in deze fase is dat ze meer risico's gaan nemen. Dit zijn de jaren van het grenzen verleggen en uitproberen. Denk aan een eerste sigaret, aan experimenteren met lachgas, aan het plaatsen van je eerste zelfgemaakte filmpje op YouTube, aan skateboarden of het ritje in de nieuwste achtbaan. Jongeren willen van alles uitproberen. Ook al maken ze hun keuzes iets bewuster dan voorheen, van goed vooruitkijken en overzien wat de consequenties zijn, is meestal nog geen sprake. Ze gaan eerder voor de instant kick. Daarbij weten ze ook wel dat ze niet onsterfelijk zijn – jongeren zien heus wel gevaren – maar in situaties waarin ze iets kunnen krijgen dat ze graag willen hebben, telt de beloning simpelweg zwaarder dan voor volwassenen. En zo maken durfallen in deze leeftijd net een andere afweging.

'Ja stom, ik had geld geleend van een vriend, omdat mijn kleedgeld voor die maand op was en ik die nieuwe jas gewoon móést hebben. Maar ja, nu ben ik hem dus al maandenlang aan het afbetalen.' **(Eva, 15 jaar)**

PIEKEN EN DALEN

Jongeren tussen de veertien en zestien zijn emotioneel nog heel kwetsbaar. In tegenstelling tot een jaar of twee daarvoor, denken ze nu wél na over hun keuzes, maar erg rationeel gaat dat nog niet. Gevolgen kunnen ze nog niet goed inschatten, laat staan relativeren. Kijkt je beste vriendin je ineens met de nek aan omdat je over haar geroddeld zou hebben? Het is genoeg om een 15-jarige in diepe wanhoop te storten. Vreugde en verdriet volgen elkaar razendsnel op.

LATE ADOLESCENTEN: IK BEN IK

Jongeren tussen de 16 en 22 jaar zijn feitelijk geen pubers meer, maar late adolescenten (al herkennen de meeste jongeren die term niet). Een belangrijk kenmerk is dat hun zelfbewustzijn groeit. Ze richten zich meer naar binnen en krijgen een wat positiever beeld van zichzelf. Hun identiteit krijgt meer vorm en ze bezwijken steeds minder snel voor groepsdruk.

'Vroeger maakte het me echt niet uit. Dan stapte ik met mijn zatte kop gewoon weer op de scooter na een avondje stappen. Of ik reed gewoon met iemand mee die ook flink wat te veel op had, geen probleem. Maar tegenwoordig denk ik daar echt wel beter over na.' **(Bart, 20 jaar)**

FASE 3 16-22 JAAR: LATE ADOLESCENTEN

ONVERWACHT VOLWASSEN, ONVERWACHT ONVOLWASSEN

ZIJN:
- steeds zelfbewuster
- krijgen meer een eigen identiteit

DOEN:
- stellen zich verantwoordelijker op naar zichzelf en naar anderen
- minder gevoelig voor groepsdruk

DENKEN/VOELEN:
- denken verder vooruit
- zijn steeds beter in staat tot zelfreflectie
- vallen af en toe onverwacht even terug in onvolwassenheid (vaak in sociale situaties)
- motivatie verschuift van 'bij de peergroup horen' naar een eigen mening hebben en het eigen belang vooropstellen

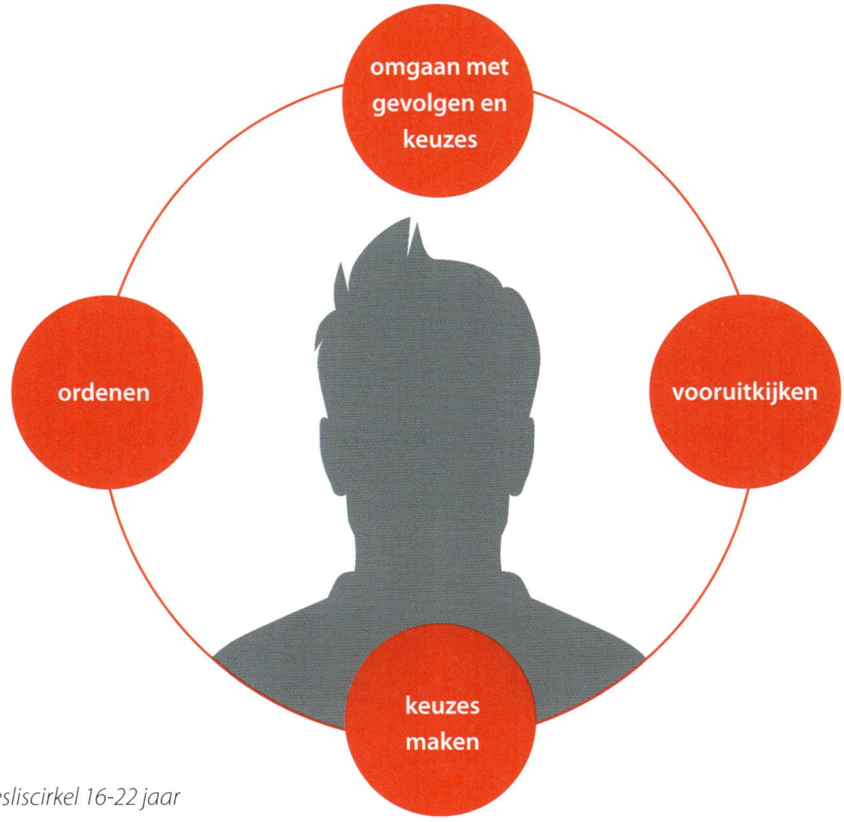

Besliscirkel 16-22 jaar

VERANTWOORDELIJKHEID NEMEN

Vanaf een jaar of zestien tonen jongeren meer verantwoordelijkheidsgevoel en denken ze verder vooruit. Ze moeten ook wel, want velen van hen gaan in deze periode op zichzelf wonen, gaan studeren of starten met hun eerste echte baan. Stel, een meisje heeft net een stapel huiswerk klaarliggen als haar mobiel gaat: of ze mee de stad in gaat, want de uitverkoop is vandaag begonnen. Als 14-jarige zou ze de verleiding niet hebben kunnen weerstaan en meteen met haar vriendinnen meegaan. Maar als 17-jarige denkt ze wel twee keer na, want ze weet dat ze voor biologie een dikke voldoende moet halen om nog voor de studie geneeskunde in aanmerking te komen. Dus ze slaat het aanbod af.

TOCH WEER EVEN PUBER

Late adolescenten zijn steeds beter in staat hun emoties en impulsen te beheersen en hun vermogen tot zelfreflectie neemt sterk toe. Maar ze zijn nog niet definitief de drempel naar de volwassenheid over, ook al denken ze misschien van wel. Vooral in nieuwe situaties of bij onverwachte consequenties laten al hun zekerheden hen soms plotseling in de steek. Een evenwichtige student kan veranderen in een onzekere puber als hij twee dagen na het behalen van zijn rijbewijs een aanrijding veroorzaakt. Een ijverige scholier in de ban van zijn eerste echte verliefdheid kan drie weken voor het examen zomaar zijn boeken in een hoek gooien. Een modelwerknemer kan zich verliezen in een nieuwe groep vrienden en ineens niet meer komen opdagen. Volwassenen kijken er met verbazing naar: dit was toch een stabiele jongere? Meestal wel, maar soms even niet. Daarvoor is het nog net een paar jaar te vroeg.

1.4 Ontwikkeling van de hersenen

'Zelfs het meest gemiddelde brein is volgens veel wetenschappers het meest complexe object in ons universum.'

(Frances E. Jensen, hoogleraar neurologie University of Pennsylvania)

Eeuwenlang dacht men dat het brein van de mens aan het einde van de kindertijd wel volgroeid was. Best logisch als je weet dat de hersenomvang van een kind van een jaar of zes al zo'n 95 procent bedraagt van die van een volwassen brein. Dan zou die 5 procent er in de resterende kinderjaren toch zeker wel snel bij groeien? En bovendien: er ontbreekt 'nog maar' 5 procent, dus mogen we van kinderen, en zeker van opgroeiende pubers, best wat verwachten!

Door voortschrijding van medische technologie weten we steeds meer over ons brein. Hoewel er ook nog veel mysteries blijven. In elk geval is de laatste vijftien jaar overtuigend aangetoond dat de hersenen van het tiende tot het vijfentwintigste levensjaar nog volop in ontwikkeling zijn.

Zoals we in de eerste levensjaren steeds soepeler hebben leren bewegen, zo wordt in de puberteit het denken steeds soepeler. Pas halverwege de twintig zijn de hersenen helemaal tot rijping gekomen, waarna ze zich een heel leven lang verder zullen blijven ontwikkelen, hoewel in een lager tempo.
Het duurt bij de menselijke soort jáđren om geslachtsrijp en volwassen te worden. Daarmee vertonen we volgens evolutionair bioloog Stephen Jay Gould sterke vormen van *neotonie*, het verschijnsel lang jong te blijven (van het Griekse *neo*: nieuw, jong en *tenein*: blijven). Onze hersenen krijgen alle tijd om tot hun volle omvang en potentie te komen en zo de intelligentie te bereiken die ons onderscheidt van andere diersoorten. Want we zijn flexibeler in ons gedrag dan al die primaten die zich nog altijd in tropische bossen en savannes ophouden. We leren ons steeds weer aan te passen aan nieuwe situaties en daarbij niet louter op instincten te vertrouwen. En als sociale wezens leren we ook volop met en van anderen.
Deze paragraaf belicht wat er in de bovenkamer van pubers in die adolescentie gebeurt en welke gevolgen dit heeft voor hun ontwikkeling.

BREINFEITEN

Hersenen ...

- wegen 1 tot 1,5 kilo;
- hebben een volume van zo'n 1,6 liter;
- hebben in totaal een oppervlakte van circa 1500 tot 2000 vierkante centimeter;
- bestaan uit meer dan honderd miljard zenuwcellen, die signalen aan elkaar doorgeven met een snelheid van meer dan 400 kilometer per uur;
- vormen 2 procent van het totale lichaamsvolume, maar gebruiken circa 20 procent van alle zuurstof die een mens inademt en zo'n 20 procent van al het bloed dat het hart door het lichaam pompt;
- bestaan uit 'grijze' (in werkelijkheid roze) en witte stof;
- bepalen de motoriek, zintuiglijke waarneming, het denken en de emoties;
- bestaan voor 80 procent uit water.

HOE WERKT EEN BREIN?

Het menselijk brein is een enorm complex systeem – het bestaat uit ongeveer honderd miljard neuronen (zenuwcellen) – dat vertelt wat er om je heen gebeurt. Je zintuigen bestoken je hersenen de hele dag door met informatie in de vorm van beelden, geluiden en geuren. Via je ruggenmerg en hersenstam vervoert je zenuwstelsel die signalen naar je brein, dat daarop weer razendsnel reageert met opdrachten aan het lichaam. Zo worden allerlei belangrijke processen in het lichaam geregeld, van biologische functies zoals ademhaling en hartslag, tot mentale functies zoals denken, emoties en motorische functies zoals beweging en evenwicht.

In je hersenen bevinden zich je herinneringen, je geheimen, je dromen, je wensen. Je hersenen zorgen ervoor dat je je ergens heel blij over kunt voelen, maar ook heel ellendig of bang.

VERSCHILLENDE HERSENDELEN

De hersenen bestaan uit verschillende hersendelen met elk verschillende functies. Vaak hebben we het over de grote hersenen (cerebrum), de kleine hersenen (cerebellum) en de hersenstam. De hersenstam zit helemaal aan de onderkant van de hersenen en verbindt deze met het ruggenmerg. Daarboven zit de hypothalamus, die onder meer slaap, seksueel gedrag, honger en dorst en de afgifte van hormonen reguleert. De amygdala is verantwoordelijk voor emoties. Feiten en informatie slaan we op in de hippocampus. Achter in de hersenen zit het cerebellum, dat informatie van de zintuigen integreert om bewegingen te coördineren. Dan is er de thalamus, die informatie filtert die via de zintuigen binnenkomt en deze doorgeeft aan de cortex.

De cortex of hersenschors – een soort gekreukte deken die de boven- en zijkant van de hersenen omhult – beslaat bij ons mensen ongeveer driekwart van de hersenen. Deze cortex is verdeeld in vier kwabben: de occipitale of achterhoofdskwab, de pariëtale of wandbeenkwab, de temporale of slaapkwab en de frontaalkwab.

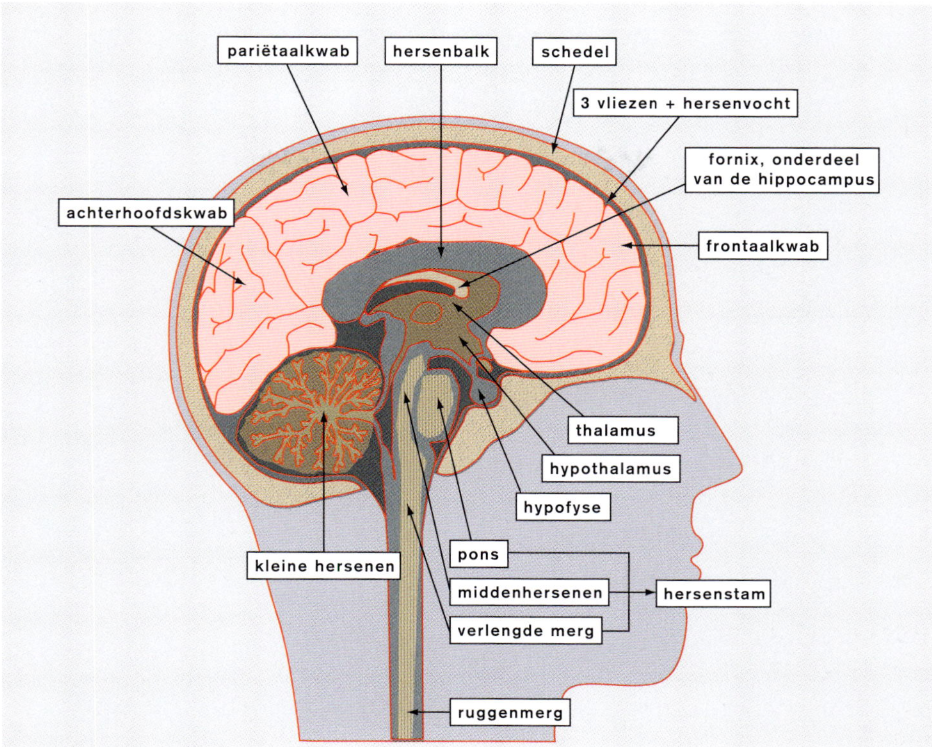

Sterk vereenvoudigde dwarsdoorsnede van de hersenen (illustratie Hersenstichting)

De eerste drie gebieden verwerken zintuiglijke informatie: visuele informatie (occipatale kwab), informatie via de zintuigen in je huid (pariëtale kwab) en informatie rondom gehoor, verbaal geheugen en taalfuncties (temporale kwab). De frontaalkwab ten slotte, en dan vooral de prefontale cortex die in het voorste deel van de frontaalkwab ligt, speelt een rol bij hogere executieve vaardigheden, een mix van vaardigheden die verdergaan dan routinematig handelen. Denk aan plannen en vooruitdenken, het beoordelen van en inspelen op complexe situaties of het bijsturen van gedrag.

UNDER CONSTRUCTION

Eigenlijk zijn de hersenen van jongeren continu *under construction*. Hoe dat verloopt, maken vooral MRI- en fMRI-scans inzichtelijk. MRI-scans geven een beeld van de hersenen op een bepaald moment, terwijl de meer geavanceerde fMRI-scan (een functionele MRI-scan) in opvolgende beelden laat zien welke hersendelen actief zijn. Als iemand in een MRI-scanner ligt wordt een magnetisch veld aangebracht rondom de hersenen, waarna radiostralen vervolgens signaleren welke hersengebieden meer doorbloed zijn met zuurstofrijk bloed. Zo kun je gericht zien welke hersendelen geactiveerd worden als mensen een bepaalde taak uitvoeren terwijl ze in de scanner liggen, zoals een spelletje spelen of reageren op vragen of op foto's. Onderzoeken met fMRI-scans hebben veel inzicht gegeven in hoe de hersenontwikkeling in de adolescentie verloopt.
Simpel gesteld groeien de hersenen van achteren naar voren. Al op jonge leeftijd ontwikkelen de motoriek, het gezichtsvermogen en de emotionele systemen zich. De

daarbij betrokken hersendelen liggen achter in de hersenen. Vervolgens rijpt het middelste deel, dat deze functies coördineert. Maar juist de voorste hersendelen, waar het controlecentrum zetelt, hebben dan nog een lange weg te gaan. En dat heeft grote consequenties voor het gedrag van pubers en adolescenten op allerlei gebieden.

DE BALANS TUSSEN RATIO EN EMOTIE

In de begintijd van het onderzoek naar de puberhersenen lag de nadruk op de onevenwichtigheid in de hersenontwikkeling. Gebieden die verantwoordelijk zijn voor impulsiviteit en verhoogde gevoeligheid voor beloning, en vooral voor sociale beloning, worden al vroeg in de adolescentie actiever. Gebieden die zorgen voor cognitieve processen, zoals het werkgeheugen en de prefrontale cortex, ontwikkelen zich geleidelijk aan.
Hersenwetenschappers focusten in eerste instantie sterk op het risicogedrag van jongeren en gingen vanuit de disbalans tussen deze twee hersennetwerken op zoek naar verklaringen voor risicovol gedrag in het verkeer of een ongezonde leefstijl. Met name de frontaalkwab die als laatste zou zijn 'uitgerijpt' werd vaak als verklaring benoemd voor risicogedrag bij jongeren. 'Sorry voor mijn gedrag, maar mijn frontaalkwab is nog niet af'. Met de verbreding van kennis over het puberbrein werd dit een veelgehoord excuus. Van jongeren zelf, maar ook van docenten of ouders.
Inmiddels weten we na zo'n vijftien jaar onderzoek dat het te simplistisch is om het brein van jongeren te zien als een 'onaf' volwassen brein dat bij voorbaat als excuus dient voor pubergedrag. Om te beginnen vertonen lang niet alle jongeren extreem risicogedrag. Verder blijkt uit experimenten dat de frontaalkwab van jongeren in sommige contexten juist actiever is dan die van volwassenen en dat emotionele en cognitieve hersenfuncties sterk met elkaar verbonden zijn. Het wordt steeds duidelijker dat het nemen van risico voor jongeren sterk sociaal gedreven is. Ronald Dahl van de University of California concludeert: 'Voor veel tieners schuilt het grootste risico eerder in onschuldige ervaringen, zoals opkomen voor een vriend, of iemand mee uit vragen. Een sociaal risico nemen: dat ligt het gevoeligst.'[9]
Wel is de impulscontrole in deze levensfase veel lager en hebben jongeren tegelijkertijd een overactief beloningscentrum. Dat leidt in combinatie soms wel degelijk tot risicovol gedrag. Niet omdat jongeren risico's niet goed kunnen inschatten, maar omdat in hun hersenen de beloning voor bepaald gedrag een grote kick veroorzaakt. Al betekent risicovol gedrag voor de een op zondagavond je wiskundeproefwerk van de volgende dag niet voorbereiden omdat het veel leuker is tot diep in de nacht te gamen. En gaat het voor anderen om bungeejumpen, vuurwerkbommen maken of stiekem pilsjes drinken. Het zijn allemaal kanten van dezelfde medaille. Biologisch gezien stimuleert de natuur dat jongeren in de fase dat ze geslachtsrijp worden, niet bang zijn voor nieuwe situaties - weg uit het vertrouwde nest van hun ouders - maar op zoek durven gaan naar bijvoorbeeld een partner. Daarvoor is het nodig dat risicobeleving een goed gevoel oplevert, anders zou iedereen altijd thuis blijven wonen.
Uiteindelijk kregen hersenonderzoekers als gevolg van meer data en verfijndere technologie een steeds completer en genuanceerder beeld van het brein-in-ontwikkeling. Vergelijk het met de camerafunctie van een smartphone die bij elke nieuwe versie nog scherpere en gedetailleerdere foto's maakt. De nieuwe inzichten veroorzaakten wederom een ommezwaai in het denken over jongeren: het puberbrein is niet onaf, het is juist optimaal toegerust voor

de behoeften en uitdagingen in de adolescentie. Want de hersensystemen die tieners aanzetten tot risico's, helpen ook om positieve risico's aan te gaan, zoals iets nieuws proberen op de eerste dag van je stage. En bovendien, je kunt focussen op alles wat jongeren 'nog niet' kunnen, maar je kunt het ook omdraaien en benoemen welke vaardigheden ze steeds beter onder de knie krijgen. Mits ze maar oefenen en hun kennis en vaardigheden gaan toepassen.

EEN TIME-OUT VOOR HET TESTOSTERON VAN JONGENS

De biologische basis voor het verschil tussen jongens en meisjes ligt voor een groot deel in de hormoonhuishouding en de hersenontwikkeling. Oestrogeen, het vrouwelijke hormoon, stimuleert onder andere de concentratie en naar binnen gerichtheid. Testosteron, het mannelijke hormoon, is er onder ander verantwoordelijk voor dat iemand snel kan reageren op dingen die rondom hem gebeuren (het signaleren van gevaar). Ook meisjes maken testosteron aan, maar in mindere mate en bij sommigen is dat meer dan bij anderen. Onderzoek laat zien dat adolescente meisjes met relatief weinig testosteron minder impulsief en angstiger zijn vergeleken met meisjes van dezelfde leeftijd die relatief veel testosteron aanmaken.[10]

Tussen hun achtste en achttiende jaar vertwintigvoudigt bij jongens de hoeveelheid testosteron. Dit is in het lijf van jongens een heel ingrijpend proces dat met horten en stoten verloopt. Het toegenomen testosteronniveau zorgt voor extra daadkracht en de neiging om problemen vooral impulsief en fysiek op te lossen. Als jongens bang, verdrietig of boos zijn, zullen ze eerder iets ondernemen dan dat ze stil in een hoekje gaan zitten. In stresssituaties maakt het lichaam namelijk adrenaline aan. Een hoge adrenalinespiegel veroorzaakt een angstgevoel, maar lichamelijke activiteit, bewegen, zorgt ervoor dat de adrenalinepiek (en dus de angst) weer afneemt. Andersom doet passiviteit de angst op zo'n moment toenemen.

De combinatie van veel testosteron en adrenaline kan bij jongens tot heftige reacties leiden. In stresssituaties is de biologische impuls van het lichaam: vechten, vluchten (wegrennen) of bevriezen (de actie slaat naar binnen), ook wel *fight, flight, freeze* genoemd. Jongens kiezen vaker voor de actie en kunnen dus bij een conflict in korte tijd heel boos of opgewonden raken. Maar zo'n uitval kan ook net zo snel weer verdwijnen. Op de piek van zo'n frustratiemoment heeft het weinig zin om een gedragsverandering te vragen: ze schreeuwen dan dingen of doen soms dingen die ze niet echt menen. Jongens hebben dan fysiek een time-out nodig, meestal duurt het een kwartiertje. Zodra ze even bewegen, weglopen van het conflict of op hun eigen kamer weer tot zichzelf kunnen komen, zakt de adrenaline heel snel. Bespreek het voorval pas na dat moment en maak dan eventueel afspraken voor een volgende keer. Op de piek van frustratie is het meestal onmogelijk om van jongens redelijkheid te verwachten. Geef testosteron gewoon een time-out.

EEN NETWERK VAN SNELWEGEN

De overdracht van informatie in de hersenen staat of valt met de verbindingen tussen hersencellen en de verbindingen tussen hersendelen. De ontwikkeling van het puberbrein kun je vergelijken met de geleidelijke groei van een wegennetwerk. Smalle konijnenpaadjes of kronkelweggetjes die eerst alleen nog te voet begaanbaar zijn, groeien als ze vaker gebruikt worden in de loop der jaren uit tot steeds bredere en gladdere wegen. Om naarmate ze nog vaker gebruikt worden te veranderen in geasfalteerde vierbaanswegen. Steeds sneller en met de kortste route komt het verkeer van A naar B.
Deze wegwerkzaamheden worden aangestuurd door een proces dat hersenwetenschappers *synaptic pruning* noemen. Om dit 'snoeiproces' ten volle te begrijpen, moeten we inzoomen tot op celniveau; tot de zenuwcellen of neuronen in het brein die onderling communiceren met elektrische signalen. Deze signalen verlopen via signaalstoffen die we neurotransmitters noemen. Via deze signalen regelt het brein allerlei processen, zoals je zicht of je geheugen. Deze cellen of neuronen werken als kleine batterijtjes die een stroompje produceren dat ze naar andere cellen geleiden via een lange uitloper, axon genoemd. Dit axon functioneert als het kabeltje van een koptelefoon: binnen zit een kern die stroom geleidt, eromheen een isolerend laagje bestaande uit myeline, een combinatie van vet en eiwit. De cellichamen van de zenuwcellen vormen de grijze stof in je brein, tegenover de verbindende axonen, die ook wel witte stof wordt genoemd. De grijze stof heeft de functie informatie te verwerken, de witte stof zorgt voor de communicatie.
Rond de leeftijd van zes jaar bevat het brein een maximum aan grijze cellen, om gestaag af te nemen in de adolescentie. Gelijktijdig neemt lineair de hoeveelheid witte stof toe. Dit snoei- en groeiproces loopt de hele adolescentie door. Zwakkere en ongebruikte cellen en verbindingen worden weggesnoeid, terwijl andere veelgebruikte cellen en verbindingen juist sterker worden. Deze cellen krijgen meer vertakkingen en de synapsen, de chemische verbindingspunten, worden groter en sterker.

UNIEKE EFFICIËNTIESLAG

Het brein is dus een vat vol mogelijkheden, klaar om zich te optimaliseren en aan te passen op basis van zintuiglijke input. Dat maakt dat elk brein zich op een unieke manier ontwikkelt. Je kunt je voorstellen dat het brein van een kind dat opgroeit in een stimulerend gezin met dagelijks toegang tot sport, muziek en andere hobby's zich anders ontwikkelt dan dat van een kind dat opgroeit in een gezin met een verwaarlozende opvoedstijl, in een flatgebouw met hooguit een trapveldje in de buurt. Alles wat je vaker doet, daar word je beter in en daarmee worden ook de verbindingen in het brein die nodig zijn om bepaalde taken uit te voeren steeds sterker. Wie veel met taal bezig is, zal de verbindingen in de hersenen die daarvoor nodig zijn steeds sterker maken. Als je nooit gebruik maakt van de mogelijkheden om een hondenslee te leren besturen of sneeuwluchten te herkennen omdat je nu eenmaal niet in Groenland woont, zullen de verbindingen die nodig zijn voor die vaardigheden voor een deel verdwijnen. Dit snoeiproces gaat zeker tot het vierentwintigste levensjaar door. Het brein wordt hierdoor feitelijk steeds efficiënter.[11] Het gebruikt wat nodig is en laat de rest verdwijnen.

Belangrijk om te vermelden is dat dit rijpingsproces in verschillende hersengebieden in verschillend tempo verloopt. Hersengebieden die een rol spelen bij elementair handelen – zien, bewegen en het nemen van intuïtieve beslissingen – zoals de visuele cortex, lopen in rijping voor op complexe hersendelen aan de voorkant, zoals de frontale cortex (belangrijk voor intelligentie en doelgericht handelen) en de temporale cortex (onder meer betrokken bij taalverwerking).
Ook de hersenbalk die de linker- en rechterhelft van de hersenen verbindt en de communicatie tussen allerlei hersenfuncties verzorgt, wordt gaandeweg dikker. De verbindingen tussen de hippocampus, belangrijk voor het geheugen, en de voorste delen in het brein worden versterkt. Dat maakt dat jongeren beter in staat zijn herinneringen en ervaringen mee te wegen in het nemen van besluiten. Ook de voorste hersendelen gaan sneller werken en meer verbindingen leggen, zodat ze steeds meer verschillende verlangens en variabelen tegen elkaar kunnen afwegen.
Waar jonge adolescenten moeite kunnen hebben om zich te concentreren op school of overzicht te houden in een weekplanning, krijgen ze dit gaandeweg steeds beter onder de knie als ze zich goede patronen aanleren. Denk aan het verschil tussen een eindexamenleerling die relatief zelfstandig een profielwerkstuk aflevert, versus een groepje brugklassers dat maar doormoddert tot hun aardrijkskundeproject vastloopt in plaats van op tijd aan de bel te trekken. Of hoe een 16-jarige jongen zijn kop in het zand kan steken en een telefoonrekening torenhoog laat oplopen, terwijl diezelfde jongen op 23-jarige leeftijd het leven perfect georganiseerd heeft tegen de tijd dat hij op kamers gaat.
Gaandeweg wordt het gedrag van jongeren complexer en soms verstandiger, leren ze een evenwicht te vinden tussen impulsen, verlangens, doelstellingen, eigenbelang, regels, normen en zelfs onbaatzuchtigheid. Met vallen en opstaan is er in hun brein een nieuwe bedrading of 'een update' ontstaan.

VIER KEER PUBERBREIN

In het puberbrein grijpt in werkelijkheid alles continu in elkaar, maar voor de helderheid zetten we in dit schema op een rijtje welke vier aspecten van de hersenontwikkeling meer inzicht kunnen geven in typische vormen van pubergedrag.

WAT GEBEURT ER IN DE HERSENEN TUSSEN 10-25 JAAR?	
SNOEIPROCES Van kronkelpaadjes naar snelwegen	• Gevoelige periode voor jongeren met snelle vorderingen in hun leerproces als gevolg van de hoge plasticiteit van de hersenen. • Het controlesysteem rijpt langzaam, wat doorwerkt in executieve vaardigheden zoals overzicht houden en concentreren. • Jongeren handelen minder vanuit automatismen en vaste patronen, waardoor ze vaak creatiever zijn en beter in staat om out-of-the-box te denken.
GRILLIGE FRONTAALKWAB Sterke wisselingen in gedrag en mogelijkheden	• Het vermogen om complexe taken uit te voeren (zoals abstraheren, keuzes maken, plannen en anticiperen, prioriteren) is sterk afhankelijk van de motivatie en de omgeving van jongeren. • Het wisselt nog vaak welke hersengebieden het overwicht hebben: hierdoor worden jongeren soms geregeerd door de rationele en soms door emotionele breinsystemen.
HEFTIGE EMOTIES Amygdala meer de overhand en stijging hormoonspiegel	• Jongeren hebben last van sterke stemmingswisselingen; positieve en negatieve emoties wisselen elkaar snel af en hebben grote impact. • Ze hebben een lagere impulscontrole: ze zijn minder gevoelig voor risico's en meer getriggerd door beloningen en avontuur.
SOCIALE BREIN Verwerken informatie rond *social reasoning* anders dan kinderen of volwassenen	• Jongeren reageren sterk op sociale acceptatie en uitsluiting. • Ze hebben meer moeite met lezen van gezichtsexpressies en het duiden van emoties van anderen. • Ze zijn gevoeliger voor groepsdruk en status, jongeren nemen meer risico's als er vrienden in de buurt zijn.

PUBERTEITSHORMONEN

Het is goed om te benadrukken dat het brein een hoge mate van zelforganiserend leren heeft. We begrijpen steeds beter waarom. Verbindingen die veel bewandeld worden, worden gaandeweg beter en sneller. Voor sommige vaardigheden – fietsen, praten – is dat heel handig. Voor andere vaardigheden is het zaak dat je nieuwe patronen ontwikkelt op weg naar volwassenheid. Zodat je niet direct in huilen uitbarst als een leraar boos op je is, of dat je niet bij alles wat je zelf niet weet naar je ouders loopt om het te vragen. Hier helpen de puberteitshormonen een handje mee. In de puberteit nemen activerende neurotransmitters, zoals dopamine, toe. Zij versterken bepaalde emoties – lef, bravoure, nieuwsgierigheid – waardoor jongeren nieuw gedrag gaan vertonen en er nieuwe verbindingen in tot dan toe onbetreden gebieden ontstaan. Die tijdelijke ontoerekeningsvatbaarheid is dus ergens goed voor.

'Ik moet 2 weken op vakantie met ouders waar ik niet echt mee op kan schieten. (Nee, ik ga het ook niet proberen dus ga dat plzz niet zeggen). En ik ga me echt kapot vervelen. Weet iemand iets wat ik kan doen of hoe ik vrienden kan maken?'

(Meisje (13) op het online forum van de Kindertelefoon)[12]

DISBALANS RATIO EN EMOTIE IS NUTTIG

Er is bij jongeren dus sprake van een disbalans tussen emotionele en rationele hersennetwerken, maar die hebben zo hun functie. Want de 'emotiegebieden' in de hersenen (de nucleus accumbens, amygdala en de insula) zijn stimulerende systemen (Nu doen! Meteen uitproberen! Eerst genieten!). Bij volwassenen worden die gebieden meer in evenwicht gehouden door het remmende systeem dat zich in de frontaalkwab bevindt (eerst nadenken over de gevolgen!). De prefrontale cortex in de frontaalkwab regelt allerlei belangrijke complexe vaardigheden en heeft binnen het brein veel touwtjes in handen. Hij wordt wel de 'topmanager van het brein' genoemd en is verantwoordelijk voor wat psychologen de hogere executieve functies noemen. Dan gaat het om denkprocessen die nodig zijn om activiteiten te plannen en aan te sturen. Denk aan het starten met een bepaalde taak, het richten van aandacht en focus houden. Of aan het stellen van prioriteiten en maken van keuzes en daarbij ook de consequenties van een beslissing op de langere termijn in ogenschouw nemen ('wat betekent het voor mijn maandelijkse telefoonrekening als ik nu dat duurdere toestel kies?'). De hersenen van jongeren hebben een grote gevoeligheid voor beloningen; ze zoeken kicks, uitdagingen en nieuwe ervaringen. Dit maakt dat de puberteit een unieke periode is, omdat jongeren daardoor heel veel onderzoeken en zich ook steeds aanpassen op nieuwe mogelijkheden. Daarom noemen we dit ook wel de meest creatieve periode van je leven.

Een heel verrassende uitkomst uit recente onderzoeken is dat de frontaalkwab bij jongeren in sommige experimenten actiever is dan bij volwassenen. Bijvoorbeeld in experimenten waarin jongeren weten dat ze een beloning krijgen voor bepaald gedrag, of als ze weten dat leeftijdgenoten meekijken hoe ze iets doen, dan kunnen ze hun executieve gebieden extra activeren. Het ligt er maar helemaal aan welk nut ze er zelf in zien. De frontaalkwab is dus bij jongeren veel flexibeler dan wetenschappers tot dan toe dachten. En het blijkt af te hangen van de context en de motivatie van de jongere zelf hoe het brein reageert. De omstandigheden waarin ze iets moeten doen, kunnen van grote invloed zijn op de effectiviteit van de frontaalkwab. Je kunt hierbij denken aan factoren als: de aanwezigheid van peers, de instructie van een taak, het nut en de prioriteit die het uitvoeren van de taak voor een jongere heeft. Bij standaardtestjes die vooral kennis testen, is de frontaalkwab bijvoorbeeld niet erg actief. Maar als we jongeren een taak geven die ze nuttig vinden of waarvan ze denken dat een goede persoonlijke score hen sociaal aanzien verleent, dan zien we wel degelijk een geactiveerde frontaalkwab. De tiener is kortom geen halffabricaat, maar een hoogsensitief wezen dat zich perfect kan aanpassen aan de omstandigheden.

'Ik weet natuurlijk ook wel dat het niet slim is om zonder helm te rijden, en ja, mijn scooter is opgevoerd. Maar het geeft gewoon een onwijze kick. Zolang mijn moeder maar niet weet wat ik soms allemaal doe, komt het wel goed. Risico nemen hoort er gewoon bij, daar ben ik jong voor.' **(Sil, 17 jaar)**

GRILLIG IN GEDRAG

Natuurlijk kan deze grilligheid van de frontaalkwab gekmakend zijn voor volwassenen. Het ene moment reageert een meisje heel verstandig, het andere moment is ze niet voor rede vatbaar en juist zeer emotioneel. In sociale interactie met jongeren is het goed om te weten dat het beoordelen van sociale tekens van anderen nog volop in ontwikkeling is. Jongeren denken al snel dat ze geen respect krijgen of dat een houding of opmerking agressief is bedoeld; eerder dan volwassenen voelen ze zich aangevallen. De hersenen zijn nog niet voldoende in staat om sociale situaties altijd goed in te schatten, waardoor ze eerder uitgaan van het negatieve scenario: mensen zijn tegen je. Als jongeren emotionele gezichtsuitdrukkingen moeten beoordelen, wordt hun emotionele hersennetwerk actiever dan bij volwassenen. Bij het zien van angstige gezichten is vooral de amygdala actiever, terwijl jongeren bij het zien van blije gezichten juist sterker reageren vanuit het striatum, het beloningscentrum. Dat werkt door in hoe ze emoties van anderen duiden: uit onderzoek van de Amerikaanse neuropsycholoog Deborah Yurgelun-Todd bleek bijvoorbeeld dat tieners in foto's van mensen met een angstige gezichtsuitdrukking de angst niet herkenden en vooral boosheid zagen.

Onderzoekers van de universiteit van Londen ontdekten zelfs dat het vermogen om sociale signalen en emoties van anderen te herkennen – vooral woede en verdriet – bij jongens en meisjes tussen twaalf en veertien jaar tijdelijk even afneemt. Rond een jaar of zestien, zeventien hebben ze hun scherpe blik weer terug.[13] Tot die tijd reageren ze intenser op gezichtsuitdrukkingen, of ze nu plezier of bedreiging in zich dragen.

ONVERWACHT VOLWASSEN OF SELECTIEF GEMOTIVEERD?
Door de week heeft Mats van zeventien grote moeite om op tijd zijn bed uit te komen en op tijd op school te komen. Zijn vader moet hem iedere ochtend meerdere malen wakker schudden. Zijn havo-examen geeft vooral zijn ouders veel stress: hij overziet niet wat hij allemaal nog moet doen, heeft zijn boekenlijst half af en werkt aan een profielwerkstuk waarvan het onderwerp na drie maanden nog steeds niet helemaal duidelijk is.
Maar voor zijn baantje in de keuken van een eetcafé staat hij op zaterdagochtend om 9 uur klaar om te vertrekken en zet hij zelf zijn wekker. 'Vandaag moet ik twee mensen inwerken.' Hij doet de inventarisatie van de keuken, regelt de dagplanning en is de hele dag bezig met ordenen en organiseren. 's Avonds vertelt hij enthousiast wat een kick het geeft om samen met z'n beste vriend van zestien de keuken te runnen. 'Ik had vandaag wel 20 euro fooi!'

KICKS

Hersenonderzoekers geven de puberteit ook wel het etiket 'risico's en kansen'. Tussen hun tiende en hun zestiende zijn jongeren heel gevoelig voor invloeden van buitenaf. De hormonen gieren door hun lijf en zorgen voor sterke stemmingswisselingen. De behoefte aan kicks is groot. Denk aan de roekeloze snowboarder die zijn moeder de stuipen op het lijf jaagt, maar zelf wordt beloond met een intense ervaring. Jongeren op deze leeftijd vinden het moeilijk hun impulsen te beheersen. Een beloning in het hier en nu (lekker doorfeesten, ook al had je eigenlijk al thuis moeten zijn) is veel aantrekkelijker dan een beloning straks (geen ruzie met je ouders).
In dit hoofdstuk hebben we geleerd dat risico's nemen en exploreren bij de adolescentie hoort. Daarmee ontstaat een veel genuanceerder beeld van risicogedrag bij jongeren.
Dit alles neemt niet weg dat risicogedrag voor sommige jongeren heftige gevolgen kan hebben. De effecten van experimenten met drank, drugs, seks en ander grensoverschrijdend gedrag zijn soms catastrofaal. Overmatig drank- en drugsgebruik kan de hersenen blijvend beschadigen en leiden tot een ontwikkelingsachterstand die volgens hersenonderzoekers niet meer in te halen is. Pubers raken bovendien sneller verslaafd en als ze veel alcohol en stimulerende middelen gebruiken lopen ze ook later in hun leven een veel grotere kans op verslavingsproblemen. Maar hierover later meer.

PROBLEEM = KANS

Kort samengevat: in de adolescentie zijn de emotiegebieden in de hersenen al volop actief en heeft de frontaalkwab het nog minder voor het zeggen. Ontwikkelingspsycholoog Michiel Westenberg vergelijkt het met het starten van de motor zonder goede chauffeur achter het stuur: de balans tussen emotie en ratio is zoek. Inmiddels weten we dat dit met risico's gepaard gaat, maar bovenal ook met kansen. Het zorgt ervoor dat jongeren op zoek gaan naar nieuwe ervaringen, naar onafhankelijkheid, naar hun eigen rol binnen een groep. Neurobioloog Dick Swaab zegt het zo: 'De puber moet het veilige eigen nest uit en in een nieuwe omgeving zijn eigen onafhankelijke leven beginnen. Als hij zorgvuldig alle risico's af zou wegen, zou dat nooit gebeuren.'[14]

NIET TE SNEL VERTALEN NAAR PRAKTIJK

Ontwikkelingspsycholoog Eveline Crone, hoogleraar en hoofd van de afdeling Ontwikkelings- en Onderwijspsychologie van Universiteit Leiden, richtte in 2005 het Brain & Development Laboratorium op, waar ze met een team wetenschappers intensief de hersenontwikkeling van jongeren onderzoekt.

'We weten in snel tempo meer over de hersenen van pubers. Door nieuwe technieken, zoals MRI-scans en fMRI, functionele MRI-scans, kunnen we nu hersenen in actie onderzoeken terwijl we mensen taken geven. Dat kan sinds ongeveer twee decennia, en de kennis die we zo krijgen is echt revolutionair. Het biedt een compleet nieuw perspectief op het gedrag en de motivaties van pubers: zij gedragen zich echt anders dan volwassenen en hun hersenen werken ook anders.

Ik ben heel enthousiast over de mogelijkheden, maar als wetenschapper ook beducht voor verkeerde of te snelle interpretaties. Onderzoeksbevindingen worden soms te snel vertaald, waardoor allerlei neuromythes ontstaan.

Mensen willen deze kennis ook graag individueel toepassen, bijvoorbeeld op hun zoon of dochter. Maar ik vind dat je voorzichtig moet zijn met labeltjes op mensen plakken. Uitspraken doen over individuen is iets heel anders dan overeenkomsten in groepen onderzoeken.

Daarnaast willen mensen kennis die nog in ontwikkeling is meteen vertalen in beleid. Regelmatig krijg ik bijvoorbeeld vragen over social media: wat is het effect van de voortdurende sociale interactie op hoe jongeren zich voelen en ontwikkelen? En zie je dat terug in de hersenontwikkeling? Interessant natuurlijk: zijn er bijvoorbeeld verschillen tussen jongeren die heel actief zijn op social media en jongeren voor wie dat niet geldt. Maar een antwoord op die vraag vergt jaren onderzoek. Daarom is het belangrijk om niet te snel te willen vertalen naar de praktijk en te blijven onderzoeken en toetsen, samen met andere disciplines zoals onderwijskunde en sociale psychologie. Wij kunnen de onderliggende mechanismen van gedrag bestuderen en zo aanvulling geven op al bekende kennis.

De komende decennia verwacht ik enorm veel nieuwe inzichten, zeker nu we onderzoeken in de tijd uitzetten waarbij we groepjes individuen langer volgen. Neem de *educational neuroscience*. We weten dat jongeren gevoelige periodes hebben waarin ze bepaalde vaardigheden makkelijker leren. Als we scans vóór en na die kritische periode gaan verzamelen, kunnen we dit nog beter gaan begrijpen.

De aandacht die er nu is voor de hersenen van pubers is enorm. Ik vind het als wetenschapper soms ook wel een dilemma. Er wordt nu wel héél veel van verwacht. Maar het leuke is tegelijkertijd dat ook jongeren onze onderzoeken ineens interessanter vinden en dat we voor onze experimenten heel intensief samenwerken met scholen.'

1.5 De puber in zijn wereld

Ook al zien we grote verschillen tussen jongeren onderling, het is vooral duidelijk dat het leven tussen het tiende en vijfentwintigste levensjaar turbulent is. Meer inzicht in al deze turbulentie en ontwikkelingen kan veel meer begrip creëren voor het gedrag van jongeren. Maar een kijkje in het brein van de jongeren volstaat natuurlijk niet. Mensen zijn sociale wezens en ook jongeren staan in relatie tot andere mensen. Ook die interactie is van invloed op hun gedrag. Deze invloed zullen we in de volgende hoofdstukken verder verkennen. We kijken daarbij naar vier soorten beïnvloeders *(influentials)* die op verschillende manieren structuur en betekenis aan jongeren geven: thuis (ouders), school (docenten), peers (leeftijdgenoten) en de overige opvoeders. De beïnvloeders vormen een ring rondom de jongeren met een brein in ontwikkeling. In sommige gevallen geven ze daarbij het kader (structuur, regels) en in andere gevallen gaat het om de context (Wat is belangrijk? Wat is ergens de betekenis van?).

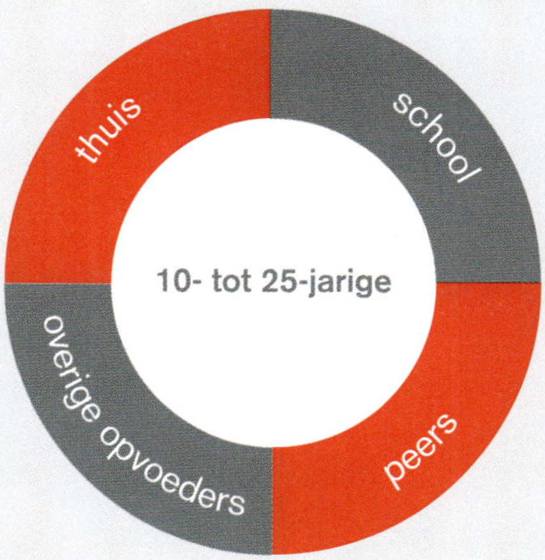

W ie geven jongeren kaders en context?

THUIS, SCHOOL, PEERS EN OVERIGE OPVOEDERS

De meeste jongeren verdelen hun tijd tussen thuis, school en hun sociale netwerken.
In de thuissituatie hebben ze vooral te maken met hun ouders, die zich vaak verbijsterd afvragen hoe ze nog in contact kunnen komen met dat vreemde wezen aan hun keukentafel.
Op opleidingen breken de docenten zich het hoofd over de vraag hoe ze een hele klas vol 'bankhangers' gemotiveerd en aan het leren krijgen, al dan niet op weg naar een diploma en een passende baan.
Op internet, op straat en op het sportveld ontmoeten jongeren hun vrienden en kennissen: de sociale netwerken met leeftijdgenoten (peers), die hun levensaders zijn. Bij deze vriendschappen en contacten overlappen internet en de echte wereld elkaar.
Tot slot gaan we in op overige opvoeders die zich rondom jongeren begeven, zoals buurtbewoners, ooms en tantes, professionals en vrijwilligers bij sportverenigingen, kerken, moskeeën of buurtcentra. Want opvoeding eindigt niet thuis of op school. We pleiten juist voor een benadering waarin de hele gemeenschap nadenkt over de eigen rol als opvoeder van jongeren.

In de volgende hoofdstukken volgen we in detail hoe deze vier influentials een rol spelen in het leven van jongeren. Die rol varieert continu, afhankelijk van de jongere en afhankelijk van het specifieke thema waar je naar kijkt. Jongere tieners laten zich meer beïnvloeden dan oudere jongeren en ook geslacht en mate van zelfstandigheid zijn van invloed. Maar je ziet ook dat jongeren zich inzake bijvoorbeeld hun kledingkeuze veel meer laten beïnvloeden door leeftijdgenoten dan door ouders. Jongerenonderzoek toonde aan dat vanaf twaalf jaar reclame en leeftijdgenoten meer invloed hebben als het gaat om geld (uitgeven) dan ouders.[15] In het geval van studie- en beroepskeuze zijn ouders juist weer cruciaal. We zullen verderop in het boek zien dat als de invloed van ouders en school minder groot is, bijvoorbeeld door een minder stabiele thuissituatie, jongeren eerder sturing zoeken van andere opvoeders of van elkaar in de groep.

VERLEIDERS EN VOORLICHTERS

Met deze vier kaders is nog niet alles gezegd. In alle vier de domeinen spelen digitale en sociale media een grote rol. Via deze media kunnen jongeren worden beïnvloed door een veel grotere groep om hen heen. De leeftijdgenoten hoeven zich niet te beperken tot degenen met wie ze op school zitten. Vooral jongeren die zelf heel zichtbaar zijn op sociale media, lopen de kans om ook reacties te krijgen van mensen die ze helemaal niet kennen. Daarnaast is er een grote groep mensen die jongeren probeert te beïnvloeden met van alles en nog wat, de beroepsgroep die we hier samenvoegen onder de noemer 'voorlichters en verleiders'. Dit is zijn de beleidsmakers, marketeers, werkgevers, goede doelen, politieke partijen, omroepen, banken, overheden, enzovoort. Ze staan allemaal verder af van de leefwereld van jongeren, maar zoeken voor hun boodschap toch een manier om deze jongens en meiden, de volwassenen van de toekomst, te kunnen bereiken.

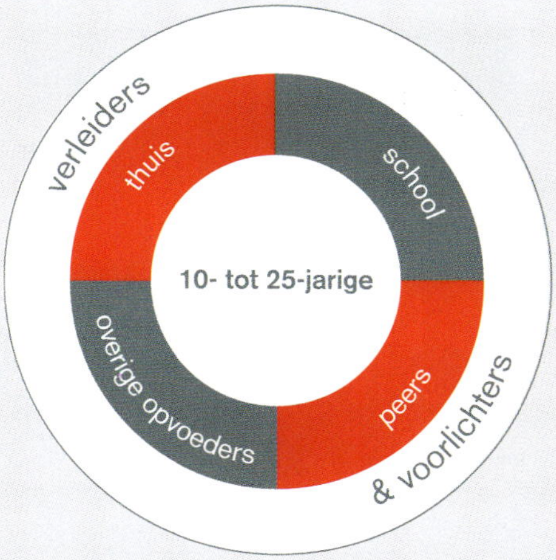

Betekenisgevende kaders en verleiders en voorlichters

De verleiders en voorlichters proberen op allerlei manieren invloed uit te oefenen op de jongerendoelgroep, door bewustwording te stimuleren of een gedragsverandering tot stand te brengen. De voorlichters, zoals de overheid en maatschappelijke (goede doelen) organisaties, ontwikkelen campagnes die zich specifiek richten op jongeren: meer sporten, veilig vrijen, bewust een vervolgopleiding kiezen. De verleiders opereren vooral vanuit het bedrijfsleven, denk aan telecompartijen, modemerken, banken, fastfoodketens die jongeren dagelijks proberen te bereiken met hun commerciële boodschappen.
In deze bredere schil bevinden zich ook de werkgevers en opleidingen die manieren zoeken om jongeren te werven als student of werknemer. En er zijn diverse partijen die jongeren willen betrekken bij maatschappelijke discussies en issues, van ontwikkelingssamenwerking tot zinloos geweld.
Interessant is dat al die verleiders en voorlichters ook te maken krijgen met de kaders in de binnenste schil. Bepaalde boodschappen worden bijvoorbeeld via de thuissituatie gecommuniceerd, door te zorgen dat er een gesprek met ouders op gang komt, en soms loopt het communicatieve pad via school, in de vorm van speciale lespakketten. Maar het effectiefst is meestal om de leefwereld van de jongeren zelf binnen te dringen. We zullen echter zien dat dit moeilijk te sturen valt.
Niet alle marketing en voorlichting is even effectief, om het voorzichtig uit te drukken. Meer kennis van het puberbrein en van de influentials rondom jongeren kan helpen om boodschappen helderder en effectiever over te brengen.

Lidewij (17 jaar), 6 vwo in Assen

2.
Opvoeding

Het puberbrein thuis

Het lieve basisschoolkind is veranderd in een ongrijpbaar wezen uit de wereld van YouTube, gaming en Snapchat. Ouders staan erbij en kijken ernaar. Ze vinden het steeds moeilijker om regels te stellen. En dat terwijl het puberbrein dringend behoefte heeft aan externe sturing, planning en organisatie. Minstens zo belangrijk zijn een liefdevolle ondersteuning en goede gesprekken.
Veel ouders denken ten onrechte dat hun invloed sterk afneemt als hun kinderen de tienerleeftijd bereiken. Vele studies laten echter zien dat goed ouderschap tieners blijft helpen zich evenwichtig te ontwikkelen, uit de problemen te blijven en goed te presteren op school. Wat je doet als ouder, doet ertoe. In dit hoofdstuk gaan we dieper in op de invloed van ouders en opvoeding.

2.1 Opvoeding: bij twijfel niet ingrijpen?

VAN BEVEL NAAR ONDERHANDELING

De meeste ouders met kinderen in de tienerleeftijd waren zelf kind in de zeventiger en tachtiger jaren en groeiden op met de eerste personal computers en videospelletjes, keken MTV en later TMF. Na de flower power en 'demokratisering' in de jaren 60, groeiden zij als eerste generatie op in een tijd waarin tradities en hiërarchische verhoudingen het dagelijkse leven minder bepaalden. Er was volop ruimte voor ontplooiing, voor het ontdekken van je eigen identiteit en het ontwikkelen van jouw persoonlijke mening. God en gebod waren niet langer heilig; autoritaire opvoeding werd een taboe. In de structuren van het Nederlandse gezinsleven heeft dit zijn sporen nagelaten. Met het verstrijken van de jaren veranderden bevelshuishoudens massaal in onderhandelingshuishoudens. Gezag ontlenen aan hiërarchie ('omdat ik het zeg!') werd steeds minder geaccepteerd. Pubers anno nu vinden het vanzelfsprekend dat over elke (ouderlijke) beslissing te onderhandelen valt. Het poldermodel in familiaire setting.
Tegenover die zelfbewuste houding van jongeren staat een meer timide opstelling van veel ouders. 'Bij twijfel niet ingrijpen' lijkt het nieuwe adagium. En twijfelen doen ouders, door het wegvallen van duidelijke kaders, bijna allemaal. Kun je kinderen verbieden de hele tijd online te zijn? Is gamen nou altijd slecht en wanneer dan? Wanneer is het bedtijd? Hoe laat mogen ze thuiskomen?

Intussen lijken thuis de rollen soms omgedraaid. De puber is de baas in huis, de ouder faciliteert het puberbestaan.
Het is dan ook niet verwonderlijk dat de Nederlandse jeugd steeds langer bij de ouders blijft wonen. De gemiddelde leeftijd waarop jongeren het ouderlijk huis verlaten is in tien jaar tijd verhoogd van 23,6 in 2006 naar 24,6 jaar in 2016. Daarbij is het aantal jongeren dat, na te zijn uitgevlogen, tijdelijk weer even terugkeert naar het ouderlijk nest – de zogeheten boemerangkinderen – de laatste jaren gestegen.[1] U bent vast gewaarschuwd.

JOSHUA (21) OVER VRIJHEID

'Mijn ouders waren altijd heel vrij. Ik kreeg niet echt beperkingen, mocht alles een beetje zelf uitzoeken. Ook qua roken en drinken enzo. Of ze vroegen: "Wat mogen anderen? Wat vinden andere ouders ervan?" Dat was bij sommigen van mijn vrienden wel anders. Die konden op een gegeven moment echt niet meer thuis wonen. Ik heb het wel goed getroffen met mijn ouders. Laatst moest ik even vier maanden terug naar het huis van mijn ouders, omdat mijn huurcontract afliep. Maar dat vond ik helemaal niet erg. Nu woon ik weer op mezelf, ook fijn.'

BEELDCULTUUR

Het denken over het opvoeden van jongeren beweegt in golven, als een historisch zigzagproces. Halverwege de zeventiende eeuw werden zestienjarigen al als volwassenen beschouwd. Halverwege de twintigste eeuw mochten kinderen juist langer kind zijn; ze gingen minder werken en juist meer jaren naar school. Het was slechts een kwestie van tijd tot de pendel weer een andere kant op zou zwaaien.
In de jaren tachtig en negentig kwam die ommezwaai sneller en anders dan in voorgaande eeuwen. De opkomst van de beeldcultuur, het gevolg van de groeiende invloed van televisie, bracht cultuurcritici zoals Neil Postman al in de jaren tachtig tot de gedachte dat jeugd als fenomeen aan het verdwijnen was. Postman zag dat kinderen zich gingen gedragen als volwassenen en omgekeerd idem dito. Het verschil tussen oud en jong verdween qua kledingstijl, taalgebruik, gedrag en mediavoorkeuren.[2]
De invloed van televisie was nog maar slechts het begin van de grote veranderingen en internet zou in de jaren negentig voor een nog veel grotere revolutie zorgen. Nu, in de 21e eeuw, is het afgeschermde 'jeugdland' uit de jaren zeventig voorgoed verleden tijd. Nieuwe technologieën hebben jongeren plompverloren in de werkelijkheid geplant. Zij hebben rechtstreeks toegang tot een wereld die voorheen het domein was van hun ouders. Een ongecensureerde wereld, met seks en geweld.[3]

LEREN VAN JE KINDEREN

Het lastige is dat ouders de technologische ontwikkelingen niet altijd hebben kunnen bijbenen. Kinderen en jongeren zijn hen in allerlei opzichten voor. Vaders vragen hun zoons hoe ze een film moeten downloaden en ongeduldige dochters vertellen hun moeders over het belang van een mooie foto op Instagram. Omdat ouders nauwelijks zicht hebben op de

belevenissen van hun pubers, begrijpen ze soms weinig meer van hun leefwereld. Vroeger werd een kind voor straf naar zijn kamer gestuurd, nu smeken ouders hun kinderen of ze alsjeblieft eens van hun kamer áf willen komen. Of zich ten minste héél even van dat beeldscherm willen losrukken.

Welke series kijken jongeren? Met wie chatten ze? Op welke websites zitten ze? Ouders hebben geen idee. Ze voelen zich buitengesloten. Toen ze op de basisschool zaten hadden ze hen nodig. Maar wat hebben ouders nog te bieden aan pubers die via internet toch alles kunnen vinden, leren en regelen?

Het gevolg is even opmerkelijk als ingrijpend: ouders gaan hun kinderen overschatten. Ze zijn zo onder de indruk van al die techno-kennis en hippe gadgets dat ze ervan uitgaan dat daarachter in het hoofd van hun puber een samenhangend wereldbeeld schuilgaat. Ze denken dat hun jonge computerexpert al die digitale informatie ook wel op waarde zal weten te schatten. En ze veronderstellen dat hun zo op privacy gestelde puber ('Mam! Ga weg!') ook op internet wel zorgvuldig zal omgaan met persoonlijke feiten en gegevens. Het tegendeel is waar.

VOOR ALTIJD JONG

Niet alleen de nieuwe technologie heeft de machtsverhoudingen in gezinnen op zijn kop gezet. Er is nog een factor die de rolverwisseling van ouders en jongeren heeft versterkt. We leven al lange tijd in een hoogconjunctuur, waarin 'Je bent zo oud als je je voelt' voor veel mensen het credo is. Genieten mag en 'je jong voelen' past daarbij. Grijze haren worden maar zelden meer met wijsheid en ervaring geassocieerd. Leden van de Eerste Kamer zijn 'fossielen' en mensen die langer dan een jaar of drie dezelfde functie bekleden, zijn 'meubelstukken' of 'vastgeroest'.

Vroeger schaamden jongeren zich voor hun ouders omdat die er hopeloos ouderwets uitzagen, nu schamen ze zich als ouders zich kleden als 16-jarigen zonder kennis van 'goede' en 'foute' merken. Veertigers gaan in spijkerbroek met hun tienerdochter naar een popconcert. Rimpels worden gebotoxt, hangende oogleden gelift, hippe gadgets aangeschaft en de laatste modetrends wanhopig op de voet gevolgd. Ouders willen wat hun pubers hebben: jeugd!

De dominantie van de jeugdcultuur plaatst volwassenen op achterstand. Het is een omgekeerde peergroup-relatie: niet het lidmaatschap van de leeftijdsgroep boven je, maar onder je is begerenswaardig. Dit verklaart het vreemde fenomeen dat ouders van nu proberen bij hun pubers in de gunst te blijven. Vindt je zoon van twaalf een bepaald toetje lekker? Dan haal je dat voor hem in huis voor het weekend. Wil je 16-jarige dochter niet meer wandelen tijdens de vakantie, maar alleen nog hangen aan de rand van een zwembad? Dan boek je met frisse tegenzin een campingvakantie of een reis speciaal voor tienergezinnen... [4]

En zo zitten de prinsen en prinsesjes uit de kleutertijd nog altijd comfortabel op het pluche van de huiselijke troon.

'In de vakantie neemt mijn moeder vaak een dag vrij om iets leuks met mij te doen. Dan gaan we winkelen of naar een pretpark, omdat ik dat leuk vind. En dan krijg ik vaak ook een cadeautje. Best lief. Maar ze wil dan altijd praten over mijn vriendinnen en hoe ik mij voel en daar heb ik niet altijd zin in.'

(Larissa, 13 jaar)

2.2 Puberbrein en opvoedingsvragen

Daar zitten ouders dan, op de bank met hun puber. Hun eigen kind waar ze steeds minder van begrijpen, met een wereld om zich heen waar zij zelf ook deel van willen uitmaken. Een sterke onderhandelaar, tegen wie ze niet zomaar nee willen of durven zeggen. In hun hoofd zoemen tientallen vragen rond. Zeg ik: 'Die jas betaal je zelf maar', of ben ik dan te streng? Hoeveel tijd gamen is oké? Moet ik drank verbieden of ze thuis 'verantwoord' leren drinken? Wie weet hoe het puberbrein zich ontwikkelt, is al een heel eind op weg naar een antwoord.

CIPIER OF BESTE VRIEND?

Een manier om te zorgen dat je contact met je kinderen houdt, dat ze ook af en toe tijd met jou willen doorbrengen, is een toffe vader of moeder zijn. Maar hoe word je dat? Je probeert uit te vinden wat ze willen en dat zo veel mogelijk te geven. Kunnen de oude sneakers van je puber echt niet meer, maar is het kleedgeld op? Voor één keer dan. Gaan echt ál haar vriendinnen pas om half drie 's nachts naar huis? Vooruit dan maar, als ze maar niet alleen over straat gaat. Is het netwerk thuis echt te sloom om te gamen? Oké, we gaan upgraden naar een snellere verbinding.

Ouders maken zichzelf wijs dat ze weinig verbieden om zo het toch al kwetsbare en summiere contact niet te verliezen. 'Als je te streng bent, keren ze zich van je af en ben je ze helemaal kwijt.' Maar veel ouders zeggen ook ja om niet ouderwets over te komen. Zo reactionair en conservatief als hun eigen ouders waren, willen ze niet zijn. Ze huiveren bij het idee van een rol als bewaker of politieagent.

Diep in hun hart willen ze de beste vriend van hun kinderen zijn. Maar dat kan niet en dat zouden ze ook niet moeten willen. Ze hebben een veel belangrijker rol te vervullen: die van plaatsvervangende prefrontale cortex. In het vorige hoofdstuk zagen we dat uitgerekend deze 'topmanager van het brein' zich bevindt in de hersendelen die pas rond het 25e levensjaar volledig ontwikkeld zijn. Het blijft voor jongeren dus nog heel lang moeilijk om prioriteiten te stellen, risico's in te schatten, en beslissingen te nemen. Pubers kunnen de gevolgen van hun daden op de langere termijn niet inschatten. Niet voor zichzelf, en niet voor anderen.

Dat is de beste reden om als ouder soms impopulair te willen zijn en af en toe nee te zeggen. Ja zeggen is makkelijker, maar grenzen stellen (én handhaven!) is beter. En het mooiste is: pubers vragen er nog om ook. De Nijmeegse cultuurpsycholoog Maerten Prins voerde een online onderzoek uit onder 13.000 jongeren van 12 tot 18 jaar over opvoeding. Hij ontdekte dat jongeren de eisen van hun ouders redelijk vonden, sterker nog, dat zij die grenzen zelf ook aan hun eigen kinderen zouden stellen. Verder vond hij een relatie tussen opvoedstijl en het welzijn van jongeren. Jongeren die liefdevol, maar streng worden opgevoed, zijn het gelukkigst. Ook al houden ze zich natuurlijk niet altijd aan alle regels, het blijven pubers.[5]

OPVOEDSTIJLEN

In de jaren '60 introduceerde de Amerikaanse psychologe Diana Baumrind een indeling in drie verschillende opvoedstijlen. In de jaren '80 voegden andere wetenschappers hier nog een vierde aan toe, de verwaarlozende stijl.

STEUN EN STURING IN DE VERSCHILLENDE OPVOEDSTIJLEN

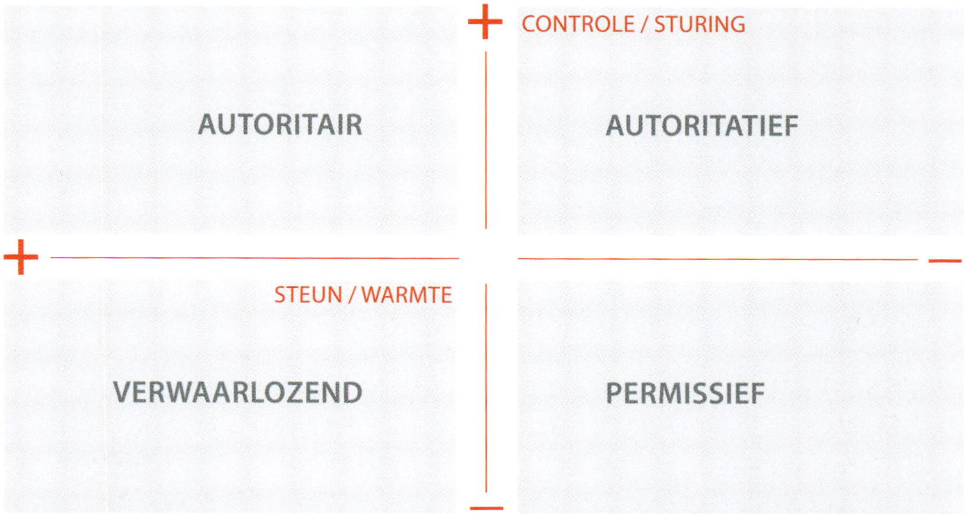

Ouders met een **autoritaire opvoedstijl** stellen veel regels, maar lichten deze weinig toe. Veel nadruk ligt op status en gehoorzaamheid.
Bij een **autoritatieve opvoedstijl** stellen ouders wel regels, maar is er ook veel sociaal-emotionele steun. Ouders bevorderen de autonomie van hun kind door goed toe te lichten waarom ze opvoeden zoals ze doen, en zijn tegelijk veeleisend en verwachtingsvol.
Bij een **permissieve opvoedstijl** zijn ouders zozeer gericht op de eigenheid van het kind dat ze vrijwel geen grenzen stellen. Permissieve ouders dagen hun kinderen minder uit, met het risico dat kinderen verwend raken, zowel materieel, emotioneel als gedragsmatig.
Bij een **verwaarlozende opvoedstijl** wordt een kind meer aan zijn lot overgelaten, en ontbreekt de structurele houvast, zorg, warmte en genegenheid.

Over de vraag wat een goede opvoedstijl is, zijn de opvattingen sterk cultureel bepaald. Over het algemeen stellen westerse opvoedkundigen dat een autoritatieve opvoedstijl kinderen het beste voorbereidt op hun leven als volwassene. Het wordt ook wel de democratische opvoedstijl genoemd. Een nadeel van deze stijl is dat het de nodige tijd en energie vraagt, omdat een kind niet blindelings gehoorzaamt, maar steeds ook weer argumenten wil horen.

'Sinds de brugklas krijgen mijn kinderen gewoon mijn bankpas mee om zelf hun pizza te halen. Vroeger moesten ze aan mij vragen hoeveel toppings ze mochten, nu zie ik in de afrekening wat ze hebben besloten. Of ze gaan met hun eigen bankpas en sturen me daarna een Tikkie wat hun avondeten gekost heeft.' (Esther, 42 jaar, moeder van twee tieners)

2.3 Opvoeding in het digitale tijdperk

'Ik word gek van mijn moeder. Roept ze dat ik moet komen eten, dan denkt ze dat ik zomaar even uit mijn game kan stappen! Dat je niet in je eentje gamet en dat ik mijn vrienden dan niet zomaar in de steek kan laten, begrijpt ze echt niet. De enige games die zij kent, zijn Mens erger je niet en Monopoly.'
(Joost, 14 jaar)

COMPUTER UIT OF AAN?

Ze maken huiswerk, luisteren naar Kendrick Lamar op Spotify, chatten en WhatsAppen en dat allemaal tegelijk. Ze weten moeiteloos de weg naar de hipste sites op internet, surfen hele werkstukken bij elkaar en downloaden op verzoek binnen een paar minuten de nieuwste afleveringen van de favoriete serie van hun moeder. In Real Life (IRL) afspreken doen ze steeds minder, ze ontmoeten elkaar in de virtuele wereld. Daar presenteren ze zich op Snapchat, Pinterest en Instagram, daar spelen ze Call of Duty en leven ze in de wereld van de Sims en Grand Theft Auto (GTA), competent en wereldwijs. De internetgeneratie doet haar ouders versteld staan. Maar wat die geïmponeerde ouders door hun eigen kennisachterstand niet zien, is dat die wereldwijsheid deels schone schijn is. En dat betekent dat pubers ook op dit vlak behoefte hebben aan begeleiding en sturing, zelfs, nee juíst van hun in technologisch opzicht prehistorische ouders.

GAMEN

Op het gebied van gamen is de kloof tussen jongeren en hun ouders misschien wel het grootst. Volwassenen kunnen zich maar moeilijk voorstellen hoe pubers volkomen kunnen opgaan in de virtuele wereld van een multi-user computerspel. Voor hen is een spelletje een spelletje en ze hebben maar weinig begrip voor de woede-uitbarsting die hun ten deel valt

als ze plotseling de concentratie verstoren, of erger nog, de computer uitzetten.
Voor veel ouders is het een gewetensvraag of gamen überhaupt wel gezond is. Worden hun kinderen er niet gewelddadig van? Of spelverslaafd? Die zorgen lijken in de meeste gevallen overtrokken. Het spelen van computergames brengt jongeren belangrijke vaardigheden bij. Ze worden er resultaatgericht, toegewijd en punctueel van en leren opereren in complexe situaties. Ze leren risico's te nemen, doorzettingsvermogen te ontwikkelen en te communiceren in teamverband. Gamers zijn vaak ook goede teamspelers, want samenwerken is een must bij de online rollenspellen waaraan honderdduizenden spelers meedoen (de zogenaamde MMORPGS, ofwel *massively multiplayer online role playing games*). Onderzoekers van ICT-gigant IBM en het beroemde Massachusetts Institute of Technology (MIT) constateren dat gamers al jong leren hoe ze moeten samenwerken en organiseren. Dat maakt hen als leiders van de toekomst heel geschikt voor het moderne bedrijfsleven.[6]
Toch moet het nut van games ook weer niet overdreven worden. Door vrijwel alles wat je doet, werk je aan het vergroten van je vaardigheden: van lezen tot kletsen met een vriendin en van updates op social media tot zelf filmpjes maken. Samenwerken, snel reageren, resultaatgericht zijn en communiceren leren pubers ook van een potje voetbal op straat. En daar word je lichamelijk ook nog eens fitter van.

HOE WAS HET OP INTERNET VANDAAG?
Justine Pardoen, hoofdredacteur van *Ouders Online*: 'Als ouder vraag je aan je kind hoe het was op school, bij de voetbalclub, of in de bioscoop. Waarom zou je dan niet vragen hoe het was op internet? Als je interesse toont en openstaat voor je kinderen, vertellen ze je precies wat ze op internet doen. Soms komt een moeder naar mij toe en begint over haar gamende zoon, maar wanneer ik dan vraag welke games hij speelt, heeft ze vaak geen idee. Dat is hetzelfde als wanneer je een moeder vraagt welke sport haar kind doet en zij zegt: "Uhm, volgens mij is het iets met een bal, of zo?"'

SWITCHTASKEN

Jongeren van nu lijken geboren multitaskers, ze doen alles tegelijk: huiswerk maken, muziek luisteren, appjes versturen naar vrienden en ook nog even snel checken welke grappige foto's er op Instagram te zien zijn. Mensen hebben net als computers een werkgeheugen waarin we de directe taken uitvoeren waar we op dat moment mee bezig zijn. Als iemand die een lijst met Engelse woordjes aan het leren is even snel schakelt naar een whatsappgesprek, vervolgens reageert op een binnenkomende foto om daarna weer terug te keren naar de Engelse woordjes, moet het brein in milliseconden steeds omschakelen van de ene naar de andere taak. Het is een illusie om te denken dat het menselijk brein al die taken tegelijk kan uitvoeren. In zo'n situatie gebruiken we continu energie om tussen hersentaken te schakelen. Dit is een onnodige belasting van ons werkgeheugen en niet efficiënt: het kost zo in totaal meer tijd om Engelse woordjes te leren en te zorgen dat de kennis ook beklijft. Wetenschappers noemen dit daarom geen multitasken, maar switchtasken: je gaat van de ene naar de andere taak en de illusie is dat je al die taken tegelijk

doet. Het woord multitasken in de spreektaal klopt niet met wat er echt in je hoofd gebeurt. Veel jongeren lopen tegen problemen aan als multitasken hun levensstijl wordt. Ze kunnen minder goed de rode draad ergens uithalen en hebben meer moeite om hoofd- en bijzaken van elkaar te scheiden. Ook hebben jongeren die veel switchtasken eerder last van concentratieproblemen.
Ander onderzoek laat zien dat vooral jongeren tot een jaar of vijftien er meer moeite mee hebben om meerdere taken tegelijk uit te voeren. Hoe ouder een jongere, hoe beter hij irrelevante informatie kan onderdrukken.[8]
Continu vier dingen tegelijk doen is dus ook voor pubers van nu niet vol te houden. Het is geen uitzondering dat jongeren die naast hun school een baantje hebben, een website in de lucht houden en serieus *into gaming* zijn, moe worden, gestresst raken en hun schoolresultaten zien teruglopen. Voor een deel is dat gewoon een kwestie van tijd: uren die je achter de pc zit, kun je niet aan je huiswerk besteden. Maar daarnaast is het ook een kwestie van overbelasting: als je meer dingen tegelijk doet, doe je ze niet allemaal even goed. Wie continu zijn aandacht verdeelt, vindt het moeilijker te reflecteren, weloverwogen beslissingen te nemen en creatief te denken. Van multitasken naar digitale adhd.

Wat is eraan te doen? Er zijn activiteiten waarbij verdeelde aandacht prima werkt, zoals lopen en praten tegelijk, maar ook activiteiten waarvoor volledige aandacht nodig is omdat de taken complexer zijn en/of omdat er verschillende zintuigen en handelingen in het spel zijn. Pubers kunnen dat onderscheid zelf nog niet goed maken. De oplossingen zijn niet zo moeilijk te bedenken. Ouders moeten besluiten om ook deze levenssfeer van hun kinderen binnen te gaan. Trotseer de protesten en maak afspraken over huiswerktijd, gametijd en computertijd. En slaaptijd. Zorg dat de *devices* niet altijd onder handbereik zijn: geen opladers naast het bed en huiswerk maken zonder een smartphone in de buurt. Help jongeren met het plannen van hun huiswerk en leg hun uit dat ze op die manier minder tijd kwijt hoeven zijn aan hun huiswerk. Het geheim is om hier op tijd mee te beginnen. De brugklasser wil nog wel meegaan in de argumenten en de regels, maar een 14-jarige neem je zijn of haar verworven rechten niet zo makkelijk meer af. 'Ik heb altijd mijn telefoon naast me liggen als ik huiswerk maak…'

BIJNA BEROEMD

Persoonlijke ontplooiing en online profilering zijn voor jongeren onlosmakelijk verbonden met social media. Veel jongeren hebben een account op netwerksites als Facebook, Instagram en Snapchat. Vaak hebben ze op één platform ook meerdere profielen tegelijk. Denk bijvoorbeeld aan de fake instagramaccounts *(finstas)*, die jongeren niet openbaar plaatsen maar afschermen van hun ouders en waar ze juist hun grappige en meest gênante beelden van zichzelf plaatsen. Daarnaast hebben ze dan een account waarop ze de 'verantwoorde' versie van zichzelf laten zien (de zogenaamde 'rinsta'-accounts (real instagram). Jongeren zijn vaak heel bewust en zorgvuldig bezig met hun image en reputatie in de social media. Ze willen elkaar laten zien hoe leuk hun leven is, hoe bijzonder hun vriendengroep en de feestjes en festivals waar ze rondlopen. Elke foto wordt zorgvuldig geregisseerd en gepost. Het is een manier om status te krijgen in hun sociale netwerk: 'kijk eens hoe interessant mijn leven is'.

Meisjes brengen meer tijd door op social media dan jongens. Volwassenen onderschatten vaak hoe belangrijk social media voor jongeren zijn. Op privacygebied gaapt nu de eerste echte generatiekloof sinds de komst van Rock and Roll, schrijft de Amerikaanse journaliste Emily Nussbaum. Van hun diepste emoties tot hun meest persoonlijke foto's, jongeren delen bijna alles met elkaar online. De openheid is vrijwel onbegrensd. Jongeren kijken fundamenteel anders naar zichzelf in relatie tot de buitenwereld. Ze documenteren hun puberteit van A tot Z op internet. 'De grote vraag voor mensen van mijn generatie is: waarom zou je dat doen?', schrijft de Amerikaanse journaliste Nussbaum. 'Die vraag zegt een 16-jarige niets. De voordelen zijn overduidelijk. Leven in de openbaarheid is leuk. Het is creatief. Je vrienden zijn er. Het is theater, maar ook leefgemeenschap.[…] Je hebt er een plaats om hardop te denken, vreemden te ontmoeten en vriendschappen te verdiepen.'[9]

Volwassenen doen voortdurend hun best om hun digitale achterstand in te halen. Zo heeft 45 procent van de 65- tot 79-jarigen en 30 procent van de 80-plussers (de generatie opa's en oma's van de huidige tieners) inmiddels een Facebookaccount. Daarentegen verlaten hun kleinkinderen dit medium massaal. De reden? 'Er zitten te veel mensen op waar ik niets mee heb.' 'Ik voel me er niet meer thuis.'[10]

Om zich te verplaatsen naar nieuwe platforms waar ze – voorlopig – meer onder elkaar zijn. We zien hier het digitale *daddy-on-the-dancefloor*-fenomeen opdoemen dat eerder ook Hyves de nek omdraaide. Jongeren willen onder elkaar zijn en ontlopen de volwassenen die op 'hun' platformen maar wat graag blijven aangehaakt bij die jongerenwereld.

RISKANTE BIJVERSCHIJNSELEN

Het virtuele leven is een niet te stoppen revolutie. 'Tegen' zijn is niet aan de orde. Maar het begeleiden van riskante bijverschijnselen is des te belangrijker. Want ook in de virtuele wereld, waar zij zich zo goed thuis voelen, missen jongeren het vermogen om risico's in te schatten. Het is naïef te veronderstellen dat je dochter zich er bij het chatten voortdurend bewust van is dat mensen zich anders kunnen voordoen dan ze zijn. Je overschat haar door te denken dat achter al die fragmentarische internetkennis in haar hoofd een samenhangend wereldbeeld schuilgaat. Al die digitale informatie op de juiste waarde schatten vraagt om een abstractieniveau en een reflectievermogen dat juist pubers met hun onrijpe hersenen nog niet bezitten.

Jongeren denken aan nu, niet aan later. Nu is die grappige foto van dat uit de hand gelopen feest misschien nog leuk en die *hatemail* aan een irritante klasgenoot nog om te lachen. Maar dat ligt anders als een personeelsmanager acht jaar later bij het googlen op dezelfde informatie stuit. Ouders die hun kinderen tegen dit soort problemen beschermen, doen niets fout. Het is een misvatting dat je de privacy van je dochter aantast door een internetfilter te installeren en regelmatig haar persoonlijke pagina's op diverse profielensites te checken – alle protesten ten spijt. Als iets niet privé is, dan is het wel het internet en de manier waarop jongeren zichzelf daar presenteren. Wie laat z'n 13-jarige dochter om 1 uur 's nachts nog 'in de kroeg hangen'?

Om de relatie met je kinderen eerlijk te houden is het wel aan te raden om hier open in te zijn. Vraag je kind gewoon op welke sites hij of zij actief is. Probeer niet meteen de expert uit te hangen, maar stel vragen over hoe een medium werkt. Begin algemeen: 'Wat voor foto's delen jongeren eigenlijk op Instagram? Kun je eens laten zien hoe dat werkt? Wat vind jij mooie foto's?' Meestal komen ze dan vanzelf wel met verhalen of voorbeelden uit hun eigen omgeving. Of delen ze hun twijfels over bepaalde dingen waar ze online tegenaan lopen.

En dan zijn er nog de fysieke gevolgen van veel binnen zitten en op een scherm turen. Denk aan rugklachten en houdingsproblemen. Steeds meer jongeren raken bijziend en kunnen dus dichtbij wel goed zien, maar niet in de verte. De smartphone en andere schermen, maar ook boeken spelen daarbij een rol. Wereldwijd is de helft van alle 20-jarigen inmiddels bijziend; in Singapore geldt dat zelfs voor 80 tot 90 procent. Het oog groeit tot het 20e levensjaar. Ten minste twee uur per dag buiten zijn – sporten, op de fiets naar school – biedt broodnodige variatie voor de ogen, aldus hoogleraar oogheelkunde Caroline Klaver.[11]

2.4 Financiële opvoeding in het digitale tijdperk

'Hoeveel ik te besteden heb? Weet ik eigenlijk niet. Ik krijg kleedgeld en ik heb een baantje, maar dat geld is meestal snel op. Als ik echt iets nodig heb, ga ik zeuren en dan krijg ik het wel van mijn ouders.'

(Lara, 16 jaar)

Geld is bij uitstek een gebied waarop het onrijpe puberbrein het soms laat afweten. Veel hiervan is rechtstreeks te verklaren uit hetgeen we weten over de hersenontwikkeling van jongeren. Met hun overactieve emotiegebieden wordt het voor pubers wel heel moeilijk om niet te bezwijken voor die stoere, dure tas. Het idee dat een dief er weleens vandoor kan gaan met je onverzekerde nieuwe laptop, als je hem tijdens het chillen in het park ergens op een stapel legt, komt niet bij hen op. En de remmende systemen in de frontaalkwab zijn zeker bij jongere adolescenten nog onvoldoende ontwikkeld om in te kunnen zien dat de eindeloze nasleep van een lening in geen verhouding staat tot de beloning van dat ene weekje Salou met je vriendinnen.

'Als ik een avondje uitga, geef ik altijd meer uit dan ik me van tevoren had voorgenomen.' (Claartje, 17 jaar)

In de jaren dat jongeren nog thuis wonen, is het meestal nog niet zo'n probleem. Af en toe een hoogoplopende ruzie over de hoogte van de mobiele telefoonrekening, gekibbel over de vraag of die scooter er nu echt moet komen en een ijzige stilte rond de astronomische kosten van een avondje stappen, maar over het algemeen blijven echte problemen beperkt. Dankzij zak- en kleedgeld en bijbaan hebben scholieren een hoog vrij te besteden inkomen: gemiddeld € 112 netto per maand voor 12- tot 18-jarigen.[12] Dat is soms meer dan de meeste ouders voor zichzelf te besteden hebben. Zo rond hun vijftiende zie je een omslagpunt in inkomsten, als gevolg van bijbaantjes. Een 14-jarige heeft maandelijks zo'n € 52 te besteden, bij een 16-jarige is dat met € 145 bijna driemaal zoveel. Sparen doen jongeren alleen als er geld over is.

Het Nibud brengt al meer dan dertig jaar het financiële gedrag van middelbare scholieren in kaart. Hun onderzoeken maken duidelijk dat veel jongeren moeite hebben met financiële beslissingen. Dat wordt vaak pas duidelijk als ze wat ouder worden en op zichzelf gaan wonen. 37 procent van de mbo'ers van 18 jaar en ouder heeft momenteel een schuld. Eén op de vier heeft betalingsachterstanden. Verder hebben uitwonende studenten vaker schulden dan thuiswonende. Aan het eind van het geld is er steevast een stuk maand over. Nieuwe spullen worden aangeschaft, terwijl vaste lasten onbetaald blijven. Van een inboedelverzekering heeft de helft nog nooit gehoord en jongeren lenen regelmatig geld zonder te weten of ze de aflossing wel kunnen betalen.

GEEN ONDERBUIKGEVOEL

Om inzicht te krijgen in de manier waarop tieners risico's inschatten, kregen jongeren in het Brain & Development Lab in Leiden via een scherm de keuze voorgelegd: wil je een klein geldbedrag (1 euro) dat je met 80% zekerheid kunt krijgen? Of wil je liever een groter bedrag (10 euro) dat je maar met 20% zekerheid kunt krijgen? Een puber kiest eerder voor het grootste bedrag, in tegenstelling tot volwassenen.
Ontwikkelingspsycholoog Eveline Crone: 'We zien dat pubers veel meer risico's nemen dan volwassenen. Een volwassene die ook voor het hoge bedrag kiest, gaat meer zweten en krijgt een hogere hartslag. Pubers voelen het risico niet. Zij hebben dat onderbuik-gevoel niet.'
Andere experimenten laten zien dat jongeren ook voor de langere termijn meer risico nemen dan volwassenen. Vooral jongens tussen de 8 en 25 jaar vertonen consistent iets risicovoller gedrag dan meisjes. Crone: 'Risico nemen en explorerend gedrag vertonen is ook zinvol. Dat aspect wordt nog weleens vergeten.'

ACHTER HET STUUR

In diverse onderzoeken constateert het Nibud dat een goede financiële opvoeding thuis echt loont. Ook al zullen er altijd grenzen zitten aan de financiële planningsmogelijkheden van jongeren, opvoeden heeft aantoonbaar invloed op de manier waarop ze met geld omgaan. Allereerst blijkt dat jongeren hun ouders, ook na hun 18e, zien als de belangrijkste gesprekspartner en leerbron.
Verder blijkt dat volwassenen (18 -70 jaar) die aangeven dat ze als kind van hun ouders hebben geleerd met geld om te gaan, als volwassene makkelijker rondkomen. Dit uit zich in zaken als vaker hun saldo checken, minimaal eens per jaar hun uitgaven op een rij zetten, zelf vinden dat ze verantwoorder aankoopgedrag vertonen, minder betalingsachterstanden en -problemen en vaker sparen.[14]
Het werpt dus zijn vruchten af als ouders hun kinderen leren bewust met geld om te gaan. Te beginnen bij de dagelijkse bestedingen in het hier en nu. En daar gaat het vaak al mis. In hun laatste studie wijst Nibud erop dat steeds meer ouders (een deel van) de kosten voor hun kinderen betalen. 56 procent betaalt bijvoorbeeld hun kleding en 61 procent betaalt de kosten voor de mobiele telefoon. Hoe comfortabel dit ook moge zijn voor zoon of dochter, leerzaam is het niet. Nibud vindt dan ook dat ouders hun pubers meer achter het 'financiële stuur' moeten zetten in plaats van hun kind een rol als bijrijder te geven.[15]
Een pleidooi kortom voor het aloude kleed- en zakgeld: vaste bedragen, eerst per week, dan per maand en als dat goed gaat, misschien per halfjaar. Het zijn nuttige hulpmiddelen in de financiële opvoeding, die laten zien dat er grenzen zijn aan het beschikbare budget. Ook het

maken van potjes voor verschillende uitgaven komt de beperkingen van het onrijpe puberbrein tegemoet, omdat veel eerder duidelijk wordt dat geld op is. In dit licht spreekt het voor zich dat continu bijlappen indruist tegen de opgedane financiële discipline.
Verder is het belangrijk dat ouders met hun kinderen praten over de invloed van media en hen helpen reclames te doorzien. Wat gebeurt er als je zo'n nieuwe telefoon koopt: is dat eenmalig of zit je vast aan een abonnement? In hoeverre is gratis lenen echt gratis? Hoeveel betaal je met een afbetaling nou echt voor die mooie televisie? Kun je niet beter doorsparen en er dan pas een kopen?
Praat hier regelmatig over met je kind. Want veruit de meeste middelbare scholieren (82%) zeggen dat hun ouders het belangrijk vinden dat ze met geld leren omgaan, maar slechts 38% geeft aan dat hun ouders en verzorgers met hen praten over het plannen en berekenen van uitgaven.[16]
Tot slot kunnen we hier het belang van goed voorbeeldgedrag niet onvermeld laten. Consumenten die vinden dat hun ouders tijdens hun jeugd goed met geld omgingen, gaan later zelf ook vaker goed met geld om. Observatie en imitatie van het financiële gedrag van je ouders werkt dus ook indirect door op de wijze waarop jongeren zelf met geld omgaan.[17]

2.5 Brood of chips, (op)voeding

'Elke dag krijg ik weer die stomme broodtrommel mee. Boterhammetje kaas, boterhammetje worst, pakje chocomel. Ik zit toch niet meer op de basisschool! Maar het maakt niet uit wat ik zeg, ze doet het toch. Dus gooi ik het weg en koop ik gewoon wat chips of zo.'

(Joeri, 14 jaar)

Eetstoornissen zijn een typisch puberprobleem. Een flink aantal jongeren eet te veel, te ongezond of juist te weinig. De grillige prefrontale cortex maakt ook op dit vlak controle en beheersing een stuk lastiger. Je kunt een puber wel vertellen dat een logeerfeestje met bergen chips en chocola niet gezond is, maar voor hem gaat het genieten toch boven de voorspelde gevolgen. Voor ouders is het extra gecompliceerd, omdat veel eetmomenten buiten hun gezichtsveld plaatsvinden. Je vermoedt misschien wel dat je zorgvuldig gesmeerde boterhammen om de hoek van de straat al in de afvalbak verdwijnen om later plaats te maken voor cola en chips uit de schoolkantine, maar helemaal zeker weten doe je het niet. Je kunt wel zien dat je dochter plotseling een maatje meer nodig heeft of dat de puistjesdichtheid op zijn jongenswangen nu echt de spuigaten uitloopt, maar je kunt niet bewijzen dat het van slecht eten komt. En kinderen dwingen te eten is nooit een succes geweest, niet toen ze twee jaar waren en de sperziebonen uitspuugden en ook niet nu ze twaalf zijn en hun bord onaangeraakt laten staan.

TE DIK

Overgewicht is een van de belangrijkste gezondheidsproblemen van deze tijd. Eerst was het een Amerikaans probleem, toen een westers probleem en nu krijgen ook landen met opkomende economieën als China en India ermee te maken. Vergeleken met de Verenigde Staten valt het aantal te dikke pubers in Nederland nog wel mee. Maar het gewicht stijgt met de jaren aanzienlijk: waar 14 procent van de pubers (12 -16 jaar) nu overgewicht heeft, is dit in de groep 20- tot 30-jarigen al verdubbeld tot bijna 30 procent.[18]
Lange tijd leek gebrek aan beweging de voornaamste oorzaak. Als al die jongeren die de hele dag voor de televisie of de computer hangen, eens naar het sportveld gingen! Inmiddels is duidelijk dat de toegenomen consumptie minstens zo'n belangrijke rol speelt.[19] We eten gewoon te veel en we eten ongezond.
Juist voor jongeren in de groei is gezond eten ontzettend belangrijk. Vooral ook hun hersenen hebben goede voeding nodig. Bepaalde voedingsstoffen zijn extra goed voor je brein, zoals de onverzadigde vetzuren DHA en EPA. Iedereen zou daarom één of twee keer per week vette vis moeten eten, zoals haring, ansjovis, zalm of makreel.

Voor kinderen in de groei is het belangrijk om regelmatig te eten, gewoon gezonde en evenwichtige maaltijden. Met gezond verstand betekent dat: regelmatig groene groenten eten en gevarieerd eten, ook belangrijk voor de vitamines en mineralen. Of dat nu is volgens de Schijf van Vijf, de Harvard-voedingspiramide of welke verantwoorde voedingswijzer dan ook. Het is bijvoorbeeld bewezen dat het eten van een stevig granenontbijt met een laag vetgehalte samengaat met een lagere BodyMassIndex bij kinderen. En dat zelfs volwassenen in de ochtend aanmerkelijk minder presteren als zij het ontbijt overslaan, dus laat staan je schoolgaande kinderen van wie we de hele dag concentratie verwachten. Bovendien voorkomt een gezond ontbijt het eten van calorierijke tussendoortjes, zoals koeken, later in de ochtend.
Behalve ouders, zijn ook steeds meer scholen zich bewust van hun verantwoordelijkheid op dit gebied. Er komen steeds meer gezonde schoolkantines, maar helaas zijn er nog voldoende scholen en opleidingen waar om 12 uur de frituur aangaat. Het getuigt van optimisme en een slechte kennis van jongeren om te hopen dat leerlingen dan zelf zullen kiezen voor de appels en broodjes gezond.

TE DUN

Te weinig eten is een minder breed verbreid, maar vaak ook complexer probleem. Eetstoornissen als anorexia nervosa en boulimie en *binge eating disorder* ontstaan vooral bij meisjes in de puberteit. Behalve de onvoltooide hersenontwikkeling spelen hierbij ook de grote lichamelijke en psychologische veranderingen een rol. Gebrek aan zelfvertrouwen en onzekerheid over hun positie als vrouw kan ertoe leiden dat meisjes hun lichaam 'in de hand willen houden'. Het eetgedrag kan een manier zijn om onvoldoende autonomie te compenseren. Controle over het lichaam wordt zo synoniem met controle over het eigen leven.
Exacte cijfers over jongeren met eetstoornissen, alsook over het aantal sterfgevallen als gevolg van anorexia, ontbreken. Huisartsen zien met name tussen het 15e en 19e levensjaar een toename in meldingen van anorexia nervosa en boulimia nervosa.[20]
Bij het vermoeden van een eetstoornis is professionele hulp onmisbaar. In zo'n situatie kun je het als opvoeders niet alleen af. Alert zijn is van levensbelang, vooral in het voorstadium. Deskundigen zijn het er namelijk over eens dat lijnen en diëten volgen een belangrijke risicofactor zijn, vooral als jongeren daarmee beginnen zonder dat zij overgewicht hebben. Niet eten terwijl je wel voedsel nodig hebt, maakt dat je steeds aan eten denkt. Zo kan continu lijnen uitmonden in een fixatie op eten, wat een voorbode kan zijn van een ernstigere stoornis. Als jongeren eenmaal verzeild raken in kringen waar afvallen wordt verheerlijkt (vaak aangeduid als pro-ana, ofwel pro-anorexia nervosa), is de weg terug erg moeilijk.

SAMEN ETEN

Maar zelfs als de inhoud van de familiekoelkast een toonbeeld is van gezond en verantwoord eten, blijft de vraag hoe je het bij je kind naar binnen krijgt. Simpele oplossingen zijn er niet. In elke supermarkt zijn snacks te koop en de gemiddelde Nederlandse puber heeft meer dan genoeg geld om te kopen waar hij of zij trek in heeft. Ongezond eten is nu eenmaal

goedkoop. Ook andere dingen vallen buiten de directe invloedssfeer van ouders, zoals het aanbod van de schoolkantine, al kan een ouderraad dit wel bij de schooldirectie aankaarten. Toch zijn er ook thuis wel dingen die helpen. Van jongs af aan samen met je kinderen boodschappen doen en koken bijvoorbeeld, zodat ze weten hoe eten in elkaar zit. Misschien nog wel belangrijker is regelmatig samen aan tafel eten. Ook al is het lastig te regelen met overvolle agenda's, voetbaltrainingen en uitlopende vergaderingen, de cultuur van ieder voor zich en met het bord op schoot bij de televisie gaat meestal niet samen met een goed voedingspatroon. Dat geldt ook voor het ontbijt. Een kwartier eerder opstaan loont als je daardoor samen met je slaperige puber aan de ontbijttafel zit. En wie weet wissel je ook nog een paar woorden uit.

2.6 Drank en drugs verbieden of begeleiden?

'Kijk, natuurlijk ben je er niet bij als ze uitgaan of met vrienden zijn. Maar echt dronken heb ik mijn zoon nog nooit gezien. Het is ook steeds lastiger geworden om eraan te komen. Dat was in onze tijd wel anders.'

Pieter (48), vader van Jaymi (15)

In de zomer van 2015 scoorden Lil' Kleine en Ronnie Flex een hit in Nederland, België en zelfs in Duitsland met hun nummer Drank en drugs. Maar al zong iedereen een tijdlang 'alle tieners zeggen ja tegen MDMA'; we kunnen wel stellen dat als er één domein is waar we de afgelopen tien jaar grote verschuivingen hebben gezien, dan is het wel rondom genotmiddelen.

In 2014 ging de campagne 'NIX18' van start – een verbod op de verkoop van alcohol en tabak aan minderjarigen – en in datzelfde jaar voerden supermarkten een legitimatieplicht in voor iedereen onder de 25.

Het aantal jongeren onder de 18 jaar dat alcohol drinkt, rookt of drugs gebruikt, is enorm afgenomen, als gevolg van veranderende normen, intensieve campagnes en aangescherpt beleid.

Even wat cijfers van het Trimbos Instituut en het RIVM om dit te illustreren: onder schoolgaande jongeren van 12-16 jaar is het percentage jongeren dat ooit alcohol heeft gedronken in twaalf jaar bijna gehalveerd, van 83,7 procent in 2003 naar 45,5 procent in 2015, zowel bij jongens als bij meisjes. Ook het aantal scholieren dat in de afgelopen maand alcohol heeft gedronken of heeft gebinged (vijf of meer glazen bij één gelegenheid) halveerde in die periode. En waar in 2003 meer dan de helft (57,6 procent) van deze jongeren ooit gerookt had, was dat in 2015 nog minder dan een kwart (22,8 procent). Slechts 3,1 procent rookt dagelijks. Ook wordt er minder geblowd. 9,7 procent van de jongeren in deze leeftijdsgroep heeft ooit geblowd, een halvering van de cijfers uit 1996, toen 19,6 procent geblowd had.[21]

Inzichten over de effecten op het puberbrein hebben hier ongetwijfeld aan bijgedragen. Want alcohol- en drugsgebruik zijn typisch thema's waar jongeren ontvankelijker voor zijn, als gevolg van groepsdruk, nieuwsgierigheid naar nieuwe spannende ervaringen en interesse in het verminderen van seksuele barrières.

Daar komt bij dat jongeren minder denken aan de risico's voor hun gezondheid, omdat ze zich enerzijds geen voorstelling kunnen maken van de effecten van alcohol, tabak en drugs op hun brein-in-ontwikkeling. Ze hebben immers het gevoel dat ze heel veel aan kunnen.

Anderzijds is daar bij waarschuwende boodschappen het eeuwige optimisme dat het hun toch nog niet zal overkomen.

JONGE ROKERS ZIJN KWETSBAARDER

De meeste rokers beginnen met roken in hun tienerjaren. Dit is om verschillende redenen problematisch. Om te beginnen zijn jongeren kwetsbaarder voor de verleiding om te beginnen met roken. Dan is er meer kans dat die eerste sigaret een positieve rookervaring genereert dan bij volwassenen. Ze raken sneller verslaafd dan volwassenen, vaak al binnen enkele dagen tot weken na het beginnen. Dierstudies laten verder zien dat nicotine blijvende schade kan veroorzaken in het ontwikkelende brein, in de vorm van celschade en verandering in de werking van het beloningssysteem. Door dit alles ligt gewoontegedrag en een verslaving aan nicotine snel op de loer.[22]

GEBRUIK VAN SOFT- EN HARDDRUGS, 12 T/M 16 JAAR

Dit antwoorden jongens en meisjes (12 t/m 16 jaar) op de vraag: heb je deze middelen ooit in je leven gebruikt?

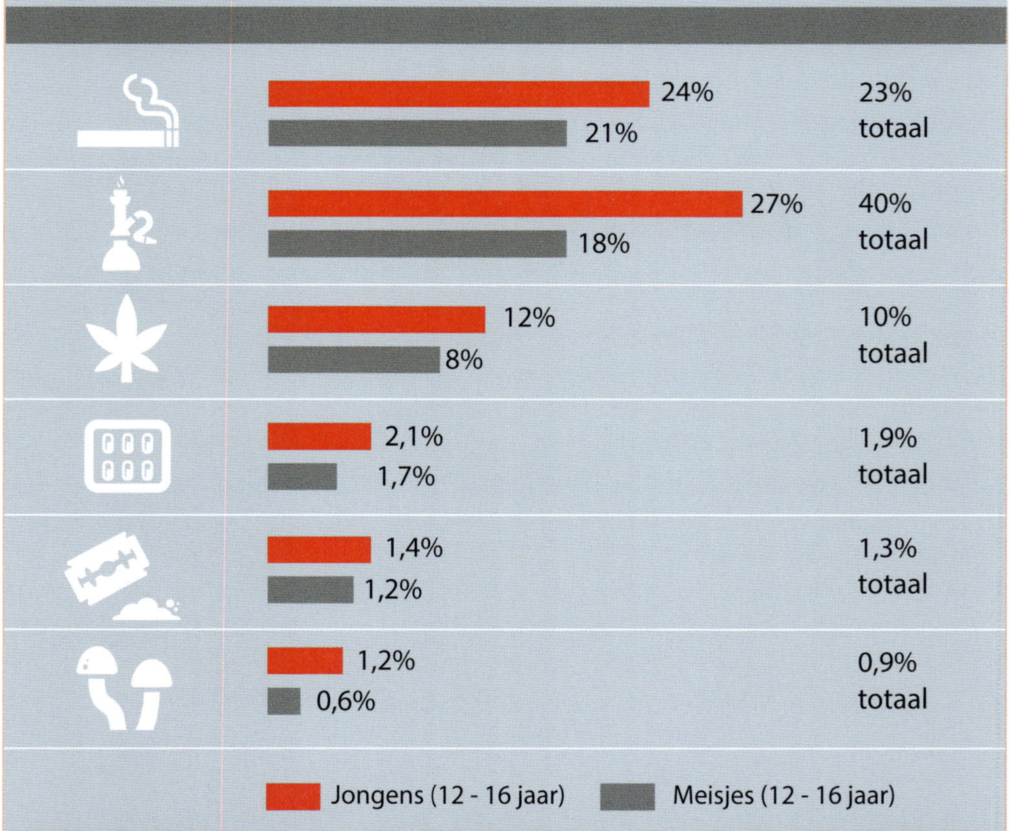

(Bron: Trimbos Instituut, 2015)

BELASTEND BEWIJS

Tegen drank en drugs voor jongeren bestaat steeds meer overtuigend bewijs, zodat geen ouder meer hoeft te twijfelen aan het nut van grenzen. Alcohol heeft een remmende werking op de ontwikkeling van de hersenen. Na overmatige consumptie kunnen hersencellen afsterven. Ook duurt het bij jongeren langer voordat het gevolg (dronkenschap) zich openbaart, waardoor ze langer doordrinken dan volwassenen. Dit is een van de verklaringen voor excessen als bingedrinken en comazuipen.
Bovendien blijkt uit onderzoeken dat jonge adolescenten door hun onvoltooide hersenontwikkeling vatbaarder zijn voor snelle en hardnekkige verslaving. De prefrontale cortex staat in deze leeftijdsfase meer in contact met de beloningsgebieden in het brein. Daardoor blijft de herinnering aan een verslavend middel als cocaïne of alcohol sterker en dieper hangen. Zo sterk dat afkicken niet helpt. Onderzoekers adviseren hier rekening mee te houden bij de behandeling van jongverslaafden: ze hebben langdurige therapie nodig en misschien zelfs wel een andere aanpak, met 'tegenbeloningen' om de herinnering aan de drugs uit te wissen.

VERBIEDEN IS EFFECTIEF

Ouders hebben in de beweging van afnemend genotmiddelengebruik een grote rol gespeeld. Tien jaar geleden ging het er in discussies meer om of je kinderen niet beter in je eigen huis met drank kon leren omgaan in plaats van ze een totaalverbod op te leggen en ze op die manier naar de kroeg of zuipkeet te jagen. Liever open en duidelijk dan stiekem gedrag stimuleren, redeneerden veel ouders.
Sinds 2007 spraken diverse campagnes ouders heel direct aan op hun verantwoordelijkheid door uit te leggen dat het simpelweg verbieden van alcohol meer zoden aan de dijk zet dan alleen voorlichting.
Ouders hebben veel meer invloed op het drinkgedrag van hun pubers dan ze zelf beseffen. Duidelijke grenzen stellen en een goede communicatie met hun kinderen kan ervoor zorgen dat hij of zij niet vervalt in (excessief) drinkgedrag en gebruik van andere middelen. Ook al ben je er niet altijd bij…

JAPIE KREKEL

De meeste ouders onderschatten structureel hun invloed. Kinderen zullen nooit toegeven dat ze beter naar hun ouders luisteren dan hun ouders denken en het werkt deels ook onbewust. 'Heeft het zin om je kinderen grenzen te stellen?' vragen heel veel ouders zich af. 'Iedereen weet toch dat pubers op een gegeven moment dingen uit gaan proberen?' Jazeker. Maar als een meisje van 12 altijd van haar moeder te horen heeft gekregen dat ze nooit moet gaan roken, zit dat toch in haar hoofd. Op haar 12e zal ze dat vanzelfsprekend vinden, maar inderdaad, op haar 15e steekt ze misschien toch met een vriendin in het fietsenhok achter de school haar eerste sigaret aan. Op dat moment hoort ze in haar hoofd de stem van haar moeder, als een soort Japie Krekel: 'Dat mag eigenlijk niet! Roken is slecht!' Dat weerhoudt haar niet van haar eerste sigaret, maar zorgt er wel voor dat ze voelt dat ze een grens over gaat. Haar vriendin met wie ze het pakje sigaretten heeft gekocht, heeft misschien ouders die nog nooit hebben laten weten dat roken of drinken voorlopig verboden is. Zij gaat op dat moment voor haar gevoel geen grens over. De kans is vrij groot dat het eerste meisje veel terughoudender zal zijn bij de volgende sigaretten. Terwijl haar vriendin, zonder Japie Krekel in haar hoofd, veel verder gaat in het verkennen van grenzen. Iets wat in die leeftijdsfase niet ongewoon is: doorgaan tot je wel een grens tegenkomt. En wanneer is dat? Als je een pakje per week rookt? Als je begint aan blowen, omdat je ouders wel een standpunt hebben over drugs? Het geheim is om op tijd te beginnen met duidelijk zijn. Kinderen mogen op de basisschool al weten dat hun ouders vinden dat er tot een bepaalde leeftijd niet gerookt en gedronken mag worden. Wees duidelijk in je grenzen. Als je vindt dat iemand tot 18 jaar niet moet drinken, dan is het een vreemd signaal om je zoon van 16 met carnaval opeens wel een biertje te geven. Want dan is de boodschap: als ik nu een glas bier mag drinken, dan is het ook op andere momenten vast niet zo erg. En weg is Japie Krekel.

BINGE DRINKEN

Vanaf 2010 kwam er steeds meer aandacht voor de trend van bingedrinken, het excessief drinkgedrag waardoor regelmatig jongeren na een avondje stappen of een feestje bij iemand thuis al dan niet stiekem een paar flessen wodka leegdrinken en op de intensive care belanden. Gelukkig neemt ook bingedrinken af. In 2015 heeft 18 procent van de scholieren (12-16) de afgelopen maand bij één gelegenheid vijf of meer glazen alcohol gedronken; in 2003 betrof dit nog 43 procent van de jongens en 38 procent van de meisjes.[24]
Langzaamaan veranderde de norm over jongeren en alcohol, wat zich uitte in strenger beleid vanuit de overheid en de horeca en de detailhandel, maar ook vanuit scholen. En zo groeit nu een groep middelbare scholieren op die niet beter weet of er zijn blaastesten bij de ingang van het schoolfeest en tijdens schoolexcursies.
Natuurlijk komt alcoholconsumptie nog altijd voor onder de 18 jaar, en ook boven de 18 jaar drinken veel jongeren meer dan goed voor hen is. Maar het gegeven dat we in zo'n relatief korte tijd het gedrag van jongeren hebben kunnen veranderen, geeft maar weer aan hoe beïnvloedbaar jongeren in feite zijn. Als je sociale omgeving verandert, verander jij als jongere mee. Je weet niet beter.

NIET ZONDER KENNIS EEN FLES WODKA LEEGDRINKEN

Ninette van Hasselt is Programmahoofd 'Jongeren en Riskant Gedrag' bij het Trimbos Instituut.

'De laatste jaren zien we de vrijetijdsbesteding van jongeren sterk veranderen doordat ze veel tijd online doorbrengen. Hierdoor nemen diverse vormen van riskant gedrag – alcohol en drugs, maar ook criminaliteit en overlast – bij jongeren af.

Sinds een paar jaar starten jongeren later met alcohol. En dat is pure winst, want we weten dat kinderen die voor hun veertiende al drinken een groter risico lopen op verslaving. Veel drinken op jonge leeftijd zorgt ook voor een groter risico op geweld, verkeersongevallen en ongewenste seksuele ervaringen. Deze verschuiving vasthouden is echter niet eenvoudig. Want in de basis associëren we alcohol algauw met gezelligheid, feestjes en anderen ontmoeten. Bovendien, als jongeren eenmaal alcohol gaan drinken, drinken ze niet minder dan voorheen. Tussen het 16e en 26e jaar zien we het meeste risicovol gedrag.

Ouders kunnen veel doen om hun kind te begeleiden bij deze uitdagingen. Zeker als ze weten dat hun kind zichzelf minder goed kan reguleren. Extra risico lopen met name degenen die impulsief zijn of sensatie zoeken, twee elementen die in de puberteit sowieso bij alle jongeren extremer aanwezig zijn.

Er is niet één recept voor een goede opvoedvoeding, maar er zijn wel succesvolle ingrediënten die horen in een gezonde opvoedsaus. Het begint met duidelijkheid: regels stellen en die regels ook monitoren. Zeg bijvoorbeeld: 'Ik wil dat je om één uur thuis bent en laat dan nog even je neus zien'. Belangrijk is verder dat er ruimte is voor een gesprek. Het is heel waardevol als je kind uit zichzelf vertelt wat het bezighoudt. Dat gebeurt het vaakst in situaties waarin je elkaar niet hoeft aan te kijken. Maar dat soort 'terloopse' momenten kun je als ouder soms ook creëren: samen de hond uitlaten, in de auto of op de fiets, of nog even een gesprek op de rand van het bed. Goede gesprekken dragen bij aan introspectie.

Ouders leggen vaak de nadruk op sociale druk en zeggen 'doe niets tegen je wil'. Terwijl die sociale invloed vaak subtieler is. In een bepaalde omgeving, zoals een festival, is de kans groter dat je zelf ook dat pilletje of dat drankje wilt. Soms – maar het varieert per festival – is het bijna vanzelfsprekend.

Wat me verder opvalt, is dat we weinig met jongeren over feitelijkheden praten. Wat doet alcohol in je lijf? Wat maakt het uit of je groot of klein, jongen of meisje bent? Wat bedoelen we met één glas? Dan gaat het niet om 'leren drinken', maar om feitenkennis. Zodat jonge meiden niet zonder kennis een fles wodka leegdrinken.

En benadruk dat je altijd bereikbaar bent. Ze kunnen je maar beter bellen en hulp vragen als een vriend op een feestje bewusteloos raakt. Vaak gaan er dingen mis doordat jongeren niet in één sloot, maar in vijf of zeven sloten tegelijk lopen.'

HET OVERACTIEVE BELONINGSCENTRUM EN DE FRUITMACHINE
Het emotionele deel van het brein ontwikkelt zich sneller dan het controlerende en sturende deel. De eerste is gevoelig voor de positieve gevolgen van gedrag, de tweede (de prefrontale cortex) voor de negatieve gevolgen. Linda van Leijenhorst van het Brain & Development Lab in Leiden liet jongeren van verschillende leeftijden (11-12, 14-15 en 18-24 jaar) naar een fruitmachine kijken en bestudeerde hun hersenactiviteit terwijl ze een spelletje speelden. Bij een fruitmachine betekent drie keer hetzelfde fruit winst. Bij alle jongeren reageerden de beloningsgebieden in de hersenen erg actief. Bij 11- tot 15-jarigen reageren die beloningsgebieden ook op het vooruitzicht op een mogelijke beloning (als na twee keer draaien twee keer hetzelfde fruit verschijnt en winst in zicht lijkt). Bij verlies was het juist omgekeerd: het deel van de prefrontale cortex waar negatieve consequenties worden verwerkt was bij 11- tot 15-jarigen niet actief, maar bij jongvolwassenen wel. Conclusie: jongeren van 11 tot 15 jaar zijn sterk gevoelig voor beloning en niet voor verlies. Bij de oudere groep van 18 tot 24 is dit effect niet aanwezig.[25]

2.7 Slapen

'Mijn bed is mijn paradijs, heerlijk zacht en warm, met veel kussens. Ik woon echt in mijn bed. Ik gebruik het om te chillen, lezen, Netflixen, Facetimen, huiswerk maken en o ja, ook voor slapen.' (Jonah, 16 jaar)

Een belangrijke bezigheid en tijdverdrijf in de thuissituatie is slapen. Een goede nachtrust is essentieel voor het puberbrein. In je dromen sla je informatie, indrukken en signalen die je in de loop van de dag hebt verzameld, efficiënter op. Deze informatie wordt 's nachts overgebracht van je hippocampus naar het langetermijngeheugen, de neocortex, zodat je haar op een later moment kunt terughalen.
Slaaptekort kan leiden tot achteruitgaande schoolprestaties, maar ook tot achteruitgang van het concentratievermogen de (psychische) gezondheid en agressief gedrag. Ook is er een relatie tussen slaaptekort en overgewicht en ontstaat er een verhoogd risico op alcohol- en drugsmisbruik als jongeren te weinig slapen.
Hoewel we weten dat de ene jongere meer slaap nodig heeft dan de andere, laten studies zien dat naar schatting tweederde van de Nederlandse jongeren minder slaapt dan de 9,2 uur per nacht, die volgens universele richtlijnen worden aanbevolen. 20 procent van de jongeren tussen de 12 en 19 jaar heeft zelfs een chronisch slaaptekort. Een derde van de 16-jarigen en ruim een kwart van de 14-jarigen heeft slaapproblemen.[26]
Voor jongeren is genoeg slapen vaak extra moeilijk: gedurende de puberteit schuift hun biologische klok van nature al iets naar achteren, omdat hun brein op een steeds later tijdstip

het slaaphormoon melatonine aanmaakt. Zo kunnen ze steeds langer wakker blijven, terwijl ze wel 's ochtends op hetzelfde vroege tijdstip weer op school worden verwacht.
Veel jongeren hebben ook last van vermoeidheid doordat hun slaapritme verstoord raakt door het zogenaamde blauwe licht in de LCD-schermen van smartphones, tablets, televisies en computers. Wat wij als wit en kleurloos licht waarnemen, zit in het spectrum van blauw licht dat de zon ook uitstraalt. Alle beeldschermen stralen voortdurend datzelfde blauwe licht uit, waardoor de menselijke biologische klok verstoord kan raken. Ons bioritme wordt aangestuurd door de hypothalamus die de pijnappelklier in de hersenen activeert om melatonine aan te maken. Blauw licht verhindert de aanmaak van dit slaaphormoon. Door tot vlak voor het slapen gaan in blauw licht te kijken, vallen mensen moeilijker in slaap. Omdat veel jongeren dus al last hebben van een verschuivend slaap-waakritme, raakt hun biologische klok hierdoor nog meer van slag. Veel deskundigen adviseren dan ook om minstens één uur voor het slapengaan niet meer naar een beeldscherm te kijken.

SLAAPPARADOX

Vanuit Youngworks gingen we onlangs in opdracht van de Hersenstichting in gesprek met jongeren van 12 tot 15 jaar, én hun ouders, over hun slaapgedrag en -beleving.[27] De gesprekken die we voerden over slaap maakten duidelijk dat de meeste jongeren positieve associaties hebben bij slapen. Ze vinden slapen een fijne bezigheid en voelen zich veel beter als ze goed zijn uitgerust.
Jongeren zijn ook redelijk bekend met slaaphygiëne – hoeveel uur slaap heb je nodig, wat moet je wel en niet doen om in slaap te vallen – maar handelen er vaak evengoed niet naar. Zo weten vrijwel alle jongeren inmiddels dat blauw licht van smartphones en tablets negatief werkt voor je slaap. Maar – en hier zien we een slaapparadox – de meeste jongeren zijn ervan overtuigd dat het verband tussen je mediagedrag en je slaappatroon niet voor henzelf geldt. De verleiding om 's avonds nog éven met je vrienden in contact te staan of nog nét die volgende aflevering van Netflix te kijken voor je je ogen sluit, is simpelweg te groot.

Om zich heen, bij zichzelf en anderen, merken ze regelmatig de gevolgen van te weinig slaap. Denk aan je chagrijnig voelen, veel moeten gapen of niet kunnen opletten in de les. Maar – en daar komt het puberbrein om de hoek kijken – ze koppelen dit niet aan hun eigen slaapgedrag.

'Een meisje in onze klas ligt altijd te slapen, dan gooit ze haar lange haar over haar armen heen en gaat slapen.' **(Nadia, 15 jaar)**

Zelf beslissen over je slaaptijd raakt natuurlijk ook bij uitstek aan autonomie. Want met overdag vaak 'moe zijn' en diep in de nacht appjes versturen laat je aan leeftijdgenoten zien dat jij zelf, zonder bemoeienis van je ouders, beslist wanneer je gaat slapen. Dat verschaft je status in de *peergroup*, in tegenstelling tot je klasgenoten die met hun brave gedrag goed uitgerust in de klas zitten.

Met al die uitdagingen die spelen rondom slaap is het belangrijk dat ouders hun tienerkinderen ondersteunen in gezond slaapgedrag door goede slaapgewoonten te bekrachtigen. Bedenk hoe je de beeldschermen uit de slaapkamers van opgroeiende kinderen kunt weren. Stimuleer kinderen om één à twee uur vóór het slapengaan hun beeldschermen weg te leggen en iets rustgevends te doen. Sommige ouders maken strenge afspraken, of sluiten zelfs een contract met hun kinderen op het moment dat ze een eigen smartphone of tablet krijgen. Ze leggen vast wanneer ze die wel en niet mogen gebruiken en dat het device 's avonds niet mee de slaapkamer in mag. Ouders die rond het begin van de middelbare school dat gesprek nog niet hebben gevoerd, moeten niet verbaasd zijn als hun pubers een paar jaar later tot diep in de nacht zitten te netflixen of een deel van hun tijd in bed online doorbrengen.
Stimuleer verder dat je kind ongeveer rond hetzelfde tijdstip gaat slapen, ook in het weekend. De notie dat je in het weekend de slaapachterstand die je doordeweeks hebt opgedaan weer bijslaapt, is een mythe. Ook een donkere kamer, frisse lucht en een temperatuur van maximaal 18 graden bevorderen de slaapkwaliteit.[28]

ZET JONGEREN AAN HET DENKEN

Justine Pardoen, oprichter Bureau Jeugd & Media, auteur van het boek 'Focus!'

'Opvoeders zeggen vaak dat jongeren niet meer willen praten, maar dat komt doordat ouders en docenten niet praten, maar preken. Als je ze 'echte' vragen stelt, waarbij ze ontdekken wat ze denken, voelen en willen, willen ze wel in gesprek. Stel vragen waardoor ze aan het denken worden gezet en houd je eigen oordeel in. Een echte vraag is: als je het antwoord niet kunt opzoeken via Google; als je het antwoord zelf ook niet weet; als het geen verwijt is in de vorm van een vraag; als de ander bij zichzelf te rade moet gaan; als er geen goed of fout antwoord is; als het een vraag is die niet alléén met ja of nee beantwoord kan worden en als je zelf echt geïnteresseerd bent in het antwoord. Veel volwassenen stellen bijna nooit dit soort vragen aan jongeren. Het is ook best even oefenen, maar als het lukt, levert het veel op. Praten met jongeren is niet preken, maar echte vragen stellen. Alleen zo leren ze zichzelf kennen en komen ze terug om meer en maak je ze verantwoordelijk en autonoom.

We moeten jongeren onderwijzen in internetgebruik. Gelukkig worden scholen verplicht om in 2021 Digitale Geletterdheid op te nemen in het leerplan, waar mediawijsheid onder valt. Docenten denken vaak: 'onze leerlingen weten meer dan wij', maar dat is niet zo. Veel jongeren doen maar wat en juist het verschil tussen bewust en 'bewusteloos' mediagebruik is waar het om gaat. Alle aspecten van digitale geletterdheid vind ik belangrijk, maar met mediawijsheid hebben docenten het meeste moeite. Het doel van mediawijsheid is niet het voorkomen van problemen, maar het benutten van mogelijkheden. Het gaat erom dat je leerlingen voortdurend moet vragen: wat doe je online, is dat ook wat je wilt? Welk effect hebben media op jou? Welke ambities en doelen heb je en hoe zet je media in om je doelen te bereiken? Nadenken over wie je bent en wat je voelt, denkt en wilt, over wat écht is en wat niet, is iets wat jongeren graag doen. Maar alleen als ze daar op een goede manier toe worden uitgedaagd en niet op hun kop worden gezeten.

Na een les over mediawijsheid kreeg ik een keer drie jongens naar me toe die graag wilden dat ik naar hun filmpje keek. Bleek dat ze gefilmd hadden hoe de ene jongen een meisje tegen een hek duwde en een ander haar zo'n beetje aflikte. Ze wilden weten wat ik daarvan vond. In feite kwamen ze bij mij om gezien te worden, zodat ik met hen een gesprek zou hebben over de grens die ze overgegaan waren. Pubers doen eerst iets en denken er dan pas over na, maar snakken naar gesprekken waardoor ze aan het denken gezet worden. Simpelweg horen dat het fout is wat ze doen, daar bereik je ze niet mee. Scholen kunnen dit soort gesprekken ook voeren aan de hand van maaklessen: leer ze een website maken, video's maken en monteren, leer ze ondertussen over de grenzen van de wet, met privacy, auteursrecht. Til ze op in wat ze zelf willen leren. Daag ze uit. Ze steken ontzettend veel op van hun leeftijdgenoten, van wat ze zien op YouTube, maar ze hebben ook nog leiding nodig van volwassenen. Die blijft vaak achterwege als het om internet gaat. Daarmee laten we kansen liggen, ook in het onderwijs.

2.8 In gesprek blijven, lesjes moraal

'Mijn moeder moet echt met iedere zwerver die ze tegenkomt een praatje maken. Alsof het een vriend is. Ik schaam me dood.'
(Sherida, 14 jaar)

IK OF DE ANDER?

Pubers kunnen de gevolgen van hun eigen gedrag misschien nog niet zo goed inschatten, maar de gevolgen van hun gedrag voor anderen kunnen zij nóg minder overzien. Empathie en voorstellingsvermogen zijn nog niet volop ontwikkeld in het puberbrein. Jongeren voelen hun eigen pijn heel snel en soms overdreven scherp, maar die van een ander is moeilijker voor te stellen. Aan de andere kant: áls het hen raakt, dan raakt het hen ook hard. Jongeren kunnen ook heel zwart-wit zijn in hun keuzes voor de ander: van de ene op de andere dag komt er geen stuk worst hun mond meer in en worden ze niet alleen donateur, maar ook meteen de meest actieve voorvechter van het door hen uitverkoren goede doel.

Iedere ouder wil empathie en voorstellingsvermogen bij zijn kinderen aankweken. Maar een paar lesjes moraal zetten geen zoden aan de dijk. Rekening houden met anderen is bij uitstek een kwestie van lange adem en een gebied waarop ouders – daar is-ie weer - een voorbeeldrol vervullen. Sta je zelf op voor een zwangere vrouw in de tram? Doe jij boodschappen voor een invalide buurman, ook al is hij praatgraag en eigenlijk onuitstaanbaar? Het is ook een gebied dat vraagt om systematisch opvoeden. Elk kind pikt weleens een chocoladereep uit de winkel, maar niet elk kind moet die reep van zijn ouders gaan terugbrengen. Iedere jongere laat weleens een vriend of vriendin als een baksteen vallen, maar niet iedere jongere wordt daarop door zijn ouders aangesproken.
Volgens hoogleraar jeugdpedagogiek Micha de Winter zijn empathie, geweten en altruïsme het best aan te kweken met een opvoedingsstijl die affectie combineert met duidelijke grenzen, veelvuldig uitleggen en een zuinig gebruik van machtsmiddelen.[29] Als je kinderen maar consequent uitlegt wat de gevolgen van hun handelingen zijn voor anderen en hoe anderen dat ervaren, ontstaat bij hen vanzelf een soort 'script' dat hun gedrag van binnenuit reguleert. Geleidelijk aan is minder uitleg nodig en zorgt de wens om schuldgevoelens te voorkomen dat kinderen hun sociale gedrag op anderen afstemmen. Het gedrag van ouders luistert hier nauw, waarschuwt De Winter. Reageer je te streng, dan worden kinderen zo angstig of boos dat ze niet meer kunnen luisteren. Ben je niet streng genoeg, dan word je genegeerd. Precies genoeg druk is dus het devies. Het gaat erom, zegt De Winter, jongeren te leren verantwoordelijk te zijn voor hun eigen daden. En dat is een kwestie van laten ervaren. En van praten, veel praten. Bewuste burgers kweek je aan de keukentafel.

JA, MAAR

Jongeren in de adolescentie leren steeds beter redeneren, zegt ontwikkelingspsycholoog Michiel Westenberg, en ze vinden het heerlijk hun ouders uit te dagen en klem te praten. 'Ja, maar gister zei je iets heel anders' of 'Jij doet het zelf toch ook!' Westenberg: 'Wat dat betreft zijn het geboren sofisten. Ouders kunnen dat niet altijd waarderen, maar het is een uiting van een duidelijke vooruitgang in het denken.' In feite trainen pubers door al dat tegenspreken hun frontaalkwab.

Waar we met kinderen te veel redeneren als ze daar nog niet aan toe zijn, doen we dat met jongeren eerder te weinig. Want de puberteit is eigenlijk de ideale periode om met kinderen te praten over ethische dilemma's. Hoe concreter, hoe beter. Daarbij is het belangrijk dat vanuit je eigen perspectief te doen: wat vind je zelf dat kan en niet kan, waar voel jij je soms schuldig over?

VIJF WOORDEN VOOR EEN FANTASTISCH GESPREK

In gesprekken tussen jongeren en volwassenen – ouders, docenten, coaches – zie je maar al te vaak dat vooral de volwassene aan het woord is en jongeren alleen nog maar mompelend ja of nee zeggen. Met goedbedoelde adviezen of gesloten vragen overstemmen we zo algauw de tiener die nog wat halve zinnen stamelt. Wil je een goed gesprek waarbij je erop uit bent om vooral jongeren aan het woord te laten? Durf dan vooral stiltes te laten vallen en stel alleen maar heel korte vragen. Met de onderstaande vijf woorden kun je de beste gesprekken voeren, zonder dat je in de valkuil trapt om alles in te vullen voor je gespreksgenoot.

STRENG MAAR LIEFDEVOL

Opgroeien als jongere in deze tijd is niet altijd eenvoudig, maar het opvoeden van diezelfde jongeren al evenmin. De autoritaire opvoeding heeft als reliek uit de jaren vijftig allang afgedaan. Maar uit dit hoofdstuk blijkt dat dit ook geldt voor de toegeeflijke, vrije opvoeding die hierop regelmatig de reactie was. De kunst is het vinden van een balans tussen aandacht en vrijheid, tussen grenzen stellen en liefdevol zijn.

Er gaan de laatste jaren steeds meer stemmen op voor de autoritatieve opvoeding; een opvoeding met grenzen die slechts tot op zekere hoogte onderhandelbaar zijn, maar altijd bespreekbaar. Hoogleraar Micha de Winter zegt dan ook: 'Geen grenzen stellen aan kinderen werkt averechts. Je schept dan niet een bepaalde veiligheid, een marge waarbinnen ze kunnen experimenteren. Dat experimenteren doet elke puber. Autoritatief is niet alleen autoritair zijn en grenzen stellen, maar vooral ook uitleggen waarom die grenzen nodig zijn.' Het gaat om consequent zijn in het vasthouden aan die regels, ook als dat je als ouder op het moment even wat minder geliefd maakt.

Ouders hebben tegenwoordig een mate van betrokkenheid bij het leven van hun kind en een belang bij hun prestaties die ongekend zijn in de moderne geschiedenis. En dat is niet altijd makkelijk. Denk als ouder als het even tegenzit aan de langere termijn. Want jongeren die autoritatief worden opgevoed, voelen zich uiteindelijk het gelukkigst en presteren het best. Zij maken vaker hun huiswerk, halen betere cijfers, spijbelen minder en worden minder vaak geschorst van school. Op deze manier is de rol als plaatsvervangende frontaalkwab nog helemaal niet zo ondankbaar.

TIPS VOOR OUDERS

1. Blijf betrokken

Veel ouders, die bij hun kinderen op jonge leeftijd een heel actieve rol innamen, trekken zich terug als hun kind de puberteit bereikt. Het blijft echter belangrijk, misschien nog wel meer dan ooit, om betrokken te zijn bij het wel en wee van je kind. Je hebt meer invloed als opvoeder dan je denkt. Je bent zowel Japie Krekel, plaatsvervangende frontaalkwab, als het rolmodel voor je kinderen. Word actief binnen school, ga eens kijken bij die voetbalwedstrijd. Leer de vrienden van je kind kennen. Breng samen tijd door.

2. Bied structuur

Allereerst hebben kinderen liefde nodig van hun ouders. Een goede tweede is structuur. Jongeren worden vaak overschat. Maak bijvoorbeeld afspraken over planning en huiswerk (vaste tijden, regelmaat). Bedenk dat structuur bieden en ondersteunen niet hetzelfde is als streng zijn. Belangrijk is dat je duidelijk en consequent bent. Voer liever 1 x een goed gesprek over het opruimen van de kamer op een geschikt moment, dan 10 x te 'zeuren'.

3. Stel grenzen en houd je daar ook aan

Bepaal wat je goede grenzen vindt voor je kind, bijvoorbeeld bij onderwerpen als alcohol en drugs, uitgaan of activiteiten met vrienden. Leg je kind goed uit waarom je deze grens stelt. Naarmate je kind beter wordt in het redeneren, volstaat het tegenargument 'omdat ik het zeg' steeds minder. Blijf met elkaar in gesprek.

Verruim de grenzen naarmate je kind zich rijper gedraagt. En als je kind die nieuwe vrijheden nog niet aankan, trek de teugels dan weer strakker aan, trotseer protesten en probeer het over een paar maanden nog eens. Laat het niet bij die ene poging.

4. Geef het goede voorbeeld

Kinderen pikken veel gedragingen en opvattingen op door te spiegelen. Wil je niet dat je kinderen drinken, roken of tot diep in de nacht naar een beeldscherm staren? Vertoon dan zelf ook het gewenste gedrag. Spreek bijvoorbeeld af dat niemand een telefoon mag gebruiken tijdens het eten.

5. Stimuleer zelfstandigheid

Veel ouders verwarren de drang naar meer zelfstandigheid van hun tiener met rebellie, ongehoorzaamheid of disrespect. Het is gezond als adolescenten pushen voor meer autonomie. Geef je kind de ruimte om te leren meer zelf te doen en weersta de verleiding alles te blijven controleren. Laat los.

6. Let op de 'voeding'

Belangrijk zijn de fysieke randvoorwaarden, zoals voldoende licht en zuurstof, beweging, water en voeding (ontbijten!) en slaap. Met een lege maag en te weinig slaap nemen pubers minder informatie op.

7. Creëer momenten om te praten

Veilig kunnen praten met je ouders is belangrijk voor jongeren. Voor meisjes is 'er echt voor gaan zitten' vaak een goede manier. Zij vinden het fijn als er aandacht is, ouders geïnteresseerd zijn en het gezellig is. Veel jongens willen liever geen directe confrontatie. Een goede manier om aan het praten te raken is samen iets doen (in de tuin werken, sporten, in de auto rijden, samen achter de computer).

8. Creëer verbinding

Als je verbinding maakt met je kinderen, vergroot dat hun motivatie en betrokkenheid. Een positieve omgeving activeert namelijk de aanmaak van oxytocine (het 'knuffelhormoon'). Hierdoor voelt iemand zich gemotiveerd om zich positief op te stellen en een bijdrage te leveren aan een goede relatie met de ouders. Belangrijk is: interesse, sociale acceptatie, persoonlijke waardering, complimenteren, belonen. Focus op de positieve kanten en de kwaliteiten van je kind.

9. Ken de vrienden van je kind

Weet met wie je kind omgaat. Praat daarom regelmatig over vrienden en vriendinnen (online en in de fysieke wereld!). Zorg dat kinderen zich thuis welkom voelen met hun vrienden. Bedenk wel dat betrokkenheid goed is, maar gun ze ook hun privacy.

10. Toon interesse in hun online wereld

De meeste jongeren zijn gemiddeld 3 uur per dag online. Laat ze zelf vertellen wat ze dan precies doen. Hoe was het vandaag online? Kijk eens mee bij een game die ze vaak spelen of een vlogger die ze volgen. Probeer niet de expert te zijn maar wees oprecht geïnteresseerd. Je kinderen weten mogelijk meer dan jij.

Raaf (12 jaar), klas 1 VWO, Amsterdam

3. Onderwijs

Het puberbrein in de klas

Er gaapt een kloof tussen pubers en school. En dat is intrigerend. Want al wijzen allerlei tekenen erop dat je in de adolescentiefase extreem goed bent toegerust om te leren; jongeren slepen zich doorgaans met frisse tegenzin naar school.
Kennis over het puberbrein kan ons helpen om beter te begrijpen hoe leren werkt, zodat we met die kennis leerlingen beter kunnen begeleiden en motiveren. Want nu we weten dat ze flexibel zijn in het aanwenden van hun cognitieve vaardigheden, afhankelijk van de context en hun motivatie, kunnen we daar ook op inspelen. En zo ontstaat een scheutje Pokon voor het puberbrein!

'Ik vind school de hel. Ik heb nooit zin om erheen te gaan. Mijn moeder moet me elke ochtend wel drie keer wakker maken. Ik vind het gewoon niet interessant, al die lessen. Wat ik daar leer heb ik allemaal toch niet nodig. De pauzes zijn dit jaar wel oké, ik heb veel vriendinnen. Maar vorig jaar mochten we niet eens het schoolplein af om te chillen.' (Nova, 15 jaar)

3.1 Hoe leren we?

In de Bibliothèque National de France in Parijs bevindt zich een serieprenten op ansichtkaartformaat uit 1910 waarin de Franse kunstenaar De Villemard zijn kijk verbeeldde op het jaar 2000. De prenten vormen een soort sciencefiction uit het verleden; de inmiddels meer dan honderd jaar oude prenten tonen futuristische ideeën over de toekomst van het alledaagse leven: hoe vervoeren we ons, hoe bouwen we onze huizen en wat eten we? Ook over het onderwijs van de toekomst legde De Villemard zijn ideeën vast in een prent. We zien een schoolklas met louter jongens in kaarsrechte houding in houten schoolbanken, zo op het eerste oog een traditionele onderwijssetting uit die tijd. Maar het lokaal kent een noviteit: uit het plafond komen kabels met daaraan een soort koptelefoons die de leerlingen op hun hoofd zetten. De jongens zitten stil en schrijven niets op. Rechts gooit een docent boeken in een machine die ze vermaalt, een leerling draait aan een groot rad. In de toekomst, zo was de gedachte van De Villemard, hoefden leerlingen maar in te pluggen en hun hersenen zouden automatisch worden verrijkt met de nieuwste kennis. Een gedachte die in beschouwingen over de impact van internet en in hedendaagse sciencefiction nog regelmatig de kop opsteekt.
We weten inmiddels hoe utopisch dit idee is. Ongekende hoeveelheden informatie en

prikkels komen dagelijks tot ons. Maar toegang hebben tot informatie is iets heel anders dan iets leren, dan kennis verwerven.
Iets leren kost moeite. Zo simpel is het. Zeker, ons brein is erop toegerust om signalen op te pikken en te analyseren. Dat doen we van nature, spontaan, de hele dag door als we wakker zijn. We denken na en we leren, liefst met anderen. Maar we versimpelen de boel te veel als we uitgaan van een voortdurende nieuwsgierigheid naar al die signalen die tot ons komen. De waarheid is dat we niet de hele dag overal inspanning en focus voor willen of kunnen aanwenden. En zonder nu te beweren dat mensen van nature lui zijn, is het goed om te beseffen dat we heel selectief zijn in datgene waar we onze aandacht en inspanning aan geven. Om te beginnen filtert het brein op nieuwe informatie. Zintuiglijke informatie die binnenkomt wordt tijdelijk in ons werkgeheugen opgeslagen. Daar verwerken de hersenen die informatie door haar te vergelijken met bestaande herinneringen. Het brein gaat namelijk heel efficiënt om met schijfruimte. Dus als de informatie overeenkomt met bestaande herinneringen en niets nieuws oplevert, wordt deze afgedaan als overtollig. Mocht de informatie nieuw zijn, dan wordt zij getransporteerd naar andere plekken in het brein. Het brein is kortom geprogrammeerd om speciale aandacht te besteden aan nieuwe informatie. Dat is wat leren in de basis ook is: nieuwe informatie verwerven.

WERKGEHEUGEN IN ONTWIKKELING

In ons werkgeheugen houden we informatie actief in gedachten. Denk aan het onthouden van een telefoonnummer of naam. Vanaf een jaar of twaalf kunnen jongeren informatie net zo goed opslaan en letterlijk reproduceren - binnen vijftien seconden - als volwassenen. Lastiger wordt het als het werkgeheugen informatie moet organiseren. Bijvoorbeeld als je een letterreeks moet onthouden en die na zes seconden in alfabetische volgorde moet herhalen. Verschillende gebieden in de frontale cortex werken dan mee om informatie te verwerken. Bij dergelijke complexere taken zien we dat jongeren in de adolescentie steeds beter gaan scoren.[1]
Goed om je te realiseren dat deze verbetering van werkgeheugen doorwerkt in allerlei opdrachten voor school of studie, maar ook in het plannen daarvan.

MOEITE DOEN

Vervolgens moeten we moeite doen om iets te leren. Leren vraagt een gerichte concentratie, we moeten controle uitoefenen door bepaalde signalen te negeren en ons te focussen. Bij het bepalen van die focus en inzet varen leerlingen op hun persoonlijke motivaties en aangegane doelen: Hoe graag wil ik dit bereiken? Wat gaat deze inspanning me eigenlijk opleveren? Kortom, hoe hard ga ik hier mijn best voor doen?
In die afweging van kosten en baten speelt nog een element mee: *self efficacy*, ofwel zelfeffectiviteit; het vertrouwen dat jij hebt dat je zult slagen in de concrete taak die voor je ligt. Als je iets nieuws leert of probeert, weet je nog niet of je succesvol gaat zijn. Maar al is de uitkomst van je inspanning onzeker, je hebt er op voorhand wel een idee bij.
Stel bijvoorbeeld dat je van jezelf weet dat je goed bent in atletiek, met name in de sprint.

Deze zelfeffectiviteit werkt door in jouw zelfvertrouwen of het je lukt vandaag honderd meter te rennen in minder dan twaalf seconden. In leerprocessen maak je voortdurend een afweging tussen de concrete uitdaging en de kans van slagen. En bij het antwoord op die vraag put je uit je geheugen: hoe gingen vergelijkbare uitdagingen je in het verleden ook alweer af? Zodra je weet dat je een eerdere uitdaging ook succesvol hebt doorlopen, geeft dat vertrouwen dat je dit keer wederom kunt slagen.[2]
Zelfeffectiviteit is een belangrijke voorspeller van leersucces. En het werkt als een positieve of negatieve spiraal waarin iemand terecht kan komen. Een meisje dat de afgelopen maanden steevast onvoldoendes haalt voor Frans, ontwikkelt een lagere zelfeffectiviteit voor Frans, wat doorwerkt in een lagere inzet. 'Het heeft toch geen zin'. Daardoor gaan de resultaten steeds verder naar beneden. Wat maar aangeeft hoe belangrijk succeservaringen zijn, hoe klein soms ook, om deze zelfeffectiviteit te keren.
Je hoort vaak dat kinderen van nature zo ongelooflijk nieuwsgierig zijn en dat het jammer is dat ze deze kwijtraken. Nieuwsgierigheid zorgt er immers voor dat iemand wil leren. Maar die gedachte – hoe aansprekend ook – vraagt de nodige nuancering. Ja, mensen zijn nieuwsgierig, maar niet tegen elke prijs. Hoezeer jongeren ook verknocht zijn aan hun mobiele telefoon, er zijn maar weinigen die uit zichzelf willen weten hoe zo'n smartphone eigenlijk werkt.
Leren vraagt ook niet een voortdurende nieuwsgierigheid naar nieuwe prikkels, maar juist doorzettingsvermogen. Leren op zichzelf is meestal niet leuk. Woordjes stampen, een wiskundige bewerking onder de knie krijgen; het vergt dat je ergens heel gericht aandacht aan geeft. Als jongeren het onderwerp dat ze 'moeten' bestuderen niet interessant vinden, is het best lastig om er toch energie in te steken. De uitdaging is om effectief te blijven leren, dus je hoofd er echt bij te houden. Veel jongeren zitten cosmetisch wel achter een boek of computer schoolwerk te doen, maar verliezen veel tijd doordat ze er met hun hoofd helemaal niet bij zijn. Ze moeten zichzelf rationeel dwingen tot bepaald gedrag in het licht van 'volwassen' lange-termijndoelen. In deze elementen van cognitieve controle worden jongeren gaandeweg steeds beter. Maar vanzelf gaat het niet.

Daarnaast gaat het ook steeds over de inschatting die iedereen maakt, als je ontdekt dat je iets nog niet weet of kan: in hoeverre is dat hiaat in kennis te overbruggen? Kan ik het leren? Zodra een hiaat voelt als een onoverbrugbare kloof – geen idéé hoe een smartphone werkt of hoe je iets moet programmeren – dan geven we het snel op. Maar als we zien dat bepaalde kennis relevant kan zijn en we ons tegelijkertijd ook kunnen voorstellen dat we die kennis of vaardigheden kunnen verwerven, kan nieuwsgierigheid ontstaan. Het is de uitdagende vraag die je kinderen vaak hoort stellen: 'Kan ik dat ook leren?' Zodra mensen ervan overtuigd zijn dat het ook voor hen haalbaar is, bijvoorbeeld omdat ze kunnen doorbouwen op een fundament, kennis die er al is, zijn ze bereid om iets echt te gaan onderzoeken, want het kost dan relatief weinig moeite. Voor een goed leerproces is het dus belangrijk om in behapbare stappen kennis te verzamelen die steeds aansluit op dingen die je al wist.
Jongeren overbruggen in hun onderwijsloopbaan vele hiaten en kloven en, gesterkt door succeservaringen en feedback, bouwen ze een reële zelfeffectiviteit op. Onderzoeken laten

zien dat het daarbij helpt als ze worden omringd en ondersteund door docenten en ouders die optimistisch en verwachtingsvol zijn: Je kunt het misschien nog niet…, maar je kunt het wel leren.

ALS EEN SPONS

Nienke van Atteveldt is cognitief neurowetenschapper bij de VU en is gefascineerd door het ontwikkelende brein.

'Je kunt het brein van kinderen en jongeren vergelijken met een spons. Het is, zoals wij hersenonderzoekers dat noemen, ervaringsverwachtend. Het heeft een overschot aan verbindingen en heeft impulsen nodig uit de omgeving om te 'weten' welke verbindingen veel worden gebruikt. Die verbindingen worden sterker; andere niet gebruikte verbindingen verdwijnen voorgoed. Want het brein filtert op overbodigheid. Neem een kind dat opgroeit in China of Japan met een moedertaal waarin de R-klank niet voorkomt. Als dat kind op latere leeftijd bijvoorbeeld Nederlands wil leren, dan kost het leren uitspreken van de R écht veel moeite.

Dit wil niet zeggen dat het brein niet meer kan veranderen als mensen ouder worden. Die plasticiteit van het brein, het vermogen om zich aan te passen aan omstandigheden, blijft deels wel bestaan. Maar mensen moeten steeds meer moeite doen om iets nieuws te leren naarmate ze ouder worden, om nieuwe kennis vast te houden. De spons verandert gaandeweg in een vergiet. En dan geldt ook nog dat de plasticiteit van het brein ervaringsafhankelijk is, dus sterk samenhangt met wat je wel en niet regelmatig hebt gedaan en doet in je leven.

Dat je hersennetwerken niet vastliggen maar dat je er zelf invloed op hebt door te blijven oefenen en proberen; dat vind ik een mooie en belangrijke boodschap. Zeker voor jongeren. We moeten benadrukken dat hun brein niet onaf is maar dat ze zich juist enorm kunnen ontwikkelen, door te leren en niet te snel op te geven. Ik zeg wel vaker: de allerbeste hersentraining voor jongeren is naar school gaan.

Tegelijk moeten we ook realistisch zijn; er zijn nu eenmaal verschillen tussen mensen. De een heeft meer aanleg voor taal, de ander voor bewegen; dat is de andere kant van het verhaal. Ieders ontwikkeling bevindt zich in een bandbreedte. Het gaat er vooral om dat je het optimale uit je eigen bandbreedte haalt.

Momenteel onderzoek ik de wisselwerking tussen de overtuigingen die leerlingen hebben over hun leervermogen (hun mindset), hoe hun hersenen omgaan met feedback en hun daadwerkelijke leerresultaten en motivatie op school. We volgen driehonderd leerlingen vanaf de brugklas.

Gelukkig is er steeds meer bewijs voor leerstrategieën die werken. Zoals het leren over langere tijd met tussenpozen en het leren met oefentoetsen. En er komen voortdurend inzichten naar voren over de invloed van docenten en ouders op jongeren. Met complimenten kunnen we – soms onbewust – beelden versterken. Het helpt niet om talent of intelligentie te brengen als iets dat vaststaat. Jongeren internaliseren dat met gedachten als 'zo ben ik nu eenmaal' of 'ik kan het toch niet'. Corrigeer dat liever met 'je kan het nóg niet'. Door jongeren steeds positief te benaderen en de nadruk te leggen op groei en inzet, kun jij als volwassene enorm veel verschil uitmaken.'

VERBINDING TUSSEN HERSENDELEN

Wat gebeurt er in de hersenen als je iets leert? In het eerste hoofdstuk beschreven we dat je brein bestaat uit circa honderd miljard zenuwcellen die onderling communiceren via elektrische signalen. Als je oefent – of het nu pianospelen, voetballen of hoofdrekenen is – worden de synapsen, de verbindingen tussen hersencellen die je daarbij nodig hebt, steeds sterker. Hoe meer je oefent, des te sterker worden die verbindingen en des te beter en efficiënter je de taak die je oefent kunt uitvoeren.
Een bekende metafoor spreekt over de geitenpaadjes in het brein. De eerste keer loopt een geit zoekend door het hoge gras, maar de twintigste keer is er een paadje ontstaan waar de geit snel doorheen kan. Zo werkt het leerproces ook: de eerste keer is het moeizaam omdat de verbindingen er nog nauwelijks zijn, maar allengs gaat het makkelijker omdat er een netwerk van verbindingen ontstaat die bepaalde kennis of een specifieke vaardigheid ondersteunt. Zo veranderen de geitenpaadjes in een wegennetwerk en vormen zich hersennetwerken.

Een beperking bij onderzoek naar de hersenen is dat we met de huidige technologie veranderingen in het brein niet tot op celniveau kunnen onderzoeken, althans niet bij levende mensen. Daarom baseert veel hersenonderzoek bij mensen zich op MRI- en fMRI-scans. Met deze techniek wordt rondom de hersenen een magnetisch veld aangebracht, waarna radiostralen kunnen scannen welke hersengebieden meer doorbloed zijn, een teken van hersenactiviteit. Zo kunnen we met fMRI-scans zien welke hersengebieden actief worden als iemand een spelletje speelt, een vraag beantwoordt, of een foto bekijkt. Bekend is de studie naar de hersenen van Londense taxichauffeurs. Om een vergunning te verkrijgen als taxichauffeur in Londen, doorlopen kandidaten een beruchte test waarin ze worden bevraagd over het volledige stratennetwerk van Londen inclusief de locatie van veertienhonderd monumenten. Kandidaten trainen twee tot vier jaar om zich de kaart van Londen eigen te maken en hooguit drie van de tien deelnemers bemachtigen de licentie. In 2000 vroeg de Londense neurowetenschapper Eleanor Maguire zich af of je deze enorme leerprestatie misschien terug zou kunnen zien in de hersenen.

Ze legde zestien taxichauffeurs in de MRI-scanner en constateerde dat het achterdeel van hun rechterhippocampus, een hersengebied dat een rol speelt bij ruimtelijk navigatie, 7 procent groter was dan normaal.[3]
De mate van oefening hoeft niet per se zo extreem te zijn om effect te kunnen meten in de hersenen. Duitse hersenwetenschappers ontdekten in 2004 op MRI-scans verschillen in de hersenen van mensen die jongleren (minstens één minuut drie ballen in de lucht kunnen rondgooien en hooghouden) en mensen die dat niet doen. Na een periode van drie maanden regelmatig jongleren zag je bij de jongleurs al een significante vergroting van twee hersengebieden die betrokken zijn bij informatieverwerking in relatie tot bewegende objecten: het midtemporale gebied en de intrapariëtale sulcus.
Na deze test stopten de jongleurs overigens weer met jongleren. Toen ze drie maanden later nogmaals in de MRI-scanner lagen, bleek dat de expansie in hun brein weer wat was afgenomen. Oftewel: door training ontwikkelt je brein zich, maar je moet het wel blijven onderhouden, anders bouwt het ook weer af.

UITDAGINGEN VOOR JE BREIN

'Iew!' 'Niet normaal!' 'Echt een raar idee.' De jongeren van Dream School zijn direct getriggerd als hun docent, neuropsycholoog Erik Scherder, een echt mensenbrein tevoorschijn haalt en vraagt wie het wil vasthouden. De afgelopen minuten heeft hij hen uitgelegd dat het brein van jongeren nog volop in ontwikkeling. Scherder: 'Motivatie bijvoorbeeld, dat is een hersenfunctie. En die groeit nog.'
Jade reageert: 'Dus dat betekent ook dat als je ouder wordt je motivatie terug kan komen? Of opnieuw komt?'
De hersenwetenschapper reageert enthousiast: 'Dat is echt een topopmerking! Dat is precies wat het is.'
'Cool,' zegt Jade tevreden.
'O, dus het ligt niet aan ons?' voegt Tahir toe.
Scherder vervolgt door hen te vragen hoe zij denken dat ze hun brein optimaal kunnen ontwikkelen. Na wat algemene reacties als 'geen flauw idee' en 'echt niet' zegt iemand aarzelend: 'Veel uitdagingen aangaan?'
Wat Scherder bevestigt: 'Als je je begeeft in een verrijkte omgeving, een omgeving die je uitdaagt, waarin je dingen doet waarbij je denkt: ja, dit kost moeite, maar ik doe ze wél, krijg je er enorm voor betaald. In positieve zin.'[4]

MAAKBAAR BINNEN MARGES

Ons brein verandert dus door te leren en dit maakt ook dat elk brein uniek is. Hersenonderzoekers noemen deze veranderlijkheid van de hersenen ook wel 'plasticiteit'. Over de vraag in hoeverre het brein kneedbaar is en ook blijft op latere leeftijd, is in de wetenschap overigens volop debat. Sommige neurobiologen, zoals Dick Swaab, wijzen erop dat veel hersensystemen en gedragingen al in de baarmoeder zijn vastgelegd en dat deze nauwelijks te veranderen zijn. Zo zouden bijvoorbeeld seksuele oriëntatie, de aanleg voor

verslaving of bepaalde karaktereigenschappen nagenoeg niet te veranderen zijn. Andere neurobiologen en psychologen, zoals in Nederland Margriet Sitskoorn, focussen juist op de plasticiteit van de hersenen en sporen mensen aan om hun hersenen te trainen.[5]
De waarheid ligt ergens in het midden. Eveline Crone nuanceert de discussie als volgt: 'Je brein heeft een bepaalde genetische aanleg. Daar zit een zekere plasticiteit in. Door te trainen kun je je hersenen harder laten werken. Maar je kunt er niet uithalen wat er niet in zit. Ik geloof niet dat iedereen een Mozart kan worden.'[6]
De hersenwetenschapper Jelle Jolles pleit er de laatste jaren hard voor om te kijken naar het groeipotentieel van kinderen en jongeren. Jongeren zijn 'werk in uitvoering' en kunnen vaak veel verder komen dan wij, maar ook zijzelf denken. Volgens hem bepaalt aanleg de bandbreedte en hangt het vervolgens af van de omgeving hoe een kind zich daadwerkelijk ontwikkelt. Neem intelligentie. Jolles geeft het voorbeeld van twee jongens, Aart met een aanleg in IQ tussen de 80 en 130 en Bas met in aanleg een IQ tussen de 100 en 150. Als Aart opgroeit in een stimulerende omgeving vol met boeken, muziek en museumbezoeken, en Bas opgroeit in een gezin vol ruzie en stress, kan de uitkomst zomaar zijn dat Aart op volwassen leeftijd uitkomt op een hoger IQ dan Bas.[7]
Zoals we ook in onze boeken over talentontwikkeling en motivatie hebben betoogd, gaat het niet alleen om aanleg. Iemands omgeving en dat wat hij of zij dagelijks doet, zijn heel bepalend voor het niveau van iemands prestaties. Doorzettingsvermogen, zelfvertrouwen en sociale steun zijn daarbij belangrijke elementen om jongeren te laten presteren. De adolescentie is vaak hét moment waarin sommige jongeren gaan uitblinken in muziek, sport of wetenschap. Dat komt deels doordat jongeren nog minder volwassen taken hebben en hun vrije tijd dus meer kunnen indelen en ergens vol voor kunnen gaan. Maar dat is niet het enige verhaal. Voor sommige taken geldt een 'gevoelige periode', een tijd waarin het brein extra flexibel is om bepaalde taken goed te leren. De hersenen zijn in deze periode klaar om alle potentie te optimaliseren. Dat gebeurt door de omvorming van grijze in witte stof, waarbij 'grijze hersencellen' die niet worden gebruikt om informatie te verwerken, oplossen en worden omgezet in witte stof, die zorgt voor communicatie. Op oudere leeftijd duidt de afname in grijze stof op geheugenverlies en in extreme vorm zelfs tot dementie. In de kinder- en tienerleeftijd neemt grijze stof echter af omwille van grotere efficiency. Ook onderzoeken met adolescente en volwassen ratten bevestigen dat dit een periode is met een vergroot leerpotentieel. Leren heeft op deze leeftijd dus veel meer effect, waardoor jongeren hele snelle sprongen kunnen maken en een hoog niveau kunnen bereiken als ze dan focussen op een bepaalde vaardigheid, muziek, sport of programmeren. Juist in de tienerjaren kan toptalent ontwikkeld worden, maar de meeste jongeren zetten hun brein vooral in op de schoolvakken, en vaak zonder veel enthousiasme. Dat is de andere kant van het verhaal: als je bepaalde vaardigheden in de puberteit onbenut laat, zal je in het volwassen leven meer moeite hebben ze alsnog te leren. Sommige taken krijg je zelfs nooit meer goed onder de knie. Dit is het *use it or loose it*-principe. Daarom is het is belangrijk om jongeren bewust te maken van hun veranderpotentie.
Pedagogen kennen deze principes vanuit de praktijk natuurlijk allang. Hersenwetenschappers hebben nu inzichtelijk gemaakt hoe dit te maken heeft met de groei van de hersenen.

3.2 Leerstrategiën in de klas Hoe leer je optimaal?

Achtentwintig slaperige gezichten kijken vanuit de vertrouwde touringcar-opstelling naar het bord. De een doet zijn best om op te letten, de ander is met zijn gedachten mijlenver weg en nummer drie typt onder de beschutting van het tafelblad nog snel een verboden berichtje. Een klas vol pubers en een leraar vol vragen. 'Hoe boei ik ze nog? Kunnen ze de zelfstandigheid wel aan? Leren ze meer als ik ze weer ouderwets rijtjes laat stampen?' Wie weet hoe het puberbrein zich ontwikkelt, heeft in elk geval een aanzet tot een antwoord in handen.

De afgelopen tien, twintig jaar woedt er in Nederland voortdurend een debat over de vraag hoe we onderwijs het beste kunnen afstemmen op de behoefte van de leerlingen en van de maatschappij. Deels concentreert die discussie zich op het wat. Wat moeten alle leerlingen kunnen en kennen als ze bijvoorbeeld hun middelbareschooldiploma op zak hebben? Zo startte de overheid in 2015 een grote maatschappelijk dialoog over 'Ons Onderwijs 2032', die leidde tot adviezen over de inhoud en de leerplannen van het basis- en voortgezet onderwijs. Over de uitkomsten van dat advies was zoveel debat dat een nieuwe overlegstructuur werd ingesteld die tot de dag van vandaag voortduurt.[9] Het is heel complex om goed te bepalen hoe het onderwijs moet aansluiten op de behoeften van de snel veranderende maatschappij. Het gaat daarbij ook vaak om de bril waarmee iemand kijkt: moeten we jongeren inhoudelijk meer bagage meegeven op het gebied van kennis, technologie en ICT, of is het juist relevanter om meer aandacht te besteden aan creativiteit, hun persoonlijke groei en sociale ontwikkeling?
Daadkrachtiger waren we in Nederland met het doorvoeren van allerlei onderwijsvernieuwingen die vooral over de vorm van het onderwijs (het hoe) gingen: de Tweede Fase, het Studiehuis, Natuurlijk leren, Competentiegericht leren. Scholen voerden de afgelopen jaren diverse veranderingen in onderwijsmethoden door, waarbij de kern meestal was dat de leerling meer centraal kwam te staan, verantwoordelijker moest worden voor zijn eigen leerproces, en waarin de rol van de docent verschoof van expert naar die van coach. Diverse vernieuwingen liepen echter al gauw vast in het overvragen van leerlingen. Op 12-jarige maar ook op 17-jarige leeftijd hebben de meeste jongeren moeite om regisseur van hun eigen leerproces te zijn. Ambitieuze projecten waarin leerlingen zelf in groepjes hun leervragen moesten bedenken stierven regelmatig in schoonheid. Gaandeweg groeide het besef dat we jongeren niet moeten overschatten in hun zelfsturend vermogen, maar ze goed moeten begeleiden. Inzichten met betrekking tot het puberbrein ondersteunden die beweging. Want op hun veertiende hebben jongeren doorgaans nog geen besef van wat ze later willen worden en hebben ze moeite om hun leerproces zelf te plannen. Complexe langetermijndoelen zijn lastiger na te streven dan doelen in het hier en nu.

Tegelijk is ook helder geworden dat nieuwe onderwijsvormen nodig zijn om jongeren bij de les te houden, en om te zorgen dat ze effectief iets leren. We kunnen ze wel vragen om braaf stil te zitten en te luisteren, maar de kans is groot dat ze dan niet veel opsteken. Stil zitten en luisteren is meestal geen goed uitgangspunt om jongeren actief te laten meedenken. Gelukkig biedt de wetenschap volop inzichten over hoe jongeren het beste kunnen leren. Hieronder bespreken we een aantal strategieën.

LEERPRINCIPES

De Australische onderwijskundige John Hattie en cognitief psycholoog Gregory Yates hebben op basis van een grote metastudie – een samenvatting van vele wetenschappelijke studies – de principes in kaart gebracht over leren. Hierbij maken zij onderscheid in kennisverwerving, onthouden en informatie-overload.[10]

Allereerst benadrukken zij dat leren een langzaam proces is dat eerder maanden en jaren duurt dan uren of dagen. Om jezelf te bekwamen in een heel nieuw domein heb je zo'n vijftig tot honderd uur oefening nodig. En om ergens heel goed in te worden praat je, zoals we in ons boek *Talent Binnenstebuiten* uitvoerig belichten, over duizenden uren aan oefening.

HOE VERWERFT HET BREIN INFORMATIE?

Om nieuwe kennis te verwerven heb je een aantal elementen nodig: tijd, doelen om je op te richten, ondersteunende feedback, herhaalde succesvolle oefening en regelmatige beoordeling. Bij het verwerven van nieuwe kennis, hebben mensen een concentratiespanne van circa vijftien tot twintig minuten aaneen. Daarna ontstaat er informatie-overload en dwaalt het brein af. Je hebt dan even afleiding nodig voordat je weer iets nieuws kunt opnemen: even bewegen, praten, iets anders doen. Mede om die reden is het slimmer om in een leerproces de tijd te verdelen over korte periodes en vervolgens verdeeld over meerdere dagen of weken, dan iets in één blok te willen leren.[11] In weerwil van wat leerlingen vaak zeggen die slecht gepland hebben: 'Ik werk het beste onder druk.' In de praktijk houdt het brein informatie die in een korte periode is geleerd, minder goed vast, dan wanneer er over een langere periode regelmatig aan gewerkt is.

Een heel belangrijke factor bij kennisverwerving is dat wat je brein al weet. Het is vele malen

makkelijker aan te haken op bestaande voorkennis dan iets helemaal nieuw *from scratch* te leren. Nieuwe informatie die je niet kunt relateren aan bestaande kennis vervliegt snel, informatie die aanhaakt aan voorkennis beklijft beter.
Ons brein kan verder niet goed overweg met ongestructureerde informatie. Denk aan het moeten onthouden van een onzinwoord of een willekeurige cijferreeks. We hebben organisatie, structuur en betekenis nodig in wat we leren, zodat het betekenisvol wordt. Daarom doen docenten er in leersituaties goed aan inzichtelijk te maken hoe een leerling geboden informatie kan ordenen, schematiseren en samenvatten. Goede docenten reiken leerlingen kapstokjes aan waar ze nieuwe kennis aan kunnen ophangen, maar waar ze ook reeds aanwezige voorkennis aan kunnen relateren. Vaak leidt dit tot overzicht, 'nu snap ik het'.
Het brein leert bovendien goed als dezelfde informatie in verschillende vormen tot je komt, bijvoorbeeld: in tekst, gesproken woord, met illustraties en filmpjes. In onderwijsland zien we al geruime tijd de invloed van de leerstijltheorie van Kolb. Kolb beweerde dat mensen van nature verschillende leerstijlen hebben en dat de ene leerling bijvoorbeeld meer een doener is en een ander een denker. Andere manieren van leren zijn de auditieve en de visuele leerstijl. De een zou dus vooral informatie onthouden door naar een filmpje te kijken, de ander door naar een verhaal te luisteren en een derde persoon door ermee aan de slag te gaan. Uit nieuw onderzoek weten we inmiddels dat iemand wel een voorkeur kan hebben, maar dat niemand een eenduidige leerstijl heeft. Iedereen, elke leerling, leert beter als verschillende media tegelijk worden ingezet. We leren effectief als het brein actief betrokken is. Dat is het geval als we niet alleen passief luisteren en toekijken, maar ook zelf betrokken zijn en actief moeten reageren op prikkels. Dat betekent niet dat je per definitie niets leert als je alleen luistert in een les, maar de traditionele setting met alleen een docent die zich uitslooft voor de klas en een leerling die rustig luistert, is allesbehalve een garantie voor effectief leren. Stil zitten bewijst niet dat je met je hoofd bij de les bent en al helemaal niet dat je iets leert. Het risico is levensgroot aanwezig dat je afdwaalt, dat je je niet realiseert dat je niet leert, of dat je in slaap valt. Daar gaat de leeropbrengst.

HANGEN OF ACTIEF MEEDOEN?

De leerprincipes van Hattie en Yates pleiten voor veel afwisseling in lessen om te bevorderen dat leerlingen blijven leren, met een variatie in opdrachten en werkvormen zodat leerlingen elke vijftien tot twintig minuten met iets anders bezig kunnen zijn.
Vervolgens is het de kunst om leerlingen in beweging te krijgen. Activerende werkvormen dwingen leerlingen om actief mee te doen. Door elkaar te overhoren bijvoorbeeld, of door zelfstandig of in groepjes opdrachten te maken. Of ieder een stukje leerstof laten bestuderen en dat aan de klas te rapporteren. Ook zijn er scholen waar leerlingen aan het eind van iedere les met elkaar bepalen wat iedereen voor de volgende les gaat maken of voorbereiden. Daarmee moeten ze nadenken over hun eigen leerproces.
In eerste instantie vinden de meeste leerlingen dit niet prettig, ze zijn vaak gewend om passief te consumeren wat een docent heeft voorbereid, inclusief het opgegeven huiswerk. Stiekem vinden ze rustig luisteren naar docenten ook wel comfortabel en bovendien kunnen ze dan tussendoor ongemerkt ook andere dingen doen. Maar zodra leerlingen merken dat ze sneller vooruitgang boeken en activerend onderwijs hun zelfeffectiviteit vergroot, voelen ze dat ze meer grip krijgen op hun leerproces en dat het ze uiteindelijk minder tijd en moeite kost.
In Finland hebben leerlingen tot hun zestiende veel minder lesuren dan in Nederland. Ook is er in het Finse schoolsysteem na elke 45 minuten les een kwartier pauze waarin leerlingen worden aangemoedigd om even te bewegen, een partijtje te voetballen, even te tafeltennissen of een ander spel te doen. De gedachte hierachter is dat ze daarna weer fris zijn en zich beter kunnen concentreren in de volgende les.
Bijna op iedere school in Nederland voeren docenten regelmatig gesprekken over activerende didactiek en hoe ze leerlingen actief mee kunnen laten doen en hoe ze daarbij kunnen inspelen op verschillen tussen leerlingen. Maar het is nog best een uitdaging om dat in de praktijk te brengen. Het vergt een andere instelling van leerlingen en docenten. Toch is het belangrijk om beter na te denken over een schoolcultuur waarin leerlingen meer proactief bezig zijn met hun leerproces, want het is, ook vanuit het brein bekeken, de belangrijkste basis om effectief te leren.

> 'Binnen schooltijd zorgen we dat onze leerlingen tussendoor af en toe even een halfuurtje bewegen: met een potje voetbal of tafelvoetbal. Daar hebben we geen sportdocent voor nodig, dat regelen we zelf wel, hier op het plein.'
>
> **(Micha, mentor van klas 3 van een mbo-bouwopleiding in Rotterdam)**

COÖPERATIEF LEREN: HET SOCIALE BREIN IN ACTIE

Activerend leren bevat vaak ook elementen van samenwerken en wordt dan ook wel coöperatief leren genoemd. Bij coöperatief leren stimuleren de werkvormen samenwerking in tweetallen of groepjes. Tweetallen moeten bijvoorbeeld samen een woordweb maken. Zo discussiëren leerlingen samen over de leerstof, geven elkaar uitleg en informatie en vullen ze elkaar aan. Hierbij kunnen sterkere en zwakkere leerlingen elkaar helpen, zodat een docent

beter toekomt aan verschillen in de klas. Door iets uit te leggen aan een ander leer je immers ook. Leerlingen dwalen minder af en zijn ook meer emotioneel betrokken.
Een voordeel van coöperatieve werkvormen is dat ze het sociale brein aanspreken. Berna Güroğlu, hoogleraar op het gebied van neurowetenschap en sociale relaties, die in het volgende hoofdstuk uitvoeriger aan het woord komt, denkt dat onderwijs veel meer gebruik kan maken van het gegeven dat jongeren gevoelig zijn voor de sociale relaties met hun vrienden en leeftijdsgenoten. Zij zegt hierover: 'In een klas zijn jongeren veel bezig met hun peers, maar docenten vragen eigenlijk dat te negeren. Al die sociale interactie kan een grote afleider zijn, maar het kan leren juist ook stimuleren. In experimenten met een gokelement zien we dat jongeren goed willen scoren als ze weten dat de opbrengst naar een goede vriend of vriendin gaat. We zien dat terug in de schoolse context. In opdrachten waar jongeren samenwerken staan ze meer open voor feedback op het proces en zelfregulatie: hoe heb je het aangepakt? Voor je vrienden wil je het goed doen. Dat gegeven kan sterk bijdragen aan leren.'
Wie met leerlingen en studenten over groepsopdrachten praat, weet hoeveel frustratie er verloren gaat in situaties waarbij niet iedereen zich gelijkmatig inzet en waarbij sommigen meeliften op de inzet van anderen. Belangrijke voorwaarden voor coöperatief leren zijn dan ook de GIPS-randvoorwaarden. Er moet sprake zijn van gelijkwaardige deelname (G); er is een groepsresultaat maar iedereen is tegelijk individueel aanspreekbaar (I), leerlingen zijn op een positieve manier van elkaar afhankelijk (P) en er vindt in alle teams simultane interactie plaats, waarbij alle kinderen zoveel mogelijk gelijktijdig bezig zijn (S). Door deze elementen houdt de docent meer tijd over voor observatie en zijn meer leerlingen actief. En leerlingen mogen doen wat ze graag doen: praten, bewegen en doen, tijdens het leren.

KENNIS ONTHOUDEN

Als we informatie hebben verwerkt en opgeslagen in ons geheugen, giet ons brein die informatie in een bepaalde vorm, ook al zijn we ons daar niet van bewust. Ons geheugen is geen videospeler die we terug kunnen spoelen om iets op te zoeken. Informatie wordt zo in ons brein opgeslagen dat het is terug te vinden via bepaalde cues en associaties of via andere kennis in het brein. Daarbij gelden enkele principes. Om te beginnen is het makkelijker om iets te herkennen dan om het te herinneren of te reproduceren. Dat is een reden waarom meerkeuzetesten vaak makkelijker zijn dan open vragen. Vervolgens onthoud je informatie die je het eerst en het laatst krijgt, het best. Denk aan een lezing die je bijwoont of een documentaire die je kijkt. Vaak weet je de intro en de afsluiting nog, maar wat werd er in dat middengedeelte ook alweer verteld? Dit verklaart ook waarom leerlingen die een dag van tevoren een heel proefwerk geschiedenis in hun hoofd stampen en daar een goed cijfer voor halen, een week later al niet meer weten wie Willem van Oranje heeft vermoord.
Het tempo waarin je iets vergeet, verschilt per type vaardigheid. Zo kan iemand die vijftig jaar niet op een fiets heeft gezeten de fietstechniek zo weer oppakken. Dan gaat het om motorisch geheugen. Andere typen informatie zakken sneller weg. Daarbij geldt dat informatie die voor iemand weinig betekenis heeft of in een bepaalde fase minder relevant is, sneller wegzakt. Maar ook al lijk je iets op dit moment helemaal te zijn vergeten, de kennis is nooit helemaal verdwenen. Denk aan een taal die je hebt geleerd en vervolgens twintig

jaar niet meer spreekt. Je pikt die taal verbluffend snel weer op als je plotseling langer in dat land bent.
Ons geheugen vertekent de werkelijkheid. We simplificeren en verstoren informatie als we die reproduceren, in een poging om betekenisvolle patronen te vinden in de chaos. Daarom is het in een leerproces zo belangrijk om kennis aan te laten sluiten op de kennis die er al is, de kapstokjes in het brein.
Daarnaast heeft het brein te maken met interferentie. Als verschillende informatie op elkaar inwerkt, leer je minder snel. Bijvoorbeeld als iemand twee talen gelijktijdig leert of tegelijkertijd de staatsinrichting van Oostenrijk en van Zwitserland probeert te doorgronden. Je maakt dan gebruik van dezelfde netwerken in je hersenen die moeite hebben om de nieuwe informatiestromen van elkaar te scheiden. Onderzoeken laten zien dat jongeren meer last hebben van interferentie dan volwassenen.

BETER LEREN DOOR TE SLAPEN

Als je iets hebt geleerd en je gaat daarna slapen, dan ken je het geleerde vervolgens beter dan voordat je sliep. Maar als je de slaap uitstelt op het moment dat je daar eigenlijk behoefte aan hebt, al is het maar voor een beperkte tijd, dan verdwijnt dit leereffect. Dat kun je niet meer inhalen. Dit is op verschillende manieren onderzocht, onder meer in een groot slaapexperiment waarbij kinderen uit groep 7 en 8 van de basisschool een avond kwamen slapen in een slaaplaboratorium in wetenschapsmuseum NEMO. Vlak voor het slapen gaan en na het wakker worden, moesten de kinderen allerlei leertestjes op de computer maken. Zo oefenden zij een pianoriedel, legden ze op de computer een raceparcours af waarbij ze de muis omgekeerd moesten gebruiken en moesten ze woorden aan elkaar koppelen. De volgende ochtend werden de testen herhaald, waarbij de onderzoekers keken of de kinderen zich sneller dingen konden herinneren na een nacht slapen. Het bleek dat de kinderen met name woordjes beter konden herinneren. Slaap is voor de hersenen heel belangrijk om informatie te verwerken. Dat maakt dat jongeren die structureel te weinig slaap krijgen niet alleen overdag op school te weinig informatie oppikken, maar dat die informatie ook nog eens minder goed beklijft.

INFORMATIE-OVERLOAD EN STRUCTUUR

In een leerproces zijn er ook veel momenten waarop leerlingen overladen zijn en niet meer kunnen leren, omdat er te veel gaande is in hun hoofd door stress of andere zaken om hen heen. Ze nemen nieuwe informatie dan niet meer goed op. Dat kan komen doordat de vorm van de informatie niet goed aansluit op wat er nodig is om iets te verwerken, denk aan een slechte lesopbouw of een docent die maar doorraast zonder iets te vragen aan de groep. Maar ook afleiding, een mobieltje dat trilt, of andere zaken die ook aandacht vragen – verliefd zijn, problemen thuis – maken dat het brein soms niet in de leerstand staat en te weinig focus heeft om nieuwe kennis op te nemen. Het is daarom belangrijk dat een docent een klas vol onrustige puberbreinen rust en structuur geeft. Het is niet zo erg als het soms een beetje onrustig is, zolang leerlingen maar een overzicht hebben wat er in een bepaalde les op het programma staat en wat er van hen verwacht wordt. Leerlingen waarderen de docenten die duidelijk zijn en hun lessen goed structureren, door bijvoorbeeld aan het begin van een les even kort het hele programma voor dat lesuur te vertellen.

Uit heel veel gesprekken met jongeren weten we dat ze een strenge docent het prettigst vinden. Daarmee bedoelen ze: een docent die duidelijk en consequent is. Daar heeft hun puberbrein behoefte aan. En opmerkelijk genoeg zijn het vaak de drukste leerlingen die het hardste roepen om structuur. Zij hebben soms al genoeg chaos in hun hoofd.

Jongeren ervaren ook grote druk als ze een te laag niveau aan voorkennis hebben. Eerder beschreven we al dat leerlingen, bewust of onbewust, inschatten hoe groot hun hiaat in kennis is. Op het moment dat de verwachtingen of doelen te hoog zijn, of als ze ergens te weinig voorkennis van hebben, waardoor niets blijft hangen, ontstaan er allerlei emoties bij de leerling waardoor hij of zij niet optimaal leert.

Het is eerlijk om richting jongeren te erkennen dat leren lang niet altijd plezierig is. Zeker, het plannen en stellen van doelen, en deze vervolgens ook halen, kan een heel positief gevoel opleveren. Skills beheersen en vooruitgang ervaren is ook fijn. Maar het leerproces op zich is taai, stressvol en kan veel negatieve emoties en onzekerheden met zich meebrengen. Ook omdat veel leerlingen de neiging hebben zichzelf te overschatten: ze denken beter te presteren dan ze daadwerkelijk doen en onderschatten daardoor nog weleens de hoeveelheid tijd en oefening die nodig is om iets echt te leren.

Leren legt een groot beslag op je mentale capaciteit. Je moet veel moeite doen en uithoudingsvermogen inzetten. Daarom is het belangrijk om jongeren objectieve feedback te geven over de manier waarop ze omgaan met leren. De een moet het serieuzer nemen en er meer energie in stoppen. Voor de ander is het juist belangrijk om af en toe op de rem te staan, school te relativeren en meer te ontspannen. Veel jongeren moeten nog leren om goed om te gaan met hun emotionele reacties op het leerproces: teleurstellingen, slechte cijfers, angst om te falen. Ouders en opvoeders kunnen ze daarin begeleiden en steeds blijven checken welk gevoel jongeren hebben bij het leerproces en ze helpen om een andere aanpak te kiezen als dat nodig is.

'Vorige week kwam ik er pas om negen uur 's avonds achter dat we de volgende dag een SO Engels hadden. Die nacht sliep ik wel echt slecht. Gelukkig sta ik redelijk oké voor Engels.'

(Boris, 16 jaar)

LEERGELUK: LEERLINGEN HET GEVOEL GEVEN DAT ZE IETS KUNNEN

Barbara Linders heeft meer dan twintig jaar als (inval)docente Nederlands gewerkt op verschillende scholen. Zij is de oprichtster van 'Leergeluk', een beweging waarmee ze ervoor wil zorgen dat leerlingen en docenten meer leergeluk ervaren in het onderwijs, onder andere door docenten bewust te maken van de echte drijfveren van leerlingen.

'Voor mij staat leergeluk voor het geluksgevoel dat je ervaart als je kennis of vaardigheden leert, op elk gebied. Ik heb gewerkt met jongeren die overal achten en negens voor halen maar tegelijkertijd zeggen: ik heb zo'n hekel aan school. Dat zijn dan de slimste kinderen van Nederland! Wat doen wij niet goed dat we leerlingen niet leren genieten van leren en zich ontwikkelen? We moeten binnen scholen durven focussen op eigenaarschap en verantwoordelijkheid. Heel veel jongeren kunnen zoveel, maar ze mogen het binnen ons onderwijs nooit laten zien. Alles wat ze aangeboden wordt, zit vast in kaders en moet op de manier van de docent. Als een jongen zegt: 'Ik wil wel een boek lezen, maar ik maak geen boekverslag,' dan zeg ik: 'Dat is oké, hoe wil je het dan wel doen?' En meisjes uit een havo 4-klas vroegen laatst bij een opdracht tekstverklaring: 'Moeten we alle antwoorden opschrijven?' Uiteindelijk hebben ze alle antwoorden hardop pratend aan elkaar gegeven en gecontroleerd in het antwoordenboek. Als leerlingen hun schoolwerk anders willen doen, dan mag dat, als ze het maar beargumenteren. Veel docenten geven die ruimte in de klas niet, zij zien hun leerlingen niet voor vol aan. Dat leidt tot een selffulfilling prophecy; jongeren gaan zich ernaar gedragen. Zo ontstaat een cultuur waarin docenten sturen en controleren en leerlingen zich passief gedragen. Leergeluk begint bij het aanleren van vaardigheden om zelfstandig te worden, zelfinzicht te krijgen en leren hulp te vragen.

Dat onderschatten van leerlingen begint al in de brugklas: we doen net of ze niets weten, terwijl ze zoveel hebben geleerd op de basisschool. Laatst moest ik in een brugklas met grammatica aan de slag. Ze hadden een boek met heel veel oefeningen. Ik zei: 'We zijn bij de bijvoeglijke bepalingen gebleven. Je maakt alleen of samen of in een groep de helft van elke opgave en als het goed is, mag je door naar de volgende.' 'Gaat u niets uitleggen?' vroegen ze, 'wat verfrissend'. Aan het eind van de les concludeerde de hele klas: 'We konden het eigenlijk al en we hebben het heel fijn samen gedaan, zo konden we elkaar helpen.' Vaak pikken jongeren heel snel dingen van elkaar op. Als de docent maar niet alles voorkauwt.

Ik zorg altijd dat ik aan het begin van het lesuur snel contact krijg met leerlingen. En eventueel de les erop aanpassen als bijvoorbeeld een paar drukke leerlingen hun dag niet hebben. Dat vind ik zoveel belangrijker dan die spellingsopdracht. Oud-leerlingen weten vaak helemaal niet meer welk vak ik heb gegeven. Ik geef ze heel andere dingen mee. Het grootste compliment dat leerlingen mij ooit gaven was: 'U bent een fijne docent, want u geeft ons allemaal het gevoel dat we iets kunnen.'

3.3 De rol van de docent

Allerlei studies over onderwijskwaliteit belichten het belang van de docent. In onderwijs vormt de interactie, de dialoog tussen de leerling en de docent de basis. Zij gaan een samenwerkingsverband aan, die feitelijk alleen werkt als leerling én docent gemotiveerd zijn om iets te leren. Van een leerling vragen we motivatie om nieuwe kennis en vaardigheden op te doen, om vooruit te willen komen in het leven. De docent moet gemotiveerd zijn de benodigde kennis en vaardigheden over te brengen op de leerling. Maar waarom moet ik dit leren? Een cruciale vraag die leerlingen vaak stellen. Frans, wiskunde, waar heb je het allemaal eigenlijk voor nodig? Vragen die het puberbrein nog niet kan overzien.

Motivatie is in lang niet alle onderwijssituaties vanzelfsprekend. Docenten zijn een groot deel van hun tijd en energie kwijt om een situatie te bewerkstelligen waarin het geven van onderwijs überhaupt mogelijk is. In 2016 spraken internationale onderzoekers van de OESO in een review van het Nederlandse onderwijs hun verbazing uit dat het Nederlandse onderwijs relatief goed scoort, ondanks het slechte disciplinaire klimaat: chaos en lawaai in klassen, docenten die lang moeten wachten voordat leerlingen stil zijn, een trage opstart van de les.[12] Daar komt dan de relatief lage intrinsieke motivatie van Nederlandse leerlingen bij. In vergelijking met andere landen heeft Nederland vrijwel het laagste percentage leerlingen die wiskunde vanuit zichzelf interessant of aantrekkelijk vinden en die voor hun plezier lezen. Daarbij zijn Nederlandse leerlingen ook uit zichzelf minder bereid om zich in complexe problemen vast te bijten. Zie hier de uitdaging waar docenten dagelijks voor staan.

RANDVOORWAARDEN VOOR MOTIVATIE

Veel ouders en docenten denken dat het hoogste goed is om leerlingen ergens intrinsiek voor te motiveren, dus zorgen dat ze iets echt vanuit zichzelf willen doen. Dat is een illusie, in werkelijkheid heb je nauwelijks invloed op de intrinsieke motivatie van anderen. Hoogstens kun je ervoor zorgen dat de randvoorwaarden om gemotiveerd te raken (en te blijven) op orde zijn. In ons boek *Motivatie Binnenstebuiten* laten we zien hoe het bevorderen van intrinsieke motivatie samenhangt met drie pijlers:

- Competentie: Dat je voelt dat iets bij je niveau past en dat de leerstof niet te makkelijk, maar ook niet te moeilijk is, dat je je uitgedaagd voelt en dat je merkt dat je vooruitgang boekt.
- Autonomie: Het gevoel dat je invloed kunt uitoefenen op je eigen leerproces en dat er keuzes zijn om zelf te bepalen hoe je iets aanpakt.
- Verbondenheid: Het ervaren van betekenisvolle relaties met mensen om je heen, bijvoorbeeld met docenten en met medeleerlingen.

Voor een optimale intrinsieke motivatie moet aan al deze drie randvoorwaarden worden voldaan. Dus wie zich heel competent voelt, veel ruimte krijgt, maar toch de verbinding mist met docenten of medeleerlingen, voelt zich minder gemotiveerd. Als dus niet aan al deze randvoorwaarden wordt voldaan, werkt dit negatief door in de intrinsieke motivatie die jongeren ervaren. Wat niet wil betekenen dat iemand dan geen extrinsieke motivatie kan ervaren. Misschien zet een leerling zich dan in voor een beloning, of voor een goed cijfer, maar het geeft hem geen intrinsieke motivatie om uit zichzelf de voldoening te halen om een bepaalde taak uit te voeren of iets te leren.

'In de les is het vaak veel luisteren en nietsdoen. Dat vind ik niet fijn. Ik ben liever bezig. De fijnste lessen die ik ken, waren die van mijn leraar Nederlands vorig jaar. Hij gaf ons een map met opdrachten om te maken. Aan het begin van elke les legde hij vaak eerst tien minuten iets uit en daarna zei hij tegen de hele klas: "Nu kun je aan het werk gaan. Je mag zelf kiezen wat je doet: je mag hier werken of in de kantine. Voor mijn part loop je naar de Albert Heijn. Maar het moet wel af zijn aan het eind van de periode." Eens per maand checkte hij dan bij iedereen hoe het ging en of je map er een beetje goed uitzag. Iedereen ging bij hem aan het werk, hij kreeg de klas best wel stil. Ja, sommigen namen misschien even pauze of gingen even roken, maar de meesten gingen gewoon aan de slag. Hij wilde ook niet dat we huiswerk mee naar huis namen. Eén meisje wilde thuis iets afmaken en toen zei hij: "Nee, ik wil dat je het op school maakt. Als je de les goed gebruikt, kun je het gewoon op school afkrijgen." Voor mij werkte het best wel goed om zo zelfstandig te werken.' **(Joey, 15, 3 vmbo-t)**

CHEMISCHE COCKTAIL VOOR MOTIVATIE

Motivatie wordt in de hersenen door drie hormonen getriggerd: dopamine, opioïden en oxytocine. Dopamine is een soort dopingdrugs waardoor je zin krijgt je ergens voor in te zetten en te presteren. Lichaamseigen opioïden zorgen ervoor dat je je lichamelijk en mentaal goed voelt. En oxytocine, ook wel 'knuffelhormoon' genoemd, maakt dat je je verbonden voelt met andere mensen en je je voor hen wilt inspannen. Iemand die verliefd is, maakt bijvoorbeeld heel veel oxytocine aan, maar ook een docent die positieve aandacht besteedt aan een leerling kan zorgen voor een piek in de aanmaak van oxytocine. Samen vormen deze drie stoffen een geniaal trio. Als je brein voldoende van deze mix bevat, heb je zin in het leven, ben je bereid je samen met anderen in te zetten en wil je doelen en successen nastreven. Interessant is dus de vraag wat er nodig is om deze cocktail te genereren in het puberbrein.

Onderzoeken laten zien dat interesse, sociale acceptatie en persoonlijke waardering positief doorwerken op de spiegel van deze drie hormonen. Sociale uitsluiting zet deze stoffen juist op inactief. Motivatie hangt dus sterk samen met de context waarin iemand leert en of anderen hem wel of niet stimuleren. Interessant is dat ook alleen het *vooruitzicht* op erkenning en waardering deze systemen al activeert.

Hier lijken we een uitermate interessante sleutel voor de onderwijssetting in handen te hebben: een leerling ontwikkelt zijn motivatie in relatie tot anderen. Cruciaal zijn de ouders, docenten, mentoren en medeleerlingen die zich voor hem of haar persoonlijk interesseren, die hem als individu waarnemen en hem stimuleren in de goede richting. Als jongeren deze stimulans niet ervaren, komt de hormonencocktail moeilijker op gang en raken ze dus veel minder gemotiveerd om een leerproces aan te gaan.

Hier ligt een grote uitdaging. Allereerst voor docenten om, in de soms gigantische schoolgebouwen, te zorgen dat leerlingen zich geen 'nummer' voelen maar écht worden *gezien* en waargenomen als individu. Maar docenten kunnen het niet alleen af; een motiverend leerklimaat hangt samen met het management van de school. En ook ouders hebben een verantwoording om de motivatie aan te wakkeren: door zich actief te verdiepen in schoolvorderingen en betrokken te zijn bij alle belangrijke zaken die op school gebeuren.

WAAROM MOET IK DIT LEREN?

Eerdere onderwijsvernieuwingen lieten zien dat we jongeren niet moeten overvragen qua zelfsturing. Het is al best moeilijk voor hen om zich te motiveren voor vakken waar ze het nut (nog) niet van inzien. Als een leerling zich dus afvraagt waarom hij de Duitse naamvallen moet leren, of Franse onregelmatige werkwoorden, geef dan aan dat je begrijpt dat hij zich dat afvraagt. En dat het goed is om dit soort vragen te stellen. Daarmee erken je ook de autonomie van de leerling, en geef je aan dat je in ieder geval de weerstand begrijpt. Het helpt echt als jongeren af en toe even hun ongenoegen kunnen ventileren en dat daar ruimte voor is. Het geeft ze het gevoel dat ze gezien worden.[13] Vervolgens kan een docent uitleggen waaróm een specifieke leertaak belangrijk is. Bijvoorbeeld dat iemand zijn gedachten beter kan organiseren als hij een taal goed beheerst. Of, dat het je wereld enorm kan vergroten tijdens rondreizen en in je werk als je meerdere talen goed beheerst. Inspireer leerlingen door te vertellen wat iets ze kan brengen. En benadruk ook het plezier dat het leren je kan geven met anekdotes uit je eigen leven. Daarnaast kunnen we jongeren uitleggen dat hun puberbrein nog 'werk in uitvoering' is en dat ze nu meer moeite hebben om te overzien waar ze iets voor nodig hebben op de lange termijn.

ECHT LUISTEREN

'Als ik toch op het plein moet surveilleren, maak ik er ook maar gebruik van. Bij elke surveillance pik ik er een leerling van mijn mentorgroep uit met wie ik gericht een gesprekje ga voeren. Terwijl ik met één oog de rest van de horde in het oog houd, praten we over de meest uiteenlopende onderwerpen: van gamen tot het laatste rapport en van seks tot de echtscheiding van z'n ouders. Ongelooflijk wat zo'n kort gesprekje oplevert. Ik heb er vaak de rest van het jaar profijt van.' (Joost, docent vmbo-t)

Jongeren zijn niet alleen leerlingen die de school iets moet bijbrengen en in het gareel moet houden. Het zijn ook mensen in ontwikkeling, tegenover wie de school een luisterende en begeleidende taak heeft. 'Wat wil je? Wat heb je daarvoor nodig? Hoe kan ik je daarbij helpen?' Klassieke vragen voor iedere coach.
Elke mentor kan in terugkerende gesprekjes met zijn of haar leerling via deze vragen in gesprek gaan. Minstens een keer per jaar, want jongeren zijn dynamisch en stellen hun toekomstdromen nogal eens bij. Al is het maar een kwartiertje, het genereert enorm veel informatie. De school kan daardoor leerlingen beter volgen en ondersteunen en geeft aandacht aan het individu in de schoolbank. Iedere docent heeft tenslotte de uitdaging om de leerlingen zo goed mogelijk te leren kennen en in te schatten waar zij zich bevinden in hun individuele ontwikkeling, hun rijpheid en hun ritme. En de leerling raakt gemotiveerder om aan de slag te gaan.
Goed luisteren levert nog meer nuttige informatie op. Jongeren zijn zelfverzekerde consumenten die volop adviezen hebben over de schoolorganisatie. Scholen zouden leerlingen veel vaker de vraag kunnen stellen: 'Wat kunnen we hier op school beter doen?' Natuurlijk is het een lastige verandering van rollen. Als een leerling normaal gesproken alleen in de directeurskamer komt als hij of zij op het matje geroepen wordt, zal hij niet direct vrijuit over alles zijn mening geven. Je moet leerlingen daarom uitnodigen om vrij te praten en ze vooral geen directe reactie geven op hun verhaal. Als je wilt reageren op hun vragen of opmerkingen, dan beloof je dat je dat pas doet nadat je er minstens een nacht over hebt geslapen. De oogst van dit soort gesprekken is vaak groot. Ook docenten kunnen hier enorm hun voordeel mee doen. Vraag je leerlingen alleen maar dit: 'Hoe zouden mijn lessen beter kunnen worden?' Onderschat niet dat leerlingen bijna altijd bereid zijn om hun docenten te helpen. Docenten die zich echt open opstellen, kunnen bijna altijd opbouwende kritiek verwachten en vaak een veel mildere toon dan ze misschien hadden verwacht. Het belangrijkste geheim van dit recept is dat een docent of schoolleider alleen maar luistert en pas later reageert en dit van tevoren ook aan de leerlingen vertelt. Blijf ook altijd breed kijken naar de leerlingenpopulatie en vraag niet altijd de leerlingen die je al goed

kent. Ook leerlingenraden zijn op veel scholen niet meer dan veredelde feestcommissies. Een school die regelmatig een open gesprek met leerlingen durft aan te gaan, plukt daarvan de vruchten.

'Elke maand lunchen we als directie met een klein groepje leerlingen. De leerlingen mogen dan vertellen wat ze vinden van de school en welke ideeën zij hebben om de school nog beter en leuker te maken.' (Cees, schooldirecteur)

FEEDBACK GEVEN

Eerder beschreven we hoe leerlingen hiaten en kloven in hun kennis leren te overbruggen. In dat leerproces is feedback van grote waarde. Waardevolle feedback bevat gerichte informatie die een leerling in staat stelt om zijn inspanningen zo aan te passen dat hij dichter bij een gesteld doel uitkomt. Feedback geven is dus echt iets anders dan een compliment geven of een beloning. Het gaat om aanwijzingen waarmee iemand zijn of haar aanpak kan veranderen.

Uit hersenonderzoeken weten we dat jongeren gevoeliger zijn voor beloningen dan volwassenen. De Leidse hersenonderzoekers Eveline Crone en Sabine Peters ontdekten dat jongeren ook een verhoogde gevoeligheid hebben voor informatieve feedback. Zij volgden kinderen en jongeren (variërend van 8 tot 29 jaar) over een periode van vijf jaar en lieten hen een taak uitvoeren op de computer waarbij ze bekeken in hoeverre de deelnemers de informatieve feedback die ze bij de eerste poging kregen meenemen in een volgende poging. Dit experiment maakte inzichtelijk dat een aantal hersendelen in het *corpus striatum*, een gebied dat ook actief wordt bij het krijgen van beloningen, bij jongeren gevoeliger reageert op het verwerken van informatieve feedback dan volwassenen. Daarbij ging het om leerzame feedback, ofwel feedback met informatie die hen een stapje verder brengt in het experiment. In hun resultaten zien de onderzoekers een piek bij jongeren in de toename van activiteit in het striatum tussen de zeventien en twintig jaar. Deze toename van activiteit bleek verder een voorspeller in hoe goed iemand twee jaar later zou presteren. Bovendien maakte de studie inzichtelijk dat kinderen veel meer getriggerd worden door positieve dan door negatieve feedback, maar dat dit verschil met de jaren afneemt[14].

Feedback is zo belangrijk omdat de taken die jongeren voorgelegd krijgen, ongeacht de opleiding die ze volgen, steeds complexer worden. Waar een 10-jarige nog gewoon begint, gaan tieners eerst nadenken en meerdere executieve functies tegelijk inzetten en al meer vanuit aannames te werk. Met inhoudelijke feedback worden ze steeds beter in het kiezen van een passende strategie. Jongeren die geen goede feedback krijgen, weten niet wat ze nu eigenlijk goed of fout doen. Ze zijn zelf nog niet goed in staat om te evalueren hoe ze tot een bepaald resultaat gekomen zijn. 'Waarom heb ik nu wel een acht voor dat proefwerk, terwijl ik er net zoveel tijd aan heb besteed als een maand geleden toen ik een onvoldoende haalde?'

Vanuit het leerproces is het geven van inhoudelijke feedback dus veel belangrijker dan het geven van cijfers. Volgens Hattie is een veelvoorkomend misverstand dat docenten in feedback vooral willen terugkijken (Hoe heb je het ervan af gebracht?), terwijl leerlingen in feedback meer toekomstgericht denken. Zij willen informatie over hoe ze het een volgende keer beter kunnen doen. 'Geef me feedback waar ik iets aan heb.' Dit gaat vaak gepaard met een empathie-kloof waarbij een docent behulpzame kritiek wil aandragen, terwijl de leerling het als een persoonlijke evaluatie ervaart. Een balans tussen positieve en negatieve punten blijft belangrijk. Net als het afstemmen van de feedback op het niveau van de leerling. Een beginnend leerling heeft correctieve feedback op de taak nodig om verder te komen; bij een gevorderde leerling kun je veel meer ingaan op het proces terwijl een vergevorderde leerling uitgebreide conceptuele feedback nodig heeft om een volgende stap te kunnen zetten.[15]

GROEIMINDSET

De afgelopen jaren is wereldwijd veel aandacht ontstaan voor de 'groeimindset'. Volgens de Amerikaanse psychologe Carol Dweck hebben mensen diepgewortelde denkbeelden over hun eigen persoonlijke groei, die bepalen hoe ze zich gedragen in hun ontwikkeling en leerprocessen. Mensen die geloven dat eigenschappen vaststaan, hebben een *fixed mindset*: je kunt het of je kunt het niet, je bent goed in wiskunde of je hebt er gewoon niets mee. Daar tegenover staan mensen met een *growth mindset*, die geloven dat eigenschappen veranderbaar zijn, dat je dingen kunt aanleren, ook al kost dat misschien veel moeite. De mindset van iemand krijg je boven tafel door stellingen voor te leggen als: 'Je hebt een bepaalde hoeveelheid intelligentie en je kunt er niet echt veel aan doen om dat te veranderen' of 'Het maakt niet uit wie je bent, je kunt jouw intelligentieniveau duidelijk veranderen.'[16]
Op basis van de groeimindset van Carol Dweck zijn er vele interventies en programma's ontwikkeld voor het onderwijs, maar ook in het bedrijfsleven, om te zorgen dat kinderen, jongeren en volwassenen vanuit een groeimindset naar zichzelf gaan kijken en zo nieuwe dingen aanpakken. Een recente overzichtsstudie op basis van 273 studies concludeert dat de effecten van deze groeimindset interventies op leerprestaties positief maar vrij gering zijn, en dat het met name effect heeft bij leerlingen uit lagere sociaaleconomische milieus.[17]
Voor veel mensen in het onderwijs kwam dit onderzoek als een verrassing. Wederom wordt een populaire wetenschappelijke theorie met herhalingsonderzoek onderuitgehaald. Toch blijft het volgens ons belangrijk dat docenten het gedachtegoed van de groeimindset leren kennen en toepassen, zodat zij zich bewuster worden van de blik waarmee ze naar hun leerlingen kijken. Als een docent verwachtingsvol is naar leerlingen, dan gaan leerlingen zich eerder naar die verwachtingen gedragen. Docenten die echt in hun leerlingen geloven, zullen die leerlingen eerder verder brengen dan docenten die leerlingen in hun hoofd onbewust afschrijven. Een natuurkundedocent die gelooft dat je je altijd kunt ontwikkelen in het vak natuurkunde benadert een klas leerlingen ongetwijfeld anders dan zijn collega die denkt dat leerlingen 'het' in zich moeten hebben. Die eerste leraar legt ook voor de derde keer nog eens uit wat een ampère is, zonder te denken dat het zinloos is. Populair gezegd: iemand die het groeipotentieel in anderen ziet, zal onbewust signalen uitsturen dat hij in die ander gelooft. En dat werkt weer door in motivatie, zelfbeeld en sfeer. Misschien is het niet direct herleidbaar tot betere schoolprestaties, maar regelmatig horen wij leerlingen over de

kracht die uitgaat van een docent die hen het vertrouwen geeft dat ze iets kunnen leren als ze zich er echt voor inzetten.

HET PUBERBREIN WIL UITSLAPEN

En dan is er de discussie over de roosterindeling. We weten dat het bioritme van jongeren verschuift, doordat het brein later melatonine later aanmaakt. 's Ochtends vroeg opstaan en op tijd in de les verschijnen is voor veel leerlingen een enorme opgave.

In de Verenigde Staten – waar scholen vaak al om half acht beginnen en waar slaperige leerlingen zelf met de auto naar school komen – noemde de American Academy of Pediatrics in 2014 chronisch slaaptekort onder tieners een van de grootste bedreigingen voor de volksgezondheid. Dit leidde tot diverse experimenten waarbij de eerste schoolbel een uur later afging. Het blijkt dat jongeren hierdoor niet opeens later naar bed gaan, maar 's ochtends een uur meer effectieve slaap krijgen. Leerlingen op twee high schools in Minnesota gaven aan dat ze zich beter uitgerust voelden, er werden betere cijfers gehaald en de leerlingen rapporteerden minder depressieve klachten. Bij een andere school daalde het aantal auto-ongelukken door deze roosterwijziging.[18]

Ook in Nederland zijn er voorzichtige experimenten gedaan om de schooldag later te starten, maar de strijd hierover lijkt onbeslist. Volgens sommige hersenwetenschappers spannen scholen het paard achter de wagen door later te beginnen. Het is belangrijker om de oorzaken van slaaptekorten aan te pakken, waarbij vooral de impact van blauw licht genoemd wordt. Verder is het een goed idee om toetsen later op de dag te plannen, zodat leerlingen en studenten eerst wat meer op gang kunnen komen voordat ze moeten presteren op cognitief vlak.[19]

'Gelijk het eerste uur hebben we een proefwerk. Om half negen ben ik echt nog niet wakker hoor. Een leraar kan een proefwerk toch ook best wat later op de dag plannen?'

(Jane, 16 jaar)

3.4 Leerstrategieën: hoe leer je het beste thuis?

Als we tieners ergens mee uitdagen, dan is het wel met huiswerk. Naar eigen inzicht te maken, op een tijdstip dat het hen uitkomt, op een manier die hen goeddunkt. Huiswerk is voor veel jongeren een bron van stress. Ruim een derde van de leerlingen ervaart (nogal) veel stress door schoolwerk.[20] Voor heel veel ouders is het een bron van ergernis. In hoeverre moeten ze zich daarmee bemoeien? Alleen maar roepen 'Is je huiswerk al af?' Of regelmatig controleren of de kinderen op hun kamer echt aan het werk zijn? Helpen met overhoren, vrijwillig of gedwongen? Werkstukken nakijken of zelfs herschrijven? Vaak maken ouders zich drukker over huiswerk dan hun kinderen. Geen wonder dat de huiswerkbegeleidingsinstituten zulke goede zaken doen.

Het schaduwonderwijs, de verzamelterm voor particulier onderwijs als bijles, huiswerkbegeleiding en examentraining, groeide de afgelopen twintig jaar enorm: volgens ramingen van het CBS van € 26 miljoen in 1995 tot grofweg € 195 miljoen in 2018.[21] Veel jongeren kunnen simpelweg de discipline nog niet opbrengen om zich thuis voor te bereiden op de volgende schooldag, laat staan om nog verder vooruit te werken. Ouders die het zich kunnen veroorloven betalen er dus graag voor om hun kroost na schooltijd naar een verlengde woonkamer te sturen, waar ze een kopje thee krijgen, uitleg waar nodig, en waar ze bovenal hun mobieltje uit het zicht moeten leggen.

Er zijn twee grote problemen als het gaat om thuis huiswerk maken: jongeren gaan niet of te weinig aan de slag en de wijze waarop ze hun tijd gebruiken is niet efficiënt, onder meer doordat ze zich voortdurend laten afleiden door social media en andere verleidingen zoals gamen.

Veel jongeren hebben zo'n weerzin om thuis aan de slag te gaan, dat ze hun huiswerk voortdurend uitstellen. Het is wel logisch dat een kind na een lange schooldag niet meteen zin heeft om thuis op z'n kamer wiskundesommen te gaan maken. 'Eerst heel even tv kijken of even een potje gamen' hoor je dan al snel. Dat is begrijpelijk, zolang het huiswerk maar niet wordt uitgesteld tot een uur voor het slapengaan, waarbij ze dan ook nog opeens ontdekken dat de inleverdatum voor het boekverslag de volgende dag al is. Het helpt om met pubers hele duidelijke afspraken te maken over werktijden. Niet door er elke dag discussie over te voeren, maar door op het 'gouden moment', als je een keer rustig met elkaar in gesprek raakt, voor langere tijd af te spreken dat ze bijvoorbeeld voor het avondeten minstens een uur wat doen en dan meteen na het eten weer een uurtje. De meeste scholen hanteren een gemiddelde van anderhalf tot twee uur huiswerk per dag. Het lastige is echter dat ze er daarbij van uitgaan dat alle jongeren goed kunnen plannen. De meeste pubers kijken vooral in hun agenda of op Magister wat er morgen van ze verwacht wordt. Een proefwerk over vijf dagen is nog ongelooflijk ver weg, ook al moeten ze daar drie pittige hoofdstukken natuurkunde voor kennen. Het helpt als een ouder een keer per week meekijkt met de planning, zeker in de onderbouw. Maar dat kan alleen als een kind dat accepteert. Ook hier geldt weer dat zoiets het beste is af te spreken op een moment dat je goed contact hebt met je kind. Als hij of zij zich dan laat ontvallen: 'Ik vind het best wel lastig om al dat huiswerk goed te plannen', dan ligt daar de kans om als vader of moeder te opperen: 'Zullen we dan afspreken dat ik elke maandagavond even met je meekijk en dat we dan samen een schemaatje maken voor de hele week?'

Het tweede probleem gaat over de effectiviteit van leren. Jongeren die uren achter hun bureautje in een boek zitten te staren of zich er met moeite toe zetten om ergens een stukje over te schrijven, hebben dan wel het gevoel dat ze urenlang huiswerk hebben gemaakt, maar hadden met volledige concentratie en een andere aanpak in een fractie van die tijd misschien wel hetzelfde resultaat kunnen bereiken. Veel jongeren geven aan dat ze soms uren zitten te dromen door alleen maar naar hun tekstboeken te staren, alsof ze watten in hun hoofd hebben. Het kan dan helpen als ze bij iemand aan tafel zitten die zelf iets anders zit te doen. Ze voelen dan dat ze, voor die ander, aan het werk moeten en zijn alerter. Het is een vorm van sociale druk waar het puberbrein zo gevoelig voor is.

Iemand die veel tijd aan een studie besteedt met de verkeerde leerstijl, gebruikt z'n kostbare tijd inefficiënt. De laatste tijd komt er steeds meer aandacht voor hoe je moet leren. En dat is belangrijk, want hoe soepeler het leerproces verloopt, hoe gemotiveerder iemand is. Er is zo ontzettend veel kennis over efficiënter leren, dat het je op zijn minst kan verbazen dat we daar niet veel meer mee doen. Aan het eind van de zomer zijn er cursussen voor aankomende brugklassers hoe ze het werk op school het beste kunt aanpakken. Op middelbare scholen geven mentoren in de onderbouw huiswerklessen waarin studievaardigheden een belangrijke rol spelen. Er zijn (ook online) trainingen die jongeren technieken leren om informatie breinvriendelijk te onthouden, slimmer te lezen en handiger te organiseren. De crux van leren leren, ofwel metacognitie, is dat mensen leerstrategieën ontwikkelen, concrete manieren die ze bewust in kunnen zetten om leren zo soepel mogelijk te laten verlopen. Van manieren om makkelijker te onthouden of beter te plannen tot het dieper verwerken van leerstof. Vaak verwachten we van jongeren dat ze dat zelf wel kunnen organiseren, maar het is belangrijk dat ze deze vaardigheden en strategieën bewust leren en leren inzetten.

'Pap, we hebben een 8,5 voor mijn geschiedeniswerkstuk gehaald!' *(App-berichtje van een 17-jarige zoon)*

'Mam, kun je dit werkstuk ff voor me nakijken en dan ff printen op je werk? De moeder van Nadia had geen tijd en ons groepje moet het morgen inleveren.' *(App-berichtje van een 15-jarige dochter)*

TIPS OM EFFECTIEF HUISWERK TE MAKEN

Wat kunnen leerlingen doen om hun huiswerk effectiever te maken (lees: beter én sneller)? Hier volgen zes tips[22].

1. Verspreid je studeermomenten in de tijd

- Begin op tijd met leren, in korte blokken met tussenpozen. Je kunt vijf uur huiswerk beter verdelen over twee weken dan vijf uur aaneen op één dag.
- Zorg ervoor dat je goede manieren vindt om informatie te verwerken. Alleen de aantekeningen van je les doornemen is niet genoeg. Ga bijvoorbeeld terug naar de informatie uit de laatste les, maar ook naar die les van vorige week en die van vorige maand. Zo houd je informatie van langer geleden 'fris'.

2. Actief informatie ophalen

- Blijf de lesstof niet steeds opnieuw lezen, maar haal actief op hoeveel je al weet. Leg al je boeken en aantekeningen weg en probeer zo volledig mogelijk alles wat je weet over het onderwerp op te schrijven of te tekenen. Pak daarna je lesmateriaal er weer bij om te checken of alles klopt en of je niets vergeten bent.
- Maak elke oefentoets waar je je hand op kunt leggen of stel zelf een toets samen en ruil die met een vriend/vriendin die dat ook doet.
- Maak kaartjes met steekwoorden die je in je hoofd langsloopt. Ga daarbij verder dan het oplepelen van definities, maar leg verbanden tussen begrippen en ideeën en zoek zelf nieuwe voorbeelden.

3. Leer door verwerking

- Stel jezelf vragen over hoe dingen werken en waarom en leg daarbij verbanden tussen verschillende ideeën. En zoek het vervolgens op in de lesstof of in gesprek met andere leerlingen.
- Pas ideeën toe op je eigen ervaringen. Blijf iets toepassen totdat je merkt dat je het kunt beschrijven en uitleggen zonder dat je nog in een lesboek of methode hoeft te spieken.

4. Wissel onderwerpen af

- Blijf niet te lang hangen op één onderwerp, maar varieer. Switch tussen verschillende onderwerpen en leg daarbij verbanden tussen die onderwerpen. Pas wel op dat je de stof niet te oppervlakkig behandelt.

5. Concrete voorbeelden

- Gebruik concrete voorbeelden om abstracte ideeën te begrijpen. Kijk goed welke voorbeelden je docent allemaal heeft gebruikt en welke er in de lesstof vermeld staan. Loop al die voorbeelden in je hoofd langs zodat je goed begrijpt hoe de voorbeelden zich verhouden tot het onderwerp dat je bestudeert.

- Creëer zelf relevante voorbeelden die aansluiten bij de theorie en deel deze met andere leerlingen. Wees wel alert op onjuistheden die je online vindt en check je voorbeelden eventueel bij de leraar.

6. Combineer tekst en beeld

- Zoek afbeeldingen die de lesstof verhelderen. Bekijk visuals en leg in je eigen woorden uit wat ze verbeelden.
- Maak zelf ook visualisaties als je aan het leren bent. Varieer daarbij met verschillende vormen, zoals een diagram, een cartoon, een tijdslijn of een infographic.

Op de site www.learningscientists.org vind je posters die je kunt downloaden met tips over leren en huiswerk maken, ook in het Nederlands.

3.5 Selectie in onderwijsniveaus

Als we weten dat het brein van jongeren nog zo plastisch is, en dat het zich snel kan ontwikkelen, hoe kan het dan dat we jongeren al op jonge leeftijd laten voorsorteren in verschillende onderwijsniveaus?

In Nederland maken kinderen zo rond hun elfde, twaalfde de overstap van het basis- naar het voortgezet onderwijs. Op basis van Cito-toetsen en het advies van hun leerkracht krijgen leerlingen een schooladvies voor het niveau waarop ze mogen instromen op de middelbare school. Het is de sjoelbak waarin kinderen in hokjes verdwijnen, van vmbo-kader tot havo, vwo en gymnasium. Jongeren van verschillende onderwijsniveaus komen elkaar na de basisschool nooit meer tegen. De laatste jaren komt er steeds meer kritiek op dit vroege keuzemoment, zeker in vergelijking met bijna alle andere landen waar het onderscheid in onderwijsniveaus pas op latere leeftijd wordt gemaakt. Bovendien dragen de verschillen in schooladvies tussen kinderen, onbedoeld, bij aan kansenongelijkheid.

THIJS EN TIM

In 2016 luidde de Inspectie van het Onderwijs de noodklok: niet alle leerlingen krijgen de kans het onderwijs te volgen dat aansluit op hun niveau. En de verschillen worden groter, waarbij vooral het opleidingsniveau van de ouders een belangrijke rol speelt in plaats van de capaciteiten van het kind.[23] De inspectie noemde het voorbeeld van twee zevendegroepers, Thijs en Tim. De ouders van Thijs hebben een universitaire en hbo-studie gevolgd. Tim woont twee straten verderop; zijn ouders zijn mbo-geschoold. Thijs en Tim zijn even oud, net zo vaardig en hebben hetzelfde IQ. En toch is de kans groot dat Tim eind groep 8 een lager advies krijgt dan Thijs, omdat leerkrachten onbewust de thuissituatie laten meewegen in hun advies. Vervolgens kiezen Tims lager opgeleide ouders eerder voor een middelbare school waar de prestaties gemiddeld achterblijven, zonder zich dit te realiseren. Eenmaal op de middelbare school is de kans groter dat Tim op een lager niveau wordt geplaatst, een keer blijft zitten of tijdens zijn loopbaan op die school afstroomt naar een lager niveau. Wat de kans weer vergroot dat Tim een mbo-opleiding kiest en daarna niet in het hoger onderwijs terecht komt. Uitgaande van gemiddelde leerlingen die hetzelfde IQ hebben (het niveau voor vmbo-t) behaalt 55 procent van leerlingen met hoogopgeleide ouders een hbo of universitair diploma, tegenover 26 procent van leerlingen met laagopgeleide ouders. Ook het inkomen van ouders werkt door. Op meer dan zevenhonderd basisscholen krijgt 20 procent van de kinderen met ouders die ruim modaal verdienen een hoger advies dan de eindtoets adviseert.[24]

Door een opeenstapeling van elementen, factoren en spelers, nemen zo de verschillen in kansen toe. Het rapport plaatste een zeer kritische noot bij de meritocratie waar alle kleuren van het politieke spectrum in Nederland graag in willen geloven: als je je best doet, wordt dat gezien en betaalt zich dat uit. Gelijke kansen voor iedereen en verschillen op basis van iemands eigen verdiensten.

In dit proces rondom de overgang van de basisschool naar middelbare school speelt het schooladvies dat de eigen docent afgeeft een belangrijke rol. Hoezeer de docent de leerling ook kent, er is – onbewust – ook een verkleuring in het oordeel waardoor docenten leerlingen uit lagere sociaaleconomische milieus en met andere etnische achtergronden structureel lager inschatten. Of ze verwachten wellicht dat kinderen het minder goed gaan doen omdat hun ouders ze minder goed kunnen begeleiden (door taalproblemen of een laag opleidingsniveau).
Kinderen hebben al vanaf de basisschool ongelijke kansen als het onderwijs niet voldoende kijkt naar hun cognitieve potentie. Al vanaf groep 1 van de basisschool zien we grote verschillen in de snelheid waarmee kinderen zich ontwikkelen. Hoeveel verhaaltjes hebben ze thuis al voorgelezen gekregen, hoe vaak hebben ze al getekend of spelletjes gedaan met hun ouders? Dat heeft allemaal een directe invloed op hun ontwikkelingsniveau, hun taalniveau en hun sociale vaardigheden. Kinderen die van huis uit door hun ouders minder zijn begeleid of gestimuleerd, komen anders de basisschool binnen. Ze zijn minder sociaal en intellectueel ontwikkeld of ze spreken nog niet zo goed Nederlands. Daardoor valt het verschil met kinderen die door hun eerste jaren thuis een voorsprong hebben, des te meer op. Die verschillen gaan nooit meer helemaal weg, want het ene kind krijgt thuis nu eenmaal meer positieve impulsen dan het andere kind, maar dit zegt – in tegenstelling tot wat in de praktijk vaak (onbewust) wordt aangenomen – op zich niets over hun cognitieve mogelijkheden; ze hebben er gewoon nog minder mee gedaan.

OPSTROOM EN AFSTROOM

We schalen jongeren in Nederland al vroeg in en vervolgens haalt bijna de helft hun eindexamen niet op het niveau waarop ze in de brugklas zijn gestart binnen de tijd die ervoor staat. Veel leerlingen doen op een ander niveau – soms hoger, maar vaker net iets lager – eindexamen of lopen vertraging op en blijven zitten.[25] Dat werpt de volgende vragen op. Hoe goed kan een school de potentie van zulke jonge basisschoolleerlingen voorspellen? En in hoeverre zijn scholen verantwoordelijk voor het afleveren van leerlingen op het niveau waarop ze zijn binnengekomen? Een andere oplossing om de vroege selectie tegen te gaan zijn de tienerscholen waarvan er in het schooljaar 2018-2019 twaalf van start zijn gaan. Deze zijn gebaseerd op het oude idee van de middenscholen. Hier krijgen jongeren van tien tot veertien jaar les, zodat de stap van het basisonderwijs naar het voortgezet onderwijs kleiner is. Op deze scholen zitten kinderen van alle niveaus tot hun veertiende bij elkaar in de klas, zodat de keuze voor vervolgonderwijs twee jaar wordt uitgesteld. Het idee is dat kinderen daardoor meer tijd hebben om zich te ontwikkelen tot het niveau dat bij hun leerpotentie hoort. Deze scholen zijn nu met name bedoeld voor kinderen die nog niet toe zijn aan de volgende stap of voor leerlingen die vanwege een taalachterstand of problemen thuis moeilijker kunnen meekomen. Maar onderwijskundigen zien dit in het algemeen ook als oplossing voor een te vroege selectie voor alle leerlingen. Misschien dat we hierdoor dan toch de komende jaren een hervorming van ons onderwijs kunnen verwachten?

3.6 Devices- en mediagebruik op school

Er is bijna geen school te vinden waar docenten niet worstelen met het gebruik van devices van jongeren dat doordringt tot in de schoolklas. Mogen smartphones wel of niet de klas in? Gaan we tablets gebruiken en de boeken langzaam laten verdwijnen? Steeds meer scholen gebruiken de smartphone of tablets in hun onderwijs, maar deskundigen wijzen er ook op dat een smartphone door leerlingen vooral gebruikt wordt voor wat er buiten de muren van de klas gebeurt, als afleiding van en ontsnapping aan de les.

Volgens een enquête van de NOS in 2015 blijft bij slechts tien van de 137 ondervraagde scholen de smartphone thuis of in de locker. 85 procent van de 137 middelbare scholen gebruikt de smartphone bij het onderwijs. Wat nog niet betekent dat de leerlingen hun mobieltje altijd en overal mogen checken. Op de helft van de scholen mag de smartphone alleen met toestemming van de leraar worden gebruikt. Een kwart van de scholen laat het gebruik helemaal vrij.[26] In Frankrijk is het gebruik van mobiele telefoons sinds september 2018 verboden op alle scholen, zowel in de klas als op het schoolplein. De overheid grijpt daar streng in. Sommige docenten noemen het symboolpolitiek en vinden dat scholen dit soort regels zelf wel kunnen stellen. Anderen vinden het mooi dat er nu duidelijkheid is en zijn blij dat de eeuwige discussies hierover binnen docententeams nu beslecht zijn.
Vrijwel alle Nederlandse scholen die de smartphone binnen het onderwijs gebruiken, laten leerlingen er informatie mee opzoeken. Een ruime meerderheid zet educatieve apps in en gebruikt het apparaat voor quiz- en toetsdoeleinden. Op een derde van de scholen communiceren docenten via de smartphone met leerlingen (bijvoorbeeld via WhatsApp) en op een vijfde van de scholen zetten docenten de smartphone in om leerlingen te laten samenwerken.
De smartphone is een digitaal zakmes dat vele functies tegelijk herbergt. Natuurlijk ondersteunt het onderwijsfuncties, maar wat we ook zien is dat via de telefoon allerlei afleiding het schoollokaal en de collegezaal binnenstroomt. Een derde van alle jongvolwassenen (18-24 jaar) is zelf van mening dat hun social mediagebruik hun school- of studieresultaten negatief beïnvloedt. Overigens is er ook een groep van 15 procent die vooral positieve invloeden ziet.[27]
Docenten op middelbare scholen zijn een stuk negatiever. Maar liefst 92 procent van de 1.318 ondervraagde docenten ervaart negatieve gevolgen van smartphones op de schoolprestaties van jongeren.[28] Leerlingen kunnen zich volgens hen slechter concentreren (77 procent) en letten minder op in de les (68 procent), omdat zij bijvoorbeeld te weinig nachtrust krijgen. Ook hebben ze hun huiswerk niet op tijd af (42 procent). Tijdens de lessen

WAT VINDEN LEERLINGEN EN DOCENTEN?

77%
van de docenten vindt dat **leerlingen zich slechter kunnen concentreren** door smartphones.

68%
van de leerlingen let minder op in de les omdat ze **te weinig nachtrust** krijgen.

32%
van de docenten vindt leerlingen **minder gemotiveerd** door hun smartphones.

36%
van de leerlingen heeft **stress door hun telefoon** omdat ze bang zijn iets te missen.

46%
van de leerlingen ervaart dat mobieltjes tijdens de les **voor onrust zorgen**.

zorgen mobieltjes voor onrust (46 procent) en docenten merken dat leerlingen minder gemotiveerd zijn (32 procent). Ook zien zij psychische effecten: volgens docenten hebben hun leerlingen meer stress door hun telefoon vanuit de angst om niets te willen missen, de *fear of missing out* (36 procent).

Deze gegevens moeten we absoluut in een groter geheel plaatsen. Dit onderzoek geeft weer hoe docenten het mediagebruik van hun leerlingen beleven. Dat is nog geen hard bewijs voor de effecten van sociale media. Leerlingen hadden ook vóór de komst van de smartphone niet altijd hun huiswerk op tijd af. Destijds gingen ze wellicht te laat naar bed omdat ze te lang tv keken of met een zaklamp onder de dekens een spannend boek lazen. Het is van alle tijden dat jongeren de gevolgen op de langere termijn minder in het vizier houden. Alleen het medium is veranderd en 24 uur per dag alom aanwezig. Tegelijkertijd zijn docenten ook belangrijke ervaringsdeskundigen die dag in dag uit vele honderden jongeren zien. Wij horen vaak van docenten hoe lastig het is om leerlingen te laten focussen op de les en hun telefoons buiten bereik te houden als er binnen de school geen eenduidig beleid is rondom smartphonegebruik. Of wanneer dat beleid er wel is, maar het gros van de docenten zich er niet aan houdt. Net als in veel gezinnen thuis hebben scholen en de maatschappij nog geen goed ontwikkelde etiquette over de manier waarop we met smartphones omgaan. Als volwassenen zullen onze kinderen waarschijnlijk met verbazing terugkijken op hoe ze in hun jeugd tijdens schooltijd hun smartphones konden gebruikten.

DEVICES IN DE LES

Een groot deel van de docenten (62 procent) benoemt naast negatieve ook positieve effecten. De communicatie tussen leerlingen onderling en docenten gaat veel sneller; de Engelse vaardigheden van leerlingen zijn verbeterd doordat veel games en apps in het Engels zijn, ze zijn beter op de hoogte van het nieuws en hebben meer sociale contacten. Daarnaast kunnen docenten smartphones gemakkelijk inzetten in de les waardoor deze gevarieerder wordt. Zo kunnen leerlingen tijdens de les informatie opzoeken of een foto-opdracht doen via Instagram en zijn er quiz-apps waarmee ze hun kennis kunnen testen.

Hier hebben we het over onderwijs waarbij leerlingen devices – eigen mobieltjes of laptops – of computers van de school actief in de les gebruiken. Immers, jongeren zullen hier in de toekomst in werkcontexten ook mee te maken krijgen. Onderwijskundige studies laten een gemiddeld positief effect zien van computers op school, maar dat effect is vrij bescheiden.[29] Het effect wordt sterker als elementen worden toegepast die leerlingen ook in leerprocessen zonder ICT-tools gebruiken. Denk bijvoorbeeld aan leerlingen die in tweetallen overleggen, een les thuis voorbereiden of aan een docent die op de persoon toegespitste feedback geeft. Dit kun je allemaal met digitale middelen doen, maar ook zonder. Een slechte docent wordt niet opeens een goede didacticus als hij leerlingen met de computer laat werken. Het gaat nog steeds om het vakmanschap om kennis over te brengen, met of zonder digitale hulpmiddelen.

Ook digitale platforms kunnen voordelen hebben, zoals het geven van individuele feedback, aantrekkelijke visuals, de mogelijkheid om resultaten direct te monitoren. Maar… het is nog altijd hetzelfde brein dat de kennis moet verwerken; toegang tot informatie is niet hetzelfde als kennisverwerving.[30]

Een monitor van Kennisnet over mediagebruik van jongeren (tien tot achttien jaar) liet zien dat jongeren zelf heel positief denken over hun digitale kunnen. Ze geven hun digitale kennis en vaardigheden gemiddeld een 7,4. Uit een praktische toets die Kennisnet de jongeren liet maken blijkt echter dat een aantal elementen van digitale geletterdheid bij Nederlandse jongeren onvoldoende zijn. Leerlingen van verschillende niveaus zijn niet kritisch tegenover de informatie die zij op internet vinden en weten ook niet goed hoe ze gevonden informatie op betrouwbaarheid moeten beoordelen. Minder dan de helft blijkt informatie die zij via internet verzamelen te kunnen verwerken voor een specifiek doel. En ook informatie uit verschillende bronnen samenvoegen om een bestaande tekst aan te passen lukt minder dan de helft van de leerlingen.[31] De mythe van een generatie die precies begrijpt hoe media werken, spat weer eens als een zeepbel uit elkaar.

Opvallend tot slot is dat maar 7 procent van alle ondervraagde leerlingen aangeeft dat ze hun digitale vaardigheden via school geleerd hebben. De rest zegt dit volledig of deels in de vrije tijd te hebben geleerd. Waardoor ook het effect van het opleidingsniveau van de ouders zijn invloed weer doet gelden. Hogeropgeleide ouders helpen hun kinderen meer bij digitale vaardigheden, het verwijderen van virussen tot het helpen zoeken naar informatie. Daarnaast is het informele leren voor jongeren steeds belangrijker geworden. Door het internet en door YouTube in het bijzonder, kan iedereen overal instructies over vinden en filmpjes om stap voor stap nieuwe dingen te leren. Maar bijna alle jongeren hebben daarbij ook nog hulp nodig van een oudere generatie, niet voor de hardware, maar vooral om te helpen goede en slechte informatie te selecteren.

'Af en toe zijn er een paar haantjes die in de WhatsApp-groep van de klas een bericht gooien: "We blijven lekker thuis vandaag." Dan komt die hele klas een dag niet opdagen.

(Jaap, docent op een mbo-opleiding)

CONCURRENTIE

Het gebruik van allerlei devices kent nog een ander aspect. Op het moment dat leerlingen digitaal toegang hebben tot een tool of quiz, ontstaat automatisch ook de mogelijkheid om heel andere informatie op te zoeken. Voor je het weet concurreer je als docent Engels of natuurkunde om aandacht met *James Bond* of *Game of Thrones*.

Een vmbo-leerling op een school met open leerpleinen en een grote nadruk op digitale skills vertelde ons dat de wifi op school op woensdagen altijd veel trager werkt, omdat de avond ervoor nieuwe episodes van series uit de Verenigde Staten online beschikbaar komen. Om haar heen ziet ze op woensdagen veel leerlingen in de les afdwalen bij de nieuwste episode van *Stranger Things*.

Een student verwoordde laatst zelfbewust zijn houding in de collegezaal: 'Als het niet interessant is, gaan wij iets anders doen'. Vermoedelijk had hij geen idee hoe waar deze uitspraak vanuit het brein bekeken feitelijk is.

3.7 Straatcultuur komt de school binnen

Veel klassen zijn de afgelopen decennia aanzienlijk van samenstelling veranderd en steeds 'gekleurder' geworden. Dat geldt in het bijzonder voor scholen in de Randstad.

Een diverse klas heeft een andere dynamiek dan een klas met jongeren met eenzelfde achtergrond. Niet alle docenten ervaren diversiteit als rijkdom en soms lopen ze tegen hun eigen grenzen aan. Docenten ervaren dat 'de straat' het onderwijs is binnengedrongen. Ze bedoelen daarmee dat groepen jongeren de normen en waarden die binnen de straatcultuur een hoge status hebben, ook mee naar school nemen. Het gaat dan bijvoorbeeld om dominant en intimiderend gedrag, hard en agressief praten of zelfs schreeuwen. Leerlingen proberen vaker met hun docenten te onderhandelen en bepaalde zaken met ze te 'regelen', zoals het onderhandelen over cijfers, of de mogelijkheid tot uitstel. Niet alle docenten zijn hier gevoelig voor, maar een groot aantal voelt zich heel ongemakkelijk bij dit gedrag. Een docent vertelt hierover: 'Ik vind het erg lastig als ik voor mijn gevoel door leerlingen in een onderhandelingspositie word gemanoeuvreerd. Een onvoldoende, zelfs een 4,5 is in hun ogen al bijna een voldoende en de eindeloze discussies die ik daarover met hen moet voeren, vind ik heel onprettig'.

Dergelijk gedrag komt deels voort uit een bepaalde opvoeding of cultuur. Denk bijvoorbeeld aan jongens die thuis als prinsjes worden behandeld en anderen consequent voor hun karretje proberen te spannen. Anderzijds heeft het vaak ook te maken met gevoelens van onmacht, frustratie en minderwaardigheid. Soms staan jongeren ook onder grote druk van thuis om 'succesvol' te zijn op school. Ze moeten zelf maar uitzoeken hoe ze dat doen,

waardoor ze meer op het resultaat gericht zijn dan op leren. Inzicht in waar dit gedrag vandaan komt, lost het probleem niet meteen op, maar zorgt wel voor meer begrip bij docenten, waardoor ze er ook beter mee om kunnen gaan. Vooral jongeren uit gezinnen met een migratieachtergrond staan onder grote druk om te presteren, terwijl ze niet goed weten hoe ze dat waar moeten maken. De huidige generatie allochtone jongeren is boos. Ze schermen vaak met discriminatie, omdat ze dat zo ervaren.[32]
Wat betekent dit voor docenten? Moeten zij tandenknarsend toezien hoe ze, in hun beleving, op school het overwicht verliezen, terwijl de straatcultuur de overhand krijgt? Moeten ze de confrontatie met deze jongeren aangaan?
Docenten kunnen jongeren die afwijkend gedrag laten zien en de les op een negatieve wijze beïnvloeden, het beste individueel aanspreken, liefst buiten de les om. Veel jongeren waarderen het ook wanneer docenten grenzen stellen en de school duidelijke regels en structuur biedt. Of zoals een Marokkaanse jongen het uitlegde: 'Het zit nu eenmaal in onze cultuur om grenzen op te zoeken. Als een docent niet duidelijk is, of ruimte geeft, proberen we er steeds overheen te gaan. Eigenlijk hebben Marokkanen gewoon een dictator nodig, dan gebeurt dat hier echt niet.' Dit soort beelden van omgaan met macht en gezag, maken dit thema tot een hoofdpijndossier voor veel docenten. Hier botsen twee culturen die fundamenteel anders kijken naar de manier waarop je met anderen omgaat. Het is als schaken op een dambord: de straatcultuur gaat uit van andere spelregels dan de burgerlijke cultuur, die de cultuur op een school of opleiding vormt. Juist omdat daar degene met de grootste mond wint, lijkt het onderwijs hier weinig tegenover te kunnen stellen. Toch ligt hier een gemeenschappelijk belang van docent en leerling om er binnen de schoolcultuur toch uit te komen: de meeste jongeren, ook degenen die zich binnen de straatcultuur bewegen, hebben het besef dat ze een diploma moeten halen en dat ze zich daarom moeten aanpassen aan de regels op school. De uitzonderingen die niet tot rede zijn te bewegen, moeten met de handhaving van duidelijke regels gedwongen worden zich aan te passen en desnoods van school worden verwijderd.

TIPS OM STRAATCULTUUR OP SCHOOL TE WEREN[33]

- **Communiceer** vanaf de eerste dag dat leerlingen binnenkomen, helder wat de regels zijn wat betreft omgangsvormen. Maak duidelijk dat onbeleefd gedrag, grof taalgebruik en een intimiderende manier van discussie voeren niet getolereerd worden.
- **Spreek jongeren** zoveel mogelijk individueel aan. Als er een probleem is met een groep, laat dan de 'leiders' even apart meekomen.
- **'Ik doe toch niets'** lijkt een verdediging te zijn, maar wordt door jongeren vaak ingezet als een uitdaging. Ze zeggen als het ware: 'Bewijs maar eens dat er iets mis is.' De beste manier om te de-escaleren is dan om zo precies mogelijk aan te geven wat er aan de hand is, zonder iemand te beschuldigen.
- **Op het moment** dat leerlingen of studenten ontsporen: maak direct duidelijk dat dit gedrag of deze stijl van 'een gesprek' voeren niet getolereerd wordt. Wijs op de (eerder besproken) regels en afspraken. Beëindig de situatie en verbind er duidelijke consequenties aan als bepaald gedrag toch doorgaat. Laat heel duidelijk merken dat jij als docent of schoolleiding de regels bepaalt en dat daar niet aan valt te tornen.
- **Wees je bewust** van het feit dat 'de straat' voor veel jongeren de enige plek is waar ze aandacht en respect krijgen. Maak actief contact met deze jongeren, organiseer samen activiteiten of voer gesprekken zodat ze die aandacht en dat respect ook op school krijgen.
- **Een veilige cultuur** binnen de school ontstaat alleen wanneer alle docenten dezelfde grenzen stellen en elkaar steunen als ze zien dat een collega in een lastige situatie verzeild is geraakt.
- **Bespreek** als docententeam alle situaties binnen een school die je zou kunnen typeren als uitingen van straatcultuur. Zorg voor een veilige omgeving waarbinnen collega's echt durven te vertellen waar ze tegenaan lopen en bespreek met elkaar wat (wel) goede manieren zijn om met bepaalde situaties om te gaan.

3.8 De belevingswereld van jongeren

Jongeren kijken kritisch naar wat ze op school leren. Wat hebben ze eraan? Voelen ze zich er mee verbonden? Zo voelen ze zich bijvoorbeeld niet zo verbonden met thema's die in de klas worden behandeld, zoals kunst en cultuur. Docenten neigen er steeds meer naar om aan te sluiten bij de belevingswereld van hun leerlingen, om zo nog iets van verbinding te creëren tussen de volwassen en de jongerenwereld. Maar hoe ver moet je daar ingaan?

Eeuwenlang was de 'hoge cultuur' – die van kunst, wetenschap en de elite – leidend in de samenleving. Daar kwam de populaire cultuur naast, met cultuurdragers als langspeelplaten, tv, popmuziek en internet. Qua impact heeft de populaire cultuur de 'hoge cultuur' inmiddels volledig overschaduwd. Jongeren houden zich amper nog bezig met klassieke muziek of toneel; in hun belevingswereld spelen normen uit de hoge cultuur geen rol meer. De 'zelfwereld' is het middelpunt van hun wereldbeeld geworden. Het is een filter voor de buitenwereld waarin jongeren voortdurend keuzes moeten maken.

DE LERAAR ALS REISLEIDER

Vaak hoor je geluiden dat onderwijs meer moet aansluiten bij de belevingswereld van leerlingen. Een heel eigen geluid hierin komt van de Duitse historicus, psycholoog, socioloog en oud-docent Thomas Ziehe. Ziehe vindt dat scholen juist een fout maken door leerlingen meer verantwoordelijkheid te geven voor hun eigen leren. Daarmee verdubbel je de zelfwereld van jongeren, terwijl de wereld van school juist zou moeten afwijken. Want hoe kun je iets ontdekken als je niet weet dat het te ontdekken valt?
Laat de schoolwereld maar verschillen van de zelfwereld, aldus Ziehe. Vergeet de buitenwereld, vraag leerlingen niet steeds wat ze willen en kunnen, maar neem ze mee naar een schoolwereld die hen vreemd is: een wereld van symbolen, fictie en wetenschappelijke voorstellingen. De leraar is in zijn visie de reisleider: zijn taak is het om leerlingen mee te nemen vanuit hun eigen wereld zonder de indruk te wekken dat die wereld minder belangrijk is. En om de leerlingen te laten schakelen naar die andere wereld, zal de docent rituelen moeten verzinnen, kleine groepsgewijze handelingen of gedragingen die voor leerlingen de stap naar die andere wereld gaan symboliseren. Kortom, prikkel en stimuleer leerlingen en verras ze met zaken die ze (nog) niet kennen.[34]

DOORZETTEN

Een mooi voorbeeld van de docent als reisleider vormde het project Rhytm is it! In 2004 gaf de Berliner Philharmoniker samen met 250 leerlingen van 8 tot 25 jaar uit heel diverse Berlijnse milieus in Berlijn een voorstelling rond de *Le Sacre du Printemps* van Strawinsky. Wekenlang werkte choreograaf Royston Maldoom met de leerlingen aan het instuderen van een dans. Het project is te volgen op de film *Rhytm is it*. Als de leerlingen eerst vijf minuten doodstil moeten staan voor de wand van het gymlokaal, komen de jongeren in opstand. Ze vinden het moeilijk en niet leuk. Er ontstaat een discussie met de choreograaf. Die wijst hen op het verschil tussen iets dat 'leuk' is en iets dat een dieper gevoel van tevredenheid geeft. Voor dat laatste moet je moeite doen. Hij houdt ze voor dat het de moeite waard kan zijn door te zetten omdat ze dan trots op zichzelf kunnen zijn. Dat helpt, want de meesten gaan door tot het eind: een voorstelling voor een enthousiast publiek van tweeduizend mensen.

RELATIES EN INSPIRATIE

Het puberbrein is nieuwsgierig, steeds op zoek naar nieuwe impulsen en nieuwe verbanden. Alleen, daarbij gaat het vaak om impulsen en interesses buiten school. Het is voor docenten een enorme uitdaging om jongeren bij de les te houden. Choreograaf Roystoon Maldoorm en hersenwetenschapper Erik Scherder benadrukken het allebei: om te leren moet je ergens moeite voor doen. Dat is niet altijd leuk, maar juist daar waar je volhardt, leer je. Steeds meer ligt de nadruk op activerend onderwijs, met ruimte voor onderlinge verschillen zodat iedereen in zijn eigen tempo kan leren.

Maar wat blijft is het belang van onderling contact. Leerlingen willen geïnspireerd worden door docenten die enthousiast zijn over hun vak en dat weten over te brengen. Ze willen als individu gezien en begeleid worden, en niet als nummer. Ze willen aandacht voor hun unieke talenten en mogelijkheden. Een pleidooi voor betrokken onderwijs, gegeven door docenten die oprechte interesse hebben voor al hun leerlingen. Van de docent die op een lijstje bijhoudt of hij al zijn leerlingen wel regelmatig écht spreekt, tot de betrokken conciërge aan de deur die precies weet welke pappenheimers te laat zijn, en waarom. Want in relatie tot andere mensen die betekenisvol voor hen zijn, leert het puberbrein het beste.

TIPS VOOR DOCENTEN

- **Erken dat leren een taai proces is.** Ga er niet op voorhand van uit dat jongeren enthousiast zijn om jouw vak te gaan leren. Heb oog voor twijfels en aarzelingen die ze hebben over zichzelf en hun eigen kunnen. Moedig ze aan om aan de slag te gaan en wees verwachtingsvol. Elke leerling kan ergens beter in worden. Maar dat geloof heeft nog lang niet elke leerling verinnerlijkt.

- **Bied structuur en regels.** Leerlingen willen vooral een strenge, duidelijke leraar. Communiceer duidelijk je verwachtingen. Veruit de meeste leerlingen vinden het prettig als ze weten wat er aan het eind van het traject van ze wordt verwacht.

- **Geef feedback waar leerlingen mee verder kunnen.** Effectieve feedback biedt een balans tussen positieve en negatieve elementen en bevat informatie waarmee de lerende het een volgende keer nog beter kan aanpakken. Kijk daarom in feedback met de leerling meer vooruit en stem de complexiteit van feedback goed af op het niveau van elke leerling.

- **Heb oog voor elke leerling.** Een leerling wil gezien worden in de massa. Je motiveert leerlingen door notie te nemen van hun vorderingen en je oprecht te verdiepen in hun beleving en ontwikkeling. Verdiep je in individuele leerlingen. Maak met iedere leerling bewust af en toe een gesprekje tijdens een pauze. En geef complimenten als ze goede vorderingen maken of zich ergens hard voor hebben ingespannen. Benadruk daarbij meer de vooruitgang dan het resultaat.

- **Straal passie voor je vak uit.** Passie, trots en enthousiasme zijn besmettelijk. Jongeren zijn, in hun zoektocht naar een studie en beroep, hard op zoek naar rolmodellen en voorbeeldfiguren die enthousiasme uitstralen.

TIPS VOOR ONDERWIJSMANAGERS

- **Toon voorbeeldgedrag.** Houd het schoolgebouw op orde en creëer een goede sfeer. Toon respect voor iemand die een andere mening is toebedeeld. Wat je ook vraagt van je leerlingen, geef zelf altijd het goede voorbeeld.

- **Respect voor leerlingen is ook: laten zien dat je in ze investeert.** Dat er een bloemperkje is op het schoolplein, dat er af en toe mooie dingen voor ze zijn. Rommelige plekken, graffiti op de muur, kapotte schoolmeubels versterken het gevoel van desinteresse en maken dat jongeren minder respectvol met hun schoolomgeving omgaan.

- **Geef jongeren mogelijkheden om trots te zijn.** Maak iets bijzonders van een diploma-uitreiking, geef een podium om hun werk te laten zien. Deel successen met hun ouders, vrienden en de hele school. Met name vmbo'ers en mbo'ers vragen om waardering en mogelijkheden om trots te zijn op zichzelf en op hun opleiding.

- **Een school is zo goed als haar directie.** Die moet een visie hebben op omgaan met leerlingen en op wat zij beschouwt als goed onderwijs.

- **De beste adviseurs lopen op je school rond.** Nodig iedere maand zes willekeurige leerlingen uit (niet de leerlingenraad) om met de voeten op tafel een uurtje te vertellen over wat zij vinden dat er beter kan op school. Alleen luisteren en niets ter plekke willen oplossen!

TIPS OM MEER REKENING TE HOUDEN MET VERSCHILLEN TUSSEN JONGENS EN MEISJES

We zien dat jongens op alle onderwijsniveaus minder goed scoren dan meisjes. Hierbij een aantal tips om extra in te spelen op behoeften van jongens, waar sommige meisjes ook baat bij kunnen hebben.

- **Wees verwachtingsvol naar jongens**
  Jongens hebben vaak een grote behoefte aan bevestiging dat ze iets goed kunnen. Laat merken dat je vertrouwen in ze hebt.

- **Heb begrip voor beweeglijkheid**
  Jongens willen bewegen (dingen aanraken, wiebelen). Dat vinden docenten soms misschien lastig, maar op de vraag waarom ze 'zoveel bewegen' hebben de jongens meestal geen antwoord! 'Uh, gewoon'. Door te bewegen breken in hun lichaam stresshormonen als adrenaline af, terwijl ergernis of boze reacties de stress juist vergroten.

- **Dwing jongens niet in het verkeerde format**
  Jongens hebben vaak een kortere aandachtsboog en meer behoefte aan afwisseling. Faseer de taken en geef veel feedback in korte intervallen. Verleng dit stapje voor stapje, zodat jongens vaardigheden als 'uitstel van bevrediging', 'plannen' en 'organiseren' geleidelijk beter leren beheersen. De meeste jongens zijn ook minder talig dan meisjes. Geef vooral korte en heldere aanwijzingen.

- **Stimuleer *trial and error* of onderzoekend leren**
  Jongens zijn soms al begonnen zonder dat je ze alles uitgelegd hebt. Dit kan op school zowel heel onhandig zijn als zeer assertief. Geef jongens af en toe ruimte voor dit soort onderzoek en geef dan opbouwende feedback tijdens een opdracht of uitdaging. Maar wees ook duidelijk als dat niet gewenst is.

- **Als 't klaar is, is het klaar**
  De frustratieboog loopt bij jongens vaak anders dan bij meisjes. Jongens kunnen in korte tijd heel boos of opgewonden raken. Ze gaan dan bijvoorbeeld met deuren slaan of worden brutaal. Zo'n uitval kan ook net zo snel weer verdwijnen. Vraag niet om een gedragsverandering op de piek van zo'n fase, maar gun jongens een time-out. Bespreek het voorval op een later moment en maak afspraken. En dan is het kláár. Neem dat woord 'klaar' ook heel serieus en geef jongens zo vertrouwen dat je weer op de oude voet verder kunt.

- **Probeer een afgang te voorkomen**
  Veel jongens zijn heel gevoelig voor hun plek in de groep. Falen ervaren ze als gezichtsverlies. Probeer een publieke afgang daarom te voorkomen.

- **Aandacht voor motivatie en mannelijke rolmodellen**
  Jongens zijn vaak op zoek naar stimulerende beelden van mannelijkheid: Wat kan ik, wat wil, wat kan ik willen? Breng ze in contact met mannelijke rolmodellen en bespreek wat ze motiveert.

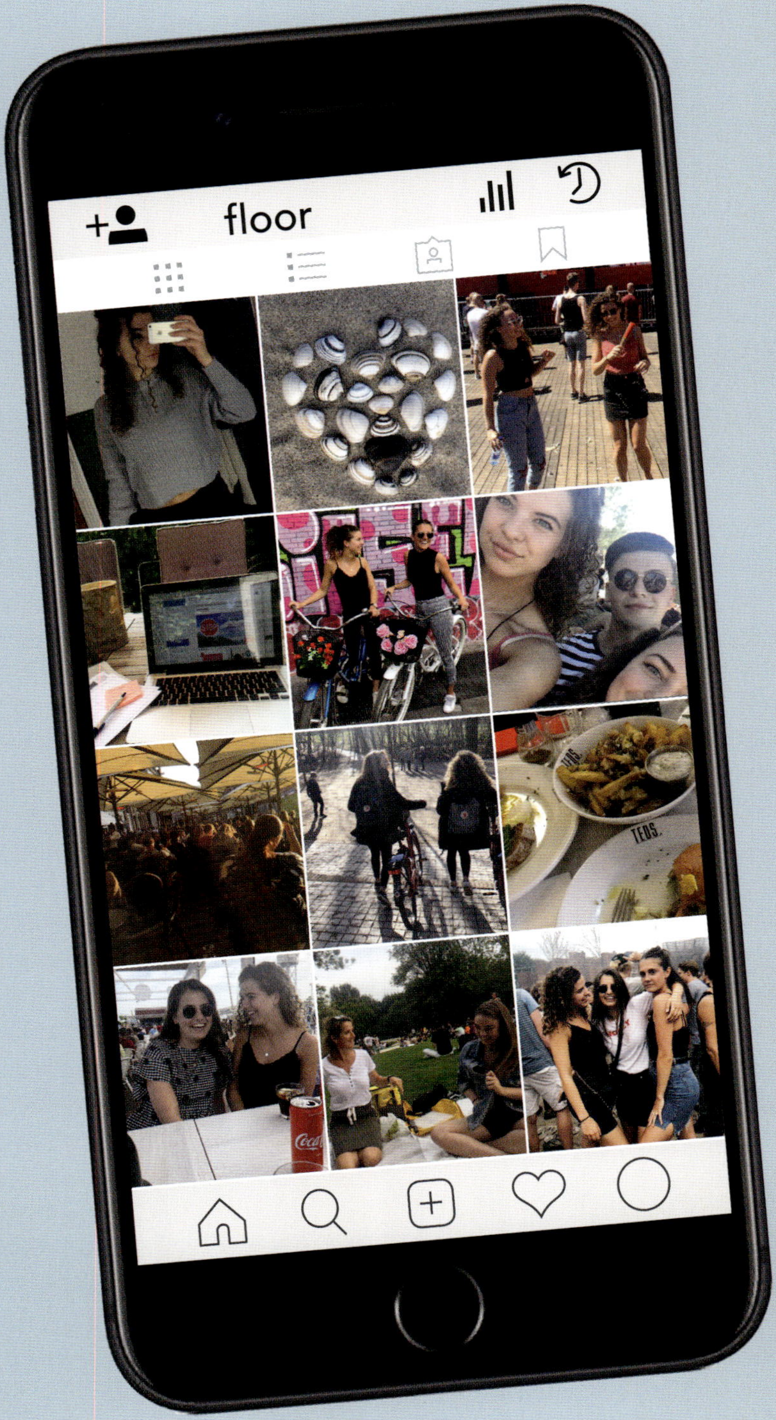

Floor (19 jaar), mbo-student evenementenorganisatie Amersfoort

4. De peergroup

Het puberbrein in het kwadraat

Na de thuisomgeving en school zoomen we in op de leeftijdgenoten van jongeren: de peers - van boezemvrienden tot klasgenoten en verre kennissen. De impact van de peergroup neemt steeds verder toe naarmate jongeren ouder worden. Jongeren beïnvloeden elkaar in bijna alles, ze spiegelen zich aan elkaar en bepalen via de groep wat *cool* is en wat niet. Jongeren kennen vaak een hele grote groep leeftijdgenoten via oppervlakkige contacten en social media en raken met een deel van hen nauwer bevriend. Vriendschappen verdiepen zich voortdurend en de netwerken met leeftijdgenoten vertakken zich steeds verder.

Veel pubergedrag kunnen we verklaren vanuit de invloed van de peers. We duiken in dit hoofdstuk volop in de wereld waarin jongeren samenkomen en waarin volwassenen vooral afwezig zijn.

'Mijn beste vriendin en ik hebben dezelfde humor. We kunnen echt om dezelfde dingen lachen. Ik noem haar 'mijn kakje' en zij noemt mij 'haar diarree'. Van dat soort dingen. We zijn niet echt in alles hetzelfde – dat lijkt mij ook een beetje saai – maar we kunnen het gewoon heel goed vinden met elkaar.
Ik kan haar ook alles vertellen, zij vertelt het echt niet door. Dat is belangrijk. Je moet je vrienden kunnen vertrouwen. Soms heb je wel eens dat je een geheim aan iemand vertelt en dat daarna de hele klas het weet. Dat is dan niet echt een goede vriendin. Maar dat zou zij niet doen. Zij weet sowieso heel veel van iedereen. Ze weet de geheimen van zo ongeveer de hele klas, maar dat vertelt ze ook niet aan mij.' (Tara, 11 jaar)

4.1 Van het veilige nest naar de vriendengroep

In de puberteit maken kinderen zich stap voor stap los van hun ouders en verleggen ze hun focus naar leeftijdgenoten. Ouders blijven bij zaken zoals school en beroepskeuze invloedrijk – we kunnen het niet genoeg benadrukken – maar ze verliezen wel hun exclusieve positie. Ouders kunnen, in die complexe en onzekere puberteit, ook niet langer de zekerheid van sociale acceptatie bieden waar hun kinderen naar zoeken. Dus zoeken jongeren hun heil elders, bij leeftijdgenoten. Een hechte vriendengroep kan die broodnodige veiligheid wel bieden. Vrienden maken en houden, geaccepteerd worden in de groep, erbij horen: het wordt van levensbelang. Ze brengen daarom steeds meer tijd samen door.

Een peergroup betekent letterlijk een groep mensen met ongeveer dezelfde leeftijd, sociale status en belangstelling. Bij jongeren heb je het dan over beste vrienden, maar ook over klasgenoten, vrienden uit de buurt, teamleden en vrienden van vrienden. Ze gebruiken al snel het woord vriend, maar we zullen zien dat dit heel verschillende betekenissen kan hebben; een schoolvriend is bijvoorbeeld iemand met wie je op school goed kunt opschieten, maar waar je buiten school nooit mee afspreekt.

Psychologen benadrukken het belang van peers voor de ontwikkeling van kinderen en jongeren, omdat de onderlinge relaties zijn gebaseerd op gelijkwaardigheid, wederkerigheid, samenwerking en intimiteit. Omdat er geen sprake is van een hiërarchische relatie, zoals bij ouders of docenten, is de omgang met leeftijdgenoten erg belangrijk voor iemands sociale ontwikkeling. We laten in dit hoofdstuk zien hoe dit in de praktijk werkt en hoe veel gedrag ook vanuit de invloed van peers verklaard kan worden.

EVOLUTIE

Tussen leeftijdgenoten onderling zien we drie soorten verbindingen: de 'echte' goede vrienden, de romantische en seksuele relaties (ofwel vriendjes en vriendinnetjes) en de bredere kring kennissen en bekenden. Alle drie de relatiesferen zijn belangrijk voor het welbevinden van jongeren.

De rol van de drie soorten relaties (goede vrienden, vriendjes of vriendinnetjes en kennissen) kunnen we in een hiërarchische lijn plaatsen. De evolutionaire blik biedt hierbij verheldering. Hoewel het vinden van een levenspartner buiten het eigen nest voor een 13-jarige natuurlijk nog niet expliciet het doel is, wordt het voor hem of haar wel steeds belangrijker om in de smaak te vallen bij leeftijdgenoten. In de puberteit maakt het lichaam zich klaar voor reproductie. Oestrogeen en testosteron, de hormonen die verantwoordelijk zijn voor lustopwekking, beginnen bij zowel jongens als meisjes door het lichaam te gieren, zij het in andere hoeveelheden. Het voortplantingssysteem krijgt aansporing om zich te ontwikkelen.

De hersenen beginnen zich tegelijkertijd zo te vormen dat jongeren gedrag gaan vertonen waarmee ze in de smaak vallen bij hun peergroup. Ze ontwikkelen hun sociale vaardigheden en inlevingsvermogen. En daarmee gaan ze volop leren en uitproberen wat wel en niet geaccepteerd wordt binnen de groep. Want de goedkeuring van vrienden is belangrijker dan ooit tevoren.[1]
Feitelijk kunnen we het zien als een piramide: onder aan de brede basis bevinden zich de tientallen, nee, honderden jongeren die iedereen kent. Uit die veelheid aan jongeren selecteren zij enkelen met wie ze vriendschapsrelaties aangaan, de middenlaag van de piramide. En deze vriendschappen helpen hen op praktische en emotionele manieren uiteindelijk om een levenspartner te vinden. Vanuit deze invalshoek kunnen we ook verklaren waarom jongeren zo sterk de behoefte voelen om nieuwe mensen te leren kennen. Zij vergroten de basis van hun piramide en de kans op nieuwe vrienden én romances.

NATURE VERSUS NURTURE

Deze evolutionaire gedachtegang haakt in op het boek *The Nurture Assumption* waarmee de Amerikaanse psychologe Judith Rich Harris eind jaren negentig behoorlijk wat stof deed opwaaien. Harris schreef: 'Mensen zijn primaten en primaten leven in groepen. Evolutionair gezien zitten kinderen niet zo in elkaar dat ze hun ouders proberen te imiteren, in plaats daarvan kijken ze naar de leden van de groep waar ze zich in bevinden. Ze willen geaccepteerd worden door de andere kinderen om hen heen.'
Harris wees op de enorme impact die uitgaat van peers en durfde zelfs zo ver te gaan om concrete percentages te hangen aan de invloedsferen rond tieners. Circa 60 procent van iemands persoonlijkheid is volgens Harris natuurlijk bepaald. Maar liefst 30 procent wordt door de peergroup vormgegeven. En slechts 10 procent schrijft Harris op het conto van 'overige omgevingsfactoren', waar ze een lange rij zaken onder schaart als sociale klasse, school, voeding, milieuvervuiling, kinderziekten, maatschappelijke omstandigheden, en dan, tenslotte, de ouders.
In de wetenschappelijke wereld was dit een behoorlijke verschuiving in de manier waarop er naar opvoeding werd gekeken. Harris kreeg zowel enorme bijval als veel kritiek: 'stompzinnig, absurd, simplistisch en gevaarlijk'. Feit is wel dat zij terecht meer aandacht heeft geclaimd voor de impact van leeftijdgenoten.

'Volgend jaar ga ik naar de brugklas. Heel veel mensen ken ik al. Op school kregen we een namenlijst en toen heb ik thuis de namen opgezocht op internet. Zo van: "hé, we komen bij elkaar in de klas." Nu heb ik al van heel veel mensen hun nummer, dus hebben we alvast een WhatsApp-groep'.

(Milou, 12 jaar)

4.2 Goede vrienden

Bij de ontdekkingstocht naar hun eigen identiteit spelen vriendschappen voor jongeren een essentiële rol. Vaak hebben ze een aantal goede vrienden of vriendinnen dat op één of twee handen te tellen is. Bij deze vier tot tien boezemvrienden of hartsvriendinnen kunnen jongeren zichzelf zijn, geheimen en problemen delen en zich gelijkwaardig aan elkaar spiegelen, een unieke context om jezelf te ontwikkelen. Jongeren brengen veel tijd door met naaste vrienden en vriendschappen verdiepen zich ook doordat ze samen ervaringen ondergaan.

Ouders klagen wel eens dat hun puber nog maar zo weinig vertelt, maar ze zouden er waarschijnlijk ook niet aan moeten denken deelgenoot te blijven van al die hartsgeheimen, twijfels en problemen. Jongeren zoeken hun heil liever bij vrienden en vriendinnen, met wie ze de meest gedetailleerde informatie uit hun dagelijkse belevenissen delen.

Logisch dat waar jongeren zichzelf ontwikkelen in de puberteit, hun vriendschappen zich verdiepen, maar ook veranderen. Vriendschappen worden complexer, intiemer en belangrijker. Doordat metacognitie – het nadenken over eigen gedachten – zich sterk ontwikkelt, denken jongeren veel na over zichzelf, in relatie tot anderen. Vanaf een jaar of twaalf zeggen jongeren steeds vaker dat ze het belangrijk vinden dat vrienden hen accepteren zoals ze zijn. Onderliggende waarden als oprecht zijn, loyaliteit, elkaar kunnen vertrouwen en steunen worden belangrijker.[3]

In deze levensfase kunnen vriendschappen ook verwateren. Die vriendin met wie je op de basisschool nog zoveel plezier had, blijkt als je in de brugklas zit toch niet die *Best Friend Forever* (BFF) te zijn. Die vriend die zo van dezelfde dingen hield, lijkt ineens saai. Zo tot een jaar of veertien kiezen jongeren eerder vrienden uit die sterk op hen lijken; verderop in de adolescentie vormen ze juist meer diversere vriendschappen.

Internetgoeroe Boyd omschrijft vriendschap als een buitengewoon sterke relatie met een bepaalde mate van wederzijdse liefde, exclusiviteit, intimiteit en verwachtingen van emotionele en praktische steun.[4] Jongens zijn vaak meer gericht op samen dingen ondernemen, meiden focussen vooral op het samen zijn en praten. Overigens praten jongens ook wel met elkaar, maar dan gaat het eerder om het delen van ervaringen in stoere taal. 'Heb je die chick nou nog op d'r bek gezoend?' klinkt het belangstellend na het weekend.

Het aangaan van vriendschapsrelaties is heel essentieel in de sociaal-emotionele ontwikkeling van jongeren. Bij hun vrienden zoeken ze steeds weer het referentiepunt voor sociale normen en zo ontwikkelen ze hun inlevingsvermogen en andere sociale vaardigheden. Op internet, aan de telefoon en in hun tienerkamer bespreken ze urenlang wat er in hun wereld gebeurt en welke betekenis ze daaraan moeten geven. Duitse onderzoekers vonden in een grote overzichtsstudie dat mensen de grootste sociale netwerken om zich heen vormen als ze tussen de tien en vierentwintig jaar oud zijn. De gemiddelde puber heeft negen vrienden met wie hij of zij regelmatig contact heeft. Rond de dertig is dat aantal afgekalfd naar zeven waarna een geleidelijke daling doorzet. Volwassenen bevinden zich niet in zulke gestructureerde sociale omgevingen zoals scholen en sport-

verenigingen, wat het sluiten en onderhouden van vriendschappen moeilijker maakt. Het aantal familieleden met wie mensen regelmatig contact hebben blijft door een mensenleven heen stabieler, met gemiddeld zeven.[5]

Om jezelf goed te voelen is het belangrijk om gezonde vriendschapsrelaties op te bouwen. Onderzoekers van de Radboud Universiteit constateerden dat jongeren hun leven positiever beoordelen als ze meer vrienden hebben. Terwijl jongeren hun leven gemiddeld het rapportcijfer 7,7 geven, daalt dit bij jongeren met één vriend tot onder de zeven en stijgt het bij tien vrienden tot 7,9. Hoe meer vrienden, hoe gelukkiger.[6]

Hersenexperimenten laten aanvullend zien dat het gevoel buitengesloten te worden leidt tot activiteit in hersengebieden die worden geassocieerd met de ervaring van fysieke pijn. Boeiend daarbij is dat jongeren die aangeven veel vrienden te hebben, minder sterk reageren in dit experiment. Blijkbaar dempt het hebben van vrienden dit nare gevoel van afwijzing.

Vrienden zijn voor jongeren dus essentieel en ouders raken meer op de achtergrond. Als een meisje van vijftien vindt dat ze een vreselijk figuur heeft geslagen op het schoolfeest omdat ze de hele avond per ongeluk heeft rondgelopen met een scheur in haar spijkerbroek, kunnen haar ouders die situatie heel mooi relativeren, maar het echte referentiepunt zijn haar vriendinnen. Als die vertellen dat het incident inderdaad ronduit gênant was, maken die relativerende woorden van pa of ma nog maar weinig uit. Dat is meestal een andere dan die van volwassenen.

'Sinds ongeveer drie jaar ken ik mijn beste vriendin. Al sinds we bij elkaar in de klas kwamen konden we het heel goed met elkaar vinden en na een half jaar ofzo konden we elkaar al bijna alles vertellen.' (Anja, 14 jaar)

BEST FRIENDS FOREVER

Berna Güroğlu is hoogleraar Neuroscience of social relations bij de Universiteit Leiden:

'Het striatum is een hersendeel dat een belangrijke rol speelt bij de verwerking van beloningen en het ontwikkelt zich sterk in de puberteit, met een piek rond je vijftiende, zestiende jaar. We willen graag weten wat er in de hersenen gebeurt als jongeren interacties aangaan met vrienden. Bij mijn eerste hersenonderzoek tien jaar geleden plaatsten we studenten die lid waren van een jeugdorkest in de fMRI-scanner en lieten we ze foto's zien van verschillende mensen: vrienden, bekende mensen, onbekende mensen. We zagen toen dat het striatum actief wordt als de orkestleden zich voorstelden dat ze interactie aangingen met hun vrienden.

Onderzoekers uit de Verenigde Staten hebben jongeren een spelletje laten spelen waarin ze risicovol gedrag konden laten zien. Het striatum van die jongeren werd actiever wanneer een vriend meekeek dan wanneer ze het spelletje alleen speelden. Zou het kunnen zijn dat het nemen van risico's in de aanwezigheid van vrienden meer voldoening geeft? Misschien omdat je weet dat het je status verschaft.

Veel inzicht halen we ook uit sociometrisch onderzoek. Bij dergelijk onderzoek vragen we alle leerlingen in een klas aan te geven wie hun beste vriend of vriendin in de klas is. Jongeren die vrienden kunnen noemen, zélfs als het niet wederkerig is, scoren beter op welbevinden. Bij jongeren die niemand noemen, zien we vaker depressieve klachten. De vraag wat hierbij oorzaak is en wat het gevolg, blijft natuurlijk lastig.

Vriendschappen veranderen aanzienlijk tussen het negende en achttiende levensjaar. Jongeren ontwikkelen zich enorm en kunnen zich steeds beter inleven in andere perspectieven. Daardoor verdiepen vriendschappen zich. Waar het bij jonge kinderen kan gaan om samen lol of dezelfde lievelingskleur hebben, draait het bij oudere tieners om vragen als: kunnen we elkaar vertrouwen en vinden we hetzelfde belangrijk?

Vriendschappen wisselen dan ook. In een groot onderzoek hebben we jongeren zes jaar gevolgd. 15 procent noemde zes jaar achtereen dezelfde beste vriend of vriendin; bij een kwart wisselde dit elke twee jaar.

Ook hebben we onderzocht in hoeverre vrienden op elkaar lijken qua sociaal gedrag. Daar zien we wel een relatie, dat bijvoorbeeld jongeren die meer pesten ook vrienden hebben die dat doen, maar tegelijk zien we dat ongeveer een derde van de vrienden helemaal niet op elkaar lijkt.'

CLUBJES

Vriendschappen ontstaan vaak binnen vriendengroepen, clubjes van meestal niet meer dan zeven vrienden met gedeelde smaken en voorkeuren. Het heeft wel iets weg van een familie. Maar terwijl pubers steeds minder willen optrekken met hun ouders en broers en zussen, nestelen ze zich in hun vriendengroep, in de veiligheid en zekerheid van een nieuw groepsverband. Hier gelden allerlei vaste patronen, er is een subtiele hiërarchie met een informele leider en er heerst een sterk wij-gevoel. Meisjesvriendenclubs zijn vaak nog meer gesloten dan die van jongens, ook omdat meiden meer intimiteiten en geheimen met elkaar

delen. Overigens hebben niet alle jongeren een vaste vriendengroep en soms maken ze deel uit van de ene en dan weer van een andere groep.
Jonge tieners hebben vaak vriendenclubs van alleen jongens of meisjes, maar geleidelijk ontstaat er vanaf een jaar of veertien, vijftien tussen jongens- en meisjesclubs contact en interactie, op straat, op het schoolplein of in de discotheek. Met je vrienden als zekere achterban is het veiliger flirten dan alleen. Vaak zijn er enkele voorlopers die toenadering zoeken tot de andere sekse, waarop er meer volgen. De eerste liefdesrelaties ontstaan, een leerzaam proces voor alle betrokken vrienden. De 'volgers' kunnen eerst een beetje de kat uit de boom kijken bij de voorlopers en zo passief leerzame liefdeslessen opdoen. En als het weer uit gaat, sluit iedereen makkelijk weer aan bij de vriendenclan.
Als de tieners ouder worden ontstaan gaandeweg grotere vriendengroepen met daarbinnen meerdere stelletjes. En zo zet menige vriendengroep als het ware de eigen ondergang in gang, want als al die stelletjes aan het eind van de adolescentie die veilige, bredere achterban steeds minder nodig hebben, vallen die grotere groepen vanzelf uiteen.

EEN GEZOND ZELFBEELD

Jan Derksen, hoogleraar klinische psychologie en verbonden aan de Radboud Universiteit Nijmegen en de Vrije Universiteit Brussel, schreef het boek *Zijn we wel narcistisch genoeg?*

'Idealiter krijg je een gezond zelfbeeld aangereikt tijdens de hechtingsfase die begint vanaf de geboorte. Na anderhalf jaar dragen de narcistische ervaringen hieraan bij. Een zelfbeeld waarin een balans bestaat tussen oriëntatie op het zelf en op de ander is de beste uitkomst. Maar vooral kinderen die na 1980 zijn geboren, zijn opgevoed door overtrotse ouders, vaak nauwelijks gecorrigeerd en altijd uit de wind gehouden; bovendien door ouders die vaak aan het werk waren, waardoor hechting niet volledig heeft kunnen plaatsvinden. De huidige generatie is daardoor sterker dan voorheen gericht op het eigen zelf en minder op de ander.

Aan de ene kant hebben ze daar voordeel van. In een maatschappij waar presteren, grote doelen en zelfstandig ondernemerschap goed scoren, kun je niet zonder. Aan de andere kant komen tijdens de adolescentie nogal wat jongeren in de problemen. Ze proberen hun identiteit te herdefiniëren en komen erachter dat hun zelfbeeld niet strookt met de realiteit; ze zijn vaak helemaal niet zo goed als ze zelf dachten. De maatschappelijke context blijkt heel veeleisend en jongeren moeten tegenwoordig meer op eigen kracht doen dan vroeger. Dat kunnen ze lang niet allemaal.

Om hun psychologische patronen te kunnen vormen, gaan veel adolescenten daarom al jong relaties aan. Ze herstructureren hun identiteit naar het voorbeeld van vrienden. Maar het is in deze fase heel belangrijk dat ouders een emotionele verbinding in stand houden, hoe moeilijk dat soms ook is. Als kinderen omgaan met verkeerde vrienden, moeten ze ingrijpen, helpen die contacten te verbreken, zonder de autonomie te ondermijnen. Kinderen willen zich op hun ouders kunnen oriënteren. Die moeten hen laten voelen dat ze welkom zijn, hun liefde tonen en hun kinderen monitoren.

Wat is de rol van de moderne technologie in dit proces? In onze maatschappij bestaat een grote psychologische behoefte aan contact. Mobiel en internet vormen een broeikas van verbondenheid. Ze compenseren het gebrek aan hechting in de binnenwereld van jongeren. Zo'n mobieltje is eigenlijk net het tutje van een baby, waar ze de hele dag doorheen lopen te brabbelen. Want die gesprekken gaan meestal helemaal nergens over. Hetzelfde geldt voor persoonlijke profielpagina's. Het zijn manieren om met jezelf en de ander bezig te zijn, om de eigen identiteit te structureren. We moeten alleen oppassen dat jongeren niet in de narcistische val trappen en gaan geloven in het beperkte beeld dat ze daar van zichzelf laten zien.'

OP DE FIETS
Erna, vijftien jaar, fietst elke dag dertien kilometer naar haar middelbare school. 's Ochtends en 's middags trekt een lange sliert met meer dan twintig fietsers door het Brabantse landschap. Meestal is het best gezellig onderweg.
Met één jongen, Joris, is het zelfs extreem gezellig. Erna en Joris fietsen steeds vaker aan het eind van de stoet. Joris fietst zelfs regelmatig helemaal mee tot Erna's woonplaats, terwijl hij drie kilometer eerder linksaf moet slaan. Erna vindt dat een beetje gênant, maar ook vleiend. Na een maand fietsen Joris en Erna hand in hand. De overige fietsers zijn in de verte nog te zien, maar Joris en Erna treuzelen en zijn druk in gesprek.
De romantische fietstochtjes duren drie maanden, tot de zomervakantie. Joris zoent op de camping in Zuid-Frankrijk met een meisje uit Friesland, iets wat Erna hem niet kan vergeven. Vanaf eind augustus fietst Erna weer vooraan in de stoet. En Joris neemt weer de kortste route naar huis.

4.3 Het verliefde puberbrein

Ze eten niet meer, staren dromerig voor zich uit, zijn om het minste of geringste blij of boos en houden angstvallig hun mobieltje in de gaten. De diagnose kan een leek natuurlijk stellen: een typisch geval van verliefdheid.
Verliefdheid is eigenlijk een chemische reactie in de hersenen. Verliefdheid activeert dezelfde hersengebieden als het winnen van een prijs of het krijgen van een compliment. Daarom voelen verliefde mensen zich zo goed. De hersenen scheiden het hormoon dopamine af. Dat veroorzaakt slapeloosheid, hongerverlies, intense energie en sterk gefocuste aandacht. Ook komt er, net als bij angst, adrenaline vrij die spieren voorbereidt op actie. De bloedvaten vernauwen, de hartslag en bloeddruk gaan omhoog, de spijsvertering gaat op een laag pitje en de zintuigen zijn extra alert. Iemand die verliefd is, staat dus de hele tijd op scherp en dat kan wel eens vermoeiend zijn.

Vanaf een jaar of twaalf ontstaat de eerste interesse in het hebben van vriendjes of vriendinnetjes. In de midden adolescentie, zo tussen veertien en zestien jaar, ontstaan de eerste relaties, die vaak enkele maanden duren. Vanaf een jaar of zeventien ontstaan serieuzere relaties.
Dat alles neemt niet weg dat de eerste romantische ervaringen heel belangrijk zijn. De prefrontale cortex, die zo belangrijk is voor het maken van rationele afwegingen, is tijdens een verliefdheid minder actief. Bij jongeren wordt dit proces nog versterkt door de staat van hun puberbrein: hun prefrontale cortex is sowieso nog in opkomst, zoals we eerder zagen, maar de beloningsgebieden zijn hypergevoelig. Hierdoor kunnen verliefdheden juist in de puberteit zo'n indruk maken en jongeren extreem uit hun evenwicht halen.
Jongeren die betere relaties hebben met hun ouders en met vrienden, en die geleerd

hebben om op intieme wijze met anderen om te gaan, hebben doorgaans ook weer betere ervaringen in de liefde.

VRIENDJE/VRIENDINNETJE

De eerste zoen, het eerste vriendje of vriendinnetje, de eerste keer met iemand naar bed; in het aangaan van romantische, intieme relaties beïnvloeden leeftijdgenoten elkaar uiteraard. Als iedereen staat te zoenen op een feestje, wil je niet achterblijven. Seksueel gedrag kan je status verhogen, maar ook beschadigen, met nog altijd verschillende normen voor jongens en meisjes.
De media belichten geregeld misstanden over jongeren en seks, maar in de praktijk zien we dat het overall best goed gaat met de seksuele gezondheid van Nederlandse jongeren. Ons land kent relatief weinig tienermoeders, jongeren vrijen doorgaans veilig, seksueel grensoverschrijdend gedrag daalt en in het beleven van plezier in seks zien we bijna geen sekseverschillen.[9]
Rutgers en SOA Aids Nederland voerden in 2017 voor de derde maal op rij grootschalig onderzoek uit naar seksualiteit door maar liefst 20.500 jongeren van twaalf tot vierentwintig jaar te ondervragen. De uitkomsten laten zien dat jongeren in vergelijking met de eerdere peiling uit 2012, gemiddeld één tot anderhalf jaar later beginnen aan alle vormen van seks: tongzoenen, strelen, vingeren en aftrekken. De helft van de jongeren heeft op 15,4-jarige leeftijd getongzoend. Met 16,2 jaar heeft de helft wel eens gevoeld en gestreeld. Ruim een jaar later (met 17,2 jaar) heeft de helft van de jongeren ervaring met vingeren of aftrekken en met 17,9 jaar heeft de helft van de jongeren orale seks gehad. Met 18,1 jaar heeft de helft van de jongeren geslachtsgemeenschap gehad, waar dat in 2012 nog op 17,0 jaar lag.[10] Van de jongeren die nog geen seks hebben, zegt 46 procent van de jongens en 59 procent van de meisjes dat ze zichzelf nog te jong vinden. Is er misschien sprake van een mentaliteitsverandering ten opzichte van seks onder jongeren?

AWKWARD

De algehele opschuiving in leeftijd is niet per se goed of slecht, maar meer intrigerend. Hoewel recent groot Amerikaans onderzoek eenzelfde stijging in leeftijd laat zien, is het met twee peildata nog te vroeg om echt van een trend te spreken. Teneinde de data beter te kunnen duiden, ging Rutgers onlangs in gesprek met jongeren van zestien tot vijfentwintig jaar op zoek naar mogelijke verklaringen. Zij stuitten op veel seksuele normen die van alle tijden zijn, maar zien drie verschuivingen. Allereerst hebben jongeren het gevoel dat ze zelf verantwoordelijk zijn om hun leven succesvol te maken. Versterkt door de 'perfecte' beelden op social media, voelen ze angst om te falen of te blunderen op seksueel vlak. Ten tweede vervangen sociale media deels fysiek contact. Ook online kun je je seksueel ontwikkelen; als je daar flirt loop je bovendien minder risico op onbeholpen gedrag, ofwel 'awkward stiltes' en afwijzing. Tot slot is het uitgaansleven als gevolg van de ophoging van de alcoholleeftijd veranderd, waardoor er simpelweg minder gelegenheid is om op jonge leeftijd beschonken op een feestje te staan zoenen en 'schuren'.[11]
Dat seksuele toenadering zich deels verplaatst naar de online wereld, hoeft geen probleem te zijn. Als hiermee de drempel om 'in het echt' op iemand af te stappen maar niet

onneembaar groot wordt voor jongeren. 'Juist van die fase, van awkward stiltes, gestuntel met zoenen tot de eerste verkering, leren jongeren hoe relaties werken en wie ze zelf daarin zijn,' aldus de onderzoekers van Rutgers.

EEN PROBLEEM WEGLEGGEN

Een leerling van een middelbare school (17) vertelt in het Rutgers-onderzoek: 'Maar ik heb ook het idee, juist doordat er zoveel online communicatie is, dat mensen het een beetje verleren hoe je in het echt met elkaar praat. Kijk, weet je, op WhatsApp durf je veel meer tegen elkaar te zeggen, juist omdat je elkaar niet kunt zien. En als iemand iets tegen je zegt wat je niet leuk vindt, dan druk je op een knop en dan leg je het weg en dan is het er niet meer, weet je wel. Dan is het probleem weg.'[12]

#METOO

'Dan krijg je verzoeken of je wilt praten. En dan kijk je in die verzoeken en dan zie je soms de raarste dingen. Van die dick pics en zo,'[13] vertelt een jonge vrouw op EditieNL. Op de vraag van de journalist of ze dit grensoverschrijdend gedrag vindt antwoordt ze resoluut: 'Ik vind van wel.' In 2017 ging de #MeToo-geest uit de fles. Wat begon met onthullingen uit de Amerikaanse entertainmentwereld, werd gevolgd door vele onthullingen, schoorvoetende bekentenissen en hier en daar een juridische uitspraak.
De incidenten waarop ze gebaseerd zijn, dateren vaak van jaren en soms decennia terug. Feit is dat jonge meiden en jongens van nu opgroeien in een tijd waarin dit een belangrijk thema is. #MeToo verschijnt veel binnen social media en ook jongeren praten er veel over. Wanneer is iets flirten en probeer je iemand te versieren en wanneer ga je over de grens? In deze tijd waarin veel jongeren uitdagende foto's, vaak ook naaktfoto's, naar elkaar sturen, is er een maatschappelijk discussie over het opdringen of oproepen van seksueel getinte situaties. Dat kan heel verwarrend zijn, juist in de puberteit als jongeren experimenteren door elkaar uit te dagen en soms onhandig proberen te laten weten dat ze iemand leuk vinden. In een mentorklas met derdejaars vmbo-leerlingen ontstond recent een discussie over de vraag of het voor een meisje een compliment is als ze door een jongen een 'lekker ding' wordt genoemd. Of is dat juist seksistisch? De leerlingen kwamen er niet uit en zowel jongens als meisjes dachten er heel verschillend over. Ook volwassen worstelen met de vraag wanneer we flirterig gedrag leuk en spontaan mogen noemen en vanaf wanneer het grensoverschrijdend is. Het is belangrijk dat jongeren hierover nadenken en daarover discussiëren. De samenleving probeert normen te herdefiniëren en antwoorden te vinden die nooit eenduidig zullen zijn. Voor jongeren die nu opgroeien is het daarom nog lastiger, want ze proberen dingen uit en het is heel waarschijnlijk dat ze al over een paar jaar anders naar hun eigen gedrag kijken. Soms omdat ze andere normen hebben ontwikkeld, soms omdat ze dingen hebben gedaan door onhandigheid, waar ze zich achteraf voor schamen. Het is vooral belangrijk dat jongeren af en toe nadenken over de intenties waarmee ze een ander benaderen als ze een romantisch of erotisch doel in het achterhoofd hebben. En dat ze leren zich in te leven in de positie van die ander. Wordt die echt blij van een ondeugende foto, een onverwachte zoen of een hand op zijn of haar bil?

4.4 Al die andere vrienden en kennissen

Zeven of acht goede vrienden en wellicht een 'vaste' relatie, dat vormt voor veel jongeren de basis van hun sociale leven. Maar in hun netwerk kennen jongeren natuurlijk nog veel meer leeftijdgenoten – van school, de sportclub, het bijbaantje of de straat en natuurlijk ook vrienden van vrienden. Dit is het bredere netwerk met honderden kennissen, waar jongeren op allerlei manieren ook mee verbonden zijn.

Bij hun goede vrienden, de *strong ties*, kunnen jongeren hun kwetsbare kanten laten zien en meer zichzelf zijn. Bij al die kennissen in hun sociale netwerk, de *weak ties* – zowel in de klas als op een profielensite op internet – moeten ze zich juist sterk en zelfverzekerd voordoen. Ze vragen zich daarbij af hoe ze in de groep liggen en wat anderen van hen vinden. Tegenover die grote groep zijn jongeren veel meer bezig zichzelf te profileren. Het gaat er minder om wie je bent, en meer om hoe je wilt overkomen op anderen. Zoals bedrijven schaven aan hun identiteit en hun imago, zo gaan veel tieners tegenwoordig ook op social media te werk. Daar staan gestylede portretten van tieners die je op straat niet zou herkennen. Jongeren denken er bewust over na welk beeld ze van zichzelf willen geven en doen hun best om grappig, origineel en aantrekkelijk voor het voetlicht te komen.

'Ik heb een vriendje in de klas, die ik wel leuk vind. Hij heeft van die mooie krullen, zwart haar. Ik moet altijd lachen om hem. Hij is de raarste van de klas en de grappigste. Eigenlijk wil ik helemaal geen homo zijn, maar ik weet niet hoe ik ervanaf kom.' (Jongen in de documentaire *Luister* van Astrid Bussink, KRO-NCRV, 29 april 2018)

356 VRIENDEN

Op social media hebben jongeren vaak honderden vrienden. Het woord 'vriend' heeft in de digitale wereld een behoorlijke inflatie ondergaan, want een vriend op Facebook kan zowel je maatje zijn die je dagelijks ziet als een vriend van een kennis die je nooit hebt gezien of iemand die toevallig bij je op school zit. Jongeren gaan hier ook verschillend mee om: sommigen laten iedereen toe, goede of vage bekenden, anderen houden er een wat nauwere definitie op na en laten slechts selectief mensen binnen.

In online netwerken zijn vriendschappen meestal wel wederzijds; beide gebruikers hebben ermee ingestemd om zich aan elkaar te verbinden. En meestal zijn de vriendschappen ook publiek en zichtbaar voor iedereen. Dit laatste legt ook wel weer een druk op jongeren: wat als je maar vijftig vrienden hebt?

Volwassenen kijken kritisch naar die vele vriendschappen: 'Ja, maar dat zijn toch niet allemaal goede vrienden?' Dat klopt. Toch is het ook goed te benadrukken dat online met je identiteit kunnen experimenteren jongeren ook helpt in de ontwikkeling van hun zelfvertrouwen en zelfbewustzijn. Jongeren creëren een beeld van zichzelf, een imago, met nicknames, avatars en bepaalde foto's, en krijgen hier van hun vele vrienden constant feedback op. Met spannende namen als Worstnightmare en Motorbabe91 compenseren ze een te kort aan zelfvertrouwen in de fysieke wereld. Dit helpt bij het aangaan van vriendschappen en het verdiepen daarvan door ook informatie over zichzelf te onthullen.

SUBCULTUREN

Nozems, skaters, gothics, punkers, kakkers: subculturen vormen sinds de jaren vijftig van de vorige eeuw een kleurrijk en gezichtsbepalend element in de jongerencultuur. Binnen een subcultuur onderscheiden jongeren zich door een gedeelde voorkeur voor bijvoorbeeld muziekstijl, kleding, merken, haarstijl, lichaamsversiering, taal en rituelen. Een subcultuur is veel minder hecht dan een vriendengroep; beschouw het meer als een categorie waar jongeren zich mee kunnen identificeren. Dan zijn ze er – in de ogen van anderen – 'zo een'. Binnen een subcultuur hebben jongeren ook niet per se intensief contact met elkaar; het gaat er meer om dat ze zichzelf kunnen plaatsen, ontwikkelen en profileren binnen een sociale structuur, een herkenbare groep met een bepaalde reputatie qua gedrag, smaak en opvattingen. Opvallend is dat jongeren meestal niet van zichzelf zeggen dat ze tot een subcultuur behoren: slechts 20 procent van de jongeren geeft aan dat zij deel uitmaken van een subcultuur.[16] Verder kunnen jongeren beter afstrepen wat ze niet zijn, dan waar ze wél bij willen horen. In een onderzoek van MTV vonden jongeren het moeilijk hun favoriete kledingmerken te noemen, terwijl er volop antwoorden kwamen toen werd gevraagd in welke merken en stijlen ze nog niet dood gevonden wilden worden.

Tot de jaren tachtig, negentig vormden subculturen een dankbaar houvast voor marketeers; van een sneaker die de hiphopwereld binnenstapt tot een chocoladesnack om skaters energie te geven. De laatste decennia zien we een 'ontzuiling' van de jongerencultuur en verliezen subculturen aan betekenis. Natuurlijk, er blijven stromingen en stijlen te definiëren en veel jongeren houden, al is het maar voor een tijdje, een sterke behoefte om hun identiteit te uiten via elementen als kleding, muziek- en haarstijl. Maar er is oneindig veel ruimte voor een eigen unieke invulling van jouw muzieksmaak of kleedstijl. Netwerken op basis van gedeelde interesses hebben de plaats van afgebakende subculturen ingenomen.

BOY EN GIRL NEXT DOOR

Met de komst van internet werd enige tijd beweerd dat jongeren wereldwijd vriendschappen en netwerken vormen, op basis van interesses. Een manga-fan heeft gelijkgestemden in Japan immers zo gevonden en liefhebbers van Scandinavische metal zijn met internet niet langer gedoemd tot hobbyen in isolement. Maar hoewel jongeren in theorie met mensen uit de hele wereld kunnen communiceren, die net als zij houden van Japanse manga-strips of Zweedse metal, in de praktijk blijken hun online contacten en de gesprekken toch vooral mensen te betreffen die ze ook in *real life* kennen. Het wereldwijde web wordt heel lokaal gebruikt: je spreekt je klasgenoten en de girl next door.
In Vrij Nederland zei hoogleraar Patti Valkenburg: *'Tot onze verbazing vonden wij kleine positieve effecten op sociale vaardigheden en vriendschap door het gebruik van sociale media. De kwaliteit van vriendschap en het zelfvertrouwen krijgen juist een boost. Vrienden voelen zich door sociale media dichter bij elkaar staan. (…) Sociale media vormen één van de manieren om te spreken met leeftijdgenoten. Onlinegesprekken vervangen face-to-facecontact niet, ze zorgen er juist voor dat je elkaar vaker spreekt.'* [17]

VIRTUEEL SCHOOLPLEIN

Vrienden, kennissen, verliefdheden: het heeft pubers in alle tijden enorm beziggehouden. *What's new?* Nieuw zijn voor de huidige generatie de communicatiemogelijkheden die het mogelijk maken constant contact te houden. Tot 1990 zeiden pubers na schooltijd 'tot morgen', om hooguit nog wat af te spreken met wat vrienden of lange telefoongesprekken te voeren via de vaste telefoon van pa en ma. Nu hoor je op het schoolplein 'we Appen'. Eenmaal thuis krijgen de gesprekken van het schoolplein een online vervolg. Dag en nacht in verbinding staan met je peers: het sluit naadloos aan op een primaire levensbehoefte van jongeren. Vóór schooltijd, na schooltijd, voor en na het avondeten: vele uren kunnen ze doorbrengen achter het beeldscherm, vaak in de beslotenheid van hun eigen kamer. Veel jongeren zetten tegenwoordig als ze opstaan eerst WhatsApp aan om te kijken of er al 'iets gebeurt'. Ze delen álles met elkaar: wat ze hebben gegeten, dat die lievelingsbroek in de was is en welk cijfer ze hebben voor dat mondeling Frans – het komt allemaal voorbij. Zo ontstaat er in feite een *extended family*: je beste vriendin weet meer over je dan je broertje in de kamer naast je.
De meeste jongeren, zes van de zeven, hebben een voorkeur voor *face-2-face*-contact. De groep met een voorkeur voor online contact boven echte ontmoetingen geeft aan dat ze daarbij makkelijker over gevoelens of zorgen kunnen praten.[18]
Jongeren hebben met internet en mobiel in elk geval geweldige *managerial tools* in handen gekregen om het gesprek met hun leeftijdgenoten virtueel voort te zetten. En die

psychologische behoefte aan contact is zo groot dat jongeren amper een rem ervaren en moeilijk kunnen stoppen of minderen in het communiceren met elkaar. Constant kunnen communiceren, met hun *strong ties* én hun *weak ties*; dat gegeven heeft een revolutie veroorzaakt in de hedendaagse jongerencultuur. Ze kunnen elkaar over elk detail, elk wissewasje, elke onzekerheid even raadplegen. En dat doen ze dan ook. De jongerenwereld is steeds meer een 'zelfwereld' geworden; een plek waar jongeren uren in kunnen doorbrengen en waar oudere mensen amper komen en nauwelijks weet van hebben.

'Als ik een week offline zou gaan, dan moet ik als ik online ga echt twee weken spenderen om alles weer goed op orde te krijgen. Dan denken mijn vrienden dat ik dood ben, of zo.'
Justin (19) uit Rotterdam.

WORD OF MOUTH
De Canadese wetenschapsjournalist, Malcolm Gladwell schrijft over de huidige jongerencultuur: 'We hebben tieners meer geld gegeven, zodat ze makkelijker hun eigen sociale en materiële werelden kunnen construeren. We hebben ze meer tijd gegeven om met elkaar door te brengen – en minder tijd in het gezelschap van ouders. We hebben ze e-mail en "beepers" gegeven en, het allerbelangrijkste, mobieltjes, zodat ze alle dode momenten in een dag kunnen opvullen met de stemmen van hun leeftijdgenoten – dode momenten die ooit wellicht gevuld werden met de stemmen van volwassenen. Dat is de wereld die wordt geregeerd door de logica van *word of mouth*, van de besmettelijke boodschappen die tieners aan elkaar doorspelen.'[19]

4.5 Puberbrein in het kwadraat

Als iemand anders in de sloot springt... spring jij er dan achteraan? Die vraag heeft menig ouder op een rustig moment al eens aan een puber gesteld. Maar hoe retorisch de vraag ook gesteld is, het meest eerlijke antwoord zou zijn: 'Dat hangt er vanaf wie er gesprongen is.' Vrienden zijn zo belangrijk voor jongeren dat 44,6 procent van de jongeren aangeeft dat ze alles voor hen zouden doen. Dat is niet altijd goed en een op de vijf jongeren geeft aan dat ze met hun vrienden weleens dingen doen waar ze later spijt van krijgen. Dat geldt sterker voor jongens dan voor meisjes (25 tegen 14,6 procent). En daarmee is vriendschap ook mede een verklarende factor voor bepaald risicogedrag. Niet verwonderlijk dat ouders niet altijd blij zijn met de vrienden van hun kinderen: 14,3 procent van de jongeren geeft aan dat ze vrienden hebben met wie hun ouders niet blij zijn (dat geldt voor jongens net zo sterk als voor meisjes).[20]
Leeftijdgenoten staan op een vergelijkbare manier in het leven. Zij kampen immers met dezelfde eigenschappen van het nog niet volgroeide puberbrein. Mede door hun overgevoelige limbische systeem ontvlammen emoties sneller en explosiever en kiezen jongeren – bewust en onbewust – situaties uit waarin ze die emoties en passies vrijelijk kunnen uitleven.[21] Die behoefte vinden ze bij elkaar: gierend in een achtbaan, hangend in hun slaapkamer, of kletsend onder een lantaarnpaal in een Vinex-wijk. Hoe begrijpelijk al dat samenzijn ook is, we kunnen tegelijkertijd ook stellen dat jongeren elkaar minder corrigeren. De remmende werking van de prefrontale cortex is nog niet zo sterk aanwezig, waardoor ze zichzelf – maar ook de ander – minder afremmen of ontmoedigen bij risicovol gedrag. Van stoppen met alcohol drinken tot het imiteren van een vlogger op YouTube *(don't try this at home):* wie zegt er ho?

GROEPSDRUK

Sterker nog, jongeren moedigen elkaar aan tot het nemen van risico's. Zoveel werd duidelijk uit experimenten met de stoplicht-taak. Onderzoekers lieten jongeren een computerspelletje spelen waarin ze een auto besturen die op een kruispunt afrijdt terwijl het licht net op oranje springt. Wat te doen, even gas geven en een crash met een andere auto riskeren? Of stoppen en kostbare speeltijd verliezen? Adolescenten nemen bij dit spel evenveel risico als volwassenen, maar er is één maar. Zodra vrienden hen aanmoedigen terwijl ze het spel spelen, nemen jongeren meer risico. Experimenten waarbij jongeren dit spel al liggend in een MRI-scanner speelden, laten zien dat hun striatumgebied – een diep gelegen pleziergebied in de hersenen – veel actiever wordt als ze een groot risico nemen én weten dat hun peers meekijken. Zou dit kunnen betekenen dat jongeren gevaar niet meer zien vanwege dat plezierige gevoel? Volwassenen daarentegen activeren in deze situatie hun frontaalkwab, het hersengebied dat betrokken is bij het remmen van gedrag, om tot weloverwogen beslissingen te komen.[22]

De definitie van groepsdruk is volgens Van Dale: 'Sociale dwang binnen een groep waardoor iemand tot bepaald gedrag kan vervallen.' Tieners nemen in aanwezigheid van hun vrienden meer risico dan alleen. Of het nu gaat om kleine vergrijpen (met een opgevoerde brommer zonder helm naar een kroeg in een ander dorp) of om grotere risicovolle gedragingen, onder emotioneel spannende omstandigheden nemen jongeren binnen de groep andere beslissingen dan alleen.

In dit groepsproces zijn wetmatigheden te ontdekken. Zo blijkt bijvoorbeeld dat in het bijzonder jongeren tussen hun dertiende en vijftiende levensjaar heel gevoelig zijn voor groepsdruk. De meeste jeugdcriminaliteit wordt dan ook gepleegd door tieners in groepen. Van de 17.606 jongeren tussen de twaalf en achttien jaar die in 2012 werden doorverwezen naar Halt voor een taakstraf, was bijna de helft (44 procent) veertien of vijftien jaar oud. Jongens zijn in de meerderheid met 73,6%. Meisjes maken zich vooral schuldig aan winkeldiefstal of schoolverzuim, jongens worden in de kraag gevat voor vermogensdelicten en verstoring van de openbare orde.[23] Deze percentages zijn vooral te verklaren uit de *maturity gap*, de fase rond het veertiende, vijftiende jaar waarin jongeren biologisch gezien al behoorlijk volwassen zijn, maar door anderen nog niet zo behandeld worden. Bovendien is hun brein dan nog niet uitontwikkeld.

Een andere wetmatigheid is antisociaal ofwel onaangepast gedrag. Jongeren gaan risicogedrag vertonen om zich een meer volwassen houding aan te meten, maar ook om daarmee status te krijgen in de groep. Denk aan roken, drinken of kleine delinquentie: het zogenaamde stoer doen. En zoals Jan Kornelis Dijkstra in het interview verderop betoogt, werken die strategieën onder bepaalde voorwaarden: antisociale jongeren zijn onder leeftijdgenoten vaak dominant en worden volop geïmiteerd.

Wilma Vollebergh, hoogleraar Algemene Sociale Wetenschappen in Utrecht, pleit voor meer aandacht voor dit soort groepsdynamica. Er is volgens haar nog maar weinig over bekend, ook omdat het moeilijk meetbaar is. Je kunt een jongen die een taakstraf krijgt voor het vernielen van een bushokje op allerlei manieren ondervragen, maar krijg je dan het precieze verhaal boven water over het groepsproces dat eraan voorafging?

4.6 Pro-sociaal en antisociaal gedrag

Hiervoor hebben we uitgelegd hoe jongeren hun identiteit ontwikkelen en in dit proces liefst zo veel mogelijk status of populariteit willen verkrijgen in de groep. Dit kan via verschillende strategieën. Populariteit wordt deels gevormd door uiterlijk: mooie jongens, knappe meiden – met hun acceptatie in de groep komt het meestal wel goed. Andere factoren zijn kennis, talenten en vaardigheden. Kennis is een breed begrip: kun je gamecodes kraken, helpen bij wiskunde of ken je steeds de vetste roddels? Het verhoogt je status. Talenten helpen ook: als je goed kunt dansen of voetballen, scoor je in elk geval bij je vrienden. En qua vaardigheden gaat het bijvoorbeeld om sociale intelligentie: aardig zijn, mondig, grappig, verbaal vaardig, behulpzaam – het helpt je vooruit in je vriendengroep.
De vriendschappen die ze met elkaar aangaan zijn in dat opzicht ook – bewust of onbewust – strategisch gekozen. Jongeren zijn graag bevriend met de *hot shots*, de populaire jongeren met veel status, omdat zij zo ook hun eigen status en populariteit weer verhogen.
Door de grote impact van *word of mouth* zien we dat jongeren ook hun best doen om te scoren op relevante nieuwtjes. Als jij uit de wirwar aan informatie die op je afkomt steevast de grappigste filmpjes pikt of maakt en die op Snapchat deelt, draagt dat bij aan je status in de groep. Nog een reden waarom het bijblijven en netwerken zo belangrijk is geworden.
Jongeren leren belangrijke sociale vaardigheden van elkaar, die ze ook nodig hebben om bij anderen in de smaak te vallen: luisteren, helpen, initiatief nemen, geheimen delen, beleefd zijn tegen onbekenden, aardig zijn tegen je ouders, eerlijk zijn en vertrouwen geven. Maar evengoed leren ze ook antisociaal gedrag: pesten, roddelen, (verborgen) agressie naar anderen. En in alle gevallen is het belangrijk je in die sociale complexe context te kunnen handhaven.
Pro-sociaal gedrag tonen jongeren juist naar jongeren bij wie ze willen horen, de *ingroup*; antisociaal gedrag naar mensen met wie ze zich niet identificeren.

STATUS IN DE GROEP

Socioloog Jan Kornelis Dijkstra van de Universiteit Groningen doet onderzoek naar popularieit bij adolescenten en ontdekte dat pubers een beetje risicogedrag bij hun leeftijdgenoten wel cool vinden.

'In de puberteit gaan jongeren vaker risicogedrag vertonen. Dit verklaren we vanuit de *maturity gap*: in de puberteit ontstaat er spanning tussen de biologische en sociale volwassenheid. Jongeren zoeken naar manieren om hun volwassenheid te uiten. Ze beginnen bijvoorbeeld met roken of maken zich schuldig aan vandalisme. Ze worden stoer en onafhankelijk, gedragen zich duidelijk anders dan in de kindertijd.

Eigenlijk spelen er bij dat risicogedrag twee processen een rol: beïnvloedingsprocessen waarbij ze elkaar imiteren, en selectieprocessen waarbij jongeren die toch al op een bepaalde manier op elkaar lijken elkaar opzoeken. Jongens die spanning najagen trekken bijvoorbeeld naar elkaar toe.

Uit ons onderzoek blijkt dat risicogedrag bijdraagt aan populariteit. Maar, wie zich alleen maar antisociaal opstelt, scoort niet hoog op de populariteitsladder. Daarnaast moet je ook over positieve eigenschappen beschikken: er goed uitzien en goed zijn in sport. Deze kenmerken wegen zwaarder mee voor iemands populariteit. Populair zijn is overigens iets anders dan aardig gevonden worden. Ze kunnen elkaar overlappen, maar dat hoeft niet per se. Populariteit gaat over status ("Wie zijn populair?", "Bij wie willen anderen graag horen?"), en status is in deze periode een belangrijk doel.

De angst om afgewezen te worden binnen de groep is op deze leeftijd een sterke drijvende kracht achter conformistisch gedrag. Als je zelf niet zo populair bent, dan probeer je een beetje tegen die jongeren met een hoge status aan te schurken of gedrag te imiteren, zodat een deel van hun status op jou afstraalt. Maar dat blijkt ook een valkuil, want juist negatief gedrag – pesten, roddelen, agressiviteit – is gemakkelijk te kopiëren. De crux zit hem er nu juist in dat populaire jongeren antisociaal gedrag en positieve eigenschappen combineren. En die laatste zijn veel moeilijker na te doen. Je ziet er immers leuk uit of niet.

Populariteit en groepsdruk hangen samen. Populaire kinderen zijn in groepen het meest dominant. Ze zijn duidelijker aanwezig en oefenen daardoor meer druk uit. Als populaire jongeren meedoen met pesten of agressief zijn, wordt dat minder sterk afgekeurd en verspreidt dit gedrag zich sneller onder klasgenoten dan wanneer minder populaire jongeren dat doen. Maar bij groepsdruk is nog iets anders belangrijk: de gespreide verantwoordelijkheid. Hoe meer mensen aan iets meedoen – vandalisme bijvoorbeeld – hoe minder verantwoordelijk je persoonlijk bent. Tel daarbij op dat het empathisch vermogen van pubers nog in ontwikkeling is en dat ze de gevolgen van hun acties niet altijd goed kunnen inschatten, en het wordt duidelijker waarom pubers vaker over de schreef gaan.'

PESTEN IS VAN ALLE TIJDEN

De bekendste, eeuwenoude vorm van antisociaal gedrag is pesten. Dit kunnen we definiëren als een stelselmatige vorm van agressie, waarbij anderen je fysiek, verbaal of psychologisch schade proberen toe te brengen. Bij pesten is de macht ongelijk verdeeld; vaak gaat het ook om een groepje tegen een eenling. Zo'n 4 procent van de middelbare scholieren geeft aan de afgelopen maanden meerdere keren te zijn gepest. In het basisonderwijs ligt dat met 6 procent iets hoger. De laatste tijd besteden de media veel aandacht aan online of cyberpesten. Het beeld is dat online pesten een groot probleem is en een serieus gevaar vormt voor de geestelijke gezondheid van jongeren. Cijfers laten echter zien dat online pesten – met 2 procent – minder vaak voorkomt dan het reguliere pesten.[26]
Het is belangrijk om te benoemen dat digitaal pesten niet op zichzelf staat; het is eerder een andere uitingsvorm van een eeuwenoud fenomeen. Maar digitaal en 'gewoon' pesten kunnen elkaar wel versterken. Jongeren die van beide last hebben, zijn somberder, eenzamer en hebben een negatiever zelfbeeld dan jongeren die alleen online of alleen in reallife gepest worden. Het feit dat pesten een meer continu karakter heeft gekregen met de komst van internet, brengt wel extra risico's mee. Terwijl kinderen vroeger thuis 'veilig' waren, kunnen ze nu dag en nacht tot in hun eigen slaapkamer door pesterijen achtervolgd worden.
Het grote belang van groepsprocessen voor jongeren zien we ook online terug. Als vrijwel je hele klas in die WhatsAppgroep zit en jij wordt niet toegelaten tot die groep, of als je verzoeken om vriend te worden op netwerksites worden afgewezen, kan dat voor jongeren heel pijnlijk zijn, ook omdat het heel zichtbaar is voor de hele groep.
Onderzoek met fMRI-scans heeft aangetoond dat de hersenen lichamelijke pijn op dezelfde manier waarderen als sociale uitsluiting of vernedering. Beide vormen van pijn – fysiek en psychisch – beantwoordt het menselijke brein met agressie.[27] Wie zich gediscrimineerd en/of buitengesloten *voelt*, ervaart kortom 'sociale stress'.
Wat ook de reden van sociale uitsluiting mag zijn, de impact van je jarenlang gepest of gediscrimineerd voelen of simpelweg geen aansluiting vinden bij een vriendengroep, kan enorm zijn en leiden tot zware psychische klachten. Het is essentieel dat ouders, coaches en andere opvoeders alert zijn op groepsdynamiek en dat we jongeren leren hoe enorm heftig de gevolgen kunnen zijn van sociale uitsluiting.

GRENZELOOS

Dit hoofdstuk liet zien hoe belangrijk peers voor jongeren zijn en op wat voor manier die invloed zich zoal uit. Goed in de groep liggen en voldoende vrienden hebben is voor jongeren essentieel; continu contact onderhouden is een tweede natuur geworden. Jongeren hebben amper een rem op de onderlinge communicatie. Ze willen continu weten wat er speelt en informatie uitwisselen. Dit kan soms obsessieve trekjes krijgen: vanuit het gevoel niets te willen missen zitten ze soms uren aan hun scherm gekluisterd en is de mobiel steeds binnen handbereik. Maar dat maakt die smartphone nog niet automatisch verdacht. Goed? Slecht? Het ís hoe jongeren van nu communiceren.
Interessanter is de vraag uit welke behoeften al dat contact voortkomt. In de basis gaat het erom geaccepteerd te worden door de kudde. Niemand wil alleen zijn, dat is hoe mensen zijn geprogrammeerd. En voor jongeren is het dan simpel: ouders staan voor het verleden, peers voor de toekomst. Dat geeft wel aan hoe belangrijk en soms precair het maken van vrienden in een puberleven is. Nu we tieners geweldige technologie in handen hebben gegeven die het leggen en onderhouden van al die contacten nog eenvoudiger maakt, hoeven we niet verbaasd te zijn over de enorme aantrekkingskracht van social media.

TIPS VOOR OPVOEDERS

1. **Onderken het belang van vrienden voor jongeren**
   Docenten en ouders pakken wel eens het mobieltje af als strafmaatregel; erger kun je jongeren niet treffen. Help jongeren ook altijd om gezichtsverlies tegenover een groep te voorkomen en bagatelliseer nooit de situaties waarin een kind zich ongemakkelijk voelt tegenover zijn peers. Volwassenen kunnen de onderlinge dynamiek en 'wetten' van de contacten tussen jongeren nooit helemaal goed inschatten.

2. **Ken de belangrijkste vrienden van je kind**
   Nodig ze bij je thuis uit en praat met tieners over hun (online) vrienden. Hoe staan de jongeren in het leven die invloed hebben op je kinderen? Als het met de vrienden goed zit, gaat het meestal met je kind ook wel goed.

3. **Help jongeren grenzen te stellen**
   Voor jongeren kan het heel moeilijk zijn zich te onttrekken aan online-gesprekken die constant doorgaan. Merk je dat bijvoorbeeld huiswerk eronder lijdt? Ga het gesprek aan en bied structuur.

4. **Onderschat nooit de corrigerende factor van peers**
   Zij corrigeren boodschappen altijd naar de comfortzone van de groep. Individuele jongeren kun je aanspreken op alcoholgebruik of normen en waarden, maar de groep probeert individuen over te halen om te kiezen voor de makkelijkste weg. Voor individuele jongeren kan een rationele boodschap werken, voor de groep is meer emotie nodig.

5. **Wees alert op sociale uitsluiting**
   Niet mee mogen doen, er niet bij horen, doet pijn. Zodra je merkt dat een groep bewust een leeftijdsgenoot buitensluit, probeer dan in te grijpen door de buitengesloten jongere te ondersteunen en een luisterend oor te bieden, aan de bel te trekken op school of als docent het gesprek aan te gaan met een klas. Het kan heel lastig zijn grip te krijgen op een groepsdynamiek, maar het is onacceptabel om jongeren hier in deze fase van hun leven alleen mee te laten zitten.

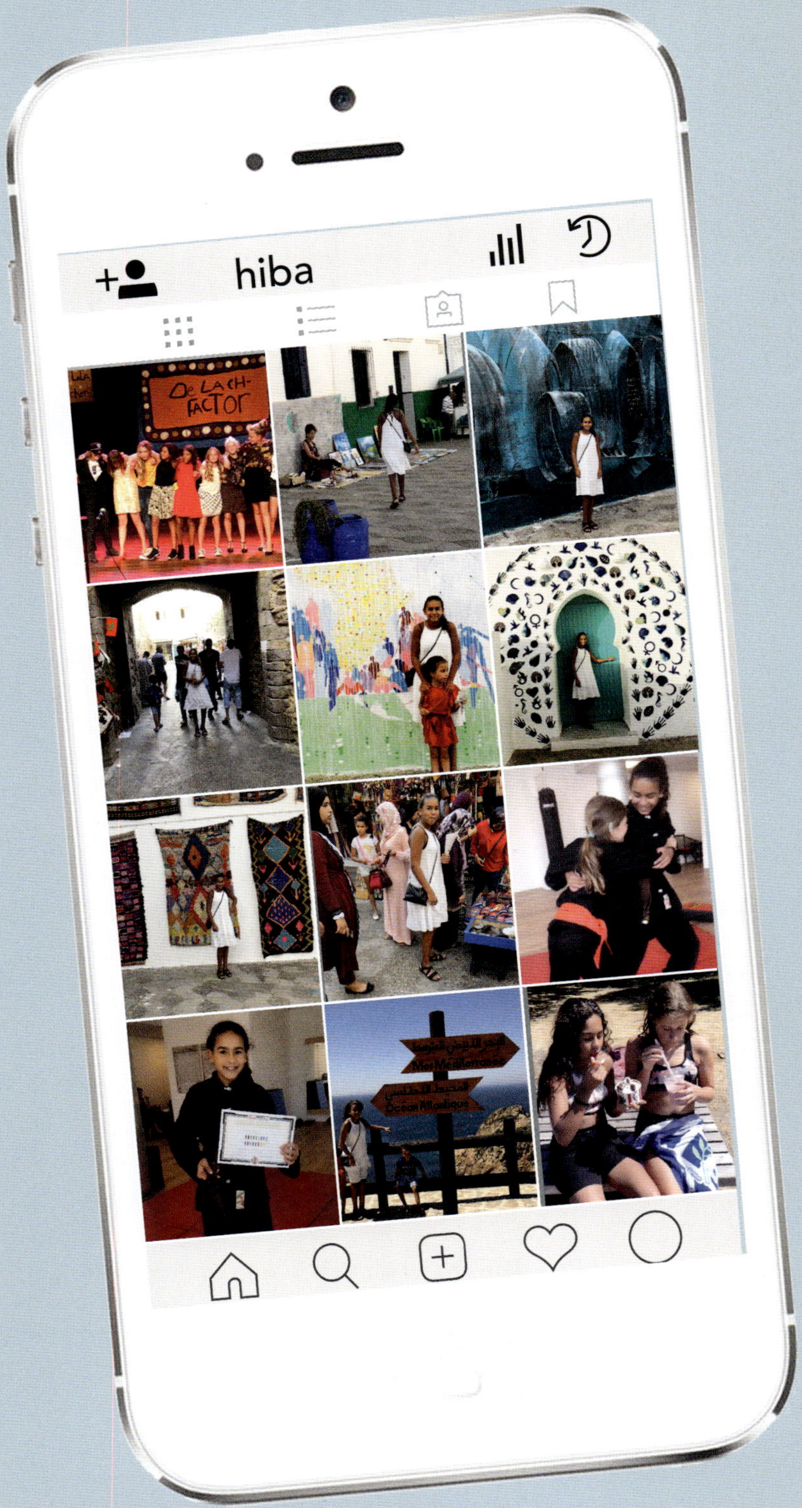

Hiba, 12 jaar, 1 gymnasium te Amsterdam

5. Overige opvoeders

Het puberbrein buiten de deur

Jongeren krijgen niet alleen thuis en op school, maar ook elders belangrijke elementen voor hun opvoeding aangereikt. Of zoals een Afrikaanse spreuk zegt: *it takes a village to raise a child*. Van voetbaltraining tot scoutingavond, van buurthuis tot de straat; op heel veel plekken doen jongeren ervaringen op die hen mede vormen en beïnvloeden. Overige opvoeders zien we in georganiseerd verband (zoals een instructeur van een boksschool, een imam uit de moskee of een straatcoach), maar ook in ongeorganiseerd verband (buren of familieleden). We besteden in dit hoofdstuk aandacht aan beide vormen. Interessant is dat deze overige opvoeders hun rol soms bewust en soms juist heel onbewust opvatten. Sommigen zijn rolmodel zonder zich dit te realiseren, anderen nemen initiatieven juist vanuit de wens jongeren iets mee te geven. In elk geval laat dit hoofdstuk zien dat opvoeden niet stopt bij de voordeur, juist niet bij jongeren.

'Ik doe aan kickboksen, al vijf jaar. Mijn ouders vonden het fijn als ik me wat zekerder zou voelen, bijvoorbeeld op straat. Nu ben ik er best wel goed in. Ik vind het niet altijd leuk om te gaan, maar dan zegt mijn moeder: "Ga nou maar gewoon." Dat helpt wel. En bij de training maak je natuurlijk ook vrienden. Je moet bijvoorbeeld iets met zijn tweeën doen en dan leer je elkaar best goed kennen. Onze trainer bedenkt elke keer iets anders om te doen, dat is leuk. Hij is zelf heel goed in kickboksen, natuurlijk, maar hij snapt ook wat wij leuk vinden.'

(Meera, 13 jaar)

Onze samenleving is de afgelopen dertig jaar sterk veranderd. Al hameren politici nog zo op het belang van de gemeenschap en van gedeelde normen en waarden, de sociale cohesie is afgenomen, woongebieden zijn verstedelijkt en de diversiteit is enorm gestegen. Dit heeft allemaal invloed op de gemeenschapszin: In hoeverre kennen mensen elkaar en hoe gaan mensen met elkaar om in de openbare ruimte?
Het scherpst komt dit naar voren als zich ergens incidenten voordoen in die openbare ruimte. Denk aan relletjes in een wijk, een gevecht op het sportveld of uit de hand lopende agressie tegen buschauffeurs of ambulancepersoneel. De media staan bol van dit soort voorvallen. En hierdoor verandert wederom de beleving van sociale veiligheid en leefbaarheid in bepaalde wijken. De drempel om je als passant of getuige te mengen in een incident is verhoogd. Mensen hebben de neiging zich minder te bemoeien met anderen en zich meer terug te trekken.
Veel grensoverschrijdend gedrag van jongeren vindt juist plaats in de openbare ruimte: op straat, in het winkelcentrum, op het sportveld. Buiten het zichtveld van ouders en van docenten, is de openbare ruimte voor jongeren ook meer een vrijplaats, een plek waar zij minder respons en correctie ervaren van anderen. Maar betekent dit dat ze ongestoord hun gang kunnen gaan? Het puberbrein kan met dit soort verworven vrijheden minder goed overweg.
Wat kunnen we zeggen over de rol van andere partijen in de opvoeding van jongeren? We willen hier laten zien hoe veel mensen zich, formeel of informeel, als opvoeders naar jongeren toe kunnen gedragen. Dit doen ze niet vanuit hun rol als ouder of docent, maar vanuit een ander kader; bijvoorbeeld als buurman, tante of oom, voetbaltrainer, jongerenwerker, imam, dominee of coach. Zeker jongeren die thuis en op school te weinig kader ervaren, kunnen baat hebben bij de rol van andere volwassenen als rolmodel. Sterker nog: er zijn sommige groepen opvoeders die voor individuele jongeren een cruciaal verschil maken.

5.1 Clubs en verenigingen met een opvoedende rol

Clubs en verenigingen, het zijn gemeenschappen in het klein. Een microsetting in een macrocontext, met een eigen cultuur, met bijbehorende regels, codes en omgangsvormen. Jongeren leren hier met elkaar om te gaan en samen activiteiten te ondernemen. Ze gaan in competitieverband met elkaar de strijd aan en ze committeren zich aan de regels: wie zich hier niet aan houdt ligt er vroeg of later uit. Daarmee is het een formeler en duidelijker netwerk dan bijvoorbeeld een vriendenclub.
De samenleving wordt individualistischer. Hierdoor zien we het aantal lidmaatschappen van verenigingen, zeker bij jongeren, afnemen. Daarbij is de verenigingsstructuur door

jarenlange bezuinigingen steeds verder uitgehold. Jammer, want juist in verenigingsverband kunnen jongeren veel positieve zaken leren en uitproberen, in een duidelijke structuur.

VAARDIGHEDEN VOOR HET LEVEN ONTWIKKELEN IN DE NATUUR

Fedde Boersma, directeur van Scouting Nederland

'Scouting Nederland groeit nog steeds. De vereniging telt meer dan 85.000 jeugdleden, waarvan de grootste groep bestaat uit kinderen tussen de zeven en elf jaar oud. Veel van deze kinderen blijven veel langer bij scouting en worden later ook leiding. Binnen scouting leren jongeren rekening met elkaar te houden en het beste uit hun medescouts te halen door te kijken naar wat iemand kan, en waar iemand goed in is. Scouting heeft een opvoedende rol aangezien wij naast ouders en school een deel van de vrije tijd invullen. Scouting is zich bewust van die rol en heeft daarom een doorlopende leerlijn ontwikkeld. We zorgen voor progressie in activiteiten, willen graag dat kinderen en jongeren iets leren. Op een actieve manier leren jongeren anderen helpen, omgaan met verantwoordelijkheid en zelfstandigheid. Iedere groep heeft activiteiten die aansluiten bij hun leeftijd, waarbij ze steeds ook deze vaardigheden meekrijgen. Jongeren doen bijvoorbeeld iets voor de maatschappij, soms zelfs internationaal, en bij de jongere kinderen vertaalt dit zich door op kleinere schaal bijvoorbeeld iets te doen voor eenzame ouderen in hun omgeving.

Tijdens onze activiteiten probeert scouting daarnaast het buitenspelen zoveel mogelijk te stimuleren, omdat kinderen in de natuur allerlei vaardigheden ontwikkelen zoals creativiteit, samenwerken en grenzen verleggen. Bovendien doen de leden zo inspiratie op om thuis ook buiten te spelen.

Iedere jongere is welkom bij scouting en krijgt hier de kans zijn of haar eigen identiteit te ontwikkelen. We willen dat leden zelf bezig zijn met scouting, daar hun eigen vorm aan geven en vervolgens trots zijn op zichzelf en de organisatie. Scouting geeft je een kijk op het leven mee; samenwerken, omgaan met een grote diversiteit aan mensen en denken in oplossingen. Jongeren leren belangrijke vaardigheden als leiderschap, samenwerken, organiseren en voor zichzelf opkomen. Soft skills die ook bedrijven belangrijk vinden. Scouting is voor kinderen en jongeren een fantastische vrijetijdsbesteding, met aan de achterkant veel opvoedkundige gedachten. Daar merk je als jeugdlid echter niks van als je bezig bent de wereld om je heen te ontdekken!'

UITLEVEN

Sport is een extreem positief kader waarbinnen jongeren zich uit kunnen leven. Sport is ook een domein waar jongeren enorm snel vooruitgang in kunnen boeken. En jongeren die goed zijn in sport, zijn vaak populairder onder leeftijdgenoten.

Dat jongeren zo goed zijn in sport is niet alleen vanuit spierkracht of conditie te verklaren. Hun brein is extreem goed uitgerust om nieuwe motorische vaardigheden te leren; de motorische cortex is op jonge leeftijd extra plastisch ofwel flexibel. Jongeren zijn ook goed in het nadoen van handelingen die ze zien bij anderen. Dat komt onder meer door spiegelneuronen in het brein, die meebewegen als je iemand anders een danspasje of voetbaltruc ziet maken. En ze durven in het leerproces meer risico's te nemen waardoor ze bepaalde bewegingen ook sneller onder de knie krijgen.[1]

Sport kan ook een goede, gezonde uitlaatklep zijn voor agressie, om de hoge testosteronspiegel aan zijn trekken te laten komen. Tegelijk leren jongeren met de vele disciplinaire regels die er heersen, hun agressie te controleren en te beheersen. Neem de kickboksscholen die op veel plekken floreren. Jongeren leren er het belang van regels en discipline. Ze leren om te gaan met winnen en verliezen. Het beheersen en controleren van daarmee gepaarde heftige emoties is weer een belangrijke sociale vaardigheid die je ook in het echte leven goed kunt gebruiken.

Sporten is dus goed voor de gezondheid, maar ook voor het leren van normen en waarden en sociale cohesie. Sport is een belangrijke leerschool voor het leven, waar je competenties leert die ook buiten het sportveld van belang zijn.

Driekwart van de jongeren (in de leeftijd van twaalf tot drieëntwintig jaar) sport regelmatig; een kwart is notoir niet-sporter. Rond het twaalfde levensjaar is nog zo'n 65 procent lid van een sportclub, rond drieëntwintig jaar is dat nog maar een kwart van alle jongeren. De meest opgevoerde reden waarom jongeren stoppen is dat de combinatie met werk, school of studie hen te veel wordt. Dat neemt niet weg dat de meeste jongeren wel regelmatig blijven sporten, maar dit doen ze dan niet in georganiseerd verband.[2] Toch blijft het stimuleren van sport en beweging op jonge leeftijd erg belangrijk.

APENKOOIEN

Gerda op 't Veld is adviseur Jeugd, sport en onderwijs bij NOC*NSF.

'In Nederland sporten veel kinderen op jonge leeftijd bij een club, maar in de tienerjaren daalt dat aantal gestaag, als een skihelling. Bij gym daalt het vanaf acht jaar, bij voetbal zet die daling in rond twaalf en bij hockey rond de vijftien jaar. Soms switchen jongeren van sport, maar vaak stopt dan het sporten in clubverband.

Niet dat ze dan helemaal niet meer sporten, maar we zien wel veel sedimentair gedrag – zitten – bij jongeren. Kinderen spelen meer buiten, pubers daarentegen hangen in hun vrije tijd veel op de bank met een scherm. Terwijl sporten heel belangrijk is. Je ontwikkelt je fysiek en sociaal en je leert doorzetten en omgaan met verlies. We moeten jongeren kortom echt verleiden tot bewegen en dat vraagt ander gedrag van verenigingen.

Veel jongeren stoppen nu omdat ze vrijwel geen ruimte krijgen. De coach bepaalt de opstelling en de trainer bepaalt wat je doet in de training. En op een dag vinden ze het niet leuk genoeg meer. Bij de start van een sport zijn ouders vaak nog bepalend, maar als ze iets ouder worden moeten jongeren ook echt zelf willen.

Sportclubs moeten nadenken over hun doelen: Wat voor club willen we zijn en voor wie? Voor kinderen en hun ouders, of ook voor de grootouders, broertjes en zusjes of voor de hele wijk? Je kunt als hockeyclub ook een loopgroepje starten voor de ouders en een tafeltennistafel in je kantine zetten. Dan stimuleer je tegelijk meervoudig bewegen. Jongeren kunnen veel zelf doen. Zo was er een school in Nijmegen die de voetbalclub vroeg of ze op donderdagmiddag na schooltijd daar mochten voetballen. De eerste reactie was: "Daar hebben we geen capaciteit voor". Bij nader inzien ging het meer om faciliteren, zodat jongeren daar in kleine teams van vier tegen vier terecht konden: ballen, hesjes, een warming up. Je kunt als club ook een vrijdagavondcompetitie instellen omdat jongeren in het weekend uitgaan en bijbaantjes hebben. En vriendenteams toestaan.

Belangrijk daarbij is dat je met jongeren praat en niet alleen over ze. Sommige clubs vragen hun jonge leden bijvoorbeeld elk half jaar wat ze willen. Vind je het nog leuk? Een voetbalclub in Zwolle vroeg de jonge leden: Wat kunnen we afspreken waardoor het weer leuk wordt op de club? Zo zijn ze gekomen tot een set regels op een bord. Als iemand een regel overtreedt, doet hij 1 euro in de pot en vervolgens bepalen ze samen wat ze met dat geld doen.

Het is belangrijk dat je doorontwikkelt in het belang van de sporter, niet in het belang van de vereniging. Hoe kan iemand bijvoorbeeld doorgroeien binnen de club naar de rol van coach of scheidsrechter of bestuurder?

Laatst sprak ik iemand van een gymnastiekclub die klaagde dat pubers niets anders willen dan apenkooien. Daar breng ik dan tegenin dat die jongeren wel elke week komen! Voor senioren bieden we maatwerk, waarom doen we dat dan niet voor jongeren?'

VERLENGDE HUISKAMER

Lang niet elke jongere, wellicht maar zo'n 10 procent, maakt wel eens gebruik van voorzieningen van het jongerenwerk. Vaak gaat het om een buurtcentrum met inlooptijden of open huiskamers waar je met vrienden kunt tafeltennissen, een filmpje kijken, gamen, theedrinken en een beetje praten. Maar voor sommige jongeren kan het jongerenwerk een cruciaal vangnet bieden. Jongerenwerkers zijn geschoold om jongeren te begeleiden en te coachen en, als dat nodig is, door te verwijzen naar hulpverlening. Vaak hebben jongerenwerkers ook meer impact op jongeren die neigen naar afwijkend gedrag, of krijgen zij vanuit de gemeente de opdracht mee om specifieke groepen jongeren actief te benaderen. Hiermee zitten jongerenwerkers wel regelmatig in een lastige spagaat. Natuurlijk, als jongeren in een jongerencentrum zitten, verblijven ze niet op straat en kan dat leiden tot minder overlast in de wijk. Maar één plus één is niet altijd twee. Sommige jongeren wíllen gewoon hangen, ook als er een jongerencentrum op de hoek zit. Voor hen is de straat ook de plek waar ze even ongezien op zichzelf kunnen zijn, zonder meekijkende volwassen of familieleden. Ze zijn te jong voor een café en hebben te weinig geld om altijd bij de Burger King te zitten, dus hebben ze hun spots op straat. Daar kunnen ze heel aanwezig zijn, waardoor anderen overlast ervaren. Jongerenwerkers worden traditioneel vaak ingeschakeld om te bemiddelen als er spanningen zijn tussen jongeren en andere bewoners. Hierin kunnen ze een goede rol vervullen door onderling begrip te vergroten en door bij volwassenen de belevingswereld van jongeren inzichtelijk te maken. Maar het kan ook een lastige positie zijn, omdat hun vertrouwensband met jongeren zo essentieel is om het werk goed te doen, dat dit al gauw haaks staat op een bemiddelende rol.
Sowieso is het in veel gemeenten voelbaar dat het jongerenwerk al jaren een sluitpost op de begroting is, waardoor aanbieders in de verdrukking komen door te weinig manuren versus grote uitdagingen. Hoe goed werkt je open huiskamer als die alleen op dinsdag en vrijdag een paar uurtjes open is?

'Vroeger was hier een jongerenwerker die thee voor je zette als je binnenkwam. Die nam dan even de tijd voor je en vroeg hoe het met je ging. Dat vond ik heel prettig. Nu is er een jongerenwerker die niet eens opkijkt als je binnenkomt. Hij zegt alleen maar wat als we te veel herrie maken. Ik kom daarom nu ook minder vaak.' (Anoushka, 13 jaar)

IK GELOOF

Ook kerken en moskeeën vormen een kader waar jongeren in georganiseerde vorm samenkomen. Dit vindt vaak plaats op initiatief van ouders, maar we zien in veel geloofsrichtingen dat jongeren heel actief participeren binnen religieuze verbanden. Deze helpen hen ook om informatie en ervaringen uit te wisselen over normen en waarden en omgangsvormen die passen binnen hun geloofsrichting. Neem de EO-Jongerendag waar jaarlijks duizenden christelijke jongeren bijeenkomen of de nieuwe jongerenkerken waar in eigentijdse vormen, met muziek en filmpjes wordt nagedacht over levensvragen. Binnen deze structuren zien we jongeren met heel verschillende levensstijlen. Ook bij EO-bijeenkomsten lopen jongeren met een tongpiercing rond, zijn sommigen dol op voetbal en houden anderen van rockmuziek, ook wel met religieuze inhoud. Geloof brengt voor veel jongeren verbroedering. Het is een veilige en overzichtelijke wereld met een groep mensen waar ze bij mogen horen.
Hoe krachtig deze verbanden kunnen zijn zien we soms terug in uitingen van radicalisering van islamitische jongeren, die zich tot in detail in heilige geschriften verdiepen en hier vergaande gedragsregels en voorschriften uit destilleren. Maar dat zijn wel de excessen.
Veel jongeren ontwikkelen tegenwoordig persoonlijke uitingen van geloof. Zij destilleren uit verschillende religies hun rituelen en iconen, van wicca tot Maria, met beeldjes, kaarsjes of tattoos, en vinden hierin zingeving en betekenis.

5.2 De openbare ruimte

Ga je uit van vertrouwen of van wantrouwen in contact met anderen? Jongeren worden in de openbare ruimte en bij publieke voorzieningen – om het voorzichtig te stellen – niet overal enthousiast en positief benaderd. Vaak gaat het om subtiele communicatie, maar de tekenen zijn soms ook weinig cryptisch. Neem de briefjes in menig winkeletalage: Niet meer dan twee scholieren tegelijk naar binnen. Jongeren merken dat *low trust* de norm is in het sociale verkeer in de openbare ruimte.

Communicatie is een subtiel spel. Juist bij *high trust* en low trust draait veel om de non-verbale communicatie: dat wat je niet zegt, maar wel denkt en dus ook uitstraalt. Mensen in het algemeen en jongeren in het bijzonder zijn heel gevoelig voor non-verbale communicatie. Vaak is hoe je iets zegt belangrijker dan wát je zegt.

NIET-WELKOM

Deze subtiele non-verbale communicatie bepaalt voor een groot deel het sociale verkeer in de openbare ruimte. We geven twee voorbeelden van publieke instellingen met een openbare functie. In het eerste voorbeeld vroeg een provincie aan jongeren om mee te denken over de vraag hoe de musea in de regio een jongerenpubliek beter zouden kunnen aantrekken. De provincie zou het toejuichen als jongeren vaker in hun vrije tijd een museum bezochten. Om informatie op te halen, bezochten de jongeren als mystery shoppers een museum in hun buurt. De jongeren werkten enthousiast mee en hadden na afloop vele tips over de exposities en de communicatiematerialen. Maar ook gaven zij terug dat zij zich vaak negatief benaderd voelden door het personeel. Ze hadden de indruk dat ze door het beveiligingspersoneel extra in de gaten werden gehouden, minder uitleg kregen en voelden zich soms ronduit behandeld als niet-welkome gasten.[3] Waarin dat gevoel precies zat, konden ze moeilijker omschrijven, maar het was wel als dominant beeld blijven hangen.

Het tweede voorbeeld betrof een bibliotheek in de Randstad die merkte, zoals vele bibliotheken elders in het land, dat het ledenbestand in de tienerleeftijd sterk daalde. Deze bibliotheek wilde graag met jongeren in dialoog over manieren om dat tij te keren. Het daaropvolgende mystery shop-onderzoek leverde vele aanknopingspunten op voor onder meer de collectie en de inrichting. Zo bleek dat de jongerendoelgroep cross-mediaal denkt, niet in termen van boeken of muziek, maar in thema's en in activiteiten. Maar belangrijker was de feedback over de manier waarop er met ze wordt gecommuniceerd: *'Ze zijn altijd zo streng. Ik voel me niet echt welkom.' 'Als ik binnen kom kijken ze al geïrriteerd.' 'En toen ik vroeg hoe het kopieerapparaat werkte, dacht ze dat ik hem stuk had gemaakt!'* [4]

Deze voorbeelden laten zien dat een organisatie zich wel ten doel kan stellen om meer jongeren te bereiken, maar dat dit een cultuurverandering vergt binnen de gehele organisatie. Zo helpt het als medewerkers meer weten over de belevingswereld van jongeren, zodat er meer begrip is voor meiden die ineens de slappe lach hebben of jongens die nodig even moeten bewegen.

Jongeren zijn vaak best onzeker en hierdoor overgevoelig voor wat anderen van hen vinden. Zij merken het onmiddellijk wanneer ze in een bibliotheek, museum of winkel extra in de gaten worden gehouden. En die strenge blik zonder dat ze iets fout doen, heeft bij sommige jongeren zelfs een averechts effect. Jongeren willen naarmate ze volwassener worden en meer bewegingsvrijheid krijgen vanuit high trust benaderd worden. Ze stuiten daarentegen op veel plekken op een low-trust-benadering, waarin ze hooguit nog kunnen aantonen dat 'zij niet zo zijn'. Een onaangename uitgangspositie. Sommige jongeren voelen zich hierdoor zelfs uitgedaagd hier tegenin te gaan en de confrontatie te zoeken door antisociaal gedrag te vertonen. Wat maken we jongeren duidelijk als we laten zien dat vertrouwen of respect eerst verdiend moeten worden?

RESPECT!

Respect is sowieso een interessant woord als we praten over de omgang tussen jongere en oudere generaties. Volwassenen zien respect als iets dat je verdient, op basis van verworven competenties en ervaring. Jongeren vinden respect veeleer een basishouding die iedereen – dus ook zij – automatisch toekomt. Respect hoef je – in hun ogen – niet te verdienen, want iedereen verdient respect. Je kunt het hooguit door fout gedrag verliezen.

GEZICHTEN 'LEZEN'

We schreven zojuist over bejegening, de wijze waarop we jongeren tegemoet treden. Daarbij is het belangrijk te bedenken dat jongeren meer moeite hebben om emoties van anderen te herkennen dan volwassenen.

Het interpreteren van gezichtsuitdrukkingen is een heel belangrijke menselijke vaardigheid. Een vaardigheid die we al vroeg onder de knie krijgen. Zo kunnen kinderen van een jaar oud al boze en blije gezichtsuitdrukkingen onderscheiden. Maar bij *mixed emotions* ligt het ingewikkelder. Denk aan iemand die boos en angstig tegelijk is, of blij en verdrietig. Naarmate jongeren ouder worden krijgen ze meer ervaring met dit soort complexe situaties, maar op jonge leeftijd, vooral in de vroege puberteit, vraagt het interpreteren van dit soort complexe emoties nog veel oefening. Er is zelfs een studie die aantoont dat deze vaardigheid rond twaalfjarige leeftijd verslechtert, waarschijnlijk als gevolg van hormonale veranderingen.[5]

Verschillende hersendelen zijn betrokken bij het herkennen van emoties bij anderen. De amygdala, een dieper gelegen hersengebied (zie ook hoofdstuk 1 waar de hersendelen besproken worden), reageert vooral op boze en angstige gezichten en op uitdrukkingen die niet eenduidig zijn. Hoe intenser de emotie, hoe extremer de amygdala reageert. De insula, een gebied dat meer voorin ligt en een brede functie heeft bij allerlei emoties, reageert op gezichten die walging uitstralen. En dan is er het striatum, een hersengebied dat onderdeel uitmaakt van de emotionele hersenen en dat reageert op positieve informatie, dat juist triggert bij positieve emoties zoals een glimlach of een blij gezicht en dat een belangrijke rol speelt bij toenadering.[6]

Al deze hersengebieden die moeten samenwerken om emoties te kunnen herkennen, zijn nog volop in ontwikkeling. Dit maakt jongeren een tijdlang hypergevoelig voor emoties, voor gezichten die uitstralen dat je beter uit de buurt kunt blijven, maar ook voor gezichten die aangeven dat er iets leuks te gebeuren staat.

'Ik was laatst in mijn eentje aan het hooghouden (voetbal) en toen werd ik weggestuurd door de politie, die door bewoners was gebeld. Dan kunnen ze toch wel even gewoon naar me toe komen? Als daar een grotere groep voetbalt, durft niemand de politie te bellen.' (Liliana, 18 jaar)

GEZICHTSUITDRUKKINGEN INTERPRETEREN

Hoe interpreteren we de gezichtsuitdrukkingen van anderen? Onderzoek heeft heel concrete resultaten opgeleverd:[7]

- In alle leeftijdsfasen (als kind en adolescent, maar ook als volwassene) zijn vrouwen beter in het herkennen van emoties op gezichten dan mannen.
- Jongeren herkennen emoties beter wanneer ze niet alleen een gezicht, maar de hele lichaamshouding zien. Zo krijgen ze meer informatie en dus een beter beeld van de situatie.
- Bij jongeren reageert de amygdala ook op gezichten die zo kortstondig in beeld zijn geweest dat de proefpersoon zich niet eens bewust is die gezichten gezien te hebben.
- Bij jonge tieners, van tien tot twaalf jaar, wordt de amygdala ook actief bij het zien van een neutraal gezicht. Blijkbaar vindt hun brein het spannend of alarmerend als een gezichtsuitdrukking niet eenduidig is.

HANGEN

Een goede case voor de manier waarop de samenleving in bredere zin haar opvoedende rol ziet, is de reactie op hangjongeren, ofwel jongeren die samenkomen in de openbare ruimte. Ze mogen dan het schrikbeeld zijn van winkeliers of oudere buurtbewoners, én voor andere jongeren, voor jongeren zelf is hangen soms een sociale noodzaak. In hun vrije tijd is de straat hun toevluchtsoord.

'Het is leuk om buiten te chillen, omdat er op straat veel vrijheid is. Thuis lijkt het zo opgesloten.' **(Hicham, 15 jaar)**

Veel gezinnen in de stad wonen klein, waardoor er thuis weinig ruimte en privacy is. Jongeren spreken daarom liever buiten de deur met vrienden af. Waar volwassenen graag socializen op terrasjes of in de kroeg, zoeken jongeren (met minder budget en leeftijdsbegrenzingen in de horeca) een plek in hun buurt, toegerust met wat chips en cola of energydrankjes. Hangen op straat is gratis, het is gezellig en er is altijd wat te beleven. Maar vaak is die ruimte niet echt op hen berekend. Als ze de wipkip en de speelveldjes zijn ontgroeid, is er veel minder eigen plek voor jongeren. Tel daarbij op dat ze vaak het gevoel krijgen dat ze niet gewenst zijn in hun eigen buurt – volwassenen ergeren zich eraan dat ze pleintjes of straathoeken claimen en gaan al snel klagen of de politie bellen – en er ontstaat een voedingsbodem voor spanningen. Vier op de tien Nederlanders voelt zich weleens (dat wil zeggen 'vaak' of 'soms') onveilig op plekken waar groepjes jongeren hangen.[8]
Toch constateert het CBS dat deze vorm van overlast al jaren daalt, ten opzichte van 2005 zelfs met 18 procent. Maarten Bloemen, onderzoeker bij het CBS zegt erover in *Trouw*: 'We zien minder vernieling en verloedering op straat. Dat kan komen omdat jongeren minder op straat zijn en meer achter een computer zitten.'[9] Het klinkt aannemelijk. De online communicatie met vrienden via social media vervangt deels de functie van rondhangen op straat; mediadeskundigen omschrijven het zelfs letterlijk als *hanging-out*. Dit digitale rondhangen geeft natuurlijk minder klachten in de buurt dan voetballen, skateboarden en kletsen onder een lantaarnpaal. Of het gezonder is voor jongeren zelf, is zeer de vraag.

ACTIE - REACTIE

De Raad voor Maatschappelijk Ontwikkeling signaleert een aantal patronen tussen jongeren en omwonenden waardoor kleine incidenten kunnen uitlopen tot grote conflicten. De eerste actie - reactie is de interactie tussen de jongeren en omwonenden. Mensen die overlast ervaren, reageren niet altijd adequaat. Jongeren reageren hier op een bepaalde manier op. Als de communicatie mislukt, verstijven beide groepen in hun positie en gedrag. Buurtbewoners voelen vaak ook al snel het gelijk aan hun zijde en zoeken ondersteuning van de politie of wijkagenten, wat een conflict verder op de spits kan drijven.
Dan is er het element sfeer. Er hangt een negatieve lading rond hangjongeren, onder meer door berichtgeving in de media. Hierdoor benaderen jongeren en omwonenden elkaar argwanend. Argwaan voedt negatief gedrag en versterkt zo weer de sfeer.

'Hoe kan het dat ik word weggestuurd voor mijn eigen huis? Ik woon daar toch!' (Achmed, 15 jaar)

En dan is er het element van maatschappelijke participatie van de jongeren. Sommige groepen jongeren participeren veel minder in onderwijs, arbeidsmarkt en het verenigingsleven. De redenen hiervoor kunnen velerlei zijn, van minder geld tot minder stimulans van de ouders om zich te ontplooien. Ook dit kan een versterkend effect hebben: deze jongeren zoeken in hun vrije tijd hun toevlucht tot de straat. Op straat komen ze te midden van hun vrienden, makkelijker in de verleiding om afwijkend gedrag te vertonen. Ze maken zich codes eigen die behoren tot de straatcultuur en leren zich in die setting te handhaven. Zo leren ze binnen die straatcultuur omgangsvormen die hun terugkeer naar meer geaccepteerde vormen van participatie steeds meer belemmeren.[10] En zo krijgt de negatieve spiraal een zwier.

MAAK HET VERSCHIL

In de publieke ruimte kan feitelijk iedereen opvoeder zijn. Bij spanningen en mogelijke escalaties kunnen juist bewoners van een wijk het verschil maken. Door in te grijpen en het gesprek aan te gaan, met andere buurtbewoners én met de jongeren.

Als je overlast ervaart door jongeren, ga dan in gesprek met ze. Probeer afspraken te maken waar beide partijen mee kunnen leven. Bijvoorbeeld: voetballen is prima, maar in verband met kleinere kinderen niet na acht uur 's avonds. En ruim na afloop even je rommel op.

De jongeren zijn zich mogelijk niet eens bewust van het feit dat hun gelach of gesport door anderen als overlast wordt ervaren. Want je verplaatsen in hoe anderen iets ervaren, dat kunnen jongeren nog minder goed.

De politie Amsterdam-Amstelland ontwierp vanuit die insteek een cursus speciaal voor jongeren. Hierin schotelt de politie op een luchtige manier situaties voor waar agenten mee te maken krijgen. Door de jongeren dezelfde beslissingen te laten maken, krijgen ze hier meer begrip voor. Jongeren hebben moeite om beslissingen in een breed kader te plaatsen, daarom is de vertaalslag naar hun eigen belevingswereld heel belangrijk.

GEEN PROBLEEM

Het helpt ook om voortdurend in dialoog te blijven met jongeren, en niet alleen in probleemsituaties. In verschillende onderzoeken geven jongeren aan het belangrijk te vinden dat mensen als leraren, jongerenwerkers en agenten de moeite nemen hen echt te leren kennen. In een periode van identiteitsontwikkeling waarin ze zich onzeker voelen en bang zijn voor afwijzing, zoeken ze bevestiging. Bovendien zijn ze zich bewust van de vooroordelen die over jongeren heersen en hebben ze daar ook regelmatig mee te maken. Jongeren willen het ook horen als ze iets goed doen. Ze willen geen nummer zijn, maar ze willen persoonlijke aandacht. Ze willen een uniek persoon zijn en zo ook behandeld worden. Interessant in dit licht is de opkomst van straatcoaches. In meerdere gemeenten opereren tegenwoordig straatcoaches die zich in bepaalde wijken specifiek op jongeren richten en een bredere opvoedende taak hebben dan politieagenten. Jongeren worden zo nauwlettender gevolgd. In een onderzoek dat wij in Amsterdam uitvoerden, reageerden jongeren enthousiast op dit initiatief. Straatcoaches zijn, in de ogen van jongeren, echt van de straat, luisteren naar het verhaal van de jongeren, nemen hen serieus en zijn streng doch rechtvaardig. En belangrijk: 'Ze komen gewoon met je chillen als je aan het voetballen bent. Dat vind ik echt tof. (Hassan, 14 jaar)[11]

'Mij lijkt het wel wat om een schoolagent in te voeren. Iemand die er gewoon altijd is, net als een wijkagent. Iemand waar je net zo goed een potje voetbal mee kunt spelen. Als je elkaar beter leert kennen, durf je ook beter op iemand af te stappen als er problemen zijn. En je luistert ook beter want je weet dat hij het dan goed bedoelt.' **(YOUSSEF, 17 JAAR)**

MOSQUITO

Het thema sfeer wordt helemaal op de spits gedreven door de Mosquito, een kastje dat kan worden opgehangen op plekken waar jongeren overlast veroorzaken. Het Mosquitokastje verspreidt een hoogfrequent geluid tussen de zestien en achttien kilohertz, dat voor mensen boven de 25 meestal niet meer hoorbaar is, maar voor jongeren wel. Deze hoge toon ervaren jongeren als zo irritant dat zij hun heil snel elders zoeken en zo worden bepaalde plekken hangjongeren-vrij. Volgens de leverancier zijn in Nederland sinds de introductie in 2006 meer dan vijftienhonderd systemen geplaatst.[12]

DRONKENSCHAP OP DE PRINTPLAAT IN DAT KOPPIE

Caroline van Ferneij werkt bij de Politie Amersfoort als Operationeel Expert Wijk voor o.a. het thema Jeugd. Ze bedacht De Confrontatie, een gedragsinterventie waarbij de politie dronken minderjarigen in de openbare ruimte filmt om de beelden later met hen en hun ouders terug te kijken.

'In 2011 zat er een jongen bij ons in de cel die door drankgebruik totaal geen idee had hoe hij daar was beland. "Misschien is het goed om wat videobeelden terug te kijken, die de collega's op straat hebben gemaakt," zeiden we. Dat had zoveel impact dat we besloten ermee door te gaan. Inmiddels hebben we zo'n 120 jongeren en hun ouders op die manier geconfronteerd.

Dronkenschap op de openbare weg is strafbaar en als minderjarige mag je sowieso niet drinken. Maar waar het ons vooral om gaat is dat jongeren zich realiseren hoe kwetsbaar ze zijn als ze dronken zijn. Beroving, mishandeling, verkeersongevallen en, in het geval van, zedenmisdrijven. Dat kwartje valt meestal wel als ze zichzelf terugzien.

We treffen jongeren vaak aan op de rustiger plekken in het uitgaansgebied. Ze voelen dat ze moeten overgeven, sluipen met een gevoel van schaamte alleen naar buiten en staan dan in een steeg in de kou in de hoop dat ze zich beter gaan voelen. Maar dan komt de hamer pas echt. Wij spreken de jongeren aan, bellen hun ouders met de vraag ze op te halen. Een paar dagen later spreken we ze dan met hun ouders erbij en krijgen ze de keuze: de bekeuring betalen of een alcoholstraf via Halt. Ik begin meestal met: "Vertel, wat kun je je nog herinneren van die avond?" Vaak vraag ik ook: "Was er een moment waarop je dacht: moet ik dit drankje nog wel nemen?" Zo ontstaan in het gesprek al inzichten. Daarna kijken we naar de beelden, vaak een minuut of vijf, en bespreken ze na. Vaak schrikken jongeren bij het kijken. Ze weten bijvoorbeeld het telefoonnummer van thuis of hun eigen naam niet meer. Of ze zijn heel vervelend naar anderen.

We vragen eerst hen om te reageren en daarna de ouders. Moeders zijn vaak emotioneler – wat had er niet kunnen gebeuren? – vaders zijn wat strenger. Maar belangrijk vind ik dat de jongere zoveel mogelijk aan het woord komt. Zelf ben ik vooral kort van stof en duidelijk. Belerende opmerkingen als: "Weet je wel hoeveel tijd we met je bezig waren?" werken niet. Humor werkt wel goed. We lachen best veel. Ik zeg bijvoorbeeld vaak: "Je ouders hebben veel geld en tijd in je geïnvesteerd." Die doet het altijd wel goed.

Waar het ons om gaat is dat ze beter over hun gedrag nadenken. Ik sprak laatst een meisje dat we vier jaar geleden confronteerden en die zei: "Ik weet het nog als de dag van gister."

Veel jongeren in Amersfoort kennen De Confrontatie inmiddels uit verhalen en uit de media. Ons project staat zelfs op Dumpert. Vaak zeg ik: "Let op, elk ander iemand kan jou filmen en dat online zetten. Voor je het weet gaat het de hele school door."'

MINDER CRIMINELE JONGEREN

Het feit dat jongeren steeds minder op straat leven, wordt ook wel genoemd als een verklaring waarom de criminaliteit onder minderjarigen al jaren dalende is. In 2016 noteerde de politie 20.080 minderjarige verdachten (twaalf tot achttien jaar) van een misdrijf, een daling van 34 procent ten opzichte van 2012.[13] Vermogensdelicten komen het vaakst voor, met winkeldiefstal stipt op één, gevolgd door vernieling en vandalisme, en in mindere mate geweldsmisdrijven.

Voor die dalende criminaliteit geven wetenschappers verschillende verklaringen. Allereerst een heel praktische: sinds de jaren negentig is de beveiliging van panden en auto's en het cameratoezicht opgeschroefd, waardoor de drempel voor beginnende delinquenten is verhoogd. Dan is er de social media-hypothese die stelt dat behoeften die werden bevredigd door delinquent gedrag nu meer online worden uitgeleefd, bijvoorbeeld in games (waar het overigens ook kan leiden tot grensoverschrijdend en delinquent online gedrag). Tot slot concluderen onderzoekers een veranderende houding van jongeren tegenover risicogedrag. Ze denken de laatste jaren anders over delinquentie, vroegtijdig schoolverlaten en middelengebruik, en de thuissituatie blijkt een belangrijk effect te hebben op de kans dat jongeren afglijden. In 2015 zeggen namelijk meer jongeren dat hun ouders betrokken zijn en emotionele steun bieden dan in 2005. De jongeren zijn zelf ook opener geworden tegenover hun ouders over de wijze waarop zij hun vrije tijd besteden. Naast deze beschermende factor nemen ook diverse risico's, zoals alcoholgebruik, af. Ook onder invloed van ouders overigens, die hierin sinds het begin van de 21e eeuw strenger zijn geworden.[14]

5.3 Allochtone jongeren

Graag wijzen we in dit hoofdstuk extra op de positie van jongeren met een niet-westerse achtergrond. Zoals bekend, zijn zij oververtegenwoordigd in criminaliteitscijfers. Minderjarige jongeren met een Marokkaanse, Antilliaanse of Arubaanse achtergrond zijn vierenhalf keer zo vaak verdachte van een misdrijf als jongeren met een Nederlandse achtergrond.[15] En ze zijn ook meer dan dubbel zo vaak werkloos dan hun autochtone leeftijdgenoten.
Wat minder mensen weten is dat jongeren met een niet-westerse achtergrond ook veel vaker te maken krijgen met psychiatrische problematiek. De psychiater en epidemioloog Jean-Paul Selten toonde aan dat mensen met een migratieachtergrond, en met name Marokkaanse mannen, meer dan twee keer zoveel kans hebben op psychotische stoornissen als autochtone Nederlanders. Dit blijkt vooral te verklaren door de lagere sociale status die sommige allochtone groepen ervaren; sociale uitsluiting kan leiden tot hogere dopaminewaarden in het striatum wat het risico op schizofrenie verhoogt. Een migratieachtergrond is daarmee een sterkere risicofactor dan factoren als ter wereld komen tijdens de hongerwinter, geboren worden uit een bevalling met complicaties, drugs gebruiken of in een stad wonen.[16]
Psychoses kunnen gerelateerd zijn aan schizofrenie, maar ook aan een manisch-depressieve stoornis of een ernstige depressie. Erfelijkheid en omgevingsfactoren spelen bij deze aandoeningen en ziekten een rol. Zo is schizofrenie deels erfelijk bepaald: zo'n 10 procent van de bevolking is genetisch kwetsbaar. Toch krijgt maar een op de tien van die kwetsbaren, dus een op de honderd, de ziekte, vaak onder invloed van omgevingsfactoren. En meestal openbaart dit zich voor het eerst in de puberteit.
Het ervaren van stress als gevolg van sociale uitsluiting en vernedering kan zo'n omgevingsfactor zijn. Daarbij gaat het niet alleen om zelf aan den lijve discriminatie ervaren of persoonlijk worden uitgescholden; ook negatieve stereotypen die rondwaren over een groep werken stressverhogend. Hierdoor ontwikkelen mensen moeilijker een 'positieve identiteit' en worden ze vatbaarder voor achterdocht en paranoïde ideeën. Salah Sidali, psychiater bij de Amsterdamse GGZ-instelling Mentrum: *'Als je maar lang genoeg wordt vernederd en buitengesloten, ontstaat stress. Die beïnvloedt de hormoonhuishouding in je hersenen, waardoor mensen die al vatbaar zijn voor schizofrenie een grotere kans lopen de ziekte te krijgen.'*[18]
Eind 2007 publiceerden Nederlandse wetenschappers interessante aanvullende inzichten in *The American Journal of Psychiatry:* allochtonen die in gemengde wijken wonen hebben een hogere kans op schizofrenie dan allochtonen die in 'zwarte' wijken wonen als de Haagse wijken Transvaal en de Schilderswijk. Psychiater Wim Veling: *'Die jongens zeggen: "Als ik op straat loop, grijpen mensen naar hun portemonnee." En ik denk dat dat in wijken als de Schilderswijk minder is. Ze komen daar nauwelijks Nederlanders tegen. (...) Voor allochtonen is het moeilijker dan voor andere jongeren en jongvolwassenen om een eigen identiteit te vormen, omdat zij opgroeien in twee culturen. En het spanningsveld is mogelijk nog groter als je opgroeit in wijken waar weinig anderen van je eigen etnische groep wonen.'*[19]

SCHIZOFRENIE EN SOCIALE UITSLUITING

Jean Paul Selten, als hoogleraar Sociale Exclusie en Psychiatrische Stoornissen verbonden aan Maastricht University.

'Schizofrenie ontwikkel je tussen je achttiende en dertigste levensjaar. We hebben uit onderzoek het bewijs dat in Nederland Marokkaanse jongens een verhoogde kans hebben om de ziekte te ontwikkelen, maar er is geen bewijs voor de oorzaak. Ik heb daar wel theorieën over. De ziekte schizofrenie kan ontstaan door het gevoel langdurig buitengesloten te zijn, wat stress veroorzaakt. Andere redenen zijn een trauma uit de jeugd, misbruik bijvoorbeeld, of een laag IQ.
Dat juist Marokkaanse jongens vaker de ziekte ontwikkelen, komt volgens mij omdat zij gedurende hun jeugd het gevoel hebben dat ze niet bij "de groep", de Nederlanders horen. Ze voelen zich gekrenkt. Marokkaanse meisjes gaan er in Nederland qua positie op vooruit. Ze hebben weinig status in Marokko en krijgen hier de kans opleidingen te volgen en verder te komen. Jongens hebben in Marokko veel meer aanzien en dalen in Nederland juist in status. Ze moeten zich gaan bewijzen en hebben het gevoel niet voor vol te worden aangezien. Dat zorgt voor frustratie en daarmee gaat stress gepaard. Dat hoor je ook van broers van mijn patiënten.
Het risico is verhoogd bij Marokkaanse mannen en jongens van de eerste en de tweede generatie. Bij de tweede generatie heb je het over jongens van wie de ouders de Nederlandse taal niet goed of helemaal niet spreken. Kinderen beginnen dan op de basisschool vaak al met een taalachterstand. Dat haal je bijna niet meer in, zeker niet als je familie minder goed geïntegreerd is in de Nederlandse samenleving. Het gevolg is dat je je al snel een buitenstaander voelt.'

5.4 Vele opvoeders

Iedereen die zich actief bemoeit met een jongere in zijn of haar omgeving is een opvoeder. Als geïnteresseerde buurman of -vrouw die vraagt hoe het gaat op school, als vrijwilliger in een vereniging, of als passant op straat. Om te zorgen dat jongeren evenwichtiger opgroeien en meer kaders meekrijgen, is dit een belangrijke notie. Ouders en docenten kunnen het niet alleen af. Andere partijen kunnen een ontzettend belangrijke aanvullende rol vervullen. Dat is de belangrijkste les uit dit hoofdstuk.

Piet Boekhoud, oud-directeur van het Albeda College in Rotterdam, benadrukte tien jaar geleden toen we hem spraken dat de leerlingen die overdag bij hem naar school komen dezelfde zijn als de jongens en meisjes die 's avonds flaneren in de Koopgoot: 'Iedereen hoort jongeren leuk te vinden. Dat is onze maatschappelijke opgave. Er is een toenemende kloof tussen generaties en dat is niet wenselijk.' Veel mensen kijken alleen naar jongeren vanuit de context waarin ze ze tegenkomen: zijn het de gezellige buurkinderen, nichtjes of neven op de familiedag, dan zijn zij het voorbeeld van hoe leuk het is om met jongeren om te gaan. Ze vergeten dan wel eens dat dit dezelfde soort jongeren zijn aan wie ze zich ergeren in het verkeer, of die staan te schreeuwen op straat of herrie maken met hun skateboardstunts. Zo kennen we ook genoeg stagebegeleiders die hun stagiairs amper begrijpen, maar hun zoons en dochters van dezelfde leeftijd thuis op de bank opeens wel.

In dit hoofdstuk hebben we ook het element non-verbale communicatie veelvuldig belicht. In communicatietrainingen komt het vaak aan bod: alles wat we denken over een ander communiceren we ook in de interactie met die persoon. En dit gebeurt al dan niet bewust. Kortom: ook als je niet eens wilt dat die ander iets merkt van jouw angst of negatieve associaties, is iets daarvan merkbaar in je communicatie. Daarom is het nog belangrijker je bewust te worden van je eigen beelden en associaties bij jongeren. Wellicht is er hier en daar sprake van onterechte angsten die vervagen als je meer met jongeren te maken krijgt? We kunnen jongeren veelvuldig aanwijzen als daders van onrust in de openbare ruimte, maar ook hier is sprake van een wisselwerking. Het is belangrijk dat mensen zich hier meer bewust van worden. Vooral medewerkers van openbare voorzieningen, zoals bibliotheken, winkels, buurtcentra, verenigingen, kunnen een flinke slag slaan in het professionaliseren van hun communicatiestijl met deze doelgroep.

TIPS VOOR OPVOEDERS

- **Onderken je invloed**
  Een compliment, een groet, maar ook een reactie op een gedraging. Ook in kleine dingen kun je jongeren in je omgeving mede opvoeden.

- **Bedenk hoe je vroeger zelf was**
  Veel volwassenen zijn vergeten hoe ze zelf waren toen ze jong waren. Zonder problemen te willen bagatelliseren, is het goed je af te vragen of en waarom je overlast ervaart. Waarom zou je je ergeren of je geïntimideerd voelen als een groepje jongeren ergens staat te kletsen, of als een groepje jongeren wat drukker is in de tram?

- **Denk aan je uitstraling**
  Als je steevast negatief denkt over jongeren, straal je dat onbewust ook uit. Wees je bewust van eventuele vooroordelen of negatieve gevoelens en ga juist in gesprek met jongeren om na te gaan waar deze gevoelens vandaan komen.

- **Treed jongeren positief tegemoet**
  Jongeren zijn hypergevoelig voor gezichtsuitdrukkingen en hebben meer moeite deze juist te interpreteren. Wees je bewust van je mimiek en treed jongeren bewust positief tegemoet.

- **Wees alert op discriminatie**
  Jongeren van niet-westerse afkomst ervaren regelmatig discriminatie; op de arbeidsmarkt, maar ook in de openbare ruimte. Dit komt vooral omdat ze voelen dat ze vanuit stereotypen anders worden behandeld dan 'Nederlandse' jongeren. Behandel Gijs en Mo op dezelfde manier.

- **Zorg voor een positieve cultuur**
  In organisaties, verenigingen en op andere plekken waar veel jongeren komen, is het belangrijk dat er een cultuur ontstaat waarin de regels en omgangsvormen helder zijn. Jongeren moeten consequent te horen krijgen dat onbeleefd gedrag, grof taalgebruik en een intimiderende manier van discussies voeren niet getolereerd worden.

- **Wijs op regels en afspraken**
  Maak op het moment dat jongeren ontsporen direct duidelijk dat dit gedrag of deze stijl van 'een gesprek voeren' niet getolereerd wordt. Beëindig de situatie en verbind er duidelijke consequenties aan.

- **Verplaats respect van de straat naar andere plekken**
  Wees je bewust van het feit dat 'de straat' voor veel jongeren de enige plek is waar ze aandacht en respect krijgen. Maak actief contact met deze jongeren, organiseer samen activiteiten of voer gesprekken, zodat ze die aandacht en dat respect ook op andere plekken krijgen (buurthuis, sportvereniging).

Wouter, 16 jaar, 4 havo, Horn

6. Jongeren

en mediagedrag

Digital natives worden ze soms ook genoemd; jongeren die vanaf hun geboorte zijn opgegroeid in een digitaal tijdperk. Van de digitale mogelijkheden maakt de huidige generatie jongeren volop gebruik: ze zijn altijd bereikbaar en volgen alles en vooral elkaar. 'Hier' is overal, het maakt niet uit waar ze zijn. Hun mediagedrag overlapt alle leefdomeinen: thuis, op school, in hun vriendschappen, tijdens bijbaantjes en stages, in het verkeer... Voortdurend lopen de online en offline wereld in elkaar over.
Daarbij verandert het medialandschap sneller dan we kunnen bijhouden. Scholen breiden hun wifinetwerken uit; gezinnen upgraden hun abonnement. Want een tiener kan allang niet meer uit de voeten met 1 GB per maand.
In dit hoofdstuk gaan we dieper in op het informatie- en communicatiegedrag van jongeren. Welke media gebruiken jongeren en vanuit welke behoeften? Welke uitdagingen stelt dit aan het puberbrein?

'Kijk, ik heb twee Instagram-accounts. De ene is openbaar. Daar plaats ik meer mijn mooie foto's, van vakantie en uitgaan en zo, of als ik nieuwe kleren heb gekocht. En dan heb ik nog een account dat afgeschermd is en waar alleen mijn beste vrienden op kunnen kijken. Daar maak je meer geintjes met elkaar. Van die expres lelijke foto's met je onderkin in de lens. Of inzoomen op dat puistje. Dat is gewoon lachen, weet je wel. Van die humor die verder niemand begrijpt.' (Jimmy, 15 jaar)

We leven nog nauwelijks vijfentwintig jaar in een wereld waaraan een digitale laag is toegevoegd. Een laag die heel veel mogelijkheden biedt die er eerst niet waren; we kunnen voortdurend in contact staan met familie en vrienden en bijna alle informatie op elk gewenst moment opzoeken. Als je weet hoe het echt werkt, kun je veel sneller schakelen in de brij van alle kennis die nu voor iedereen beschikbaar is. De digitale wereld is immers non-lineair, je hoeft niet bij het begin te beginnen en wachten tot voorbijkomt wat je zoekt of wilt zien. Je gaat direct naar de interessante scène in de documentaire en in de digitale krant lees je alleen de berichten die jou interesseren. Daarvoor hoef je niet eerst allerlei andere dingen door te bladeren.

De digital natives, onze kinderen, weten niet anders. Jongeren behoren vaak tot de early adopters, die alle mogelijkheden van computer en smartphone integreren in hun dagelijkse leven. Moeiteloos, zo lijkt het wel, en daar zit 'm de crux. Gaat het wel zo moeiteloos? Natúúrlijk bieden al die communicatie en informatie heel veel goede dingen en mogelijkheden, maar is het soms niet gewoon ook een beetje veel? Veel mediagebruik biedt korte termijn prikkels. En juist voor al die nieuwtjes en potentiële beloningen – de likes die je kunt verdienen en reacties die je krijgt – is het puberbrein overgevoelig: Lees dit, klik hier, reageer nú!

Of de introductie van internet, computers, smartphones en tablets de wereld nu vooruithelpt of juist niet, over die vraag wordt volop gediscussieerd. Sommigen schetsen de utopie als volgt: de wereld is kleiner en overzichtelijker geworden, iedereen kan elkaar altijd en overal bereiken en zelfs vanuit het meest afgelegen oerwoud kan iemand digitaal een opleiding volgen of bijhouden wat er op andere plekken gebeurt. Zolang je maar wifi hebt. Daartegenover staan mensen met dystopische denkbeelden die juist bang zijn dat dit leidt tot een zeer onaangename samenleving waarin mensen niet meer vrij zijn, de overheid aan de randen van de privacy morrelt en iedereen dag en nacht in de gaten wordt gehouden door grote bedrijven die alle online informatie gebruiken om mensen om te vormen tot effectieve consumenten.

Wie goed naar jongeren kijkt, ziet hoe digitale media voor hen twee kanten kunnen hebben. Het geeft ze ongekende mogelijkheden om dingen uit te proberen en informatie te verzamelen, maar ze lijken er ook dingen door kwijt te raken en er ontstaan nieuwe soorten problemen.

We zullen in dit hoofdstuk eerst het mediagebruik van jongeren belichten; vervolgens plaatsen we hun mediagedrag in een bredere context en laten we zien waarom met name social media en games zo aantrekkelijk en soms zelfs verslavend zijn voor jongeren. Vervolgens gaan we in op gevolgen van de media op het leven van jongeren, in positieve en negatieve zin.

6.1 Jongeren en hun mediagebruik

Hoeveel tijd besteden jongeren aan media en welke devices gebruiken ze daarbij? Laten we beginnen met een overzicht van het medialandschap waarin ze tijd doorbrengen. Een landschap dat voortdurend in verandering is.

Gemiddeld besteden jongeren tussen de dertien en negentien jaar per dag 7 uur en 20 minuten aan media. Hieronder vallen zowel kijken, luisteren, communiceren, lezen als gamen. Bij jongvolwassenen, tussen de twintig en vierendertig jaar, ligt dit tijdsgebruik nog wat hoger, 7 uur en 54 minuten. Dat klinkt bijna als een werkdag. Het is goed hierbij twee kanttekeningen te maken. In allerlei onderzoeken telt de tijd die jongeren aan twee media tegelijk besteden dubbel, bijvoorbeeld tv-kijken terwijl ze ook aan het whatsappen zijn, zodat het soms lijkt alsof er niet eens tijd voor eten overblijft. Dat moeten we dus relativeren. Daarnaast blijkt uit onderzoek dat veel volwassenen nog veel meer tijd aan media besteden dan jongeren.
Het meest populaire device waarmee jongeren zich toegang verschaffen tot de online wereld is allereerst de smartphone. Vrijwel alle jongeren bezitten tegenwoordig zo'n digitaal zakmes op broekzakformaat dat, waar ze maar willen, via allerlei apps de wereld voor ze ontsluit. Bankieren, huiswerk en je cijfers checken, afspreken met je vrienden en leuke foto's en grapjes delen; het kan allemaal met een en hetzelfde apparaat. In aanvulling daarop kijken jongeren ook regelmatig naar de televisie en gebruiken ze verder de laptop of tablet en in afnemende mate een desktop- of de spelletjescomputer.
Een tijdlang verschansten tieners zich met hun eigen computer of tv in hun slaapkamer, tegenwoordig worden ze ook daarin mobieler. Had in 2015 nog 53 procent van de 12- tot 18-jarigen een tv op de kamer, in 2017 is dit al gedaald naar 39 procent Wat niet betekent dat er geen tv meer wordt gekeken, zoals we verderop zullen zien. Smartphones en tablets bieden iedereen in het gezin nu de toegang tot informatie, entertainment en sociale contacten, waar en wanneer elk gezinslid maar wil. Van Netflix-serie tot WhatsAppgroep. En waar ouders hun kind vroeger nog wel eens voor straf naar zijn slaapkamer stuurden, ze nu soms smeken of ze van die kamer áf willen komen.

TRADITIONELE MEDIA

Een vergelijking van cijfers over mediagedrag door de tijd laat zien dat jongeren de laatste twintig jaar steeds minder tijd zijn gaan besteden aan traditionele media. Onder die verzamelterm verstaan we media die een relatief eenvoudige zender-ontvanger relatie met het publiek aangaan, zoals radio, tv en geprinte media als kranten, tijdschriften en boeken. In alle leeftijdsgroepen zien we natuurlijk de tendens dat digitale media functies van traditionele media deels vervangen. In die beweging lopen jongeren vaak wel voorop. Zo zien we dat het aantal jongeren dat realtime een televisieprogramma bekijkt, dus op het

moment dat het wordt uitgezonden, enorm snel daalt: van 67 procent in 2013 naar 49 procent in 2015. Tv-zenders breken zich het hoofd over de vraag hoe ze jongeren nog kunnen bereiken. Andere vormen van televisie kijken zijn juist toegenomen. Jongeren kijken vaker wanneer het hen uitkomt. Door de komst van de smart-tv – en vooral door betaalde streamingdiensten als Netflix en Videoland – is het niet langer nodig om te wachten op de nieuwste episode van je favoriete serie en jongeren maken hier massaal gebruik van. Eind 2017 had 68 procent van de jongeren (twaalf tot negentien jaar) een Netflix-account op de smartphone. Daarnaast hebben veel jongeren traditioneel tv-kijken verruild voor filmpjes op hun favoriete YouTube-kanalen. Ze vullen vele uren met het zappen langs grappige filmpjes of korte clipjes van onderwerpen die ze interessant vinden.
Op de radio wordt vaker ingeplugd dan op de tv. Populaire zenders als Radio538, FunX en Q-music weten nog altijd veel jonge luisteraars aan te spreken. Tegelijkertijd zien we dat jongeren veel meer dan andere leeftijdsgroepen gebruik maken van muziekdiensten als Spotify. Ook hier zoeken ze dus vooral autonomie en instant bevrediging: niet hoeven wachten tot er iets voorbijkomt wat je écht aanspreekt, maar je eigen playlists samenstellen en zelf bepalen wanneer je je favoriete nummer luistert.

'Ik kan niet slapen zonder tv. Ik luister nog en dan val ik in slaap. Soms heel irritant als ik wat leuks hoor.' **(Rik, 18 jaar)**

ONTLEZING

We leven in een zeer talige maatschappij waarin kunnen lezen en schrijven (vooralsnog) sleutelvaardigheden vormen. Tegelijk zien we dat de jongste generatie uit zichzelf in hun vrije tijd steeds minder leest. Uiteraard wordt er via social media en sites veel gelezen, maar het aaneengesloten lezen van een boek, voor je plezier, dat doen jongeren steeds minder. Sinds 2006 daalde het aantal jongeren dat wekelijks minimaal tien minuten aaneengesloten een boek leest sterk, van circa 65 procent naar circa 40 procent in 2016. En als ze lezen, lezen jongeren en jongvolwassenen steeds meer van een scherm.

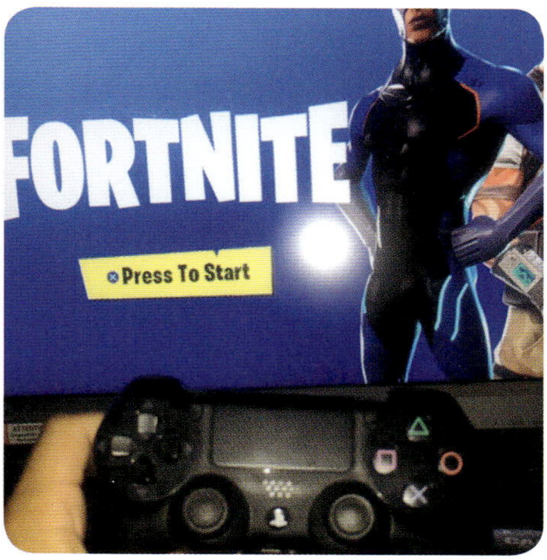

Hier zou je tegenin kunnen brengen dat schermlezen ook een vorm van lezen is, maar de kans op onderbrekingen en versnippering van aandacht is veel meer aanwezig dan bij een boek. Bij een e-reader valt het mee, maar bij het lezen vanaf een mobiel of laptop ligt de verleiding van switchtasken altijd op de loer. Dit maakt dat de lezer minder opgaat in het lezen, minder alles om zich heen vergeet.

Een kenmerk van lezen is namelijk dat het veel focus vraagt. Om een tekst echt te begrijpen kun je niet tegelijkertijd allerlei andere dingen doen die een hoge cognitieve energie vergen. Lezers die switchtasken begrijpen minder goed wat ze lezen en onthouden veel minder van wat ze gelezen hebben.

De sterke afname van lezen baart volwassenen om allerlei redenen zorgen. Deels gaat het om cultuurkritiek: krijgen jongeren nog wel de verdieping en het plezier mee dat je vooral ervaart door langer en intensiever een verhaal, een roman of een verhandeling te lezen? Het is een groot verschil in beleving of iemand een film van twee uur ziet of twaalf uur lang het boek leest. Lezen doet een ander beroep op ons voorstellingsvermogen en door het lagere tempo is er meer tijd voor reflectie.

Toch is die vergelijking niet helemaal eerlijk. Via een film leer je uiteindelijk ook de verhaallijn kennen. En boeken kunnen weer niet die rijkdom in beleving, met verbale en visuele cues, overdragen zoals films of games dat kunnen. Daarbij zijn games, series en films de laatste decennia in verhaallijnen veel uitdagender en complexer geworden. Is het spelen van een game waar je zelf echt onderdeel van uitmaakt en waar je invloed hebt op de uitkomst inferieur aan het lezen van een boek? Voor volwassenen die met andere media zijn groot geworden, toen games nog niet een fractie waren van wat ze nu zijn, is het soms lastig de positieve invloed van de media waar de huidige generatie mee wegloopt te onderkennen.

Tegelijk laten onderzoeken wel zien dat lezen in de huidige maatschappij veel positieve effecten heeft. Zo presteren jongeren die meer lezen beter op school, hebben lezers betere kansen op de arbeidsmarkt en versterkt het lezen van literaire fictie empathische vermogens die bijdragen aan beter sociaal contact.

YOUNG ADULT

De laatste tien jaar is het genre van de jongerenliteratuur definitief doorgebroken in Nederland. Deze categorie boeken, ook wel Young Adult-literatuur genoemd, richt zich met name op de leeftijdsgroep van dertien tot twintig en ontstond ongeveer twintig jaar geleden in de Verenigde Staten. Hier zagen uitgevers dat er een grote markt was voor boeken in de overgang tussen jeugdboeken en volwassenliteratuur.

Deze boeken, die doorgaans makkelijk zijn geschreven, spelen zich af in de wereld van adolescenten en hebben meestal een hoofdpersoon van die leeftijd. Ze beschrijven vaak de overgang van tiener naar volwassenheid (coming of age) en er kan geweld en seks in voorkomen. Veel Young Adult-boeken zijn vertaald en komen voor een groot deel uit de Verenigde Staten. De verhalen kunnen heel realistisch zijn, bijvoorbeeld over de laatste jaren op de middelbare school, of de eerste studiejaren met thema's als zelfstandig worden, verliefdheid, homoseksualiteit, vriendschap, depressiviteit, of keuzes maken. Maar ook populaire fantasyboeken, bijvoorbeeld over knappe vampiers *(Twilight Saga)* of over andere werelden *(The Hunger Games)* worden vaak tot jongerenliteratuur gerekend.

DIEPLEZEN IN DE BOEKENWEEK VOOR JONGEREN

Het CPNB is het marketing- en communicatiebureau van de Nederlandse boekenwereld, dat onder andere de Boekenweek en het Boekenbal organiseert. Sinds 2014 organiseren zij een jaarlijks evenement voor jongeren, wat nu officieel de Boekenweek voor Jongeren heet. Eveline Aendekerk, directeur van de CPNB:

'Jongeren lezen steeds minder boeken. De Raad voor Cultuur noemde in hun rapport van 2018 over de letterensector het geringe leesplezier en de dalende leestijd onder vooral jongeren en jongvolwassenen heel zorgelijk. Maar we moeten iets breder kijken naar jongeren en lezen: het is niet nodig om alleen maar krampachtig vast te houden aan traditionele boeken. Jongeren lezen in deze tijd veel meer dan vroeger, als je bijvoorbeeld kijkt naar alles wat ze volgen via hun smartphone of tablet. Maar dat is wel oppervlakkiger lezen dan in een boek. Waar jongeren meer aan hebben is het zogenaamde "dieplezen". Dat is als je, simpel gezegd, helemaal opgaat in een verhaal waardoor je alles om je heen vergeet. Door dit 'dieplezen' komt de meerwaarde van lezen pas echt tot z'n recht.

Mensen krijgen ook steeds meer literatuur mee via tijdschriften, digitale boeken en luisterboeken. Het is vooral belangrijk dat we jongeren blijven stimuleren om op zoek te gaan naar de inhoud van boeken, naar verhalen, los van het medium. We moeten ook ophouden met roepen dat jongeren meer moeten lezen en van bovenaf allerlei oplossingen te bedenken om ze te laten lezen. Het gaat om het verleiden van jongeren, ze inspireren en nieuwsgierig maken. Daarom organiseren we jaarlijks de Boekenweek voor Jongeren (vijftien tot en met achttien jaar). In die week gaan enthousiaste (veelal jonge) schrijvers op tournee langs scholen om met leerlingen in de bovenbouw in gesprek te gaan over lezen en schrijven van boeken. Boekhandels en bibliotheken, maar ook scholen, geven samen aan meer dan 80.000 jongeren 3PAK cadeau, een bundel met korte verhalen, speciaal geschreven door auteurs die jongeren aanspreken. Daarnaast kiest een jury van jongeren welk boek wordt bekroond tot Beste Boek voor Jongeren. Het belangrijkste criterium om mee te dingen naar deze prijs is dat de hoofdpersoon in het boek als adolescent verwikkeld is in een geloofwaardige zoektocht naar zijn of haar eigen ik en dat het is geschreven in een originele, beeldende taal. Als het hoofdpersonage ouder is, dan moet de terugblik op de leefwereld als jongere centraal staan, zodat een 15- tot 18-jarige zich met de hoofdpersoon kan identificeren.'

DE DIGITALE MEDIA

Digitale media kunnen we omschrijven als interactieve en/of online media. Het omvat nieuwssites, blogs en sociale netwerken. Soms worden ze ook nieuwe media genoemd, als tegenstelling tot traditionele media. In een aantal kenmerken onderscheiden digitale media zich zeer van traditionele media. Het eerste element is de snelheid: *breaking news* is binnen een kwartier de wereld over. Een ander kenmerk is dat digitale media non-lineair zijn; je hoeft niet van A naar Z te gaan en een programma uit te kijken of een boek uit te lezen, maar je kunt direct zoeken en bekijken welk deel of fragment je wilt zien of lezen. Daarnaast zijn digitale media vaak interactief: iedereen kan dingen steeds weer bewerken en delen, overal op reageren en dat is allemaal voor iedereen zichtbaar. Met alle gevolgen van dien voor bijvoorbeeld privacy, maar ook voor de zeggingskracht van autoriteiten. Zo kunnen medische instanties gevalideerde informatie verspreiden over vaccinaties, maar krijgen ook de tegenstanders die je afraden je 11-jarige dochter in te enten tegen het HPV-virus alle ruimte. In hun mediagebruik besteden jongeren de meeste actieve uren aan sociale media. Soms in gesloten groepen of een op een zoals in WhatsApp, maar vaker nog op plekken waar iedereen kan zien wat ze aan het doen zijn, zoals op Snapchat of op Instagram. Veel volwassenen kijken bezorgd naar de enorme hoeveelheid prikkels die jongeren over zich heen krijgen. Ze zien soms niet dat hetzelfde fenomeen zich ook op hun eigen smartphones voltrekt.

SOCIALE MEDIA

Gemiddeld gebruiken Nederlandse jongeren zo'n vijf of zes sociale mediatoepassingen. Kijkend naar deelname en dagelijks gebruik zijn met name de volgende sociale mediatoepassingen nu populair:

SOCIALE MEDIA ONDER NEDERLANDSE JONGEREN VAN 12 – 19 JAAR

11,5
miljoen gebruikers

WhatsApp heeft in Nederland in totaal 11,5 miljoen gebruikers. 97% van alle tieners heeft een account en 88% gebruikt de app dagelijks. Net als veel volwassenen trouwens. Hoewel de meningen over de vraag of WhatsApp een social medium is verschillen, is het op dit moment veruit de meest gebruikte digitale toepassing op de smartphone. Met name geliefd door de mogelijkheid om groepen te maken. Zo communiceren veel vriendengroepjes en klassen via deze app. Handig voor het delen van persoonlijke verhalen, het maken van afspraken, of om te laten weten dat er lessen uitvallen.

71%
dagelijks gebruik

YouTube draait vooral om vermaak en gespreksstof, een ideaal kanaal om je favoriete vloggers en artiesten te volgen. Sommigen vinden hier ook filmpjes met uitleg voor hun schoolexamen of leren een nieuwe vaardigheid, zoals gitaarspelen. 86% heeft een account en 51% gebruikt het dagelijks.
Jongeren volgen overigens niet alleen anderen, maar plaatsen ook zelf video's. Van de jongeren tot 18 jaar maakt 71% geregeld YouTube-video's.

72%
heeft een account

Snapchat is inmiddels het jongerenplatform bij uitstek: volwassenen komen hier amper.
Hier kun je via je telefoon foto's en video's delen die slechts tijdelijk zichtbaar zijn bij de ontvangers, tussen de een tot tien seconden. Gebruikers kunnen echter gemakkelijk het beeld downloaden door een schermafbeelding te maken. Maar als de ontvanger een screenshot maakt, ontvangt de verzender daar wel een berichtje van. Snapchat wordt veel gebruikt voor het maken van selfies en is een populaire app om aan *sexting* te doen (het delen van seksueel getinte foto's of berichten). Op Snapchat experimenteren jongeren ook meer met 'echte',

ongekunstelde foto's, hiertoe ook gestimuleerd doordat berichten niet bewaard blijven en doordat veel communicatie een op een plaatsvindt.
72% van de tieners heeft een account, 55% gebruikt het dagelijks.

73%
heeft een account

Instagram is een platform om foto's en filmpjes uit te wisselen. De foto's en video's kun je met allerlei filters bewerken en uitwisselen op sociale netwerksites, zoals die van Instagram zelf. De filmpjes kunnen niet worden gepauzeerd of heen en weer gespoeld.
73% van de jongeren heeft een account en 50% gebruikt het dagelijks om foto's en plaatjes uit te wisselen. Een mooie weergave van je eigen leven, en het krijgen en geven van sociale bevestiging – ofwel likes verzamelen – staat hierbij centraal.

43%
dagelijks gebruik

Jongeren gebruiken **Facebook** vooral voor nieuws en evenementen. 72% heeft een account, 43% gebruikt het dagelijks. Facebook is de laatste tijd sterk dalend in populariteit onder jongeren. Als reden geven jongeren met name: 'Er zitten te veel mensen op waar ik niets mee heb' en 'Ik voel me er niet meer thuis.'

23%
gebruikt deze app

Twitter Korte berichtjes die je deelt met de wereld, maar ook een plek om een op een met iemand in gesprek te zijn. Na een opleving in 2013, gebruikt inmiddels nog maar 23% van de jongeren deze app, waarvan 9% dagelijks.

(Bron: Newcom, Social Mediaonderzoek, 2018)

Een en hetzelfde medium heeft voor jongeren vaak heel verschillende functies. Zo kun je op YouTube informatie zoeken of korte filmpjes bekijken van docenten die stap voor stap de examenstof uitleggen, iets wat steeds populairder wordt. Maar ook kun je in een tussenuur ter vermaak en afleiding met vrienden flauwe filmpjes van vloggers zappen of bloopers opzoeken. WhatsApp, Instagram en Snapchat zijn essentieel voor het contact met leeftijdsgenoten, soms heel praktisch om afspraken te maken, maar ook emotioneel: wat vindt iedereen van mij en mijn foto's en hoor ik er nog wel bij in mijn vriendengroep? Tegelijkertijd dagen Snapchat en Instagram veel jongeren ook uit om creatief te zijn en mooie foto's te maken, waar ze weer waardering (likes) voor kunnen krijgen.

Social media geven jongeren ruimte om te experimenteren met hun identiteit: wie ben ik en hoe presenteer ik mijzelf online? Welke foto's horen daarbij? De huidige generatie doet hierdoor veel ervaring op met elkaar beoordelen en door anderen beoordeeld te worden. Dat heeft twee kanten. Positief is dat je heel snel reacties krijgt op hoe anderen je zien of wat ze vinden van dingen die jij doet of die je gemaakt hebt. Negatief is dat sommige jongeren vooral bezig lijken te zijn met het creëren van interessante momenten, om daar foto's van te maken die ze kunnen posten, ofwel met het imago van hun bestaan.

Het is belangrijk jongeren te helpen om niet al te zeer in de fantasiewereld van social media te belanden. Door te vragen wat ze leuk vinden op internet, mee te kijken naar filmpjes en er met elkaar over te praten. Daarnaast moeten jongeren leren relativeren wat het betekent als leeftijdsgenoten digitaal onaardige dingen over hen of hun berichten zeggen.

In vogelvlucht zien we zo de kracht en de valkuilen van digitale en sociale media: het kan de creativiteit stimuleren, je kunt makkelijk dingen maken en aan anderen laten zien. Het is makkelijk om contact met elkaar te onderhouden, snel iets af te spreken of op een laagdrempelige manier te laten weten hoe het met je gaat. Maar mensen kunnen zich ook verliezen in sociale media, elkaar onnodig kwetsen en jongeren krijgen soms te maken met vormen van pesten die eerder niet bestonden.

MET SNIPPERS INFORMATIE VRIENDSCHAPPEN VERSTERKEN

Patti Valkenburg is universiteitshoogleraar Media, Jeugd en Samenleving aan de Universiteit van Amsterdam. In de jaren 90 was zij een van de eerste onderzoekers die zich bezighield met de invloeden van media op jongeren. Haar werk is bekroond met diverse prijzen.

'In de begindagen van het internet, halverwege de jaren 90, bestond de aanname dat internet vooral negatieve effecten zou hebben. Chatrooms waren toen populair en in de ontmoetingen met al die vreemden ging er nogal eens wat mis. Inmiddels praat 80 procent van de jongeren online vooral met hun eigen vrienden en overlappen online en offline cirkels in grote mate. We spreken dan ook pas sinds ongeveer 2005 over social media.

Online contact versterkt bestaande netwerken. Neem al die kleine snippers informatie die jongeren bijvoorbeeld via Snapchat uitwisselen. Je denkt wellicht dat het oppervlakkige berichtjes zijn, maar met die snelle humor en updates over wat je aan het doen bent, versterken jongeren hun vriendschappen. Het is eigenlijk lol maken met elkaar op afstand.

Effecten van mediagebruik onderzoeken is complex. Allereerst omdat die media zo snel veranderen; elke twee jaar zijn er weer andere apps populair. Veel sociale media die ik ooit heb onderzocht bestaan nu niet meer, zoals Hyves, Sugababes, CU2.

Mensen hebben vaak het idee dat media iets is wat je overkomt. Maar het begint bij jezelf. Jij kiest welke media je gebruikt en die keuze komt voort uit je ervaring, voorkeuren en je karakter. Kinderen met een wat gewelddadiger temperament kiezen misschien eerder voor gewelddadige games. Anderen kiezen dat soort spellen juist voor de uitdagingen die ze bieden of de interessante sociale contacten die ze opdoen tijdens het chatten. Kortom, niet iedereen die een geweldsspel speelt, doet dat omdat er geweld in zit.

Momenteel voeren we een groot onderzoek uit naar de invloed van social media op de eigenwaarde van jongeren. Sommige kinderen vergelijken zich online vooral opwaarts met anderen en worden daardoor juist onzekerder: 'die anderen zijn veel mooier en leuker'. Bij andere jongeren versterkt de dagelijkse positieve feedback op social media juist hun eigenwaarde.

Wij vinden in onze onderzoeken soms positieve en soms negatieve effecten, maar de negatieve verhalen komen nu eenmaal eerder in de media. Volwassenen maken zich daardoor ook vaker zorgen over het beeldschermgebruik van jongeren. Ongeveer 10 procent van de jongeren schiet door in hun mediagebruik. Dat zien we terug in veel onderzoeken: de meeste kinderen gaan er goed mee om, maar een klein groepje raakt in de problemen.

De verleidingen van social media zijn, juist bij pubers, gigantisch. Aan het einde van de basisschool is hun zelfcontrole meestal redelijk in evenwicht, maar rond hun twaalfde nemen nieuwe agressieve en seksuele impulsen sterk toe en dan hebben ze echt volwassenen nodig om regelmatig streng te zijn en te zeggen: nu is het genoeg!'

6.2 Gamen

Binnen de digitale media neemt gamen een belangrijke rol in. Veel jongeren – met name jongens – brengen veel tijd door met games en leren er veel skills.

In nauwelijks 25 jaar tijd is gamen een mainstream tijdsbesteding geworden. Wat begon met gamecomputers en eenvoudige spellen in twee dimensies, zijn inmiddels complete films in 3D die je online en met meerdere spelers, waar ook ter wereld, samen speelt. De game-industrie innoveert voortdurend. Grote bedrijven werken aan games die in virtual reality kunnen worden gespeeld (met een speciale bril op, zodat iemand helemaal, 360 graden, in een game-omgeving rondloopt). Ook verwacht de game-industrie binnen enkele jaren een soort Netflix voor games, zodat je veel verschillende games af en toe kunt spelen, zonder ze te hoeven kopen of downloaden. Geen zware software meer op je harde schijf, maar alles op afstand in de cloud. Zonder twijfel betekenen deze snelle ontwikkelingen dat ook de gamers van vandaag ooit weer meewarig worden aangekeken door hún kinderen, alsof ze zijn opgegroeid met Pacman en zwart-wittelevisie.
Gamen is overigens ook allang niet meer het exclusieve domein van jongeren, ook onder de twintigers en de dertigers zijn op grote schaal actieve gamers te vinden. Games worden steeds gelaagder en steeds intelligenter. Veel games worden door bijna niemand meer 'uitgespeeld'. Het zijn belevenissen, fantasiewerelden en testen in reactievermogen en bedieningsvaardigheid. Groepen jongeren zitten bij elkaar op de bank te kijken hoe een van hen de game speelt. Alsof je, in het jargon van iemand uit de jaren 80, live meekijkt hoe iemand een film regisseert.

POSITIEVE EFFECTEN VAN GAMES

Dr. Wijnand IJsselstein van de TU Eindhoven doet onderzoek naar de invloed van gamen op jongeren.

'Er bestaan nogal wat misvattingen over gamen en gamers. Computerspellen hebben niet alleen aantrekkingskracht op jonge jongens. De gemiddelde leeftijd van gamers is rond de dertig jaar, ongeveer een derde is onder de achttien en maar liefst 46 procent is vrouw.

Gamers zijn absoluut niet de losers van de maatschappij, geen nerds op zolderkamers. Een van de belangrijkste motivaties om te spelen is zelfs een sociale; gamers willen samen met vrienden hun tijd besteden, willen hun prestaties delen, en zoeken elkaar regelmatig op om samen te kunnen spelen.

Natuurlijk is er wel een kleine groep die zijn tijd achter de spelcomputer verbrandt. En ja: gamen kan verslavend werken. Games zijn beloningsmachines, die in de hersenen dezelfde beloningscircuits stimuleren als eten, seks of stimulerende middelen. Dat is ook de bedoeling van de makers: het gaat er tenslotte om een zo leuk mogelijke ervaring te verschaffen. Maar zolang games onderdeel vormen van een gevarieerd gedragspatroon met lezen, internet, tv en fysieke sporten en spelletjes, is er helemaal niets mis mee, integendeel.

Wat ik als probleemgedrag zou definiëren? Bij mij gaan de alarmbellen rinkelen als het palet van interesses van een kind dramatisch versmalt. Als hij geen vrienden meer zou zien, niet meer zou sporten, dik zou worden, prikkelbaar zou worden als hij even niet meer mocht gamen, en weinig andere dingen meer zou ondernemen.

Veel minder aandacht is er voor de positieve effecten van games. Ze kunnen enorm educatief zijn. En dan heb ik het nog niet over de educatieve *serious games* maar over de 'gewone' commerciële. Het zijn complete werelden die een groot beroep doen op vaardigheden en kennis. De gemiddelde *strategy game* kan je echt uitdagen. Bij SimCity bouw je steden met infrastructuur, wijken en bedrijfsterreinen en moet je met beperkte middelen een optimale balans zien te vinden tussen de tegenstrijdige belangen van industrie en bewoners. In andere games, zoals World of Warcraft, zijn er verschillende rollen te verdelen, moeten spelers een leider aanwijzen en worden agenda's getrokken. Gamers moeten zich op elkaar afstemmen; een heel sociaal proces.

De moderne games zijn de ooghandcoördinatie van Pacman ver voorbij. Het draait om creativiteit, doorzettingsvermogen, geduld, patroonherkenning, doorzien van complexe problemen en vinden van oplossingen. Allemaal vaardigheden die later in een managementfunctie uitstekend van pas komen. Ik zie gamen dan ook vooral als een gelegenheid tot *collateral learning*: terwijl je plezier hebt, leer je ook nog, zowel in cognitief als in sociaal opzicht. En dat is zeker geen verspilde tijd.'

WANNEER WORDT GAMEN EEN PROBLEEM?

Maar hoe zit het dan met de nadelen? Doet het echt niets met een puber als hij avond aan avond virtuele tegenstanders afslacht? Hersenonderzoeker Dick Swaab stelt dat onderzoek laat zien dat gewelddadige games en films weliswaar agressieverhogend kunnen werken, maar dat dat ook geldt voor het lezen van gewelddadige Bijbelteksten en zelfs voor zomerhitte.[9] Hoe onsmakelijk en bloederig de computerbeelden ook mogen zijn, er is nog geen overtuigend bewijs dat games jongeren gewelddadiger maken. Games lijken eerder de functie van uitlaatklep te vervullen. Jongeren die al een wat gewelddadiger temperament hebben, kiezen mogelijk eerder voor gewelddadige games, omdat ze daar affiniteit mee hebben. Anderen kiezen dat soort spelen juist voor de uitdagingen die ze bieden of de sociale contacten die ze daarmee kunnen opdoen via de chat-functie in games. Er zijn verschillende motieven. Niet iedereen die een geweldspel kiest doet dat omdat er geweld in zit.

Evengoed zijn er wel degelijk jongeren bij wie verslavingsverschijnselen ontstaan doordat ze extreem veel gamen en hun interesse verliezen voor alle andere dingen om hen heen, zoals dat bij alle verslavingen gaat.

Schattingen over het aantal jongeren met een gameverslaving schommelen tussen de 3 en 5 procent.[10] De Utrechtse jeugdonderzoeker Regina van den Eijnden concludeerde op basis van onderzoek onder tweeduizend gamers van twaalf tot vijftien jaar een groot verschil tussen jongens en meisjes. Van de gamende jongens toonde ongeveer 10 procent gameverslavingskenmerken, tegenover minder dan 1 procent van de gamende meisjes. Gemiddeld besteden meiden zo'n vierenhalf uur in de week aan gamen, terwijl de jongens hier ongeveer zestien uur in de week aan kwijt zijn. Jongeren met een gameverslaving besteden gemiddeld ruim vier uur per dag aan gamen, dat is rond de dertig uur per week.[11]

Toch blijft het goed te benadrukken dat niet iedereen die vier uur per dag gamet ook verslaafd is, maar dat we moeten kijken naar de totale leefstijl van een gamer. Het handboek voor de classificatie van psychische stoornissen, *DSM 5* uit 2013, bevat een eerste aanzet met negen criteria om gameverslaving – *Internet Gaming Disorder* – te herkennen. Als iemand voldoet aan vijf van deze negen kenmerken, kan er sprake zijn van een zogenoemde stoornis. Voorbeelden van criteria zijn bijvoorbeeld of je weleens ruzie hebt met anderen door je gamegedrag en of je de tijd die je aan gamen besteedt probeert te verbergen voor anderen. Kan hij of zij zich beheersen en zelf stoppen met spelen?

Verslaafde jongeren zijn een groot deel van de dag bezig met gamen, zowel in gedachten als in het echt. Dit wordt ze gemakkelijk gemaakt door het feit dat games niet meer alleen op spelcomputers gespeeld worden, maar ook op smartphones en tablets. Hierdoor is gamen steeds minder tijd- of plaatsgebonden; het kan altijd en overal.

Prestaties op school verslechteren en de sociale contacten verminderen. Vaak hebben deze jongeren nog maar een beperkt sociaal netwerk en bevinden de meeste 'vrienden' zich online. Andere activiteiten dan gamen stellen ze uit of doen ze helemaal niet meer. Gameverslaafden schieten uit hun slof wanneer iets of iemand het spel verstoort en ze hebben vaak een ernstig verstoord dag- en nachtritme.

Tijdens het gamen maakt het brein drie stofjes aan: adrenaline, endorfine en dopamine. Deze stofjes hebben een verslavende en aantrekkende werking. Wanneer een gamer stopt met

spelen, zakt de concentratie van deze stofjes weer naar een normale waarde en krijgt de gamer last van afkickverschijnselen. Met als gevolg dat iemand weer wil gamen om het 'fijne' gevoel weer op te roepen.
Een veelvoorkomende oorzaak van verslavingen, en dus ook van een gameverslaving, is het willen ontvluchten van persoonlijke problemen. Dit kunnen concrete problemen zijn, thuis of op school, maar ze kunnen ook te maken hebben met een laag zelfbeeld of een depressie. De geestelijke gesteldheid van jongeren bepaalt in hoeverre ze gevoelig zijn voor het verslaafd raken aan computerspelletjes. Eenzame jongeren met weinig zelfvertrouwen en geringe sociale vaardigheden zijn bijvoorbeeld vatbaarder[12], net als jongeren met concentratieproblemen, zoals ADHD'ers, en jongeren die het moeilijk vinden om vriendschappen op te bouwen. Zij raken door hun gameverslaving alleen maar meer sociaal geïsoleerd.[13] Ook jongeren met een autistische stoornis zijn overgevoelig voor het ontwikkelen van een gameverslaving. De gameomgeving geeft hen een gevoel van overzicht en veiligheid dat in de gewone wereld bij het aangaan van persoonlijke contacten vaak ontbreekt. Kom als ouder in actie als je problematisch gamegedrag vermoedt. De lijn tussen wat ouders ongewenst vinden en problematisch gamegedrag kan soms heel dun zijn. In de meeste gevallen komt het goed, maar er kan meer spelen.

PROBLEMATISCH GAMEN

Het Trimbos-instituut heeft een website die ouders informeert over gamegedrag van jongeren. Op www.hoepakjijdataan.nl staan adviezen om problematisch gamen van kinderen te onderkennen en in te perken. Daar vind je ook een test over gamegedrag die ouders en kinderen beide kunnen invullen. Deze website geeft ook informatie om goed om te gaan met problemen rond blowen, drugs, alcohol en roken.

LIEFDE IN DE GAMINGGROEP

Levi uit Utrecht was zeventien jaar toen hij online Ashley uit de Verenigde Staten leerde kennen:
'Via gamen ontmoet je allerlei mensen met dezelfde interesses. En soms kan het iets moois worden, zoals bij mij is gebeurd. We ontmoetten elkaar door een gaminggroep te *joinen* via skype. Het spel heette s4league. Ashley was geïnteresseerd in mij en ik had dit in eerste instantie niet door. Toen de clanleader mij de vraag stelde: 'wat vind je van haar?', begon het belletje te rinkelen. We zaten uren met elkaar te skypen en we hadden elke dag wel contact. Na anderhalf jaar kreeg ik van mijn oma een vliegticket naar Florida. Ze vond dat ik maar eens moest uitzoeken of het echt zo'n leuk meisje was. Sinds ik daar geweest ben hebben we het echt met elkaar, maar vanwege de langeafstandsrelatie is het nu niet meer zo soepel als het was.'

6.3 Een aantrekkelijke wereld met heel veel mogelijkheden

Om de aantrekkingskracht van media voor jongeren te begrijpen, is het goed om te kijken welke kansen media hun bieden en op welke behoeften ze inhaken. En dan zullen we zien dat het gaat om behoeften die van alle tijden zijn.

Een driedeling die vaker gemaakt wordt om te beschrijven wat jongeren zoal doen op social media is: *Hanging Out, Messing Around, Geeking Out*. Jongeren gebruiken media allereerst vooral om tijd door te brengen met hun vrienden. Sommigen beginnen vervolgens te klooien met verschillende technieken en toepassingen en gaan bijvoorbeeld zelf filmpjes maken, programmeren of muziek componeren. En weer een aantal van hen gaat een stap verder en verdiept en bekwaamt zich in gespecialiseerde thema's, door zich aan te sluiten bij specifieke communities en ook door zelf opgedane knowhow en expressie te delen.

HANGEN MET JE VRIENDEN

Voor de meeste jongeren is er geen scheiding tussen de online en offline wereld; de mensen die ze live ontmoeten, zijn voor het grootste deel ook de mensen met wie ze online contact hebben. Het idee dat jongeren alleen nog maar op hun kamer zitten om zich te verliezen in een digitale wereld die niets met de werkelijkheid te maken heeft, is sterk overtrokken. Veeleer loopt het in elkaar over. Ongeveer eenderde van de middelbare scholieren zegt via social media de hele dag contact te hebben met vrienden, bekenden en familie; meisjes iets meer dan jongens.[14]

Volgens Danah Boyd verschillen de conversaties op sociale netwerksites als Facebook of Snapchat ook niet wezenlijk van de gesprekken die jongeren vroeger in het winkelcentrum of het park voerden. Het gaat om roddelen, flirten, grapjes maken, bluffen, rondhangen. Nieuw is volgens haar dat die communicatie via de social media zo zichtbaar is geworden voor iedereen (en bovendien zichtbaar blijft, tot in lengte van dagen).[15] De behoefte is kortom dezelfde, maar door de technologie heeft de conversatie een andere vorm gekregen. Social media kun je vergelijken met een kampvuur. Een groep vrienden zit om een vuurtje, staart in de vlammen en kletst. Soms deel je iets, dan weer luister je vooral. De timelines van sociale netwerken bieden, hoewel minder intens, een online kampvuur dat maar doorgaat zodat je constant in de kring bij vrienden en bekenden kunt gaan zitten om de laatste nieuwtjes uit te wisselen en bij te praten. En op het moment dat je driehonderd vrienden op Instagram hebt, dooft dat vuurtje nooit en is er altijd wel iets te beleven.

Communicatiewetenschappers van de UvA, Patti Valkenburg en Alexander Schouten, hebben zich verdiept in de vraag hoe online communicatie bijdraagt aan de sociale

ontwikkeling van jongeren.[16] Volgens hen zijn twee elementen cruciaal: zelfpresentatie, jezelf op een bepaalde manier kunnen presenteren, en zelfonthulling, de wijze waarop je intieme informatie over jezelf onthult. Beide vaardigheden leer je door te doen. Zo is het bijvoorbeeld cruciaal om persoonlijke ontboezemingen te leren doseren. Als je te weinig over jezelf vertelt sluit je moeilijker vriendschappen, maar omgekeerd werkt te snel te veel onthullen averechts. Het draait heel erg om oefenen en daar feedback op krijgen van anderen. Als iemand die zelfpresentatie en zelfonthulling eenmaal goed onder de knie heeft, werkt dat positief door op de vorming én de kwaliteit van vriendschappen. Valkenburg en Schouten zien bovendien dat jonge tieners (tien tot dertien jaar) meer huisgebonden zijn en elkaar daardoor meer online opzoeken. Via social media kun je met je vrienden communiceren – grapjes maken, flirten, roddelen, passies delen – zonder dat je afhankelijk bent van tijden en plaatsen, of van ouders die je ergens naar toe moeten chauffeuren.
Dat biedt ook andere voordelen: online word je minder gehinderd door verlegenheid of onzekerheid over je hardnekkige puistje of dat verraderlijke blozen. Sommige jongeren – 14 procent van de middelbare scholieren – praat online makkelijker over geheimen, gevoelens of zorgen dan bij echte ontmoetingen. Internet als ideale repetitieruimte voor zelfpresentatie en zelfonthulling, ziedaar een essentiële verklaring voor het hoge internetgebruik onder jongeren.[17]
Met name voor introverte mensen kunnen social media ook een uitkomst bieden. Verlegen jongeren die in het echte leven niet het gevoel hebben dat ze helemaal zichzelf kunnen zijn, hebben daar online veel minder last van. Ze gedragen zich socialer en uitbundiger dan wanneer ze iemand in het echt ontmoeten, zo blijkt uit onderzoek van Michigan State University.[18]
Het is een element van digitaal experimenteren met je identiteit. Vanuit je eigen zolderkamer, je vertrouwde omgeving, durf je meer te laten zien aan anderen. Je kunt experimenteren met je identiteit en kijken hoe mensen daar weer op reageren. Dit heeft een positief aspect, het kweken van zelfvertrouwen dat je ook in de echte wereld kunt gebruiken, maar uiteraard kleven er ook negatieve aspecten aan. Jongeren gebruiken de experimenteerruimte van het internet ook om anoniem grove dingen te schrijven op fora, om anderen te beledigen of te pesten of met de webcam of in een chatbox te onderzoeken hoe ver ze op seksueel gebied kunnen gaan. Maar zoals we eerder al lieten zien is dit experimenteergedrag een digitale variant van briefjes uitwisselen in de klas uit de vorige eeuw.
Naarmate jongeren meer online gerepeteerd hebben, kunnen ze vaak ook beter het verschil tussen online en face-to-face contact benoemen. Het is ook niet voor niets dat de meeste jongeren de voorkeur geven aan reallife-contact, omdat het intenser is en je beter kunt inschatten hoe een ander reageert.

JE EIGEN WERELD BIJ ELKAAR ZOEKEN

Digitale media bieden voor jongeren de perfecte combinatie van je onderdeel voelen van gemeenschappen en tegelijkertijd je eigen autonome keuzes kunnen maken waar jij bij hoort of bij wilt horen.[19] Welke merken vind je aansprekend? Welke muziek vind je tof? Met welke mensen wil je je wel of juist niet mee inlaten?

Door social media en internet is het veel makkelijker om contact te onderhouden met leeftijdsgenoten die jouw interesses delen, die net als jij van underground hiphop houden, met wie je kunt skypen over de nieuwste kaarttrucs of kunt discussiëren over je geloof. Maar het gaat dieper dan interesses. Jongeren zijn in de overgang van kind naar volwassenheid op zoek naar hun identiteit. Wie ben ik? Hoe pas ik in de maatschappij? Daarvoor kijken ze naar mensen om zich heen; naar ouders, docenten en natuurlijk hun vrienden, maar ook naar rolmodellen als Beyoncé en Jay-Z.
Social media bieden hen een vorm van autonomie en intimiteit die in de echte wereld lastiger te vinden is. Ze willen 'onder ons', onder gelijkgestemden, zijn om zichzelf te kunnen (leren) zijn.

DADDY ON THE DANCEFLOOR

Jongeren hebben via social media ook makkelijker contact met hun ouders. En hoe goed veel Nederlandse kinderen het ook met hun ouders kunnen vinden en veel kunnen bespreken; als ouders te nadrukkelijk aanwezig zijn in de online wereld van hun kinderen, door digitaal vrienden te willen worden op alle platforms waar hun kind aanwezig is, dan dreigt het *daddy-on-the-dancefloor*-effect.
We beschreven al dat Facebook de laatste tijd minder aantrekkelijk is geworden voor jongeren om foto's en informatie te delen omdat ouders, oma en opa hier ook meekijken. Of zoals een 16-jarig meisje het uitdrukte: 'Ik schaam me dood als mijn moeder mijn foto's gaat liken. Ik wil ze wel aan haar laten zien, maar mijn vriendinnen hoeven niet te zien wat ze daarvan vindt.' De meeste jongeren willen de illusie hebben dat ouders niet overal meekijken, zelfs niet als ze zelf allerlei filmpjes posten die de hele wereld kan zien. Als het over hun ouders gaat willen ze dat het liefst zelf laten zien: 'Kijk eens pap, ik heb een paar mooie foto's op Insta gezet.'

EXPERIMENTEREN: MESSING AROUND

In de digitale wereld is ook niets meer in beton gegoten; er is meer experimenteerruimte. Iedereen kan overal iets over schrijven en het online publiceren, op een blog of een reactieplatform. Het is eenvoudig om zelf mooie foto's en filmpjes te maken en die aan de wereld te laten zien. Een foto waar niemand op reageert kun je weer weghalen en een slechte tekst is zo weer veranderd. We zijn niet meer afhankelijk van drukpersen en tv-stations. Bepaalde sociale media hebben dit element van uitproberen nog verder uitvergroot doordat bepaalde content die iemand plaatst heel snel weer verdwijnt, denk aan Instagram Stories of berichten op Snapchat. Juist voor jongeren is deze *ephemeral content* een aantrekkelijk concept; je kunt even iets laten zien, maar je zit er niet aan vast. Het daagt je als het ware uit om meer van jezelf te laten zien, meer te durven en je niet te laten hinderen door langetermijngevolgen. In een online tijdperk waarin jongeren er vaak op gewezen zijn dat content vindbaar blijft en je goed moet nadenken voordat je iets roept of deelt, is dit extra aantrekkelijk. Uiteraard zetten deze randvoorwaarden aan tot het nemen van meer risico's, zoals bij sexting, het delen van een naaktfoto van jezelf. Toen Snapchat uitkwam als app werd het door journalisten gelijk in verband gebracht met sexting. Toch gebruiken jongeren het breder: voor grapjes, maffe foto's die alleen grappig zijn op het moment, allerlei terloopse content die je ook niet zou willen bewaren.

EEN INTERNETMEME (uitgesproken als 'internetmiem') is een uiting van internethumor die zich via digitale kanalen in hoog tempo verspreidt. Vaak gaat het om afbeeldingen – foto's maar ook een video, tekst, gifje of muziek – die in een korte tijd in veel verschillende contexten opduikt, waarbij iedereen telkens iets aan de begeleidende tekst verandert om er een grap aan toe te voegen. Herhaling is een belangrijk element van memes: hoe meer iets herhaald wordt, des te vlugger het een meme kan worden. Makers (en delers) kunnen met een meme laten weten hoe ze zich voelen of hoe zij over een situatie denken. Een meme kan worden ingezet om allerlei onderwerpen te bespreken of te relativeren. Memes hebben bijna altijd een komische lading. De inhoud kan verschillen van een politieke boodschap tot een reactie op de actualiteit, maar een meme kan ook 'gewoon grappig' zijn. Voor jongeren zijn memes onderdeel van hun dagelijkse portie humor. Ze ontkomen er ook niet aan trouwens, want memes worden continu gedeeld. Ze zijn niet weg te denken uit de jongerencultuur van nu. De 17-jarige Sahra zegt hierover: 'Het is onderdeel van de humor van jongeren geworden. Je herkent ze door het dikgedrukte lettertype en afbeeldingen die je al duizenden keren voorbij hebt zien komen. In principe zijn memes tijdloos maar als een afbeelding zo vaak gebruikt wordt, begint het vrij irritant te worden.'

GEEKING OUT - JEZELF ERGENS IN VERDIEPEN

Als jongeren ergens echt in geïnteresseerd zijn, gaan ze op onderzoek uit, vaak online. Elke middelbare schooldocent herkent de discussies over complottheorieën waar vaak bepaalde groepjes jongens diep in kunnen duiken. Urenlang zitten ze online te speuren naar verhalen over bijvoorbeeld de *Illuminatie of Area51*, waar de Amerikaanse regering buitenaards leven schijnt te onderzoeken. Anderen vinden elkaar in hun interesse voor cryptovaluta of beleggen. Via apps zoals Bux kun je fictieve aandelenportefeuilles aanmaken en kijken wat er zou gebeuren als je bepaalde aandelen wel of niet koopt. Met dit soort apps kunnen jongeren zich enorm verdiepen in een onderwerp. Anderen kijken alle filmpjes die ze kunnen vinden over de perfecte make-up, gitaarspelen, goochelen, Elon Musk of de Tweede Wereldoorlog. Binnen het onderwijs krijgt informeel leren een steeds groter aandeel: de kennis en vaardigheden die jongeren opdoen buiten school, vaak met behulp van instructiefilmpjes op YouTube. Iedereen kan online doedelzak leren spelen, leren hoe je vloeistoffen moet filtreren, of de inhoud van een globe berekent. Van alle schoolvakken staan filmpjes online die toetsen en examenstof behandelen. Steeds meer jongeren maken daar gebruik van als ze extra uitleg zoeken, een slechte docent hebben of in de klas niet hebben opgelet. Natuurlijk kunnen jongeren zich ook in dingen verdiepen waar opvoeders minder enthousiast over zijn: informatie over paddo's en XTC, over extremistische organisaties, fora waar jonge meiden elkaar aanmoedigen om zo weinig mogelijk te eten, wapengebruik of websites met harde porno zijn net zo makkelijk te vinden. Het is onmogelijk om alle informatie waar jongeren naar op zoek gaan te filteren. Vroeger moest je een boek dat niet geschikt was voor je leeftijd de bibliotheek zien uit te smokkelen, nu zit je met drie klikken op de meest extreme fora. Jongeren hebben dus meer mogelijkheden en meer vrijheid om zich ergens mee bezig te houden en op onderzoek uit te gaan. Daardoor kan hun kennis sneller groeien en verdiepen, maar soms lopen ze tegen dingen aan waar ze misschien nog niet aan toe zijn of waar ze nog niet goed mee om kunnen gaan.

INTERNETCHALLENGES

Regelmatig duiken op YouTube challenges op die mensen uitdagen om iets te imiteren. Jongeren slaan er vaak op aan: de cinnamon challenge (een lepel kaneel doorslikken), de ice bucket challenge (een emmer koud water over jezelf uitstorten), de ducttape challenge (laat jezelf met duct tape vastbinden en probeer los te komen).
En gevaarlijke varianten zoals de choking challenge (jezelf verstikken of laten wurgen waardoor je high wordt).
Sommige challenges zijn buitengewoon riskant, soms zelfs met dodelijke afloop.
Toen in 2017 enkele studenten als grap een filmpje plaatsten waarin ze zogenaamd een wastablet opaten – de Tide Pod challenge – kwamen de wasmiddelfabrikant en YouTube in actie. De fabrikant bracht een humoristische commercial uit die uitlegde dat wastabletten toch echt alleen voor de was bedoeld zijn. En YouTube kwam met actief beleid om de filmpjes te verwijderen, met een beroep op haar community-richtlijnen die inhoud verbieden die gevaarlijke activiteiten met risico op fysieke schade aanmoedigen. Zo waaide deze challenge over zonder al te veel slachtoffers.

6.4 Risico's en problemen van de digitale werkelijkheid

In de vorige paragraaf behandelden we vooral positieve gevolgen van mediagebruik. Natuurlijk zijn er ook risico's en aandachtspunten. We gaan hier dieper in op verslaving, op de effecten op de mentale gezondheid van jongeren, op versnippering van focus en op online risicogedrag.

VERSLAVEND LEUK

Jongeren hebben veel online vrienden, ze volgen vaak meer dan honderd leeftijdgenoten, ze volgen de highlights van het nieuws, shownews, breaking news, voortdurende berichtjes, vijfhonderd appjes op een dag. Het is oneindige entertainment en afleiding die 24 uur per dag doorgaat. Ook om drie uur 's nachts piept de telefoon: 'slaap jij al?' Daarbij is er grote sociale druk om overal over mee te kunnen praten waar je enorme online vriendengroep het over heeft. Je moet de 'new thing' gezien hebben; de laatste internet challenge, het maffe kattenfilmpje, een meme of een fotograp. Het geeft status als je op de hoogte bent. Dit alles is de reden dat jongeren de smartphone altijd onder handbereik willen hebben en op vakantie niet mee willen naar een camping zonder wifi. Denk aan de gezinnen aan tafel in een restaurant met pubers die alleen maar op een smartphone turen, of de groepjes tieners die stil naast elkaar zitten en contact hebben met andere jongeren die ergens anders met hún vrienden op een smartphone zitten.

Waarschijnlijk is het hierdoor dat veel volwassenen zich zorgen maken over overmatig smartphone-gebruik. Dat kan toch niet goed zijn, zoveel op je mobiel turen. Zijn jongeren niet simpelweg verslaafd?

In het hoofdstuk over onderwijs zagen we al dat docenten op middelbare scholen veel effecten merken van de smartphone bij hun leerlingen. Jongeren zelf beamen dit ook. Zo zegt inmiddels 17 procent van alle tieners (twaalf tot achttien jaar) en zelfs 29 procent van alle jongvolwassenen (achttien tot vierentwintig jaar) dat ze verslaafd zijn aan social media.[20]

Toch is verslaving een kreet die we met een korrel zout moeten nemen. Jongeren roepen al gauw dat ze verslaafd zijn aan hun mobiel of aan social media, zoals ze ook kunnen verzuchten verslaafd te zijn aan chocolade. Regina van den Eijnden onderzoekt mediagedrag bij jongeren en vertelt in het magazine *Kijk!* dat als ze tieners op de man af vraagt hoe verslaafd ze zichzelf vinden, de helft zichzelf een hoge score geeft. Terwijl de cijfers anders uitwijzen.[21]

Bij social media wordt net als bij gamen gekeken naar problematisch gebruik door jongeren negen stellingen voor te leggen. Heb je bijvoorbeeld ernstige problemen gehad met je ouders of broer(s) of zus(sen) door je sociale mediagebruik? Heb je je het afgelopen jaar vaak rot gevoeld als je geen sociale media kon gebruiken? 7,4 procent van de middelbare scholieren – een op de veertien – toont op basis van deze stellingen problematisch social media-gebruik, meisjes ietsje meer dan jongens.[22]

EFFECT OP JE MENTALE GEZONDHEID

Hersenonderzoek laat zien dat het krijgen van online sociale waardering – likes en positieve comments – activatie veroorzaakt in hersengebieden die betrokken zijn bij beloning en plezier, zoals het striatum.[23] Het positieve gevoel herkennen jongeren kortom maar al te goed. Maar natuurlijk is er niet alleen maar positieve bevestiging voor jongeren te vinden in de online wereld. Er is ook het risico op sociale afwijzing en op pesten. Wetenschappelijke experimenten laten zien dat sociale afwijzing en pesten online dezelfde effecten kunnen hebben als in de offline wereld. En dan is er ook nog de *beautification*, het fenomeen dat op social media alles er mooier en aantrekkelijker uitziet dan in de echte wereld.
In een experiment gingen jongeren tussen de tien en drieëntwintig jaar een chatroom binnen waar onbekenden hun profielfoto op de eerste indruk konden accepteren of afwijzen. Een situatie die niet ver verwijderd is van de social media-realiteit. De uitkomsten lieten zien dat tieners tussen de twaalf en zestien veel vaker op een afwijzing anticipeerden dan jongere en oudere deelnemers. Oudere jongeren reageren zelfbewuster in dit experiment en passen hun oordeel van de anderen in de chatroom aan op het oordeel dat ze krijgen, een vorm van zelfbescherming.[24] Andere studies laten zien dat jongeren emotioneel intens reageren op een afwijzing, wat zich uit door verwijderde pupillen en grote emotionele en cognitieve activiteit in de netwerken van hun hersenen.
Eerder zagen we al hoe belangrijk aansluiting bij leeftijdgenoten is voor jongeren. Natuurlijk is het niet verwonderlijk dat we dat effect ook online zien, helemaal als het dan vaak ook nog openlijk gebeurt. Dit verklaart ook waarom jongeren foto's weer van hun timeline verwijderen als ze er niet veel likes mee scoren – hoe pijnlijk – of waarom ze hun vriendengroep soms met een appje opporren om hun post te liken. Het gaat om experimenteren in de online ruimte en dat gaat met risico gepaard.

Je kunt je afvragen wat al die online verbondenheid doet met hun gevoelswereld. Zoveel online vrienden, word je daar nu gelukkiger van? Als iedereen vooral positieve dingen plaatst op social media – kunstzinnige foto's van zichzelf en hun vrienden, meestal zonder veel tekst en uitleg – kan er in het spiegelen van jezelf aan al die uitingen van anderen het idee ontstaan dat anderen een veel leuker leven hebben dan jijzelf. Dan hebben we het ook wel over FOMO - *Fear Of Missing Out*. Het gevoel dat je de enige bent die zich weleens verveelt op zaterdagavond.
Vooral op Instagram ziet het leven van anderen er nog perfecter uit dan het is. Uit Brits onderzoek blijkt dat Instagram van alle sociale media de meest negatieve effecten kan hebben op de gemoedstoestand van jongeren.[25] Britse onderzoekers vroegen jongeren tussen de veertien en vierentwintig jaar naar de impact van verschillende sociale media op hun welbevinden en zagen dat gevoelens van angst, eenzaamheid en depressie het meest gerelateerd zijn aan Instagram doordat jongeren hier vooral kunnen ervaren dat hun leven 'minder leuk is dan dat van anderen'.

Op YouTube hebben jongeren daar het minste last van. Op die plek zijn veel meer verschillende soorten filmpjes te vinden die meestal niet gemaakt zijn om een perfect leven te laten zien. Veel vloggers op YouTube zijn juist heel authentiek. Ze laten ook de momenten zien waarop het niet zo goed gaat in hun leven, zoals Enzo Knol die het uitmaakt met zijn vriendinnetje of een ongeluk krijgt.

GEESTELIJKE GEZONDHEIDSCRISIS

De Amerikaanse psycholoog Jean Twenge maakte recent flinke stampij over de relatie tussen smartphonegebruik en depressie. Volgens haar staat de huidige generatie tieners 'op het punt van de ergste geestelijke gezondheidscrisis in decennia.' Twenge ging op onderzoek uit naar aanleiding van de toename van het aantal studenten dat psychische hulp zoekt, iets waar in Nederland ook alarmerende berichten over verschijnen. Zou de afname van face-to-face contact en de toename van schermtijd debet kunnen zijn aan de toename in psychische klachten, vroegen Twenge en collega's zich af. Ze gebruikten diverse grote databanken met data van 13- tot 18-jarige tieners om te zoeken naar correlaties tussen depressieve symptomen, zelfmoordgerelateerde gedachten, mediagebruik en enkele andere factoren.

De data tonen inderdaad een verband tussen scherm en niet-schermactiviteiten en depressie en zelfmoordgedachten, althans voor meisjes. Tussen 2010 en 2015 is de schermtijd toegenomen en is de tijd die jongeren besteden aan sociale interactie afgenomen. Meisjes die meer tijd doorbrengen met elektronische devices voelen zich vaker verdrietig of hopeloos en hebben vaker zelfmoordgedachten. Voor jongens werd die relatie niet gevonden.[26] Critici gaven aan dat de correlaties nogal zwak waren en dat de terugkerende vraag wat oorzaak is en wat gevolg, niet afdoende beantwoord was. Misschien zoeken eenzame en depressieve jongeren eerder hun toevlucht tot hun telefoon? En er zijn ook onderzoeken die juist positieve relaties laten zien tussen online connectiviteit en welbevinden.

In Nederland zien we dat jongeren alles bij elkaar best tevreden zijn met hun leven; in recent onderzoek geven middelbare scholieren hun leven gemiddeld een mooie 7,6.[27] Tegelijkertijd zijn we onlangs ook opgeschrikt door een toename van het aantal zelfdodingen onder tieners, 81 in 2017. Naar de onderliggende oorzaak van die stijging wordt nader onderzoek gedaan. In de media werd al wel gehint op de impact van bijvoorbeeld de Netflix-serie *13 Reasons Why*, waarin een zelfmoord van een tienermeisje de verhaallijn vormt. Netflix toont nu voorafgaand aan de serie een filmpje waarin de acteurs uit de serie jongeren aanraden om bij persoonlijke problemen hulp te zoeken in hun omgeving. 'Als je zelf aan het worstelen bent met deze issues, is het kijken van deze serie misschien niet goed voor je,' zegt een van de actrices.

Vergroot mediagebruik nu het risico op dit soort afschuwelijke incidenten? Ja en nee, waarschijnlijk is het allebei waar. Het overgrote deel van de jongeren is weerbaar tegen al deze invloeden; de series die ze kijken en de posts die ze lezen op social media hebben een gezonde plek in hun leven. Bij een enkeling kan het negatieve tendensen versterken, maar dan ligt de aanleiding meestal al in het gewone leven en is het niet een serie die het probleem veroorzaakt. Laten we vooral niet te snel doemdenken. In de jaren 50 waren

opvoeders ook ongerust over de invloed van televisie en haalde je met rock & roll de duivel in huis. In de jaren 90 dachten we dat computerspelletjes, waar jongeren nu om lachen, de spelers gewelddadig konden maken.
Terugkijkend zijn veel doemscenario's verbleekt. Er zijn natuurlijk incidenten die ontspruiten uit ideeën of voorbeelden die jongeren uit media leren kennen, maar we kunnen nooit het mediagebruik alleen als oorzaak aanwijzen.

SLAPEN

Er is wel overtuigend bewijs over de relatie tussen de mentale gezondheid van jongeren en hun slaapgedrag. We belichten eerder al dat veel jongeren in de puberteit minder goed slapen, mede als gevolg van hun mediagedrag. Ze worden 's avonds later moe en vatten dan – door het nog lang online zijn met social media, YouTube en Netflix – lastiger de slaap. Veel tienerkamers zijn multimediaal ingericht met gameconsoles, computers en natuurlijk het mobieltje op het nachtkastje. En dan zijn er de puberhormonen waardoor ze later moe worden. De Amerikaanse hersenwetenschapper Ron Dahl zegt: 'Tweehonderd jaar geleden, toen we nog bij kaarslicht leefden, was die verschuiving in bioritme niet zo erg. 's Avonds was er toch niet zo veel te doen. Maar nu is dat anders.'[28]
Jongeren hebben slaap hard nodig om informatie te verwerken en te kunnen leren. Dit geldt ook voor de verwerking van negatieve emoties. Uit onderzoek onder ruim 15.000 Amerikaanse scholieren begin 2010 bleek dat jongeren met slaaptekort vaker depressief zijn en ook vaker aangeven dat ze over zelfmoord nadenken. Volgens de onderzoekers tast slaapgebrek de verwerking van negatieve emoties en de concentratie aan, waardoor je overdag minder goed met alledaagse stress om kunt gaan.[29] Zo dreigt een vicieuze cirkel: door meer informatiegebruik slaap je minder goed en bij slaapgebrek verwerk je informatie minder goed. Stress ligt op de loer.

MULTITASKING

In hun mediagedrag zijn jongeren veelvuldig aan het multitasken: het combineren van verschillende taken tegelijkertijd. Denk aan fietsen en muziek luisteren, of huiswerk maken en tegelijk je inkomende social mediaberichten in de gaten houden. Jongeren doen het massaal. Als je multitaskt, moeten je hersenen gelijktijdig verschillende informatie verwerken en

switchen van taak, waarbij verwarring kan optreden tussen verschillende taken. Hersenwetenschappers noemen dit interferentie. Je concentratie wordt onderbroken en de kwaliteit van je werk daalt. In dit verband spreken we ook eerder van switchtasken dan van multitasken; je switcht in millisecondes van de ene hersentaak naar de andere hersentaak. Ook als je een tijdschrift leest en een blik op het scherm van je telefoon werpt, is dat voor je hersenen al een switch van aandacht, en verlies je energie en concentratie.
Nu zou je kunnen betogen dat je, naarmate je meer multitaskt, je deze interferentie beter onder de knie krijgt. Zo is het immers bij veel taken: wat je vaker doet kun je gaandeweg steeds beter. Dat dacht een groep Amerikaanse studenten ook totdat ze deelnamen aan een experiment aan de Stanford University.[30] Het onderzoeksteam wilde nagaan of 'zware multitaskers' informatie anders verwerken dan 'lichte multitaskers'. Zij deelden 260 studenten op basis van hun mediagebruik op in een groep 'zware' en een groep 'lichte' media-multitaskers en legden beide groepen meerdere opdrachten voor die concentratie en het switchen tussen taken vereisten. De uitkomst: de zware multitaskers scoorden slechter en hadden meer moeite om irrelevante informatie uit hun omgeving en irrelevante stimuli uit hun geheugen te filteren. Ze konden hierdoor hoofd- en bijzaken minder goed van elkaar onderscheiden en ze hadden meer moeite om te switchen tussen verschillende taken. Interessant is dus dat jongeren die minder multitasken hun aandacht beter kunnen focussen en zich minder snel laten afleiden door prikkels van buiten.
Mobiele telefoons en laptops zijn bij uitstek apparaten die het multitasken stimuleren, dat maakt ze ook zo handig, aantrekkelijk en verleidelijk. Begin 2010 besloot hoogleraar David Cole van de Georgetown University in Washington laptops te verbieden tijdens zijn colleges. 'Het is, wanneer je een klas binnenloopt, alsof er een reeks verschillende tijdschriften, verscheidene televisieprogramma's, winkelaanbiedingen en een telefoon op de tafeltjes liggen en je zegt: maak er gerust gebruik van wanneer je gedachten afdwalen.'[31] Cole was een voorloper die wees op de versmelting van functies die optimale concentratie in de weg zit. Inmiddels zien we ook op veel Nederlandse scholen een tegenbeweging. De laatste jaren digitaliseerden veel scholen de lesstof en zo deden steeds meer laptops en mobiele telefoons hun intrede in de klas. Veel scholen worden de laatste tijd ook weer strenger; telefoons worden ingenomen in de klas als leerlingen er tussendoor op kijken, of leerlingen moeten hun mobiel in een 'telefoonhotel' deponeren. Zo ver als het smartphoneverbod in Frankrijk voor alle leerlingen tot vijftien jaar gaan we in Nederland vooralsnog niet, maar we zijn benieuwd waar de groeiende weerzin tegen de alomtegenwoordigheid van smartphones nog toe gaat leiden.

'Ik maak mijn huiswerk expres in de keuken. Daar heb ik niks, dat werkt veel beter; geen laptop, geen tv.' **(Bonnie, 16 jaar)**

AANDACHT VOOR AANDACHT

Aandacht, concentratie is een krachtige tool die ieder mens kan inzetten. De vaardigheid om je volledig te focussen op één ding, zonder je te laten afleiden door iets anders, kun je verder ontwikkelen, met oefeningen of via meditatie of mindfulness. We kunnen aandacht ook in de

war schoppen met bijvoorbeeld berichtjes, mailtjes of alcohol. Maar uiteindelijk bepalen we zelf hoe we onze aandacht gebruiken. Het gaat om keuzes maken, en daar hebben vooral jongeren ondersteuning in nodig. Het begint bij bewustwording van de manier waarop ze informatie verwerken en contact onderhouden met hun leeftijdgenoten, en de effecten van multitasken. Wat doe je wanneer? Hoeveel tijd ben je daarmee bezig? Hoe ga je om met je inbox, met je agenda, met multitasken, met WhatsApp? In hoeverre kun je je goed concentreren als het nodig is, bijvoorbeeld op school? Hoe manage je je computer, laptop en mobiel? Hoe geef je dat allemaal een plek in je bestaan, zonder dat andere zaken er hinder van ondervinden? Jongeren werken voor school steeds vaker op de computer en tablet, hetzelfde scherm waarop ze ook chatten met vrienden en van minuut tot minuut kunnen volgen wat anderen aan het doen zijn. Dat dilemma ervaren jongeren zelf ook. Je bent bezig met een opdracht voor school en vrijwel ongemerkt beland je in een conversatie met twee goede vrienden op Instagram. Klinkt bekend, toch?
Als je daardoor iets langer bezig bent met je schoolwerk, dan is dat misschien jammer. Als schoolwerk er echt onder begint te leiden, moeten ouders wel ingrijpen voordat het gewoontes worden die enorm gaan belemmeren. Door strenger te zijn in mobielgebruik en afspraken te maken over tijd en plaats.
Vroeger gingen conflicten tussen tieners en hun ouders misschien meer over het opruimen van hun kamer; tegenwoordig is het grenzen stellen rondom gaming en digitale media daarbij gekomen. Een ongeoefend oog ziet het direct wanneer de tienerkamer is opgeruimd en wanneer niet; een inschatting maken van het mediagedrag van hun kinderen stelt ouders voor grotere uitdagingen.

ONLINE RISICOGEDRAG

In het onderwijs is lang veel aandacht geweest voor mediawijsheid, waarbij de nadruk lag op de media-inhoud en het goed omgaan met sociale media. De kern was dat kinderen en jongeren moesten leren bewust, kritisch en veilig gebruik te maken van media. Denk aan het gebruik van de privacy-instellingen van hun profielen, het kunnen onderscheiden van de commerciële intentie van een afzender of de bewustwording dat je niet zomaar foto's van anderen kunt posten.
Veel jongeren weten rationeel wel wat ze beter niet kunnen doen op internet, ze kennen de verhalen over sexting. Maar door onstuimige verliefdheden, opdringerige hormonen en de behoefte om te experimenteren, gaat er soms wel eens wat mis. Een meisje laat zich 'verleiden' om zich voor een vriendje uit te kleden voor de webcam. Ze laat zich filmen in uitdagende houdingen, waarna die jongen een filmpje op internet zet. Of een jongen stuurt een naaktfoto van zichzelf via Snapchat, zonder zich te realiseren dat die foto zo is doorgestuurd.
Internet heeft sowieso een uitdagende combinatie van kortetermijnacties met langetermijn-gevolgen. Jongeren wanen zich online toch relatief 'veilig' en 'anoniem', waardoor ze verbijsterend veel persoonlijke informatie publiceren. Ze beseffen vaak niet hoeveel mensen hun schrijfsels, foto's en filmpjes kunnen bekijken en wie dat zijn (behalve vrienden ook de buurman, familie en zomaar iemand aan de andere kant van de wereld). En ook zijn ze er vaak niet van bewust dat hun privéleven tot in lengte van dagen te zien zal zijn. Zelfs al maken

ze al jaren geen gebruik meer van hun profiel of weblog, over tien jaar is hun informatie nog altijd te vinden. Hetzelfde geldt voor die foto waarop ze in bezopen toestand met de skileraar staan te zoenen. Leuk, als je eerste werkgever die opeens tevoorschijn tovert![32]
Vroeger was mediaopvoeding een soort mediatie, het ging om uitleggen wat er gebeurde. Maar nu moeten ouders heel pro-actief zijn: kinderen helpen om goed om te gaan met de dingen die ze online meemaken. Je komt er alleen maar achter wat er online speelt bij pubers door met ze te praten en met ze in contact te blijven. Dat vraagt om een vertrouwensband. Je moet jongeren niet afschrikken door te veel te vragen, maar vooral hun autonomie erkennen. Dat is veel moeilijker dan vroeger. Het doet een groot beroep op je geduld. Als je als een stuiterende, angstige ouder met de verhalen van je kinderen omgaat, dan stoot je ze af. Ouders zijn altijd bang dat hun kind bij die 5 procent probleemgevallen hoort, en ongelukken kunnen altijd gebeuren. Maar het werkt averechts om jongeren voor onheil te behoeden op de huid te zitten of hun vrijheid (online en offline) te veel in te perken. Uiteindelijk moeten ouders proberen hun kinderen goed te blijven volgen, door geïnteresseerd te zijn in wat ze doen.

'Het surfen op internet geeft geen voldoening, ik lees niet omdat ik op zoek ben, ik lees wat ik tegenkom.' **(Rik, 18 jaar)**

Tegelijk zien we aanwijzingen dat jongeren zich tegenwoordig bewuster worden van het feit dat anderen meekijken met wat ze doen. Bedrijven die persoonlijke data verzamelen, maar ook mensen in hun netwerk. In gesprekken met jongeren horen we hen vaker zeggen dat ze voorzichtig zijn om bijvoorbeeld dronken te worden omdat je maar nooit weet wie dat allemaal te zien krijgt. Zo lazen we in het hoofdstuk over peers dat jongeren tegenwoordig later beginnen met seksualiteit als gevolg van de online wereld: de angst voor exposure, de druk om je te moeten profileren en om perfect te zijn, onzekerheid doordat je jezelf continu vergelijkt met anderen en als gevolg van dit alles de grotere drempel om 'in het echt' op iemand af te stappen. Waardoor ze *awkward* stiltes en gestuntel in het 'echte leven' uitststellen. Zou dit een neveneffect kunnen zijn van de mediawijsheid die we jongeren al jarenlang bijbrengen?

6.5 Mediaopvoeding en mediagedrag

Het veranderende medialandschap heeft de wereld waarin jongeren nu opgroeien definitief veranderd en virtuele dimensies toegevoegd aan bijna alle leefdomeinen. We leven in een reuzespannend tijdperk met ongekende mogelijkheden, maar het gaat soms sneller dan we kunnen bevatten. We moeten daarom leren om ook anders te kijken naar het gebruik en de functie van media en bijvoorbeeld niet in de valkuil trappen om veranderingen puur te beschouwen vanuit het kader van de traditionele media. Bijvoorbeeld door online vrienden te vergelijken met 'echte vrienden'. Dat helpt ons niet verder, want voor jongeren lopen deze online- en offline-werelden naadloos in elkaar over. Chatten is gewoon een vorm van kletsen. Scrollen is een vorm van lezen en YouTuben is bijna hetzelfde als tv-kijken of Netflixen. De vorm verandert de functie niet.

Deze generatie jongeren is in dit kader bijzonder: zij zijn de eersten die hun hele leven gewend zijn aan die nieuwe media – voor hen zijn ze niet nieuw. Maakt dit ze juist wezenlijk anders in hun cognitieve vaardigheden, werken hun hersenen anders? Het antwoord is nee. Overtuigend bewijs dat het brein van jongeren fundamenteel verandert door hun mediagedrag, is er op dit moment nog niet. Zo'n evolutionaire breinverandering vindt natuurlijk ook niet in tien, vijftien jaar plaats. Je concentreren, nieuwe dingen leren, nieuwsgierig zijn naar nieuwtjes; al deze elementen zijn van alle tijden. Via digitale media verandert met name de verschijningsvorm en haar uitdagingen.

Hoogleraar Patti Valkenburg wees er al eerder op: je neemt altijd jezelf mee in mediagebruik. Jongeren zijn geen passieve consumenten of onbeschreven blad, vatbaar voor alles wat op ze afkomt. Als een meisje heel zelfverzekerd is, zal ze niet ineens een onzeker muisje worden door Instagram. En een sociaalvaardige jongen met veel vrienden, zal minder snel gameverslaafd raken dan een sociaal onhandig persoon die de wereld sowieso ingewikkeld en onoverzichtelijk vindt. We kunnen niet altijd met de vinger naar de techniek wijzen. Het gaat om weerbaarheid in bredere zin, weerbaarheid in een complexe, turbulente wereld. Daar heeft het puberbrein hier en daar wel wat steun bij nodig.

Diverse experts pleiten ervoor bijtijds te beginnen met de 'mediaopvoeding' en bijvoorbeeld afspraken te maken voordat gewoontegedrag zich al helemaal heeft ingesleten. Wanneer mag je de smartphone gebruiken? Hoeveel uur kijk je per dag naar een scherm? Die discussie begint al bij onze kleuters.

Het is belangrijk om te volgen hoe jongeren hun media inzetten en tegen welke morele dilemma's ze soms oplopen. 'Ja, maar als ik op de Facebookpagina van mijn kind kijk, is het net of ik stiekem in een dagboek zit te lezen,' zeggen sommige ouders. De wedervraag die wij daarop stellen is: 'Realiseer je je wel wie er de rest van de tijd in dat dagboek kan meelezen?' Het is ook een kwestie van op tijd beginnen en kinderen al vanaf de basisschool laten ervaren dat hun ouders ook geïnteresseerd zijn in wat er online met ze gebeurt en dat ze daar gewoon over kunnen praten.

INGRIJPEN

In 2015 was de 13-jarige Tommy-Boy uit Kortenhoef al fietsend in de weer met het samenstellen van een playlist, toen hij net te laat een auto niet zag en dodelijk verongelukte. Een tragisch voorbeeld van waar multitasken in risicovolle omstandigheden toe kan leiden. Zijn vader geeft tegenwoordig gastlessen op scholen om leerlingen te wijzen op het gevaar van fietsen en tegelijk bezig zijn met je mobiel.

We weten dat alleen melden dat iets gevaarlijk is, niet voldoende aankomt bij jongeren. Ze wéten het wel, maar de verleiding om toch even dat berichtje te bekijken en te reageren, of net even een ander nummer op te zetten is toch groter. Een verleiding die overigens volwassenen ook raakt. Onderzoek door Veilig Verkeer Nederland en KPN onder jongeren toonde aan dat zij al van trillingen en geluiden van appjes en andere notificaties in het verkeer afgeleid raken. Dit werkt door in lagere reactietijden en verminderde verwerking van visuele informatie.[34]

Deze partijen brengen nu een *safe lock* uit, een slot dat in verbinding staat met een app op je telefoon die alle berichtgeving blokkeert tijdens het fietsen. Ook Gazelle test momenteel een applicatie die je telefoon uitzet als je je met een bepaalde snelheid beweegt. Het zijn interessante voorbeelden van een technologische oplossing voor een technologische uitdaging. Als mensen zichzelf niet voldoende kunnen beheersen, kan technologie uiteraard ook een handje helpen. Hoe zal dit zich in de toekomst verder ontwikkelen? Apps die je smartphone blokkeren zodra je op school in de les bent, of tijdens je bijbaantje aan het vakkenvullen?

Zo worstelen we als samenleving met het vinden van een goede balans tussen vrijheid en veiligheid en het inschatten van de risico's van nieuwe technologie. Nadat een onderwerp op de agenda komt en er technologische oplossingen zijn bedacht, volgt dikwijls ook wetgeving om mensen te beschermen tegen hun eigen gedrag. Zoals bijvoorbeeld het gebruik van de smartphone op de fiets, dat nu ook sinds 2019 verboden is. Zo zullen er meer wetten en regels volgen, en technologische innovaties.

We zitten nog steeds in een overgangsfase. Internet bestaat pas 25 jaar en strekt zijn tentakels steeds verder uit in ons dagelijkse bestaan en we zijn volop aan het leren om hier goed mee om te gaan. Nieuwe media, nieuwe mogelijkheden, nieuwe kansen, maar ook nieuwe risico's. We leven in een reuzespannend tijdperk met ongekende mogelijkheden en soms, nee vaak, gaat het sneller dan we kunnen bevatten.

Laten we vooral niet in de valkuil trappen en digitale media puur bekijken door de ogen van de oude media. Het helpt ons niet verder. Technologie stuwt voort en zal dat blijven doen; de vraag is hoe wij er in onze samenleving mee omgaan en hoe we jongeren bij die grote uitdaging begeleiden om het een constructieve plek te geven in hun bestaan.

TIPS VOOR OUDERS

- **Praat met je kind over mediagebruik** Volg hoe je zoon of dochter bezig is met media en bovenal: check of andere zaken hier hinder van ondervinden. Lijden huiswerk of sport onder het gamen of social media-gescroll? Stel dan samen regels op.
- **Leer jongeren internet-etiquette** door samen sociale regels af te spreken rondom smartphones en computers. Spreek bijvoorbeeld af dat niemand een telefoon mag gebruiken tijdens het eten en houd je zelf ook aan die afspraak.
- **Voer een goed gesprek over social media en de smartphone** vóórdat deze een plek gaan krijgen in het leven van je kinderen, voordat gewoontegedrag gevormd is. Benut het moment waarop je kind een eigen telefoon krijgt voor een goed gesprek over gezond gebruik. Maak dat gesprek bijzonder, ga bijvoorbeeld samen lunchen en maak afspraken over tijden en over etiquette binnen het gezin.
- **Leer jongeren te focussen** De concentratie van je kind wordt meer dan ooit uitgedaagd. Begeleid kinderen daarom bij de vele verleidingen en uitdagingen van deze tijd: multitasken is een mythe – leg het je kinderen uit. Help ze rustmomenten te creëren (vaste huiswerktijden en rituelen).

TIPS VOOR JONGEREN

- **Als je veel dingen tegelijkertijd doet** (bijvoorbeeld tv-kijken en huiswerk maken, of radio luisteren en appen), heeft dat invloed op je concentratie. Simpel gezegd: je doet er langer over en de kwaliteit van wat je doet neemt af. Kies vaker voor één medium tegelijkertijd. Zo heb je ook minder tijd nodig voor je huiswerk.
- **Geef je brein 's avonds tijd om tot rust te komen** Zet een uur voordat je gaat slapen de tv en computer uit.

TIPS VOOR DOCENTEN

- **Besteed in het onderwijs aandacht aan informatievaardigheden** Kijk naast media-inhoud ook naar de kwantiteit van mediagebruik en draag oplossingen aan als ontspannen, mediteren en concentreren, even 'niksen'.
- **Overschat leerlingen niet in hun online-vaardigheden**, in wat ze kunnen en wat ze doorzien. Online hebben jongeren ook moeite om commerciële boodschappen te onderscheiden. Bovendien blijkt dat ze hun eigen mediavaardigheden geregeld overschatten.

Sebastiaan, 17 jaar, 5 havo, Lieveren

7. Verleiders & voorlichters

doordringen tot het puberbrein

Jongeren zijn een aantrekkelijke doelgroep voor commerciële partijen. Ze zijn koopkrachtig; al het geld dat zij verdienen of van hun ouders krijgen, kunnen ze aan zichzelf besteden: aan kleding, smartphones, gadgets of games. Ze staan open voor nieuwe trends en ontwikkelingen. Verder geldt dat hoe vroeger een merkvoorkeur in het brein wordt geprent, hoe groter de kans dat je iemand voor lange tijd als klant hebt. Maar jongeren zijn ook kwetsbaar door hun gevoeligheid voor impulsieve aankopen.
In de vorige hoofdstukken lieten we zien hoe zich rondom elke jongere vier betekenisgevende kaders bevinden (zie figuur op p. 216). Maar daaromheen zit nog een tweede schil: die van de zogenaamde verleiders en voorlichters. Hiermee bedoelen we partijen die zogezegd verder van jongeren afstaan, maar wel een boodschap op ze willen overbrengen. En die op allerlei manieren proberen tot jongeren door te dringen. Dit zijn de marketeers, de verleiders, en de voorlichters, die jongeren iets willen meegeven in het kader van bewustwording en gedragsverandering. Ook de overheid en allerlei niet-commerciële partijen willen van alles aan jongeren kwijt in de periode dat ze nog kneedbaar zijn: ze moeten gezonder leven, meer sporten, veilig vrijen, op tijd een studie kiezen.
De kernvraag is voor iedereen: hoe dring je effectief door tot het puberbrein?

'Ik vind reclames vaak heel grappig en ook leuk om naar te kijken. Ik heb niet het idee dat ik daardoor ook dingen ga kopen. Ik laat me soms wel beïnvloeden door bekende mensen. Ik zag laatst dat Lil Kleine in zo'n Rivero-shirt loopt. Dat zoek ik dan op en dan koop ik dat. Je wilt af en toe een paar bijzondere dingen hebben, die mogen dan best wat duurder zijn.
Soms zie je wel van die filmpjes op YouTube die ook reclame zijn. DJ Alesso heeft zo'n heel mooi clipje met Axe deodorant. Ik vind dat een coole gast. Je ziet hem de hele tijd die deo spuiten voordat-ie gaat optreden en dan denk ik: toch maar eens proberen. Natuurlijk alleen als-ie lekker ruikt. Je ziet nu sinds een tijdje ook grappige reclame van Old Spice, maar die geur vind ik dus niks.' Ben, 16 jaar

7.1 Jongeren verleiden, de marketeers

Laten we eerst eens kijken naar de verleiders. Hoe spelen zij in op de belevingswereld van jongeren?
Jongeren willen zich onderscheiden en uniek zijn. Ze zijn opgegroeid in een periode van hoge welvaart en geven hun identiteit en lifestyle vorm met consumptieartikelen, van schoenen tot mobieltje, van parfum tot schoolagenda. Op Instagram heeft bijna ieder modemerk dat ertoe doet een goede pagina, inclusief een link naar de webshop waar een en ander kan worden besteld. Sommige jongeren volgen en dragen exclusieve merken die ze mooi vinden, waarmee ze originaliteit kunnen uitstralen. Anderen zoeken juist bevestiging bij een bekend rolmodel, de kledingstijl van een DJ, vlogger of zanger. Iemand die Patta een goed merk vindt, wil zich graag afficheren met de waarden en associaties van dat merk. Met een Patta-shirt krijgt ook hij een eigenzinnige, grappige en modebewuste uitstraling. Een enkeling zet zich af door zich juist alternatief te kleden en geen merkartikelen te kopen, maar ook dat is een profileringskwestie.
Er is continu een subtiele uitwisseling gaande tussen jongeren en de merken die ze dragen en gebruiken, waarbij authenticiteit, humor en relevantie de sleutelwoorden zijn. Praat met jongeren over merken die ze goed vinden en je zult ontdekken dat achter al die artikelen een wereld aan verhalen schuilgaat. Producten zijn als het ware iconen die laten zien waar

iemand voor staat en jongeren kunnen deze dieperliggende waarden en verhalen in één oogopslag bij elkaar 'lezen'.

Hoewel ze zich wel bewust zijn van het commerciële doel van marketing, zijn ze er uiteindelijk ook heel gevoelig voor. En niet zo gek, want commercie speelt natuurlijk sterk in op snelle behoeftebevrediging. Impulsaankopen, kortetermijnprikkels, het zijn precies de gebieden waarop jongeren zich moeilijker kunnen beheersen dan volwassenen.

'Ik bepaal zelf wat ik mooi vind', zal elke jongen of meisje je vertellen. Jongeren willen ook niet overkomen alsof ze willoos accepteren wat marketeers allemaal bedacht hebben. 'Als je een complete outfit van één merk draagt is dat pas echt fout', zei een jongen in een gesprek over mode. Spelen met merken en producten en je eigen twist eraan geven, binnen afgebakende grenzen weliswaar, dat is wat de meeste jongeren nastreven. Een H&M-broek gecombineerd met een T-shirt van het dure merk The New Originals kan best, het getuigt soms zelfs van lef. Een Ralph Lauren-polo van de Bijenkorf is niet 'sick'. Maar een vintage Ralph Lauren-polo kan dat juist weer wel zijn. Een gewone Adidas-broek uit de sportwinkel vinden sommigen niet kunnen: mainstream. Maar een oude Adidas-broek die nu uit de handel is kan juist weer wel.

Jongeren bestuderen constant de grens tussen 'goed en fout', 'in en uit' en begeven zich keurig binnen die grenzen. Een subtiel interactief spel, waar volwassenen vaak weinig van begrijpen. Hoewel? In feite was de opkomst van de popcultuur in de jaren vijftig en zestig een samenspel tussen film, televisie, muziek, reclame en mode, dat mogelijk werd omdat de jeugd ineens geld te besteden kreeg. De schaalgrootte is veranderd, de onderliggende behoeften zijn van alle tijden.

Bovendien draagt menig veertiger en vijftiger sneakers en spijkerbroeken die op het schoolplein van een middelbare school niet misstaan. Voor veel volwassenen is jong overkomen een belangrijke aspiratie waardoor jongerenmarketing ook volop afzet creëert voor oudere doelgroepen. Want jeugd is dan wel niet te koop, maar je jong voelen, díe behoefte kun je prima in aankopen omzetten.

'Ik heb één slipje van Dolce & Gabbana. Die laat je dan met een randje boven je jeans uitkomen. Iedereen op school denkt dat ik alleen maar dat merk draag. Maar dat kan ik helemaal niet betalen. Meestal was ik 'm 's avonds zodat ik 'm de volgende dag alweer aan kan. Waarom zo'n dure? Gewoon, omdat ik het mooi vind.' **Chanella, 16 jaar.**

BIG SPENDERS

Voor wie het nog niet wist: jongeren zijn kapitaalkrachtig. Ze hebben veel te besteden en nog amper vaste lasten. Scholieren (twaalf tot achttien jaar) hebben maandelijks gemiddeld 112 euro te besteden.[1] Ze hebben verschillende inkomstenbronnen; 88 procent krijgt zakgeld van zijn ouders, 38 procent krijgt kleedgeld en 47 procent heeft een bijbaantje.

Studenten hebben maandelijks 919 euro aan inkomen en voor werkende en werkloze jongeren tot 25 ligt dit iets boven de duizend euro per maand.[2]
Gemiddeld verlaten jongeren rond hun vierentwintigste het ouderlijk huis en totdat het zover is kunnen de meeste jongeren meer geld aan fun uitgeven dan hun ouders, zoals aan games, kleding, uitgaan, tijdschriften en schoolartikelen.
De jongerenmarkt is dus groot. Alle Nederlandse jongeren hebben bij elkaar miljarden euro's te besteden en daarnaast beïnvloeden ze grote gezinsuitgaven doordat ze meebeslissen over vakantiebestemmingen, tv-abonnementen of de nieuwste auto.
Jongeren geven dus veel geld uit aan zichzelf, ze staan continu in verbinding met allerlei media en hun brein kan impulsen en kortetermijnprikkels nog niet zo goed beheersen. Het puberbrein, zou je denken, moet een interessant uitgangspunt zijn voor de marketeers, de verleiders. Bij veel verleidingen gaat het om het afwegen van kortetermijnprikkels versus lange termijnoverwegingen. Koop je die dure, maar o zo mooie, sneakers of de goedkopere versie? Neem je nog een biertje of ga je naar huis? Koop je die deo omdat de meiden ervan uit hun dak gaan? Emotie tegenover ratio. In dat opzicht, weten we inmiddels, is het brein van jongeren tot een jaar of 25 uit balans.

Jongeren zijn niet gevoelig voor standaardadvertenties, ze willen verrast worden en ze lopen zelfs weg voor een traditionele aanpak van commerciële partijen. Wie jongeren echt wil bereiken moet zorgen dat ze zich met het merk willen associëren en er dus een gevoel bij hebben. Voor jongeren gaat het om herkenbaarheid en of een merk iets toevoegt aan hun (online) status. Influencers, personen met een bovengemiddeld potentieel om anderen te beïnvloeden doordat zij een groot en actief netwerk om zich heen hebben, vormen hierbij vaak de wegwijzers en de verbinders.

FAN FOCUS

Omar Kbiri is mede-initiatiefnemer van VEED, een jaarlijks event voor en door content creators (van YouTube tot Instagram) en oprichter van Maak, een creative agency dat contentgedreven concepten bedenkt en producten maakt die zich vooral op kinderen, jongeren en jongvolwassenen richten.

'YouTube sluit enorm goed aan bij de belevingswereld van jongeren. Door de algoritmen die ze gebruiken kun je informatie goed vinden en krijg je steeds weer nieuwe suggesties. Hoe die algoritmen precies werken is een blackbox, maar voor je het weet word je als kijker in een vacuüm gezogen van content die je leuk vindt.

YouTube is ook laagdrempelig. Je kunt makkelijk zelf iets starten en in de voetsporen van je helden treden. De vele DIY-video's (Do-it-yourself instructie-video's) helpen je daarbij. En YouTube is een sociaal medium; je kunt een profiel aanmaken, comments geven en zo echt onderdeel van een community worden.

Zo'n tien jaar geleden startte de wereld van vloggers. Tegenwoordig is er enorm veel diversiteit aan YouTubers die je kunt volgen en waarmee je je kunt identificeren. Iedereen kan als het ware een heel team samenstellen van mensen die op je lijken of die het leven leiden dat jij later ook wilt leiden. Jongeren volgen vaak zo'n uiteenlopende groep. De een is transgender, een ander komt net als jij uit een gebroken gezin, weer een ander is Marokkaans. YouTubers zijn een soort smaakbepalers, ze heten niet voor niets ook influencers.

Zeker het laatste jaar merken we dat bedrijven en merken YouTubers serieus inzetten om jonge doelgroepen te bereiken. YouTubers worden tegelijk ook zelfbewuster, zo van: ik kan jouw kledingmerk dragen, maar ook mijn eigen merk starten. De Vlaamse Nathan verkocht laatst in vijf minuten twaalfhonderd paar sokken!

Voor het Rijksmuseum ontwikkelden we een Snapguide, waarbij Ronnie Flex je door het museum leidt via een mobiele site. Kinderen kunnen vervolgens hun Snapchat of Instagram gebruiken om de opdrachten te volbrengen. En voor de Kindertelefoon hebben we een serie gemaakt waarin vlogger Gio deed alsof hij werd benaderd door Mandy, een fan met problemen. De boodschap was: vraag het niet aan je idool maar klop aan bij de experts van de Kindertelefoon. In drie weken tijd haalden we vijf miljoen views met dit fictieve verhaal. Hoewel het dicht op de realiteit zat; YouTubers krijgen vaak heel persoonlijke vragen voorgelegd. Laatst nog benaderden de ouders van een meisje met anorexia een jonge YouTuber; zij was hun laatste redmiddel. Dat is enorm heftig als je zelf nog geen achttien bent.

Natuurlijk doen wij niet alles. Een samenwerking met een merk mag bijvoorbeeld nooit ingaan tegen de normen en waarden van de YouTuber zelf. Vloggers hebben een enorme fan-focus; de relatie tussen de maker en de kijker is veel intiemer dan bij tv. Zo hebben we laatst nee gezegd tegen Bongo, een bedrijf dat sms-berichten verstuurt tegen betaling. YouTubers weten dat ze boze fans krijgen als ze daaraan meewerken.'

AARDVERSCHUIVING

Het is interessant dat jongeren in hun mediagebruik vaak in de voorhoede van ontwikkelingen zitten. Jongeren zijn early adopters die als een soort mediakompas vooruitlopen op andere bevolkingsgroepen die later in grotere getale volgen. In het vorige hoofdstuk zagen we hoe het mediagebruik van jongeren de laatste decennia is veranderd. Het wordt steeds lastiger om ze gericht te bereiken. Een massamediale reclamecampagne, die vroeger bestond uit een vlotte tv- en radiocommercial met een paar gezellige advertenties in de jongerenbladen, en dat zo veel mogelijk herhaalt, is niet meer effectief. Veel traditionele media zijn verdwenen, gefuseerd of in belang afgenomen; denk aan gratis dagbladen, jongerentijdschriften, radio- en tv-omroepen.

Bij de betaalde streamingdiensten als Netflix en Spotify, wanen jongeren zich even reclamevrij; in de 'gratis' mediakanalen daarentegen, zoals YouTube, SnapChat en Instagram, zijn jongeren heel fijnmazig bereikbaar. Intelligente systemen weten bovendien steeds beter waar iemand in geïnteresseerd is. En daar kan geen advertentie tegenop. Want het gaat niet alleen om bereik in kwantitatieve zin, jongeren staan emotioneel dicht bij hun helden en rolmodellen: sporters, modellen, vloggers, DJ's en zangers, iedereen met een eigen kanaal. Als een beroemd fotomodel met één foto op Instagram miljoenen volgers bereikt, noemt ze het product niet alleen, maar voegt ze er ook waarde aan toe. Welk meisje wil er niet dezelfde mascara of lippenstift gebruiken als haar bewonderde voorbeeld?

Zo zien we dat het verhaal rondom een product of merk belangrijker is geworden en dat dit steeds meer geconstrueerd wordt door de influencers: welke beroemdheden dragen het, en welke rol vervult het in hun leven? Merken zoeken zo de perfecte match met hun publiek. Red Bull, een bekend energydrankje, verbindt zich met onze jongste supercoureur, Max Verstappen. Elke overwinning van Verstappen, die iedereen overal online kan volgen, versterkt daarmee ook weer het verhaal van Red Bull.

SUPERMODELLEN EN HUN VOLGERS

Toen supermodel Cara Delevingne, het gezicht van Chanel en van Zara met 43 miljoen volgers op Instagram, een contract tekende met schoenenmerk Reebok, postte ze het ene na het andere bericht over haar wonderschoenen op Instagram en gingen opeens veel tienermeisjes op Reeboks lopen.

We spraken hierover met jongeren uit een vier havoklas. Hoe betrouwbaar waren deze posts van het fotomodel? De meningen verschilden. Volgens sommigen vond Cara het oprecht een goed merk, terwijl anderen twijfelden of ze het niet alleen voor het geld deed. Meerdere jongeren vonden dat veel beroemdheden hun accounts alleen maar gebruiken voor commerciële boodschappen. Een meisje bracht daar tegenin dat een ander fotomodel, Gigi Hadid (met 41,1 miljoen volgers), voor Unicef campagne voerde rondom de vluchtelingencrisis. Daar zou ze toch niet voor betaald krijgen? Uiteindelijk wees een jongen de klas erop dat het op Instagram verplicht is om een 'paid partnership' te vermelden. En inderdaad, op het account van Delevingne is terug te vinden dat het om betaalde samenwerking gaat en dat Hadid zonder betaling werkt voor het goede doel.

Deze jongeren kwamen best ver in het ontrafelen van intenties van hun helden, maar het is zeer zeker een complex schemergebied. We hebben in Nederland een strenge reclamecode

die reclame-uitingen voor ongezonde producten verbiedt rondom tv-programma's waar kinderen tot twaalf jaar naar kijken. Maar in de social mediawereld, die inmiddels veel meer kinderen en jongeren bereikt, is de regelgeving nog in wording. Mag een YouTuber met veel jonge volgers haar jonge publiek enthousiast maken voor het zelf maken van Japans snoep? En hoe spontaan is het als ze de ingrediënten opgestuurd krijgt door de fabrikant?
Uit een onderzoek dat we eerder uitvoerden voor het ministerie van Volksgezondheid, Welzijn en Sport (VWS) blijkt dat deze vormen van kindermarketing volop bestaan.[3] Met name vloggers bereiken veel jonge kinderen. Maar wat het extra lastig maakt om hier beleid op te voeren, is dat jongeren op veel social media pas vanaf hun dertiende een account mogen maken. Dit omzeilen veel jongere kinderen door zich ouder voor te doen. Officieel doen adverteerders en influencers dus niets fout.
Een aantal YouTubers heeft samen met het Commissariaat van de Media onlangs een social code ontwikkeld, met afspraken over reclame in online video's.[4] Volgens deze code moeten YouTubers minimaal drie seconden in beeld vermelden dat het om reclame gaat en ook in de video-omschrijving moet staan dat het om betaalde samenwerking met een merk of organisatie gaat.

De social code is nieuw en loopt vooruit op verdere regelgeving die er ongetwijfeld aan zit te komen. Onlangs mochten we onderzoek doen naar wat jongeren denken over betaalde samenwerkingen. Wat opvalt is dat jongeren sowieso best coulant zijn tegenover sponsoring, omdat ze ook begrijpen dat YouTubers ergens hun geld mee moeten verdienen. Sponsoring vinden ze acceptabel, mits het niet te nadrukkelijk en te vaak genoemd wordt. In hun ogen scheelt het ook als een merk of product past bij een YouTuber. En zouden veel YouTubers een video alsnog maken, ook zonder een vorm van sponsoring.
Tegelijk legde het onderzoek ook grote verschillen in reclameverwerking via sponsoring bloot. We zien mediawijze jongeren, die vaak iets ouder en hoger opgeleid zijn, die sponsoring begrijpen en herkennen. En we zien 'digibete' jongeren die veel moeite hebben om het spel te doorzien. De laatstgenoemde groep is niet bekend met het businessmodel achter YouTubers. Ze gaan er vaker vanuit dat een YouTuber een product of merk echt leuk of lekker vindt en geloven zo sterk in de echtheid van de YouTubers dat ze zich niet kunnen voorstellen dat die zich door reclame-inkomsten laten leiden.
Wat maar aangeeft hoe subtiel en onbewust de marketing kan worden. Marketeers kunnen steeds nauwkeuriger bepalen waar hun doelgroep zit. Zodra ze weten dat achter een account een 15-jarig meisje schuilgaat, sturen ze daar de pop-upadvertenties en filmpjes heen die gericht zijn op haar doelgroep. Door de verfijning van de technologie achter alle mediakanalen wordt dat steeds makkelijker. Tussen de posts van haar vriendinnen door, komen op haar tijdlijnen een advertentie voor maandverband en voor een jongerenrekening voorbij. En zodra ze een filmpje wil zien van haar favoriete partyvlogger, verschijnt eerst een cosmeticamerk met een boodschap van vijf seconden. En dan kan het ook nog zomaar gebeuren dat die vlogger in zijn post tegen betaling samenwerkt met een commercieel merk, al dan niet met vermelding.

ONLINE BEREIK VOOR MUZIEKPRODUCENT

Top Notch is producent van diverse populaire Nederlandse (hiphop)artiesten. Met zo'n 185.000 volgers op Instagram is het een sterk jongerenmerk, dat niet alleen een muzieklabel is, maar ook een echte jongerencommunity. Het bedrijf zet in op visuele online content in plaats van radio en veel jongeren zijn lid van hun community omdat ze daardoor hun favoriete artiesten online kunnen volgen. Bekende namen als Broederliefde, Lil Kleine, Ronnie Flex, Rico & Sticks, De Jeugd van Tegenwoordig en Roxeanne Hazes hadden al een behoorlijk online bereik voordat ze een contract tekenden bij Top Notch. Zo snijdt het mes aan twee kanten en brengen de artiesten ook weer volgers mee. Elke week post Top Notch ongeveer veertig berichten waarvan een groot deel uit video's bestaat. Het YouTube-videoaccount van TopNotch heeft momenteel ruim 1,3 miljoen abonnees en de populairste video's worden soms meer dan vijfentwintig miljoen keer bekeken. Hoe meer views hoe beter, want op die manier komen de artiesten onder andere aan hun boekingen.

7.2 De voorlichters

Naast de marketeers zijn er partijen die met allerlei voorlichtingsboodschappen jongeren proberen te bereiken. Deze partijen zijn, vaak in opdracht van de overheid, gericht op gedragsverandering en bewustwording. Grofweg zie je hierin twee richtingen: voorlichting over gezondheidsrisico's (veilig vrijen, niet roken, niet drinken, wel sporten) en voorlichting die werkt aan moreel besef en maatschappelijke bewustwording (tegen zinloos geweld, voor milieuvriendelijk leven).
Deze partijen belichamen interessant genoeg vooral de ratio, ze doen een appèl op het gezonde verstand, op langetermijnbelangen. Liefst ook onderbouwd met feiten: roken is slecht voor je longen, alcohol op jonge leeftijd schaadt je hersenen, als je een conflict hebt met iemand is fysiek geweld nooit de oplossing, rijden zonder helm is levensgevaarlijk, doorleren is belangrijk voor je toekomst. De vraag is of het helpt om deze boodschappen op zo'n rationele manier over te brengen. Jongeren laten zich minder leiden door de vraag wat verstandig is. Kortetermijnoverwegingen, meestal ingegeven door emotionele argumenten, krijgen gemakkelijk de overhand. Ook zien we dat de voorlichters veelal dezelfde routes bewandelen als de marketeers die we hiervoor beschreven.

TOOTHCAMP: HOE SLA JE ALARM OVER HET PUBERGEBIT?

Ira van Eelen, bedenker en oprichter van ToothCamp

'Veel jongeren en hun ouders denken dat het in de periode na twaalf jaar niet meer zo belangrijk is om aandacht te besteden aan het gebit, aan tandenpoetsen en snoepgedrag. De motivatie om goed te blijven poetsen is in die leeftijdsfase ook minimaal. Toch onderschat bijna iedereen dat jongeren juist tussen twaalf en achttien hier het verschil kunnen maken voor de rest van hun leven. Tandartsen noemen de eerste jaren op de middelbare school één van de belangrijkste, maar ook gevaarlijkste periodes in het tandheelkundige leven. Het gebit is nog niet volwassen en dus kwetsbaar, terwijl eetgewoontes en mondverzorging te wensen overlaten. Mogelijke schade die in de puberteit optreedt kan onherstelbaar zijn. Het maakt een groot verschil of je cola drinkt op je veertiende of op je vierentwintigste. Het maakt uit op welk tijdstip van de dag je poetst. Ieder meisje dat nu geboren wordt kan honderd worden, maar door de evolutie is ons gebit daar eigenlijk niet meer geschikt voor.
Maar hoe motiveer je jongeren voor zoiets simpels als bewust voor je tanden zorgen? ToothCamp is een ludiek evenement voor pré-pubers in groep 8, waarmee we kinderen in een middag willen wakker schudden, zodat zij, maar ook hun omgeving tijdens de jaren op de middelbare school blijven nadenken over tandenpoetsen en voedingspatronen.
achtstegroepers kun je uitdagen en zij luisteren nog naar je verhaal. We laten ze bijvoorbeeld ervaren dat suiker

eigenlijk zuur is en hoe weinig je proeft met een kunstgebit. Ze kunnen ruiken hoe een vieze mond stinkt en door te kijken naar de gebitten van de goeie- en de slechteriken in films laten we zien hoe we over slechte gebitten denken.
We begonnen met een jaarlijks event in de RAI en inmiddels organiseren we ToothCamps op meerdere plaatsen in het land. Je ziet dat kinderen hierdoor ook met hun ouders gaan praten over hun gebit.
Als het om (mond)preventie gaat heb ik gemerkt dat professionals in de mondzorg liever de 'makkelijke' kleintjes benaderen dan de lastige pubers. De eerste stap is nu dat we jongeren meer leren over hun eigen lijf, waardoor ze begrijpen dat hun gebit kwetsbaarder is dan ze denken. Het is heel moeilijk om gedrag te veranderen, daarom moeten we eerst zorgen dat jongeren in ieder geval weten hoe het zit, zodat ze betere keuzes maken als ze dat willen of eraan toe zijn. Voor middelbare scholieren hebben we daarom een game gemaakt met tandheelkundige weetjes, een quiz die leerlingen zelf kunnen spelen en die aansluit op de schoolstof van biologie, schei- of natuurkunde.'

JONGEREN IN BEWEGING KRIJGEN VOOR HET GOEDE DOEL

Tussen de commerciële marketeers en de voorlichters bevindt zich nog een tussenvorm: de goededoelenorganisaties. Spreekbeurtacties voor Unicef, Kinderpostzegels, jeugdlidmaatschappen, jongerensites, Dance4Life-concerten; er is een enorme markt van charitatieve organisaties in Nederland en ook zij richten hun pijlen regelmatig op de jongerendoelgroep. Aan de ene kant willen ze jongeren bewust maken van misstanden in de wereld. Maar daarnaast hopen ze zo ook toekomstige donateurs te kweken, of via jongeren hun ouders te bereiken. De meeste charitatieve organisaties drijven momenteel op de steun van vijftigplussers en op nalatenschappen. Die geldstroom is eindig. Jongere generaties nemen de rol van hun opa's en oma's niet zomaar over.
Kinderen in de basisschoolleeftijd krijg je wel in actie. Zij gaan nog wel langs de deur om geld in te zamelen voor beschermde diersoorten en hangen posters van de Afrikaanse olifant in hun slaapkamer op. Maar als ze de puberteit ingaan daalt de interesse in de wereld die ver van hun bed ligt. Menig goededoelenorganisatie die een speciaal kinderlidmaatschap kent, heeft ervaren hoe jongeren in de puberteit massaal afhaken. Jongeren zien zichzelf niet als donateur, ondanks het feit dat ze best wat te besteden hebben en weinig vaste lasten hebben.
Vooral grote mondiale onderwerpen vinden jongeren moeilijk: honger in Afrika, vluchtelingenstromen, kinderprostitutie. Wat kun je ertegen doen? En heeft dat dan ook nut? Ze voelen zich geraakt door maatschappelijke misstanden, maar zonder duidelijk handelingsperspectief haken ze snel af. Klassieke instrumenten, zoals geld doneren aan een organisatie die je verder niet kent, vinden jongeren abstract en absoluut niet aantrekkelijk. Maar ze willen wel iets doén in een aantrekkelijke vorm. Sponsorlopen, kerstacties, themaconcerten, dergelijke acties sluiten veel meer aan bij de belevingswereld van jongeren. Helemaal als het gaat om een inzamelingsactie voor een weeshuis waar een klasgenoot stage gaat lopen, of een ezelopvang waar een tante werkt. Als het concreet en dichterbij wordt

gebracht, komen jongeren wel in beweging. Het sociale brein ten voeten uit.

Voor organisaties bestaat hierdoor de valkuil dat ze dingen gaan doen die wel veel jongeren mobiliseren, maar inhoudelijk niet blijven hangen. Bungeejumpen voor een goed doel vinden jongeren vast heel leuk, maar niemand weet straks meer waar het ook alweer voor was.

'Wij hebben alles wel eens gezien: hongersnood, terrorisme, moorden en oorlogen. Dingen raken je minder. Eigenlijk is dat best wel erg. Ook een zwerver op straat doet je eigenlijk niets.'

Jasper, 15 jaar, 3 havo

7.3 Hoe bereik je jongeren?

Wat kunnen we, met onze kennis van het puberbrein, zeggen over jongerenmarketing en -voorlichting? Het valt op dat er veel mythes de ronde doen: zo kunnen ze goed multitasken (meerdere media tegelijkertijd volgen), ze doorzien media en ze vinden moeiteloos hun weg op het internet. Kennis over het puberbrein kan helpen deze mythes te relativeren. Wie jongeren écht wil bereiken moet de boodschap zo relevant maken dat ze er onderling over gaan praten.

VAN MULTITASKEN NAAR MULTIFRAMEN

In hun mediagebruik multitasken jongeren volop: tijdens het huiswerk maken hebben ze Spotify op de oortjes, ze kletsen met vriendinnen terwijl ze via WhatsApp en Snapchat contact houden met anderen of met een half oog een grappig filmpje bekijken.
Volwassenen volgen het vaak met verwondering: hoe combineren ze dat toch allemaal? Multitasken staat voor gelijktijdig uitvoeren van verschillende taken. Wie bijvoorbeeld het woord 'rood' geschreven ziet staan in blauwe letters, heeft moeite om snel te zeggen welke kleur de letters hebben. De hersens moeten dan tegenstrijdige informatie verwerken en vaak treedt daarbij verwarring (interferentie) op.[5] Als je multitaskt parkeer je steeds informatie, omdat je brein sommige taken niet tegelijkertijd kan uitvoeren. Dat parkeren vergt in je brein werkgeheugen, goede verbindingen tussen hersendelen en de vaardigheid om irrelevante informatie tijdelijk te onderdrukken.
We zagen hiervoor al dat wetenschappelijke experimenten aantonen dat jongeren hier tot hun tweeëntwintigste meer moeite mee hebben. Ze kunnen het niet beter dan volwassenen, sterker nog: ze kunnen het minder goed. Ze dóen het wel massaal, maar als je de conclusies uit onderzoek doorvertaalt, mag je ervan uitgaan dat multitasken een negatief effect heeft op de manier waarop ze die taken uitvoeren.[6]
Jongeren hebben vaak meerdere mediakanalen tegelijk openstaan. Een uurtje op de puberkamer telt wel voor drie uur media-activiteiten: een uur muziek luisteren, tv-kijken en internetten. Maar terwijl die drie kanalen openstaan, dringt die informatie lang niet allemaal door. Wij praten daarom liever over *multiframing*. Jongeren houden meerdere 'frames' open waartussen ze hun aandacht verdelen. In die duizelingwekkende stroom van informatie blijf je alleen overeind met korte en krachtige boodschappen. Meer informatie, nuancering en verdieping volgen later.
Jongeren selecteren heel snel wat relevant voor hen is en besluiten eventueel die informatie door te sturen aan hun netwerk ('dit is een goede deal' of 'ik ga naar dit concert, komen jullie ook?'). In dat forward-proces gaat de subtiliteit van de boodschap verloren. Marketeers moeten hun verhalen dus vooral beknopt houden. Genuanceerde en complexe informatie die jongeren moeten combineren uit verschillende mediatypen (door bijvoorbeeld van een advertentie op een website naar een app te gaan) heeft weinig effect. Een sterk beeld met de juiste korte tekst is in de meeste gevallen de winnaar.

ZE WETEN ALLES AL

Terwijl volwassenen vaak denken dat jongeren al veel weten en het anders makkelijk kunnen opzoeken, resulteert de kennis die jongeren online opdoen vaak in een oppervlakkige pseudowijsheid. Over seks en drugs is op internet eindeloos veel informatie voorhanden. De platte, plastische informatie kennen jongeren dan ook wel en ze weten dat onveilig vrijen nare gevolgen kan hebben, zoals soa's of zwangerschap. Maar al lijken jongeren van nu misschien wereldwijzer, veel basale zaken zijn hetzelfde gebleven. Ze hebben vaak weinig benul van wat er werkelijk met hun lichaam gebeurt en zijn nog steeds onzeker over hun eerste verliefdheid. Hoewel ze online informatie kunnen vinden over de extreemste vormen van seks en met hun eerste vriendje of vriendinnetje stoer kunnen chatten over wat ze allemaal met elkaar gaan doen na het uitgaan, zijn ze emotioneel misschien nog maar toe aan een beetje zoenen.

Het bredere kader om informatie kritisch te beoordelen is bij jongeren nog in ontwikkeling. Ze weten niet meer dan volwassenen, ze weten het hooguit sneller door de manier waarop ze georganiseerd zijn. Kennis zit in hun netwerk verweven, doordat ze continu met elkaar in contact staan en verhalen uitwisselen. Jongeren krijgen status bij hun leeftijdgenoten door in hun netwerken zoveel mogelijk de eerste te zijn met interessante nieuwtjes, leuke filmpjes en relevante informatie over koopjes of artiesten.

Volwassenen zijn vaak geneigd jongeren als een volwassen gesprekspartner te behandelen, omdat het lijkt alsof ze alles al weten van wat er in de wereld te koop is. Ze zien dan iets te snel over het hoofd dat jongeren onervaren en vaak onzekerder zijn. Aanvullende informatie is vaak noodzakelijk om een boodschap goed te laten landen bij jongeren.

EEN PLEZIERIGE SEKSUELE CARRIÈRE

Hanneke Roosjen is projectleider van het e-Healthteam van Soa Aids Nederland. Zij is onder andere verantwoordelijk voor de website sense.info, waar jongeren van twaalf tot vijfentwintig jaar informatie kunnen vinden over relaties, seks en seksuele gezondheid.

'Soa Aids Nederland en Rutgers verzorgen samen de voorlichting over seksuele gezondheid voor jongeren vanaf twaalf jaar. We doen dat vanuit een positieve insteek – seks is plezierig – en niet met een opgeheven vingertje. Je kunt jongeren niet alleen maar over soa's voorlichten, dat moet je in een breder kader zetten. Als je ze niet leert weerbaar te zijn of leert zeggen dat ze geen seks willen als die ander het zonder condoom wil doen, kun je soa's nooit voorkomen. Met ons programma voor jongeren gaan we dus de breedte in: het gaat over verliefdheid, de eerste keer, weerbaarheid en leren om tegen je vriendje of vriendinnetje te zeggen wat je lekker vindt. Het gaat over anticonceptie én condoomgebruik, en over vragen als hoe je ervoor kunt zorgen dat je geen pijn hebt bij het vrijen.

School is natuurlijk dé setting om

alle jongeren te bereiken. Daar kun je meters maken. *Lang Leve de Liefde*, ons lespakket voor het voortgezet onderwijs en het mbo, bestaat al meer dan vijfentwintig jaar. Het is in Nederland het meest gebruikte lespakket op dit gebied en ook het enige dat bewezen effectief is. Er werken zo'n zeshonderd scholen met dit pakket. Het is onderzocht dat jongeren daardoor bewuster nadenken over veilig vrijen en eerder een condoom gaan gebruiken. Docenten besteden er meestal zes (biologie)lessen aan en verwijzen eventueel door naar sense.info. Hier is veel extra informatie te vinden, zoals bijvoorbeeld animaties van een jongens- en een meisjeslichaam, waarmee jongeren hun lichaam en dat van anderen kunnen ontdekken.

Wij geven feitelijke informatie. Maar belangrijker, we leren jongeren hoe ze prettige en veilige relaties en seks kunnen hebben. Onze visie is: kijk waar je aan toe bent, houd rekening met de wensen van de ander en maak je eigen keuzes. Als je kiest voor seksuele onthouding tot je getrouwd bent, is dat ook prima. Wij gaan niet vertellen dat je het gedaan moet hebben op je achttiende. Eerder het tegenovergestelde: we leggen uit aan jongeren die denken dat iedereen het al gedaan heeft, dat rond achttien jaar de helft nog geen ervaring heeft met seks met een ander.

We gunnen iedere jongere een plezierige, veilige en een gewenste seksuele carrière, daar ondersteunen we ze in door uit te leggen wat er allemaal mogelijk is. Maar daar zijn natuurlijk ook discussies over. Op sense.info vind je bijvoorbeeld ook informatie over anaal contact. Vanuit christelijke hoek vinden mensen dat soms lastig: zij vinden dat het vooral over relatievorming moet gaan. Toch is het ook belangrijk dat jongeren op een site alles kunnen vinden wat hen eventueel aangaat.

Mijn indruk is dat meisjes meer behoefte hebben aan serieuze informatie dan jongens. Zwart-wit gezegd: jongens kijken porno en meisjes gaan op zoek naar info. Ik denk dat veel jongens seks proberen te begrijpen door het kijken naar porno. Maar als ze eenmaal serieuze informatie krijgen, blijkt dat ze daar ook juist behoefte aan hebben. Het blijft een continue vraag hoe we jongeren, en vooral jongens, echt kunnen bereiken. Wij maken daarom ook al jaren gebruik van social influencers en toepassingen als Snapchat.

Voorlichting blijft altijd nodig; elk jaar is er een aanwas van 200.000 nieuwe jongeren die seksueel actief worden. Je moet informatie blijven geven, en herhalen. Als op de middelbare school in de tweede klas de lessenserie *Lang Leve de Liefde* wordt gegeven, zijn sommige jongeren op dat moment nog niet toe aan die informatie. Dan valt het kwartje pas een paar jaar later. En gelukkig zijn er ook voor die oudere leerlingen aanvullende lesmodules en de website.'
(www.sense.info)

TUNNELVISIE

Een andere mythe die we vaker horen is dat internet de horizon van jongeren verbreedt. Het is immers makkelijker dan ooit om kennis te nemen van allerlei informatie en van de meest uiteenlopende meningen. Toch is dit niet de ontwikkeling die we zien bij de meeste jongeren. De grootste groep is in deze levensfase vooral op zoek naar bevestiging wie zij zijn. Ze zijn geneigd die te zoeken op plaatsen waar ze die ook kritiekloos kunnen krijgen. Op internet vinden zij altijd wel ergens de bevestiging van gelijkgestemden.

Jongeren ploeteren niet zelf door honderden filmpjes op YouTube, ze struinen niet zelf alle nieuwssites af. Ze scrollen door nieuwsberichtjes op hun telefoon, kijken naar filmpjes en bezoeken eventueel fora die hen aanspreken door een bepaalde stijl of instelling en halen daar hun nieuwtjes op. De *trending topics* die ze op hun telefoon binnenkrijgen fungeren vaak als het filter van het wereldwijde web. Daardoor kan een tunnelvisie ontstaan waarbinnen meningsvorming versmalt tot: 'ik volg de media die ik wil en bij kritiek zoek ik wel een ander netwerk op dat mij begrijpt, in plaats van mijn mening bij te stellen.'

Jongeren creëren hun eigen comfortzones. Ze zoeken plekken waar iedereen er net zo over denkt als zij en waar ze tegelijkertijd autoriteit zoeken en vinden bij anderen. Een tiener die bijvoorbeeld extreemrechtse ideeën heeft, gaat chatten op fora waar gelijkgestemden te vinden zijn. Zijn ideeën worden bevestigd, kritiek of tegengeluiden vanuit andere perspectieven zijn er niet. Meiden met anorexia vinden op internet fora waar leeftijdgenoten elkaar bevestigen en aanmoedigen om zichzelf uit te hongeren. De websites waar psychologen wetenschappelijk verantwoorde informatie geven over eetproblemen, mijdt deze groep 'omdat ze niet begrepen worden'.

In hun online zoektochten laten jongeren zich leiden door wat ook offline in hun gesprekken met vrienden speelt. Wat heeft het immers voor zin om je te verdiepen in zaken als je die niet kunt delen met de belangrijkste mensen in je leven: je vrienden? Het meisje dat zich afvraagt of ze direct aan de pil moet als ze voor de eerste keer met haar vriendje naar bed wil, zal dit antwoord in eerste instantie niet zoeken bij een autoriteit op dat gebied. Ze stelt haar vraag eerder aan haar vriendinnen of anoniem op een jongerenforum. Vervolgens krijgt ze antwoorden van meiden die het zelf nog niet eens hebben meegemaakt of 'zelf geen condoom gebruikt hebben en toch niet zwanger raakten'. Deze 'tips' neemt ze voor waarheid aan en zo ontstaan pseudo-wijsheden uit de achtste hand.

Met nieuwsgaring zien we hetzelfde proces. Een kwalitatief goede en pluriforme nieuwsvoorziening wordt van groot belang geacht voor het functioneren van de democratie. Van oudsher vervult vooral de geschreven en gedrukte pers die rol, in het bijzonder de dag- en opiniebladen (naast de nieuwsbulletins en actualiteitenprogramma's op radio en tv). Nu jongeren deze traditionele media steeds meer links laten liggen, is het de vraag waar ze dan hun nieuwsgaring opdoen. Vaak horen we het argument dat ze het via anderen uit hun netwerk wel horen als er echt iets relevants gebeurt. Ze kunnen het altijd nog opzoeken. Maar wie bepaalt dan wat relevant is? Of waargebeurd? Het is daarom belangrijk dat mediapartijen ook andere wegen bewandelen om jongeren te bereiken.

DE NOS: JONGEREN BETREKKEN BIJ HET NIEUWS

Ook de NOS worstelt al jaren met de vraag hoe ze relevant kunnen blijven voor een nieuwe generatie jongeren. Eenmaal het *Jeugdjournaal* ontgroeid, kijkt het leeuwendeel van de jongeren nauwelijks nog naar nieuwsitems van de publieke omroep. De eerste stap om jongeren te bereiken was het *Journaal op 3*, een soort flitsjournaal waar laat op de avond in hele korte items hoogtepunten uit het nieuws werden gepresenteerd. Maar jongeren gaan niet meer op een vast tijdstip voor de tv zitten en daarom verschoof de NOS haar activiteiten voor de jongere doelgroepen naar *NOS op 3*, een crossmediaal nieuwsplatform.

De NOS is succesvol met *NOS Stories*. Wat in 2015 startte met een pilot op Instagram met korte nieuwsvideo's voor jongeren van dertien tot en met achttien jaar, groeide uit tot het grootste nieuwskanaal op Instagram, met ruim 300.000 volgers. *NOS Stories* plaatst op Instagram video's die jongeren in vijftien seconden op de hoogte brengen van het laatste nieuws. *NOS Stories* biedt een mengeling van shownieuws, opmerkelijke berichtjes over bijvoorbeeld een *dragqueen* die kleuters vertelt over verschillen tussen mensen, en berichten die jongeren direct aangaan, zoals nieuws uit studentensteden of over onderwijswetgeving. Maar jongeren vinden hier ook de zogenaamde *explainer*-video's waarin nieuwsonderwerpen verder worden toegelicht, zoals de HPV-prik bij meisjes, of de handelsoorlog tussen China en de VS. Wie meer wil weten, kan terecht op YouTube en Snapchat voor langere nieuwsverhalen en kan ook zelf meepraten over actuele thema's. Zo blijft een generatie die is opgegroeid met het *Jeugdjournaal* op een laagdrempelige manier op de hoogte van het nieuws.

MEDIAWIJSHEID

Een mythe die we in ons werk geregeld moeten ontkrachten is die van de digital natives: jongeren zijn vanaf hun geboorte opgegroeid met digitale media en zullen er dus ook wel vaardig mee omgaan. Dit is veel te simpel gesteld. Het feit dat jongeren media veel gebruiken, wil nog niet zeggen dat ze mediawijs zijn en er ook goed mee omgaan.

Tien jaar geleden startten op scholen allerlei projecten onder de noemer mediawijsheid, om jongeren bewuster om te laten gaan met al die nieuwe media en zich te leren wapenen tegen de onzin en gevaren van de digitale wereld. Met de opkomst van *fake news* en internet-trollen is het voor volwassenen al lastig om werkelijkheid en manipulatie van elkaar te scheiden. Hoe leren we onze kinderen dan om kritisch te blijven kijken naar de boodschappen en verhalen die op hen afkomen? Daarnaast zijn er veel thema's om jongeren goed voor te bereiden verstandig met media om te gaan, van privacy tot internetveiligheid. Bij al deze kennis blijft het van essentieel belang om jongeren te begeleiden: goed leren omgaan met de media om ons heen en je bewust worden van belangen die partijen hebben om anderen te manipuleren. De Raad voor Cultuur omschrijft 'mediawijsheid' als alle kennis en vaardigheden en de mentaliteit die mensen nodig hebben om bewust, kritisch en actief mee te doen in de wereld van vandaag en morgen. Hierbij gaat het om basiskennis (welke media zijn er, hoe zijn ze aanwezig, hoe werken ze, welke doelstellingen hanteren mediapartijen en bedrijven, welke invloed hebben ze in het leven van mensen?) en houding (kunnen reflecteren op je eigen mediagebruik en de invloed daarvan op je eigen gedrag).[7] Dit zijn echter heel complexe vaardigheden. Als je duizenden boodschappen op je afgevuurd krijgt, hoe kun je je dan bewust zijn van de invloed van al die uitingen op jouw gedrag? De vaardigheden om de betrouwbaarheid van informatie te beoordelen neemt toe naarmate jongeren ouder worden. Kinderen en jonge tieners hebben deze vaardigheden nog niet onder de knie. Bovendien worden marketeers steeds inventiever in manieren om hun boodschappen in te pluggen. Als een soap wordt onderbroken door een reclameblok, weet je waar je aan toe bent. Maar hoe zit het met die Nike-schoenen die je favoriete *soapie* draagt? En waarom verschijnen er allemaal aanbiedingen van jongerenreizen in je browser als je in april via Google hebt gezocht naar een vakantiebestemming?

'Ik heb geen reclame nodig om te bedenken wat ik wil kopen. Ik zoek zelf wel uit welke mascara ik nodig heb, of ik kijk op internet wat het beste product is.' **Erna, 17 jaar**

DE ONDERSTROOM VAN DE MEDIA: DE BUZZ

De mediawereld bestaat niet meer alleen uit zenders en ontvangers. Interactiviteit is het codewoord: ontvangers kunnen zenders zijn en zenders ontvangers. Via blogs en social media zijn consumenten van nieuws ook producenten. De mediawereld is multidimensionaal.
En zo ontstaan in feite een boven- en een onderstroom in de communicatie. In de bovenstroom sturen allerlei partijen hun boodschappen de wereld in, in de onderstroom creëren de ontvangers, de jongeren, met die boodschappen hun eigen verhalen en zenden die aan elkaar door. Dit laatste noemen we ook wel de 'buzz', de berichten die rondgonzen. Vergelijk het met de fluisteroefening, waarbij mensen in een kring fluisterend een zin aan elkaar moeten doorgeven en er aan het eind een heel andere boodschap overblijft dan aanvankelijk is ingefluisterd.
Voor afzenders is het goed zich te realiseren dat hun boodschap ook echt uit hun handen is als die eenmaal in de onderstroom is opgepikt door jongeren. Je hebt er geen invloed op. Je kunt als communicatieprofessional hooguit monitoren hoe ze over je praten. Mag je bij die bank rood staan? Is die telecomprovider nou écht zoveel goedkoper als ze beweren? Klopt het dat je je studieschuld na vijfenhalf jaar niet meer hoeft terug te betalen? Jongeren

creëren in hun online community's hun eigen verhalen en nemen niet altijd de moeite om die nog te verifiëren.

PROJECT X IN HAREN

In september 2012 wil Merthe uit Haren haar zestiende verjaardag vieren en via Facebook stuurt ze de uitnodiging naar 78 vrienden. Maar omdat ze de uitnodiging op openbaar heeft staan, kan iedereen hem lezen. Het wordt een online hype en iedereen refereert aan _Project X_, een populaire film over een uit de hand gelopen feest met veel ongenode gasten. Duizenden jongeren reageren op de uitnodiging en hij wordt massaal gedeeld. Uiteindelijk komen er de avond van het feest ook duizenden mensen naar het dorp. Hoewel de sfeer in eerste instantie gemoedelijk is, verandert dat snel omdat jongeren zich vervelen en er niets te doen is. Er ontstaan rellen, verkeersborden en lantaarnpalen worden gesloopt en winkels krijgen het zwaar te verduren.

Een onderzoekscommissie moest naderhand uitzoeken wat er in Haren misging. Er worden iedere dag evenementen georganiseerd op Facebook, maar hier werd door de buzz tussen jongeren een verwachting gewekt dat er iets bijzonders zou gaan gebeuren. Alleen was er die avond niks te doen in Haren en liepen alle jongeren doelloos rond. Sommigen waren zelfs in de veronderstelling dat de gemeente een feest zou organiseren. Naarmate de avond vorderde en er meer alcohol werd gedronken, werd de sfeer grimmiger: er werden fikkies gestookt en winkels werden geplunderd.

Het lijkt op fake news avant la lettre; nieuws dat zich als een lopend vuurtje door de maatschappij verspreidt. Dit is de buzz die zich via Facebook, chat, Instagram en Whatsapp razendsnel verspreidt binnen de netwerken van jongeren. Zo kunnen jongeren zich snel organiseren, denk aan scholieren- en studentenprotesten die af en toe plaatsvinden, maar dingen kunnen ook onnodig uit de hand lopen, zoals in Haren.

GEEF ZE VERHALEN

Journalisten hanteren een onderscheid tussen *need to know*- en *nice to know*-informatie. Oftewel: wat moet je echt weten versus wat is gewoon leuk om te weten. Jongeren definiëren dit echter anders dan volwassenen. Voor jongeren speelt de vraag: Hoe kan ik meepraten met mijn vrienden? Weet ik de laatste nieuwtjes waar mijn vrienden over praten? Met die bril scannen jongeren het nieuws. Hoe beter je op de hoogte bent, hoe meer status je vergaart. De laatste escapades van Kim Kardashian en Kanye West of de nieuwe vriendin van Justin Kluivert kunnen volgens die definitie belangrijker zijn dan de val van een Nederlandse minister of de laatste verkiezingspolls.

Partijen die willen doordringen tot de jongerencultuur, zowel de voorlichters als de verleiders, doen steeds vaker pogingen een buzz te creëren rond hun product of boodschap, zodat mensen erover gaan praten en de media het oppakken. Vaak gebruiken ze daar influencers voor, die al door veel jongeren worden gevolgd. Als het werkt, verspreidt de boodschap zich als een virus onder duizenden jongeren zonder dat het veel advertentiebudget vraagt. Het is de droom van menig marketeer en voorlichter. Met geleende autoriteit van beroemdheden uit de jongerenwereld en door aan te haken op de verhalen die jongeren interessant vinden om met elkaar te delen, proberen zij door te dringen in het hart van de peergroup. Dit heet ook wel virale marketing, een marketingtechniek die met behulp van sociale netwerken zoals Instagram of YouTube probeert de bekendheid en het bereik van een merk te vergroten. Om dit voor elkaar te krijgen moet een campagne jongeren inspireren en makkelijk te delen zijn met volgers, fans en vrienden, zodat een verhaal zich als een virus over het internet verspreidt.

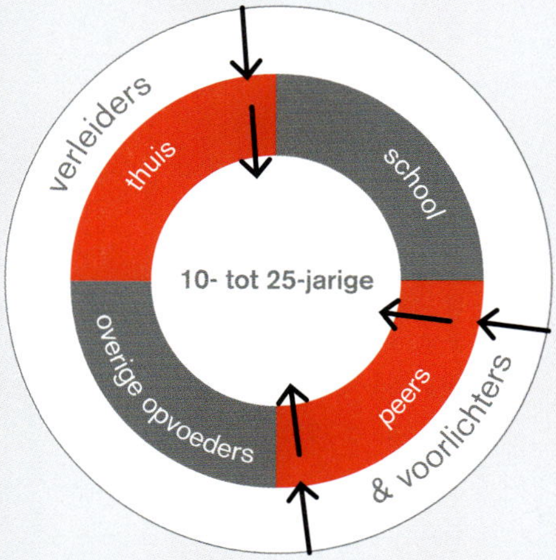

Een boodschap van buiten moet door de ring van beïnvloeders en betekenisgevers.

Het dilemma van virale marketing is dat volwassenen proberen binnen te dringen in de jongerenwereld, terwijl jongeren zich daar vooral ophouden omdát er geen volwassenen zijn. Als een virale campagne aanslaat, kan een boodschap zich dus snel verspreiden onder grote groepen jongeren, maar het is van tevoren niet makkelijk te voorspellen of een bepaalde aanpak effect zal hebben. De meeste campagnes worden geen succes, omdat het nauw luistert of iets aanslaat in de jongerenwereld. Daarnaast moeten partijen van buiten altijd langs het beïnvloedende kader van jongeren, waar ouders en docenten proberen om ze na te laten denken over de mooie beloftes van commerciële partijen. Of waar leeftijdgenoten maar al te bereid zijn om uit te leggen dat de nieuwe Nix18-campagne om niet te drinken voor je achttiende dikke onzin is omdat hun ouders op 16-jarige leeftijd al mochten drinken.
Diverse bureaus hebben zich toegelegd op het verspreiden van virale campagnes. Ze zaaien op de juiste plekken, om te stimuleren dat een boodschap gaat rondzingen. Ook de pers kan een schakel zijn in virale campagnes. Omdat journalisten nice to know-informatie willen bieden aan hun jongere lezers, plaatsen zij graag ludieke acties en fotomomenten.

RANDVOORWAARDEN VOOR SUCCES

Wie tot de jongerenwereld wil doordringen kan zich maar beter laten vertegenwoordigen door jongeren of jongereniconen die de boodschap verkondigen. Voorwaarden voor

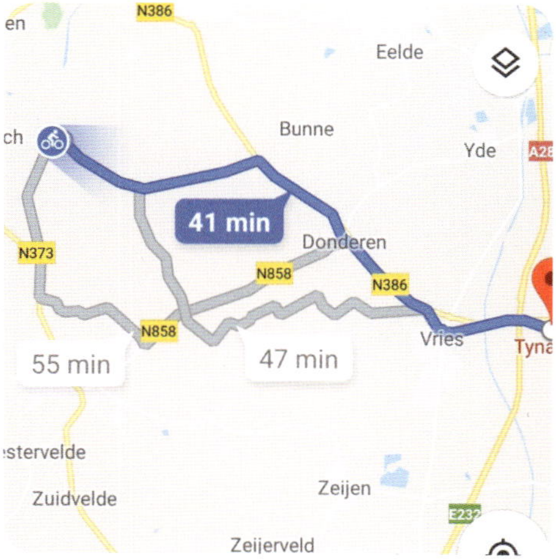

succesvolle virale campagnes zijn humor, relevantie en authenticiteit. En de vraag of een campagne aan die voorwaarden voldoet, dat bepalen jongeren zélf, met elkaar.
Boodschappen moeten 'echt' zijn en niet gekunsteld met een hip sausje erover, want daar reageren jongeren allergisch op. Wanneer is iets 'echt'? Als het past bij de afzender. Als vorm en boodschap in balans zijn. Een campagne voor jongeren mag niet voelen als een vader die nog steeds 'vet cool' zegt.
Essentieel is ook de vraag of een bepaalde boodschap relevant is. Let wel: relevantie zoals de ontvanger die definieert. Als de afzender een boodschap plugt als 'zeer relevant voor jongeren', ervaren jongeren het al gauw als een belerend vingertje. Eigenlijk moet elke verleider of voorlichter zich continu verdiepen in de belevingswereld van jongeren. Steeds weer moet de leidende vraag zijn: Sluit dit aan bij een behoefte van jongeren? Lost dit een probleem voor ze op? Waarom zouden zij hierover gaan praten met hun vrienden? Waarom zouden ze deze boodschap doorsturen aan anderen of erdoor in actie komen? Hierbij helpen inzichten uit de sociale psychologie.
Commerciële merken hebben het hierin vaak makkelijker dan voorlichters. Bij grote merken hebben jongeren al snel een beeld en begrijpen ze de achterliggende bedoeling (iemand wil geld verdienen door iets aan mij te verkopen). Ze snappen het spel en de spelregels. Maar overheden die een stichtende boodschap uitzenden, moeten toch altijd eerst een antwoord geven op de vraag: wie ben jij eigenlijk dat je me dit komt vertellen? Waarom kan mijn gedrag jou iets schelen?
Met de komst van meer media en het bestaan van afzonderlijke netwerken van gelijkgestemden wordt het ook steeds belangrijker te differentiëren. Je moet je boodschap aanpassen aan de omgeving waarin je die vertelt. Een en hetzelfde verhaal overal uitventen is steeds minder effectief. Een filmpje om jongeren te werven voor de landmacht vergt op geenstijl.nl een andere insteek dan op Instagram.

ANDERE KADERS

Campagnemakers bedenken dus van alles om in de jongerenwereld, in de peergroups, over de tong te gaan. Daarnaast zien we dat ze ook de andere beïnvloedende kaders gebruiken om hun boodschappen over te brengen. Het besef dat jongeren zich in een betekenisgevende context begeven, werkt ook door in campagnes.

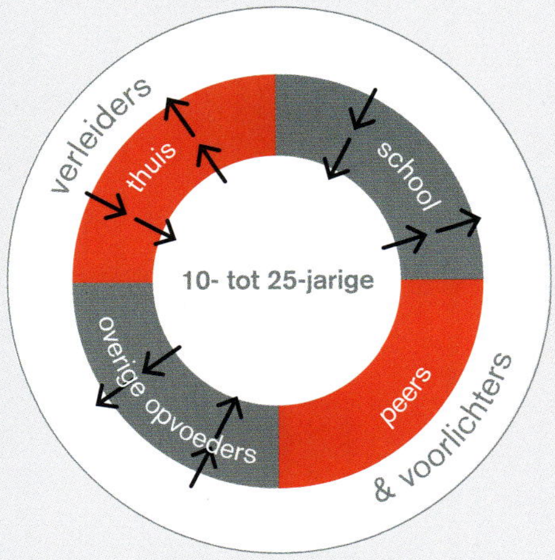

Hoe boodschappen worden gefilterd en beïnvloed.

Vooral voorlichters betrekken ouders, school en overige opvoeders vaker actief als 'secundaire doelgroep' om uiteindelijk gedragsverandering bij de jongeren tot stand te brengen. Het Trimbos Instituut heeft diverse sites om ouders te vertellen hoe schadelijk drugs en alcohol op jonge leeftijd zijn en hoe je als ouder het gesprek kunt aangaan.[8] Het ministerie van Binnenlandse Zaken spoort docenten, wijkagenten en jongerenwerkers aan om alert te zijn of jongeren in hun omgeving radicaliseren. Sportclubs worden gewezen op hun voorbeeldrol in drankgebruik door jongeren. Het Longfonds, KWF en de Hartstichting roepen scholen op zich uit te spreken voor en rookvrije generatie. Ook al zagen we eerder dat de invloed van deze influencers varieert per thema, het kan een slimme manier zijn om jongeren te bereiken. Een geïntegreerde aanpak waarin je jongeren én de belangrijkste kaders aanspreekt is vaak de beste strategie.
Commerciële partijen komen met hun boodschappen die beïnvloedende kaders veel moeilijker binnen. Reclame en promotie binnen de schoolomgeving is bijvoorbeeld gebonden aan regelgeving en docenten en ouders staan vaak kritisch tegenover reclame.

7.4 In contact blijven met jongeren

We hebben gezien dat de routes voor verleiders en voorlichters om door te dringen tot het puberbrein behoorlijk veranderd zijn. Jongeren krijgen meer boodschappen te verwerken dan ooit. Media zijn geïntegreerd in de netwerken van jongeren. Ze bezoeken dagelijks actief online mediapartijen en zijn niet alleen ontvanger, maar ook zender van boodschappen. Met jongeren communiceren is niet meer een kwestie van een massamediale campagne opzetten en uitzenden. Jongerenmarketing en -communicatie is steeds minder stuurbaar en controleerbaar. Je agendeert een thema, een issue, en hoopt dat jongeren het verhaal oppikken en gaan versterken door het op de juiste manier met anderen te liken en te delen. Om effectief door te dringen tot de jongerendoelgroep, moeten organisaties en bedrijven bereid zijn een dialoog met jongeren aan te gaan. Dat begint al in het voorstadium. Je moet nieuwsgierig willen zijn naar hun mening en vooral naar het antwoord op de vraag waarom iets voor hen wel of niet relevant zou kunnen zijn.

Als je campagne gestart is en de boodschap gelanceerd, moet je steeds monitoren wat jongeren met je verhalen doen. Met de fluisteroefening in gedachten moet een marketeer blijven volgen welk verhaal ze doorvertellen.

Communiceren met jongeren vergt dus een heel andere inzet. Vanuit een groter gedachtegoed moet je continu in contact willen staan met die jongerendoelgroep. Je moet willen leren uit die interactie. Wat vinden ze van een boodschap? Hoe reageren ze erop? Afzenders die bereid zijn tot echte interactie met hun doelgroep en op basis hiervan hun boodschappen en producten finetunen, zijn de verleiders en voorlichters van de toekomst.

HET REMINISCENTIE-EFFECT – TERUG NAAR JE JEUGD

Nog een reden voor marketeers om zich op jongeren te focussen is het reminiscentie-effect. Vanaf het zestigste levensjaar keren jeugdherinneringen scherper dan ooit terug. Soms zijn het minuscule details: ineens kun je je weer levendig voor de geest halen met wie je vroeger altijd op straat speelde, een drankje dat je als tiener op een feestje leerde kennen, de geur van de crème die je moeder gebruikte. Psycholoog Douwe Draaisma gaat er in zijn boek *De Heimweefabriek* dieper op in.

Interessant is dat mensen zich vooral situaties herinneren uit de tijd dat ze een jaar of twintig waren. Draaisma noemt hiervoor een aantal mogelijke verklaringen. Een biologische verklaring is dat de hersens in optimale conditie zijn, waardoor alles wat je in die periode beleeft veel meer kans heeft om opgeslagen te worden dan dingen die je op latere leeftijd meemaakt. Een andere verklaring is het feit dat je rond je twintigste veel memorabele gebeurtenissen meemaakt, die je intenser beleeft: ontluikende (of instortende) liefdesrelaties, keerpunten rond studie en werk, cruciale gesprekken met personen die richting geven aan je leven.

Ook uit andere onderzoeken blijkt dat mensen graag terugdenken aan hun jeugd. Nostalgie is een belangrijke waarde, waar marketing vaak ook bewust op inspeelt. Denk maar aan oude muziektracks in commercials. De intense beleving van emoties op jonge leeftijd zou voor marketeers een extra motief moeten zijn om te willen doordringen tot de hersenen van jongeren.[9]

TIPS VOOR VERLEIDERS EN VOORLICHTERS

- **Een-op-eencommunicatie is de optimale vorm van communicatie**
  In echte gesprekken komt een boodschap het beste over, omdat je kunt inspelen op reacties van de ander. Hoe belangrijk internet en andere media ook zijn geworden, onderschat nooit de kracht van face-to-face gesprekken.

- **Gebruik beeldcultuur**
  Hoe meer zintuigen je met een boodschap aanspreekt, hoe beter mensen de informatie verwerken. Met name visuele informatie is krachtig. Wil je maximale impact? Gebruik dan niet veel tekst en verlevendig je verhaal met filmpjes en infographics. Jongerencultuur is beeldcultuur.

- **Blijf authentiek**
  Pas geen trucjes of kunstjes toe om je zogenaamd de jongerencultuur eigen te maken. Jongeren haten het als je je anders voordoet dan je bent en je een imago aanmeet dat niet past bij je identiteit.

- **Bied jongeren verhalen die ze door kunnen vertellen aan vrienden**
  Binnen de jongerencultuur gaat het *word of mouth* nog veel sneller door het online delen en liken. Pas daarbij op met humor. Een goede grap kan wonderen verrichten. Maar wie bepaalt wat grappig is? Verlaat je niet alleen op je onderbuikgevoel en test ideeën altijd bij jongeren zelf.

- **Bewaak de balans tussen boodschap en vorm**
  Bij een serieuze boodschap, bijvoorbeeld over een nieuwe opleiding, hoort een serieuze toonzetting. Fun en humor zoeken ze wel ergens anders. Bovendien willen jongeren serieus genomen worden.

- **Zoek een geloofwaardige mix tussen een influencer en je boodschap**
  Een 'willekeurige' YouTuber inzetten om een boodschap over te brengen is niet zo effectief. Als je jongeren via deze route wilt bereiken, moet je je oprecht verdiepen om te komen tot een geloofwaardige – en effectieve – match.

- **Wees transparant**
  In het transparante digitale tijdperk blijft weinig geheim. Je kunt niet meer A zeggen en B doen. Organisaties moeten goed nadenken of ze hun imago naar de buitenwereld ook intern kunnen waarmaken, want *inside is outside*. Bovendien: *bad news travels fast*, zeker in de jongerenwereld.

- **Keep it simple**
  In de ratrace om aandacht van de jongere is onderscheidend vermogen en een simpele boodschap belangrijk. Het moet direct duidelijk zijn wat je toegevoegde waarde is voor de jongeren, anders ben je ze kwijt.

- **Bied handelingsperspectief**
  Vooral bij voorlichting geldt: belicht niet alleen het probleem, maar ook de oplossingen. Wat kunnen jongeren eraan doen? Ze komen best in beweging als je een goede actie neerzet: een dagje in hongerstaking (www.zipyourlip.nl) of dansen voor een goed doel (www.dance4life.nl). Zo wordt maatschappelijk bewust leven wel heel aantrekkelijk!

- **Bouw aan merkenvoorkeur**
  Zie als charitatieve organisatie jongeren nog niet als donateur, maar werk aan het kweken van merkenvoorkeur op de langere termijn. Het betaalt zich terug.

Loes (19 jaar), Haaksbergen, opleiding voor doktersassistent.

8. Het puberbrein

in het doolhof van studiekeuzes

De belangrijkste keuze in hun leven moeten de meeste jongeren maken als ze er eigenlijk nog niet helemaal klaar voor zijn: want hoe weet je welke vervolgopleiding je voor je toekomst moet kiezen als je het al lastig vindt om drie maanden vooruit te plannen? En je bovendien een beperkt beeld hebt van wat bepaalde beroepen inhouden. Volwassenen beginnen al heel vroeg aan je te vragen: 'Wat wil je later worden? Weet je al wat je hierna gaat doen?' Terwijl de meeste jongeren al hun aandacht nog bij de middelbare school hebben – proefwerken, profielwerkstukken, naderende examens – moeten ze gaan uitzoeken wat hun vervolgstap zal zijn. Sommigen gaat dat heel goed af, die weten al heel lang wat ze willen, maar een grote groep verdwaalt in het woud van opleidingen en mogelijkheden. En in hun eigen hoofd vol wensen en globale dromen. Torenhoge uitvalcijfers in het eerste studiejaar bewijzen dat kiezen lastig is voor het puberbrein. Hoe kunnen we jongeren ondersteunen om goede keuzes te maken voor hun toekomst?

'Ik heb echt nog geen idee wat ik hierna ga doen. Eerst van de middelbare school af. En dan misschien even geen school, een tussenjaar ofzo. Ik wil iets gaan doen wat ik echt leuk vind en niet weer allemaal dingen leren die je niet nodig hebt. Ik ben echt niet dom ofzo, maar het is best lastig om een opleiding te vinden die interessant is en waar je later ook je geld mee kunt verdienen.' (Sylvester, 6 vwo)

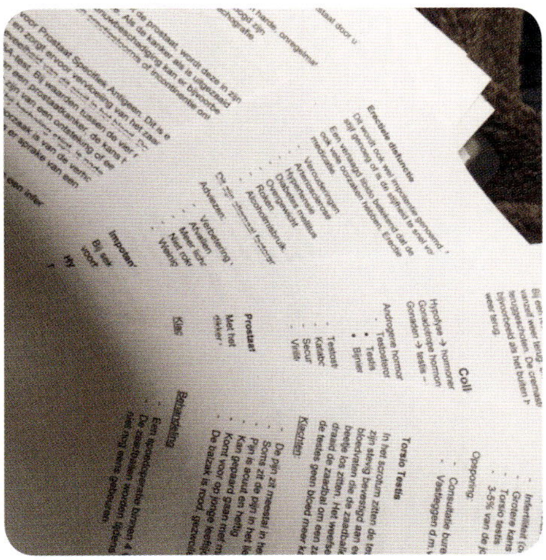

8.1 Het keuzeproces

Vroeger werd je bakker omdat je vader bakker was. Je ging van school om je ouders in de winkel te helpen. Je werd leerling in de fietshandel van je oom. Of, als je geluk had, stuurden je ouders je naar de hbs of de universiteit om dokter of notaris te worden. Sinds de Tweede Wereldoorlog konden gaandeweg steeds meer jongeren hun eigen pad naar de toekomst kiezen. Momenteel worden er binnen het hbo en wetenschappelijk onderwijs rond de drieduizend studies aangeboden, heel vaak zijn dat variaties op dezelfde thema's. In het mbo is het met 1.150 centraal gecrediteerde beroepsopleidingen niet anders.
In het labyrint van opleidingsrichtingen en vervolgopleidingen ontbreken de wegwijzers. Hoe meer keuzemogelijkheden, hoe moeilijker de keuze. Bovendien doen hogescholen en universiteiten hun opperste best het aanbod zo aantrekkelijk mogelijk te presenteren, waardoor studiekiezers niet altijd een even realistisch beeld krijgen van de studie en de toekomstmogelijkheden. De tijd om dit te onderzoeken, valt tijdens de laatste twee klassen van de middelbare school, juist in de periode die vooral gericht is op eindexamenresultaten. Hierdoor schiet het bezoeken van open dagen en meeloopdagen er nog wel eens bij in waardoor de leerling relatief laat en oppervlakkig op onderzoek uit gaat.

TE VROEG KIEZEN

Jongeren hebben vaak geen idee waarvoor ze kiezen, omdat ze op het moment van hun keuze vaak nog niet overzien waar het echt over gaat. In bijna geen enkel ander land moeten jongeren al zo jong een vervolgopleiding kiezen. Landen om ons heen bieden de mogelijkheid dit uit te stellen tot na hun zestiende (de *comprehensive school* in het Verenigd Koninkrijk of de *Gesamtschule* (Duitsland). In Nederland staan kinderen al direct na de basisschool op een zevensprong. Wordt het vmbo? Met of zonder leerwegondersteuning? Zou havo lukken, of vwo? Tweetalig of gewoon? Naar het gymnasium of naar de nieuwe bètavariant, het technasium? Brede scholengemeenschappen maken de keuze iets gemakkelijker omdat ze veel onderwijstypen in huis hebben. Maar ook hier zitten leerlingen maar zelden in volledig gemengde groepen. En net als de leerling zijn draai gevonden heeft, dient de volgende keuze voor een profiel zich alweer aan: na leerjaar twee in het vmbo en na leerjaar drie in havo/vwo. Maar wie weet op z'n veertiende al wa hij wil worden? Voor veel pubers is het keuzeproces in deze fase een soort negatief afstreeplijstje: in elk geval niet dát.
De vroege studie- en beroepskeuze is een van de nadelen van het Nederlandse onderwijsbestel. Daarover is bijna iedereen het eens. Maar plannen om deze weeffout te herstellen halen het niet. Al zijn er de laatste jaren een paar voorzichtige experimenten gestart met een soort middenschool die uitgaat van een verlengde onderbouw en een vloeiende overgang van basisonderwijs naar voortgezet onderwijs; het laatste woord is hier in onderwijsland nog niet over gezegd. Onderwijsbestuurders voeren wel discussie over een minder rigide verdeling tussen de verschillende fasen in het onderwijs, om te zorgen dat de schotten tussen leeftijden en schoolniveaus iets soepeler worden en we meer rekening kunnen houden met het tempoverschil waarin kinderen zich ontwikkelen. Iedereen begrijpt dat niet alle kinderen die tussen hun elfde en dertiende naar de brugklas gaan, zowel vroege als late leerlingen, en kinderen die een keer een jaar over hebben gedaan, daar ook allemaal

tegelijk aan toe zijn. De een stort zich op de schoolvakken en zou eigenlijk kunnen versnellen en met vijftien jaar al eindexamen kunnen doen. De ander is daar op zijn achttiende nog niet aan toe omdat hij vooral bezig is met sport en vrienden. Waarom persen we dan iedereen in hetzelfde tijdschema? In de praktijk betekent dat namelijk dat kinderen met een gelijk IQ op verschillende niveaus kunnen eindigen omdat het schoolsysteem wel bij het tempo en de ontwikkeling van de een past, maar veel minder is afgestemd op de behoeften van de ander. Een grote groep jongeren komt van de middelbare school af met een diploma dat feitelijk onder het niveau van hun potentie ligt: 17 procent van de jongens en 10 procent van de meisjes is in leerjaar drie afgestroomd naar een lager niveau dan hun basisschooladvies.[1]
Jongeren uit deze groep doen na hun vmbo- of havo-opleiding nog een niveau hoger erachteraan, vaak op dezelfde school. En veel jongeren maken op latere leeftijd nog weer een inhaalslag met cursussen of nog een nieuwe opleiding.
Op dit moment zien we, met name in het vmbo, een trend dat scholen hun programma's verbreden, zodat je bijvoorbeeld niet alleen over metaaltechniek leert, maar over techniek in bredere zin. Een voordeel van deze aanpak is dat leerlingen straks meer kanten op kunnen. De ingrediënten voor deze bredere opleidingen zijn: veel praktijk, geïntegreerde theorie, aandacht voor beroepshouding en algemene beroepsvaardigheden. Op havo- en vwo-niveau maken steeds meer scholen het mogelijk om twee profielen naast elkaar te volgen, een extra vak te kiezen of bepaalde vakken waar je goed in bent op een hoger niveau te volgen. Goede aanzetten waardoor leerlingen meer opties kunnen openhouden.

BLIND DATE

En dan moet je op de middelbare school ineens kiezen. Basisschoolkinderen kunnen nog eindeloos dromen over wat ze later willen worden: fotomodel, profvoetballer, YouTuber. 'Als jij het wil, dan kan het', zeggen ouders vaak, in een poging om een beetje van die passie zo lang mogelijk te kunnen vasthouden. Die *reality-check* komt immers later wel. En waarom zou het niet lukken?
Als jongeren naar de middelbare school gaan, leren ze gaandeweg beter in te schatten waar hun vaardigheden liggen ten opzichte van anderen. Sommige droombanen vallen af en er komen nieuwe idealen bij. Toch overvalt veel jongeren de keuze voor een vervolgopleiding. Ontwikkelingspsycholoog Michiel Westenberg zegt: 'Nu is studiekeuze net zoiets als een blind date. Stel dat jongeren op de Jaarbeurs in Utrecht een partner moeten uitkiezen.'[2]
Eigenlijk moeten we het systeem zo organiseren dat jongeren het ervaren als allesbehalve een blind date.
Loopbaanoriëntatie en keuzebegeleiding staan tegenwoordig op alle lesroosters in het vmbo, havo en vwo, al hebben scholen veel vrijheid om zelf in te vullen hoe ze daar vorm aangeven. Welke sector ga je kiezen, welk profiel bepaalt jouw toekomst? Tijdens projecten trekken derdeklassers het plaatselijke bedrijfsleven in en in maatschappelijke stages maken ze kennis met voor hen onbekende sectoren van de samenleving. Maar in hoeverre kunnen ze die opgedane inzichten vertalen naar hun eigen keuzevraag? En kunnen ze de link met hun eigen toekomst leggen? Dit vergt abstracter denken en inzicht in je eigen identiteit, twee dingen waar jongeren eigenlijk nog moeite mee hebben.
Hersenwetenschapper Eveline Crone beschrijft in haar boek *Het puberende brein* dat

succesvolle studiekeuzes bepaald worden door verschillende factoren, zoals cognitieve vaardigheden, toekomstoriëntatie, identiteitsontwikkeling en zelfbeeld.[3] Een belangrijke factor die een rol speelt bij de manier waarop jongeren keuzes maken, is de afweging tussen korte- en langetermijnuitkomsten. Crone: 'Jongeren maken aanvankelijk vaak keuzes die gericht zijn op de korte termijn (zoals kiezen wat hun vrienden doen zodat zij volgend jaar weer bij hen in de klas zitten), terwijl ze zich met de jaren meer op de toekomst gaan richten (zoals kiezen voor een vervolgopleiding die ook in de toekomst bij hun interesses past)'.[4] De verbinding tussen een deel van de frontale cortex en de emotionele kernen in de hersenen spelen een belangrijke rol bij het kunnen uitstellen van een beloning. Omdat deze verbindingen nog in ontwikkeling zijn, hebben jongeren vaak moeite om over zichzelf na te denken in de verdere toekomst. Anders gesteld: mettertijd gaan ze dit steeds beter kunnen.
Bij studiekeuze is nog een element van belang, namelijk iemands zelfbeeld. Hoe goed kunnen jongeren hun capaciteiten zelf inschatten, in relatie tot wat er in een opleiding van hen gevraagd zal worden? Dit is best een complexe vraag – welke capaciteiten zijn hierbij belangrijk en hoe goed beheers ik die, ook in vergelijking met anderen? – waarbij de frontaalkwab een wezenlijke rol speelt. Experimenten laten zien dat kinderen en ook volwassenen vaak een positief zelfbeeld hebben en dat jongeren in de adolescentie kritischer naar zichzelf gaan kijken. Ze gaan zichzelf steeds meer vergelijken met anderen en leren van feedback van anderen. Het hebben van een realistisch zelfbeeld is belangrijk. Crone schrijft: 'Het blijkt namelijk dat de mate waarin ze zichzelf kennen en een positief zelfbeeld hebben, voorspelt hoe goed een vervolgopleiding bij hen past.'[5]
Jongeren zijn dus tijdelijk extra kritisch op zichzelf in relatie tot anderen. Wat maar onderstreept hoezeer ze anderen nodig hebben om een gefundeerde keuze te kunnen maken die bij hen past. En concrete ervaringen, zoals we verderop zullen zien.

IEMAND DIE KAN VERTELLEN WAT IK MOET DOEN

Emmy (19 jaar) woont weer thuis bij haar vader in Enschede:

'Vroeger wilde ik dierenarts worden. Dat leek me zo leuk. Ik opereerde ook wormen. Maar het werd havo in plaats van vwo en natuur- en scheikunde liggen mij gewoon niet. Dus dat werd moeilijk. Nu denk ik wel eens: had ik maar gewoon doorgezet. Ik had best naar de universiteit gekund en met extra hulp had ik misschien ook scheikunde en natuurkunde aangekund.

Op mijn zeventiende kwam ik van de havo in Enschede. Ik wist echt niet wat ik precies wilde doen. Toen ben ik Small Business gaan doen. Maar daar zat ik tussen alleen maar jongens van 26 die allemaal eerst mbo hadden gedaan. Ik ben gestopt en begon een deeltijdstudie Communicatie in Amsterdam. Maar na één zaterdag tussen de verveelde huisvrouwen ben ik niet eens meer teruggegaan. Ik verhuisde naar Haarlem om media- en entertainmentmanagement te gaan doen, maar er ging iets niet helemaal goed met de inschrijving. Nu zou ik eigenlijk in september beginnen, maar ik vind het helemaal niet leuk in Haarlem. Ik heb hier niets. Dus ga ik terug naar Enschede en dan zie ik wel. Laatst sprak ik een meisje dat sportpsychologie doet. Zij vertelde heel enthousiast over die studie. Dan denk ik: ja, dat lijkt mij ook echt heel leuk. Ook omdat ik weet dat ik makkelijk uit mijn woorden kom en een goed inlevingsvermogen heb. Maar ik weet dat ik dan naar de universiteit moet. Dan ga ik toch denken: kan ik dat wel?

Ik wil nog wel heel graag een opleiding doen. Op school werk je ergens naar toe. Het is alleen nog niet goed gegaan tot nu toe. Ik weet nu wel dat er regelmatig een leraar aanwezig moet zijn die me goed begeleidt. Zelfstudie is niets voor mij. Ook bij het kiezen van de studie zelf zou het het mooiste zijn wanneer iemand mij precies kan vertellen wat ik moet doen en me bij iedere stap begeleidt. Maar ja... die bestaat niet.'

KEUZESTRESS

Jongeren voelen bovendien een steeds grotere maatschappelijke en financiële druk om in één keer de juiste keuze te maken. Allereerst prenten we jongeren, in een beweging van individualisering, al decennia de gedachte in dat hun eigen leven maakbaar is. Een succesvolle toekomst maak je immers zelf, door hard te werken én door de juiste keuzes te maken. Verder hebben jongeren soms de neiging zich te conformeren aan wat zij denken dat anderen, zoals ouders, leeftijdgenoten of de maatschappij, van hen verwachten. Dit vergroot de kans op een keuze die gebaseerd is op redenen die niets met hun eigen drijfveren te maken hebben.

Het afschaffen van de basisbeurs en het invoeren van het sociale leenstelsel in 2015 hebben de druk nog verder vergroot. Switchen van opleiding kost je nu niet alleen tijd, maar ook geld. En dan is er nog het bindend studieadvies in het eerste jaar van je opleiding dat de ruimte voor twijfel vernauwt. Daarnaast is de aanmelddeadline vervroegd, voor het mbo naar 1 april en voor het hoger onderwijs naar 1 mei. Hier zijn praktische redenen voor aan te geven, maar de deadline valt wel precies midden in de eindexamenperiode.

Er zou op middelbare scholen meer aandacht moeten zijn voor persoonlijke ontwikkeling om jongeren te ondersteunen in hun studiekeuzeproces. Nu voelen ze weinig ruimte voor

twijfel en hebben ze soms het idee de enige te zijn met onzekerheden. Dat levert stress op. Het is daarom belangrijk om ook twijfels tijdens het studiekeuzeproces bespreekbaar te maken, en ook daarna, tijdens de studie.
Het RIVM signaleerde onlangs in een toekomstverkenning over volksgezondheid dat de stress bij jongeren en jongvolwassenen door een combinatie van factoren toeneemt.[6] Studiekeuze en studiesucces zijn volgens ons beslist belangrijke bestanddelen van die stress-verhogende cocktail.

8.2 Hoe kom je erachter wat je echt wilt?

We noemden het al; er zijn oneindig veel opties en mogelijkheden om uit te kiezen. We leven in een tijd waarin we de luxe hebben om ons hart te volgen en het beste uit onszelf te halen. Maar hoe doe je dat dan, je hart volgen? En waar kom je dan terecht? Veel jongeren hebben geen idéé. Ze hebben hun middelbare school doorlopen vooral omdat het móet, iets wat ons opvoedsysteem voor hun besloten heeft, maar dan komt ineens de vraag wat zij zelf eigenlijk willen. Hoe pak je dat aan?

Rondom studie- en beroepskeuze komen verschillende elementen samen: interesses, capaciteiten, vooropleiding, drijfveren, beroepsbeelden en arbeidsmarktperspectief. Wij vatten het ideale keuzeproces vaak samen in drie stappen: Inspiratie – Informatie – Bevestiging. Om een voorbeeld te geven: een 15-jarig meisje ziet op tv een harttransplantatie en is geraakt door de complexiteit en deskundigheid van het medisch personeel. Ze kiest Natuur en Gezondheid (N&G) als profiel en verdiept zich in medische opleidingen. Ze komt uit bij de bacheloropleiding Geneeskunde in Utrecht. Als ze haar ideeën deelt met ouders en vrienden, reageren die steevast met 'echt iets voor jou' en 'dat kun je vast'. Ze meldt zich in 5 vwo aan voor de meeloopdag. Nu is het afwachten of ze wordt ingeloot.
Zo kan het gaan. Maar laten we hier vooral ook de kanttekening maken dat niet alle jongeren dit als een volgordelijk abc'tje doorlopen. Studiekeuze verloopt in *loops*, als bij een ganzenbordspel. Het is geen chronologisch en lineair proces, maar fasen wisselen elkaar af. Opleidingen worden overwogen en vallen af; nieuwe opleidingen worden bekeken en vallen weer af. En uiteindelijk blijven er een paar opleidingen over die (al dan niet) uitgebreider worden bekeken, waarna er vóór 1 april of 1 mei een keuze valt.

Het ideale keuzeproces in vereenvoudigde vorm.

Het begint bij inspiratie. Het is belangrijk dat jongeren ergens door geraakt worden. Dit heeft met een aantrekkelijke vorm te maken, zoals een mooi filmpje of een bevlogen student, maar ook met de inhoud: in hoeverre appelleert die aan hun drijfveren? Daarom is het ook zo belangrijk dat jongeren bij zichzelf te rade gaan over wat hen drijft. Als ze weten wat hun drijfveren zijn, dan kunnen ze gerichter op zoek naar informatie die daarop aansluit. Wie omgekeerd begint – 'eerst maar eens wat informatie opdoen en dan kijken wat me leuk lijkt' – ziet al gauw door de bomen het bos niet meer.
Opleidingen doen er dus goed aan om, voordat ze potentiële studenten bestoken met informatie over roosters en toelatingseisen, eerst na te denken hoe ze de broodnodige inspiratie kunnen bieden. Veel jongeren die bijvoorbeeld een open dag bezoeken van een vervolgopleiding vergelijken uiteenlopende opleidingen met elkaar en zoeken (onbewust) inspiratie: naar ervaringen en verhalen die raken aan hun drijfveren. Het interessante is dat ze die precieze drijfveren zelf vaak nog niet kunnen benoemen. Bovendien liggen drijfveren vaak nog niet vast. Maar áls ze ergens enthousiast van worden, voelen ze dat wel.

In hun zoektocht naar informatie gaan jongeren nader op onderzoek uit, vaak vanuit interesses: 'Ik wil iets doen met vormgeving. Of iets met de natuur. Welke studie kan hierbij horen? Waar kan ik dit leren?' Vanuit deze vragen kunnen ze stappen ondernemen om meer te weten te komen over mogelijke studies, door websites te bekijken, open dagen te bezoeken, materiaal te verzamelen, of een dagje mee te lopen met een student. Hoe vreemd het ook lijkt, er zijn nog altijd jongeren die aan een opleiding beginnen waar ze voor aanvang nog nooit een voet over de drempel hebben gezet. Maar ook in de directe omgeving is informatie te vinden: bij hun ouders, een neef of nicht, of bij een enthousiaste docent. 'Welke studies doen mensen die ik ken? Wat voor werk hebben de mensen om mij heen, waar zijn ze mee bezig? En wat vind ik daar wel of niet interessant aan?'

Als jongeren wat verder gevorderd zijn in hun keuzeproces, gaan ze in hun eigen omgeving bevestiging zoeken. Dit is een extra inspanning waarbij ze goed moeten verifiëren of dat wat ze overwegen, ook daadwerkelijk bij hun past. Dat is tweeledig. Ze spiegelen zich aan studenten die de opleiding al doen: voel ik me hier thuis, past dit bij mij? En ze bespreken het met mensen die belangrijk voor ze zijn: hoe reageren zij op de keuze? De belangrijkste beïnvloeders op het gebied van studiekeuze zijn voor de meeste jongeren tot ongeveer twintig jaar hun ouders. Als zij zeggen 'Dat is toch niets voor jou?', is de kans niet zo groot dat hun kind die richting alsnog kiest. Maar ook leeftijdgenoten en docenten hebben invloed. 'Fysiotherapie? Wat gaaf! Dat is echt iets voor jou!' Als vrienden dit zeggen, beïnvloedt dat de keuze positief. 'Fysiotherapie? Dat is echt iets voor watjes', is dan natuurlijk een dodelijke opmerking. Bijna iedere jongere voelt zich onzeker over deze grote beslissing. Bevestiging is daarom heel belangrijk. Het zorgt ervoor dat ze de opleiding met een duidelijker beeld en meer overtuiging starten, wat het risico op uitval verkleint.
Al die stappen kosten tijd. Een studiekeuze wordt pas betekenisvol naarmate iemand heeft gereflecteerd op opgedane informatie en ervaringen, en er voor zichzelf betekenis aan heeft gegeven. In het voortgezet onderwijs is hier niet altijd voldoende tijd en ruimte voor. Soms zijn er snuffelstages, oriëntatieprojecten en stappenplannen, maar dit is niet overal gebruikelijk. Ook de ondersteuning door decanen en mentoren varieert. Jongeren moeten nog veel zelf uitzoeken.

LOOPBAANLEREN

Een bruikbaar kader om heel gericht na te denken over ingrediënten die jongeren nodig hebben om keuzes te maken voor later, zijn de vijf loopbaancompetenties van de onderzoekers Frans Meijers en Marinka Kuijpers.[7] Zij zien *loopbaanleren* als de ontwikkeling van je eigen persoonlijke 'loopbaanverhaal'. Dat verhaal is nooit af, maar ontstaat en ontwikkelt zich voortdurend naarmate je jezelf beter leert kennen aan de hand van ervaringen.
Meijers en Kuijpers stellen vijf loopbaancompetenties centraal, die gaan over de (toekomstige) student als persoon en over zijn of haar relatie met de buitenwereld[8].

- **Reflecteren over je motieven:** je bent in staat om te reflecteren op wat je eigenlijk belangrijk vindt in je leven, wat je voldoening geeft en wat je nodig hebt om prettig te kunnen studeren/werken. Wie ben ik?
- **Reflecteren over je kwaliteiten:** je denkt na over wat je kunt, waar je beperkingen liggen en hoe je dit kunt gebruiken in je huidige of toekomstige opleiding of loopbaan.
- **Werkexploratie:** je gaat op zoek naar werk(zaamheden) waarin jouw persoonlijke waarden overeenkomen met de normen en waarden die in dat werk of opleiding gelden en waarbij jouw kwaliteiten aansluiten bij de richting waarin je jezelf wilt ontwikkelen.
- **Loopbaansturing:** je onderzoekt de consequenties van je keuzes en je onderneemt daadwerkelijk actie om werk en leren aan te laten sluiten bij je eigen kwaliteiten en drijfveren.
- **Netwerken:** je bent in staat om contacten op te bouwen en te onderhouden, die gericht zijn op loopbaanontwikkeling. Je weet mensen te vinden die je verder kunnen helpen.

Al deze loopbaancompetenties kunnen jongeren ontwikkelen door prikkelende nieuwe ervaringen op te doen –uitproberen, onderzoeken, netwerken, plannen maken – en daar weer op te reflecteren. Gedurende een opleiding verschuift het accent mogelijk meer naar loopbaansturing en netwerken, maar de reflectie op je motieven en kwaliteiten blijft steeds belangrijk. Volwassenen kunnen jongeren bij loopbaanleren enorm helpen. Allereerst door er met hen over te praten en dingen in te brengen die hen opvallen. Ook helpen ze door structuur aan te bieden, zodat jongeren op zoek gaan naar nieuwe (professionele) ervaringen, binnen school, maar ook daarbuiten. Denk aan de vader die zegt: 'Ik ken van mijn oude middelbare school een professionele fotograaf. Zullen we vragen of je daar eens mag meelopen?' Of de mentor die zegt: 'Als je de komende twee maanden open dagen wil bezoeken, is het slim om nu te gaan kijken waar je naartoe wilt en data in je agenda te reserveren.'
Het is dus steeds een eigen keuze van de jongere zelf, maar de omgeving – docenten, mentoren en ouders – heeft een belangrijke ondersteunende rol in het stimuleren van loopbaanleren.

LOOPBAANLEREN IN DE PRAKTIJK

Laten we loopbaanleren eens toelichten met een voorbeeld. Yuri is zeventien en nét begonnen aan een technische opleiding op het mbo. Zijn keuzeproces leek meer een wegstrepen van alles wat hij niet wilde, waarop zijn vader opperde om dan maar, net als hijzelf, te kiezen voor elektrotechniek. Een veilige keuze voor later, zeiden zijn ouders, maar eigenlijk had Yuri er zelf amper over nagedacht. Hij had ook zo lang uitgesteld om uit te zoeken wanneer de open dagen waren, dat hij nét te laat was.
Na drie maanden merkt Yuri dat de studie hem niet motiveert. Hij vindt het nogal theoretisch en de praktijk in de werkplaats vraagt veel precisie. 'Wat had je dan verwacht?', vraagt zijn studieloopbaanbegeleider op een dag. Yuri realiseert zich dat hij vooraf amper wist wat hij kon verwachten.
Thuis vertelt hij dat hij wil stoppen. Zijn ouders reageren eerst geërgerd, maar al snel beginnen zijn ouders en zijn mentor hem vragen te stellen over wat hij zelf belangrijk en leuk vindt. Al snel komt Yuri tot het besef dat hij om andere keuzes te kunnen maken, beter moet nadenken over wat hem enthousiast maakt en waar hij goed in is. Door middel van gesprekken en feedback van anderen wordt hem duidelijk dat zijn interesses waarschijnlijk beter aansluiten op een meer commerciële, naar buiten gerichte functie. Hij gaat kijken bij Handel en economie op hetzelfde ROC en besluit te switchen.

JE BLIJFT LEREN

Loopbaanleren stopt eigenlijk nooit. De arbeidsmarkt is de afgelopen decennia veel dynamischer geworden en zal dat ook blijven, en de kans is zeer groot dat jongeren die nu kiezen voor een bepaald beroep over twintig jaar iets heel anders doen. Een jongere die nu van school komt, zal in zijn leven zeer waarschijnlijk meerdere carrières doorlopen.[9] Het is dus belangrijk om te kunnen reflecteren op waar je goed in bent, wat bij je past en wat je wilt doen. Gedurende je hele leven moet je voor jezelf keuzes maken die voldoening geven, in alle zaken die daarin belangrijk voor je zijn. Op latere leeftijd noemen we het dan wellicht leiderschap of persoonlijke ontwikkeling, maar op waarden en ambities kun je op alle leeftijden reflecteren.

'Eigenlijk wilde ik arts worden. Maar dan heb je een Natuur & Gezondheid-profiel nodig. Wiskunde en scheikunde vind ik moeilijk, maar ik had het best willen proberen. Maar de decaan zei: niet doen. En nu kan het dus niet meer. Als ik vriendinnen zie die wel geneeskunde studeren, denk ik: ik had het best gekund. Daar baal ik wel van.' **Lesley, student, 21 jaar**

MET JE HART OF MET JE HOOFD?

Loopbanen verlopen zelden lineair. Slechts weinig mensen komen terecht in het beroep waarvoor ze ooit een opleiding zijn gaan volgen. Tussen plan en uitvoering staat het leven in de weg. Iedere volwassene zal dit beamen. Niet voor niets raden veel ouders hun kinderen aan bij het maken van keuzes toch maar eerder hun hart dan hun verstand te volgen. Kiezen is ten diepste een irrationeel proces. Maar opleidingen concentreren zich op een rationele studieoriëntatie. Ze stellen uitgebreide brochures samen, van vak-inhoud tot toelatingseisen, het staat er van a tot z in. Jongeren schuiven de informatie achteloos terzijde. Het salarisniveau van hun toekomstige beroep speelt misschien nog een rol. Voor het overige kiezen zij veel meer op onderbuikgevoel en toevalligheden; omdat een vriendin ook die opleiding kiest, omdat die aardige oom dat beroep uitoefent, of omdat de opleiding in zo'n gaaf nieuwbouwcomplex zit.

Frans Meijers, lector Pedagogiek van de Beroepsvorming aan de Haagse Hogeschool: 'Een beroepskeuze verloopt ongeveer volgens dezelfde patronen als een relatiekeuze. Je weet van tevoren niet precies wat je wilt, maar je leert van goede ervaringen. Vraag een puber niet welke vrouw hij zal trouwen, want hij zal zeggen: ze heeft grote borsten en blond haar. Maar hij wordt uiteindelijk zeer gelukkig met een meisje dat niet voldoet aan dat beeld. Zo gaat het ook met een loopbaan.'[10]

Volgens Frans Meijers laten mensen zich het minst leiden door objectieve informatie en het meest door ervaringen, van henzelf en van relevante anderen. Dan is het wel zaak dat jongeren in beweging komen om die ervaringen op te doen. Wat geldt voor een liefdesrelatie geldt ook voor studiekeuze; je zult eropuit moeten om de kans van slagen te vergroten.

8.3 Hoe kunnen anderen jongeren helpen?

Hoe help je jongeren na te denken over hun keuze? Door met ze in gesprek te gaan op een coachende manier. Door niet te sturen, maar juist goede vragen te stellen en prikkelende perspectieven in te brengen. Zodat jongeren oprechte interesse ervaren van volwassenen om hen heen. En meer inzicht krijgen in zichzelf en hun eigen drijfveren. Het mooie is dat in veel gevallen ook de coach – de ouder, de docent – nieuwe dingen leert over zijn of haar eigen drijfveren en loopbaan.

Het antwoord op de grote vraag 'Wat wil je later worden?' of 'Wat is je motivatie?' vraagt tijd en vooral veel kleinere tussenvragen. Jongeren die nog op zoek zijn, weten niet wat ze moeten zeggen op de wat-wil-je-later-worden vraag dat werkt vaak maar averechts.
Knip die vraag daarom op in veel kleinere vragen. 'Wanneer deed je voor het laatst iets wat je zo leuk vond dat je helemaal de tijd vergat?''Wie in jouw omgeving doet iets wat jou heel leuk lijkt? En waarom spreekt dat je aan?' Of 'Mooi, je klinkt heel enthousiast over die snuffelstage. Wat vond je er nu precies zo leuk aan?'Zo help je jongeren om verbanden te leggen tussen hun dagelijkse ervaringen en mogelijke toekomstdromen.
Ook hier geldt: leren door te doen, door te ervaren, en hier vervolgens met jezelf en met anderen op te reflecteren. Jongeren ontwikkelen hun zelfbeeld steeds verder door te leren reflecteren op hun ervaringen. Dat gaat niet vanzelf. Volwassenen moeten hen wel vragen blijven stellen, zodat hun reflectievaardigheden zich ontwikkelen. Dan herkennen ze steeds beter wat bij hen past en waar ze energie van krijgen. Door dergelijke gesprekken vaker te voeren komen de verbindingen tussen verschillende hersendelen die betrokken zijn bij deze afweging steeds beter tot stand.

JE LEVENSDOEL

We lieten net al de vijf elementen van loopbaanleren zien. Om rechtstreeks met jongeren in gesprek te gaan om hen te helpen hun doel in het leven te ontdekken, kan de volgende illustratie behulpzaam zijn. Dit model gaat laat zien dat je verschillende perspectieven kunt hanteren om uit te komen bij een bepaalde keuze en dat het juist interessant wordt waar die domeinen overlappen. Daar bevindt zich het hogere doel, in Japan ook wel je *ikigai* geheten, je reden van bestaan.

Wat is je levensdoel (purpose)?[11]

Het model brengt vier elementen in: zaken waar je enthousiast over bent en waar je graag tijd mee doorbrengt, de dingen waar je goed in bent of die je relatief makkelijk afgaan, arbeidsmarktperspectieven (Waarmee kun je geld verdienen om jezelf te onderhouden? Of: Hoe groot is het perspectief op een baan in die richting?), en tot slot kun je in gesprek gaan over diepere drijfveren of missies: Wat heeft de wereld (om je heen) van jou nodig en wat heb jij aan de wereld te bieden?

Vervolgens bekijk je waar de vier elementen met elkaar verbonden zijn. Dit bereik je bijvoorbeeld door een baan te vinden waar je voor betaald krijgt omdat je je kwaliteiten op een goed niveau hebt ontwikkeld. Een baan die je in beweging zet en je dagelijks inspireert om beter te worden. Dit is de ideale situatie voor jongeren zelf, maar ook voor de mensen om hen heen. Een voorbeeld is een meisje dat dat dol is op dieren en vanaf haar dertiende de pony van de buren verzorgt. Ze krijgt op haar vijtiende een baantje in een hondenasiel, waar ze veel tijd doorbrengt. Haar passie ligt duidelijk bij dieren. Daarnaast zet ze zich in voor een stichting voor zwerfhonden en iedereen uit het dorp vraagt haar hulp als er een dier is weggelopen. Het is haar missie om anderen te helpen met hun huisdieren en ook de dieren zelf. Het wekt dan ook geen verbazing dat zij op haar zeventiende een opleiding begint om dierenartsassistent te worden en al tijdens haar laatste stage bij een dierenartspraktijk een baan krijgt aangeboden. Alles komt als het ware samen.

Iemands levensdoel is de onderliggende drijfveer die terugkomt in alles wat hij doet. Iemand die mensen wil helpen zal dat zijn hele leven doen, in zijn privésituatie en in zijn werk. Iemand die de wereld mooier wil maken, zal als kind al veel aandacht besteden aan de inrichting van zijn kamer, valt op door zijn esthetische blik en wordt misschien wel industrieel vormgever. Een levensdoel is niet iets wat je in kleine stapjes hoeft te plannen. Het staat niet in je agenda. Het is een levenshouding die overal mee verweven is.

Hoe eerder in hun leven jongeren zich bewust zijn van hun doel, hoe eerder ze begrijpen welke keuzes het beste bij ze passen. Vaak kun je door terug te kijken op de dingen die je tot nu toe gedaan hebt, inzicht krijgen in de rode draad tussen al je keuzes en beslissingen. Situaties waarin iemand zich gelukkig voelde, zeggen veel over wat iemand nodig heeft en waar iemands hogere doel ligt. Mensen die helemaal zijn vastgelopen in hun werk of jongeren die halverwege hun studie niet weten of ze de goede keuze gemaakt hebben, zijn vaak geholpen met de vraag: 'Wat wilde je worden toen je acht jaar was? Wat vond je toen leuk?' Daar zitten heel zuivere aanwijzingen in over iemands interesses en drijfveren en die veranderen meestal niet zomaar. Wel van vorm, maar niet van inhoud.

ZOEK DE CONCRETE VOORBEELDEN

In onze onderzoeken spreken we vaak met jongeren over studie en werk. Het valt ons op hoe weinig idee jongeren hebben van toekomstige mogelijkheden en beroepen. Wat voor soort sectoren en banen bestaan er? Wat doet iemand met zo'n beroep de hele dag? Van veel domeinen en beroepen hebben ze totaal geen beeld. Beroepsskaters, beautyvloggers en bands passeren in hun social mediawereld voortdurend de revue, maar zijn ook wat onbereikbaar. Veel jongeren hebben werkelijk géén idee wat zij later zouden willen doen. Terwijl ze om zich heen allerlei beroepen in de praktijk kunnen bekijken. In hun eigen omgeving kunnen jongeren ideeën opdoen en toetsen of ze realistisch zijn, als we hen daar maar attent op maken en er met hen over praten, op een manier waarop het betekenisvol voor ze wordt: 'Wat voor werk doet die persoon? Wat zou er leuk aan zijn, wat niet? Wie in jouw omgeving doet leuk werk, denk je?' Als je op die manier jongeren om zich heen laat kijken, is er eigenlijk gespreksstof te over. Maak er simpelweg een gewoonte van om met de jongeren om je heen veel over werk te praten.

De Amerikaanse schrijver Thom Black vertelt hoe hij in de supermarkt met zijn tienerdochter in de rij staat bij de vleeswarenafdeling, een medewerkster aanwijst en tegen zijn dochter zegt: 'Zij lijkt echt lol te hebben in wat ze doet. Zullen we haar eens vragen wat ze er zo leuk aan vindt?' Vervolgens antwoordt de jonge medewerkster: 'Het klinkt misschien gek, maar ik vind het een sport om als iemand twee ons ham bestelt precies op tweehonderd gram uit te komen.'[12] Het gaat erom dat jongeren bewuster leren kijken naar de beroepen van mensen om hen heen en naar wat mensen daarin beweegt.

Jongeren horen maar al te graag echte verhalen van echte mensen, waar ze aan kunnen relateren. Daarbij zijn ze vooral gevoelig voor succesverhalen: de geslaagde ondernemer, de programmeur van een bekende app, het verhaal over de moeizame carrière van een topkok. Jongeren zoeken rolmodellen waarmee ze zich kunnen identificeren en die ook een haalbaar perspectief laten zien. En vaak is dat dan niet zozeer Bill Gates of Richard Branson, maar juist die tante met een eigen kapsalon, een neef die met zes medestudenten websites bouwt of een buurman met een installatiebedrijf en acht man in dienst.

BIJBANEN

Ook de ervaring die jongeren opdoen tijdens hun bijbaantjes, geeft ze vaak het eerste realistische beeld op de arbeidsmarkt. Wat betekent het om acht uur aaneen op zaterdag te werken? Wat voor soort werk wil je later in ieder geval nooit doen? Bijna allemaal doen jongeren tijdens hun middelbareschooltijd hun eerste werkervaring op. Ze beginnen op 13- of 14-jarige leeftijd met een baantje als babysitter of krantenbezorger. Daarna gaan ze in een winkel werken, of in de horeca. Vier op de tien scholieren heeft een vaste bijbaan en werkt gemiddeld twaalf uur per week.[13]

Al dat werken levert meer op dan alleen maar geld. In een bijbaan leren jongeren op tijd komen, resultaten behalen, klantvriendelijk zijn, noem maar op. Het zijn de algemene beroepsvaardigheden waar werkgevers van nu zoveel belang aan hechten. Maar de link tussen hun bijbaan en hun richting op school, wordt meestal niet gelegd. Door de kloof die er gaapt tussen school en de rest van hun leven, leggen leerlingen ook zelf weinig verband tussen hun bijbaan en hun toekomst. Toch ontdekken ze door deze ervaringen wel hoe het werkende leven eruitziet en wat ze later wel of in ieder geval nooit zouden willen doen. Ook veel commerciële opleidingen stimuleren hun studenten om te ondernemen en zelf iets te beginnen, maar ze vergeten vaak de relatie te leggen met wat jongeren nu al doen in bijbanen en de ervaring die ze daarbij opdoen in een bepaalde sector.

ECONOMIE IN DE SKATEWINKEL

Ezrah is een enthousiaste skater en werkt in een skatewinkel. Veel vrienden komen in de winkel langs en hij kan met 10 procent korting kleding en boards kopen. Omdat het een kleine winkel is, praat hij veel met de jonge eigenaar. Ze hebben het vaak over de marketing van grote merken en Ezrah is net zo verontwaardigd als de winkeleigenaar als op een dag een bekend schoenenmerk laat weten dat zij hun schoenen alleen nog maar via hun eigen winkelkanalen willen verkopen. Ezrah ziet een groot deel van de collectie van de schappen verdwijnen en schrijft voor het vak Economie een profielwerkstuk over de macht van fabrikanten ten opzichte van onafhankelijke winkeliers. Ineens is het geen theorie meer. Hij denkt er nu zelfs over om iets met marketing of economie te gaan studeren.

8.4 De rol van ouders bij studiekeuze

'Eigenlijk heeft ze geen idee. De ene dag is het diergeneeskunde, de andere dag toch maar Engels. We houden ons hart vast voor volgend jaar.'

Wouter (51) vader van eindexamenkandidate Kim (18)

In alle onderzoeken die wij op dit gebied hebben gedaan, valt steeds weer op hoe belangrijk ouders, en vooral moeders, rondom studiekeuze zijn. Dit zien we ook terug in landelijke onderzoeken. Zo zeiden middelbare scholieren in een onderzoek van het Landelijk Aktie Komitee Scholieren (LAKS) dat ze het meeste steun hebben aan hun ouders. Die scoren voor hun begeleiding en hulp gemiddeld een 7,8; een cijfer waarbij de decaan (5,7), de mentor (5,8) en de vakdocent (5,5) niet eens bij in de buurt komt.[14] Die vergelijking is natuurlijk ook niet helemaal terecht. Ouders kennen hun kind veel beter, en kunnen ook meer context van buiten school aandragen dan onderwijsprofessionals die veel minder tijd met ze doorbrengen. Maar het is om te beginnen goed dat ouders zich bewust zijn van de grote positieve invloed die ze kúnnen hebben.

Leerlingen willen graag dat hun ouders betrokken zijn bij hun onderwijsloopbaan en dat ze met hen praten over hun kwaliteiten en motieven, als dit in een positieve en bemoedigende sfeer plaatsvindt en als de leerling zelf de regie blijft houden. Dus ook hier geldt: je kunt als ouder het keuzeproces begeleiden, maar het is essentieel dat zoon of dochter het ziet als een eigen, persoonlijk keuzeproces.

PAPA ALS DECAAN

Veel jongeren zijn rond hun vijftiende nog lang niet toe aan een keuze voor later. Kiezen op de korte termijn gaat hen steeds beter af, maar 'later' staat niet hoog op hun prioriteitenlijst. Er zijn altijd leukere dingen te doen dan bladeren door studiegidsen en het invullen van digitale beroepstestjes. De enige manier om jongeren toch door een keuzeproces te leiden, is ze aan de hand mee te nemen. Stap voor stap. Ook al zeggen ze van niet, ze hebben grote behoefte aan iemand die doet waar ze zelf nog niet zo goed toe in staat zijn: vooruitdenken. Door de rol van coach op zich te nemen, kunnen ouders hun kind meer in beweging brengen. In zo'n rol vertel je wat je waarneemt bij de ander en stel je daar vragen bij. 'Het valt me op dat je hier niet zo enthousiast over bent als over die andere opleiding. Merk je dat zelf ook? Hoe zou dat komen?' Zo stimuleren ouders bij jongeren reflectie, waardoor ze gaan nadenken en nieuwe dingen leren over zichzelf.

'Een profiel kiezen vonden we al heel lastig, laat staan een vervolgopleiding. Jesse wil iets met sport, dat past ook echt bij hem. Er zijn tegenwoordig aardig wat opleidingen op dat gebied, maar is er daarna ook werk voor hem?'

Monique (46) moeder van Jesse (18)

Een overgroot deel van de jongeren verschijnt tegenwoordig geflankeerd door hun vader en/of moeder op de open dag. Sterker nog: sommige opleidingen organiseren zelfs bijeenkomsten voor alleen de ouders. 'Een speciaal voorlichtingsprogramma voor ouders draagt bij aan de stimulerende, ondersteunende en spiegelende rol in het keuzeproces', aldus de Erasmus Universiteit Rotterdam. Saxion Hogeschool biedt ouders zelfs de proefles Mijn kind gaat studeren.

ONGELIJKE KANSEN

Veel ouders zijn kortom nauw betrokken bij de studiekeuze van hun kind, maar dat neemt niet weg dat voor laagopgeleide ouders en migrantenouders de drempel naar school en naar vervolgopleidingen hoog kan zijn.

Ondanks het feit dat de jongste generaties migrantenouders steeds hoger zijn opgeleid en een enorme inhaalslag ten opzichte van autochtone ouders aan het maken zijn, is een groot deel van hen nog altijd laagopgeleid en de Nederlandse taal niet goed machtig. Dit bemoeilijkt niet alleen het contact tussen scholen en migrantenouders, maar het leidt ook tot ongelijke kansen voor leerlingen, wat doorwerkt in de studiekeuze.

We zien bijvoorbeeld dat waar Nederlandse kinderen in het algemeen behoorlijk vrij worden

gelaten in hun studie- en beroepskeuze, lager opgeleide ouders zelf eerder prestigieuze beroepen in gedachten hebben als advocaat of dokter.[15]
Ouders met een migratieachtergrond zijn vaak bewuster bezig met het najagen van een goede toekomst voor hun kinderen. Zij, en hun ouders of grootouders, hebben vaak hard moeten werken om in Nederland van onderop een goed bestaan op te bouwen. Daarom zien ze graag dat hun kinderen studies kiezen die in hun ogen goede economische vooruitzichten bieden: rechten, economie, medicijnen. Deze studiekeuze wordt vervolgens ook uitgebreid binnen de sociale kring besproken en dat geeft status. Veel migrantenouders associëren 'werken met je handen' bovendien met 'mislukken'. Zij of hun eigen ouders hebben zelf vaak nog gewerkt in zware, ongezonde banen en ook daarom zien ze hun kind liever in een baan op kantoor, met een pak met stropdas, computer en een aktetas.
Helaas is dat niet voor iedereen de beste keuze. Sommige jongeren zouden meer financiële zekerheden tegemoet gaan en aanzienlijk gelukkiger zijn met een praktischer opleiding. En bovendien is het arbeidsmarktperspectief in bijvoorbeeld de technische sector momenteel vaak beter dan in een economische richting. Ondanks het feit dat de sociale mobiliteit in deze groep groot is – de huidige tweede en derde generatie Nederlanders hebben grote kans dat ze het beter gaan krijgen dan hun ouders – voelen ze zich niet altijd even vrij om te kiezen voor hun eigen interesses.

'Mensen realiseren zich haast nooit dat het echt een heel knappe prestatie is voor Marokkanen met ongeletterde ouders om succesvol te zijn in het onderwijs. Je wordt met niets geholpen, je moet alles zelf uitvinden, thuis staan er geen boeken in de kast. Mijn vader kon maar tot groep 7 helpen met rekenen, daarna niet meer. Veel Marokkanen hebben ook geen netwerk dat hen kan helpen. Je voelt dat de samenleving kritisch op je is en dat je minder kansen hebt op succes dan je Nederlandse vriendjes. Bijna nooit zegt iemand tegen je dat het knap is wat je doet of wat je hebt bereikt.'

Marokkaans-Nederlandse docent op het hbo

De sociaaleconomische achtergrond van ouders werkt natuurlijk ook door in de mate waarin jongeren zelf moeten opdraaien voor hun studiekosten. In sommige gezinnen wordt van jongeren op hun achttiende verwacht dat ze zelfstandig zijn en soms ook bijdragen aan het gezinsinkomen. En dan zijn er ouders die ontmoedigen dat hun kinderen geld lenen voor hun studie, omdat ze niet willen dat hun kinderen schulden aangaan of bijvoorbeeld omdat rente in strijd is met de islam.
En zo komt het voor dat sommige studenten zich amper bewust zijn van wat een studie kost omdat hun ouders een kamer regelen en het collegegeld en de boeken betalen, terwijl andere studenten keihard moeten werken om hun studie en lopende kosten te financieren. Allochtone jongeren in het hoger onderwijs ervaren hun studieperiode regelmatig als een

eenzaam traject. Ze hebben vaak te weinig rolmodellen en mensen in hun netwerk die begrijpen waar ze mee bezig zijn. Ook hun ouders hebben vaak geen enkel beeld van het onderwijs van hun kinderen. De laatste jaren zijn echter veel nieuwe initiatieven ontstaan om deze jongeren in contact te brengen met mensen die zij anders nooit zouden ontmoeten. Het kan daarbij specifiek gaan om huiswerkbegeleiding, maar ook om ontmoetingen met hoogopgeleide allochtone jongeren met wie ze periodiek praten en die hen kunnen stimuleren in hun opleiding. Zo ontwikkelen ze een netwerk met meer rolmodellen. Een inspirerend voorbeeld is de IMC Weekendschool, met inmiddels tien vestigingen, waar gemotiveerde jongeren van tien tot veertien jaar uit sociaaleconomische achterstandswijken elk weekend les krijgen van professionals zoals journalisten, rechters, wiskundigen, stylisten en winkeliers, die deze jongeren willen laten zien dat deze banen ook voor hen bereikbaar zijn. En in een aantal grotere steden biedt bijvoorbeeld de organisatie JINC begeleiding en coaching in sociale vaardigheden aan jongeren die in wijken met een grote sociaaleconomische achterstand wonen. Bedrijven en hun werknemers participeren hierin vrijwillig om een bijdrage te leveren aan de toekomstige generatie, maar ook omdat ze willen leren van deze groep, waaruit in de toekomst mogelijk hun werknemers voortkomen. Het is heel belangrijk dat jongeren leren hun netwerken te verbreden, zeker als hun eigen ouders de wegen minder kennen of beroepsmatig geen voorbeeld voor hen zijn. Het gaat daarbij niet alleen om de feitelijke contacten, maar vooral om de sociale vaardigheden die ze op die manier ontwikkelen. Bovendien, als jongeren hun netwerken en hun horizon leren verbreden, krijgen ze ook meer ideeën voor hun eigen toekomst. Rolmodellen met verschillende beroepen, ook beroepen waar sommige jongeren zelf nooit aan zouden hebben gedacht, kunnen een spiegel voorhouden en laten zien wat zij zelf ook kunnen bereiken.

'Ze hadden liever gezien dat ik economie ging studeren. Maar dat vind ik zoooo saai. Journalistiek lijkt me wel wat. Hbo-opleidinkje, niet te zwaar, dan beetje reizen, mooie programma's maken… Mijn ouders waren eerst kwaad, maar nu vinden ze het wel oké.' **Mick, 18 jaar**

ROLMODELLEN

JINC zorgt ervoor dat jongeren kennismaken met het bedrijfsleven. Centraal staan beroepsoriëntatie en het leren van vaardigheden die nodig zijn voor het vinden van een goede baan. Daniël Roos, initiatiefnemer en directeur van JINC

'Wij brengen kinderen van de basisschool en het vmbo kennis bij over de arbeidsmarkt en laten hen ontdekken wat hun sterke kanten zijn. Dat doen we bijvoorbeeld door ze op Bliksemstages te sturen. Tijdens deze korte bedrijfsbezoeken steken ze de handen uit de mouwen en ervaren ze welke verschillende beroepen er binnen een organisatie bestaan. Daardoor kunnen ze een meer gedegen keuze maken voor een vervolgopleiding.

Een ander project van JINC is Carrière Coach. Daarbij koppelen we leerlingen van het vmbo aan professionals uit het bedrijfsleven. Zij helpen hen tijdens een serie persoonlijke gesprekken te ontdekken waar hun talenten liggen. Ook organiseren we trainingen, bijvoorbeeld op het gebied van solliciteren en sociale vaardigheden.

Hier is echt behoefte aan, hebben we gemerkt in de bijna vijftien jaar dat we bestaan. Vooral in de wijken waar wij actief zijn, want daar komt veel sociaaleconomische achterstand voor. Jongeren die in zo'n omgeving opgroeien, hebben nu eenmaal minder rolmodellen tot hun beschikking en weten vaak te weinig van de arbeidsmarkt. En iemand moet hen vertellen dat hotchickie020@gmail.com geen goed emailadres is om op je cv te zetten.

Door onze projecten leren ze dit soort basale vaardigheden. Voorbereiding is daarbij trouwens heel belangrijk. Wanneer we een groepje leerlingen zomaar naar een bedrijf sturen voor een Bliksemstage, zijn ze niet leuk en soms zelfs lastig. Maar wanneer ze van tevoren duidelijk weten wat ze gaan doen en wat er van hen verwacht wordt, zijn ze juist heel positief en geïnteresseerd.

Een compliment geven doet wonderen, net als het geven van individuele aandacht. We hebben een keer UvA-studenten huiswerkbegeleiding laten geven aan kleine groepjes vmbo'ers. Die voelden zich speciaal, omdat iemand van de universiteit met hen wilde werken. Jongeren blijken daar steeds weer erg gevoelig voor te zijn.'

OUDERS BETREKKEN

Alle ouders willen het beste voor hun kind. Ze verschillen echter in de kennis van het schoolsysteem en de arbeidsmarkt en de mate waarin ze een klankbord kunnen zijn voor hun kind. Soms zijn ouders simpelweg te zwaar belast of vinden ze het moeilijk om hierover het gesprek met hun kind aan te gaan. Als ouders goed zijn opgeleid, het Nederlandse schoolsysteem kennen, naar bijeenkomsten op school komen en hun kinderen helpen bij hun huiswerk en hun studiekeuze, hebben kinderen meer kansen op studiesucces en een weloverwogen studiekeuze dan wanneer ze alles zelf moeten uitvinden of hun ouders bewust niet bij school betrekken omdat ze zich een beetje voor hen schamen. Scholen kunnen een belangrijkere ondersteunende rol spelen voor kinderen van wie de ouders, vaak ongewild, minder betrokken zijn bij school. Mogelijk kan een oom of tante, broer of zus, een deel van de taken overnemen. Tegelijkertijd mogen we ouders ook wijzen op hun rol als opvoeders en de verantwoordelijkheid die ze voor hun kind hebben als het om school en scholing gaat. Een betrokken school én betrokken ouders zijn dé voorwaarden voor het studiesucces van jongeren en leggen daarmee de basis voor gelijke kansen voor álle jongeren in de Nederlandse samenleving.

TIPS OM JONGEREN TE HELPEN NADENKEN OVER STUDIE- EN BEROEPSKEUZE

1. Begin op tijd met oriënteren

De neiging van ouders is soms om het gesprek over later helemaal uit te stellen naar het laatste jaar van de middelbare school. Maar je kunt met kinderen al op jonge leeftijd praten over en leren kijken naar beroepen van mensen die ze tegenkomen. Van beugeltandarts, tot verpleegster, van caissière tot dierenarts. Verleid ze ook om beroepen te herleiden van thema's die ze enorm interesseren. 'Je houdt van mode, wat voor soort werk hoort daarbij? Modeontwerper? Stylist? Eigenaar van een eigen kledingwinkel?' Zo ontdekken ze vele mogelijkheden binnen ieder interessegebied. Praat daarbij niet alleen over concrete banen, maar vooral ook over werkvelden waarin ze zouden willen werken, wat ze zouden willen doen, en wie ze zouden willen zijn.

2. Bezoek open dagen en meeloopdagen

Ga op pad met je kind en kijk rond bij meerdere opleidingen en domeinen. Door echt samen te gaan kijken, doe je veel informatie en ervaringen op die helpen in het keuzeproces.

3. Het gaat niet om geld

Hoewel steeds meer websites inzage geven in het startsalaris in een bepaalde richting, is het goed als jongeren zich niet te veel laten leiden door de geldvraag. Als je goed bent in wat je doet, volgt een goed salaris gaandeweg meestal wel. Benadruk dat investeren in een opleiding loont.

4. Jongeren beslissen echt zelf

Laat jongeren ervaren dat zij zelf aan zet zijn. Anderen – ouders, vrienden, mentoren – kunnen meedenken en adviseren, maar het is belangrijk dat zij zelf ervaren dat het uiteindelijk hun keuze is.

5. Voer doorlopend gesprekken

Praten over loopbaanleren is net als seksuele voorlichting. Het is niet één gesprek, waarna die ander 'alles wel weet', maar meer een doorlopend thema dat soms weer voorbijkomt aan de keukentafel thuis.

6. Help jongeren ontdekken welke talenten ze hebben

Om te weten waar je talenten liggen, moet je eerst met ze in aanraking komen. Bied jongeren daarom veel verschillende zaken aan en kijk en denk mee waar natuurlijke aanleg zich manifesteert.

7. Leer jongeren zelfregulering

Leer jongeren naar zichzelf kijken en een reële inschatting te maken van hun eigen prestaties in relatie tot anderen en tot zichzelf. Praat hier veel over en stuur onder- en overschatting bij. Realiseer je dat je hier als ouder vaak een sleutelrol in hebt. Je kind stimuleren is niet hetzelfde als je kind prijzen om het kleinste of geringste. Geef veel complimenten, maar bied ook realiteitsbesef.

8. Leer doorzettingsvermogen

Ouders spelen vaak een grote rol bij doorzettingsvermogen. Welke waarden geef jij als ouder daarin mee? Vind je het prima als je kind na twee weken alweer stopt met een studie (of met het nieuwe bijbaantje), of moet je zoon of dochter nog minimaal drie maanden afmaken? En welk voorbeeld stel je zelf?

9. Bied inspiratie

Breng tijd door met je kind(eren) en draag elementen en voorbeelden aan uit jouw leefwereld. Van boeken die jij las toen je tiener was, tot films of theatervoorstellingen. Vertel ook gerust over je eigen werk, je eigen studiekeuzeproces en hoe je uiteindelijk in je huidige beroep terecht bent gekomen. Het is een mythe dat jongeren alleen maar in jongerendingen geïnteresseerd zijn. Het is – echt waar! – opmerkelijk als je jongeren vraagt rolmodellen of voorbeeldfiguren te benoemen, hoe vaak ze naar hun eigen ouders verwijzen.

10. Als jongeren het nog niet weten: maak een plan

Voor sommige jongeren blijft het lastig om een studiekeuze te maken. Als je er met elkaar echt niet uitkomt, maak dan in ieder geval een plan. Zoek hulp van een studiekeuze-adviseur of doe een (commerciële) beroepentest. Bedenk hoeveel tijd er nog is om je ergens voor in te schrijven. Is een tussenjaar of een oriëntatiejaar een optie? Richt dat zich ook op het vinden van een studierichting? En wat is plan B als een bepaalde richting niet lukt? Laat jongeren altijd van tevoren bedenken wat ze gaan doen als ze worden uitgeloot, ze niet op tijd weten waarvoor ze zich willen inschrijven of welke studie ze gaan doen na hun wereldreis. Vaak kun je je ook voor meerdere opleidingen tegelijk inschrijven.

8.4 Begeleiding op school

'Ik merk wel verschil tussen de intakegesprekken met leerlingen van scholen die actief met een portfolio werken en leerlingen van scholen die dat niet doen. Alleen al het feit dat leerlingen beter kunnen verwoorden waarom ze een bepaalde opleiding kiezen… Ze zijn veel zekerder.'

Intakebegeleider op een ROC

Ouders hoeven het niet helemaal alleen te doen. Op de middelbare school heeft de tijd niet stilgestaan. Praktische sectororiëntatie en loopbaanoriëntatielessen zijn gebruikelijk geworden. Vooral in het vmbo gaat het soms om langlopende programma's, vanaf dag één in de brugklas tot de dag van het examen. 'Wat voor beroepen zie je? Wat lijkt je leuk? Wat moet je voor een beroep kennen en kunnen? Welk van deze competenties denk jij te hebben of te kunnen verwerven?' Het hele denkproces wordt vastgelegd in werkstukken en documenten. Met een persoonlijk portfolio op zak kan de leerling dan goed voorbereid de stap naar het mbo zetten. De eerlijkheid gebiedt wel te zeggen dat ook dit systeem maar beperkt bij leerlingen 'landt'. Er zijn er veel die het programma afwerken omdat het nu eenmaal moet. Of omdat ze er een cijfer voor krijgen. Extrinsieke motieven dus in plaats van de wil om zelf een goede keuze voor later te maken. Het is het puberbrein ten voeten uit. Daar komt bij dat lang niet alle scholen hun zaakjes goed op orde hebben.

WISSELENDE KWALITEIT

Omdat er weinig voorschriften zijn, wisselt de kwaliteit van de studie- en beroepskeuzebegeleiding van school tot school. Er zijn nog heel wat scholen waar de decaan in leerjaar drie komt opdraven in de klas, vooraan op de lessenaar een stapel folders deponeert en het tijdstip van zijn spreekuur op het bord schrijft met de mededeling: 'Mijn deur staat altijd open.' Waarna vervolgens geen leerling op komt dagen.
Sowieso is de rol van de decaan de afgelopen jaren veranderd. Een decaan spreekt in eerste instantie niet meer met alle leerlingen, maar ondersteunt collega's, die als mentor of docent ook gesprekken voeren over studie- en beroepskeuze. Alleen als leerlingen er met hun mentor niet uitkomen of specifieke informatie nodig hebben, komen ze bij de decaan. En waar bij decanen de kwaliteit in begeleiding al sterk verschilde, zien we dat bij mentoren nog sterker. Niet iedere docent of mentor kan leerlingen even goed ondersteunen in hun keuzes. Een extra handicap is dat de studie- en beroepskeuzebegeleiding sterk afhankelijk is van de persoon. Anders gezegd: de begeleiding is dikwijls zo goed of slecht als de persoon. Daardoor spelen ook persoonlijke indrukken en voorkeuren soms een grotere rol dan zou moeten. Zo hebben we jaren gezien dat docenten en decanen leerlingen bepaalde profielen

afraden. Zo zien we regelmatig dat een keuze voor het pittige Natuur & Techniek-profiel wordt ontmoedigd, en bij meisjes vaker dan bij jongens.
Maar denk ook aan de decaan met een wiskundeachtergrond die zich onwillekeurig beter verdiept in het aanbod aan mathematisch getinte opleidingen. Of de decaan, tevens docente Engels, die niet snel een leerling zal stimuleren te kiezen voor fundamentele natuurkunde omdat dit buiten haar eigen blikveld ligt. Nogal wat decanen zijn gymleraar. Hun vak biedt meer speling omdat de lessen minder voorbereiding en nakijkwerk met zich meebrengen. Gymleraren zijn van nature vaak goede coaches, maar geen psychologen of keuzebegeleiders.
We zagen eerder al dat leerlingen in het verleden gemiddeld genomen onvoldoendes uitdeelden voor hun beoordeling van de loopbaanbegeleiding door hun decanen, mentoren en de vakdocenten.[17] Wat maar aangeeft dat de kwaliteit van de keuzebegeleiding op school in veel gevallen nog wel beter kan.

TESTEN

Een goed beroepskeuzeprogramma (inclusief praktijkopdrachten, ministages en bedrijfsbezoeken) in combinatie met een reeks persoonlijke gesprekken biedt de beste kans op een reëel beeld van studies en beroepen. Vroeg voorlichten over vervolgopleidingen en banen helpt. Als dat ook nog onvoldoende is, dan rest de studie- en beroepskeuzetest.
Nu zetten de meeste scholen dit middel alleen in noodgevallen in. Slechts een enkele school maakt voor haar leerlingen standaard van dit soort testen gebruik. Ze worden al snel te duur bevonden. Waar het wel gebeurt, leidt een test volgens zowel de betrokken decanen als de ouders en leerlingen tot een beter onderbouwde keuze. Maar dan nog wil dat niet zeggen dat leerlingen echt verband leggen tussen al deze kennis en de betekenis ervan voor hun eigen leven. Daar is het puberbrein nog lang niet altijd aan toe.

'Ik heb twee keer een test gedaan, omdat ik echt niet wist wat ik wilde worden. Daar kwam toen beide keren uit dat ik groenteteler kon worden. Ja, daaag!' **Chantal, 18 jaar**

8.7 De keuze nog even uitstellen

Eigenlijk zijn jongeren pas tussen hun zeventiende en hun eenentwintigste jaar toe aan een serieuze, persoonlijke oriëntatie op later, stelt ontwikkelingspsycholoog Michiel Westenberg van de Universiteit Leiden.[18] Voor een goede studiekeuze moeten adolescenten eerst zichzelf en anderen beter gaan begrijpen. Dan komen ze toe aan het beantwoorden van de identiteitsvraag: wie ben ik? En dat antwoord is nodig voor een goede studiekeuze. Alle open dagen en glossy folders ten spijt, gaat het vooral om een persoonlijke zoektocht op basis van de nodige ervaring.

Westenberg ziet de oplossing in een herinrichting van het eerste leerjaar van hbo of universiteit. Dat zou de ontkoppeling van studiekeuze en persoonlijke ontwikkeling ongedaan kunnen maken. Door uitstel van de studiekeuze tot het eind van dat jaar, zou de student het eerste jaar kunnen gebruiken om naar wens van een of meer studies te proeven. Een leertraject op maat, samengesteld in overleg met de studieadviseur. Westenberg zegt hoopvol: 'Als studenten beseffen dat studiekeuze een belangrijk aspect van het eerste studiejaar is, zullen ze er ook bewuster mee omgaan. [...] Wellicht zien we dan ook een omslag van de student als veeleisende consument naar de intrinsiek gemotiveerde en zelfsturende student.'[19]

Met University colleges en brede opleidingen als Bèta-Gamma of Liberal Arts & Sciences komen universiteiten tegemoet aan deze wens tot verbreding. En ook in het hbo en mbo zien we hier voorbeelden van. Denk aan HBO-ICT waarin zeven afzonderlijke informatieopleidingen samenkomen, Built Environment in plaats van opleidingen als Bouwkunde, Civiele Techniek en Ruimtelijke Ordening, of Social Work. Jongeren kiezen dan eerst voor een domein en brengen na het eerste jaar meer richting aan binnen dat domein. Zo stellen ze een deel van deze keuze uit. Overigens komen deze veranderingen ook voort uit een veranderende arbeidsmarkt, met behoefte aan jongeren met een bredere basiskennis in combinatie met een specialisme: de T-shaped professional.

Wie zichzelf de ruimte wil geven, kan in sommige gevallen maar het beste zijn eigen keuze-uitstel regelen, zowel op de middelbare school als daarna. Door te kiezen voor de breedst mogelijke, intersectorale vmbo-opleiding bijvoorbeeld. Door in het vrije deel van het havo/vwo-profiel alle verplichte vakken van een tweede profiel te kiezen.

'Bij vmbo moet je op je zestiende al kiezen wat je wilt. Dan kan je eigenlijk gewoon nog niet kiezen. Maar weinig mensen weten dan wat je kunt worden. Die mensen die havo en vwo doen zijn allemaal zeventien, achttien en negentien jaar. Dat is beter.' **Achmed, 18 jaar.**

EEN TUSSENJAAR NEMEN

Voor een steeds grotere groep leerlingen is het inmiddels een serieuze optie om na de havo of het vwo eerst even een 'tussenjaar' te nemen. Even bijkomen van school, een baantje nemen en een verre reis maken, of ontdekken welke studiekeuze nu echt bij je past. In 2017/18 nam 10,5 procent van de hbo- en universitaire studenten een tussenjaar voorafgaand aan hun eerste studiejaar[20].

Zo'n tussenjaar, of *gap year'*, bestaat er in vele vormen: sommige jongeren nemen het heel serieus en gebruiken het om te ontdekken wat ze daarna willen gaan doen. Voor deze groep worden veel programma's aangeboden door allerlei 'tussenjaar-organisaties'. Zij bieden begeleide trajecten aan waarin jongeren zich doelgericht kunnen oriënteren op hun studie- en beroepskeuze. Ze kunnen bijvoorbeeld kiezen voor Stichting Breekjaar die een tussenjaar aanbiedt waarin jongeren de tijd krijgen om erachter te komen wat ze echt willen. In dat jaar combineren de deelnemers werken met workshops, reizen, vrijwilligerswerk, oriëntatie op vervolgopleidingen en intensieve coaching. Er zijn ook organisaties die uitwisselingen organiseren: een schooljaar in het buitenland, meewerken in een weeshuis in India of China of zelfs een eenjarige Ranger-opleiding volgen in Zuid-Afrika.

Sommige ouders stimuleren zo'n jaar, terwijl anderen bezorgd toekijken hoe hun zoon of dochter de maanden invult. Vooral als jongeren langer op reis gaan, is het aan te raden om te zorgen dat ze eerst bedenken wat ze het volgende studiejaar gaan doen, voordat ze voor langere tijd op avontuur gaan. Er zijn nu eenmaal weinig jongeren die aan een barretje op een bountystrand in Thailand opeens bedenken dat ze eigenlijk pedagogiek willen gaan studeren. Ouders begrijpen vaak wel dat hun kinderen misschien wat extra tijd nodig hebben om tot de juiste studiekeuze te komen, maar zien ook dat jongeren soms de neiging hebben om die extra tijd door hun vingers te laten glippen. Juist een tussenjaar vraagt daarom om invulling en planning.

Een oriëntatietraject bij een organisatie kan natuurlijk resulteren in een betere, of weldoordachte studiekeuze; ze geven een duwtje in de goede richting en helpen jongeren hun eigen kwaliteiten te ontdekken. Jongeren die zo'n traject gevolgd hebben, blijken vervolgens gemotiveerder aan een studie te beginnen. Begrijpelijk, want wie na een tussenjaar een interessante richting heeft gevonden, heeft waarschijnlijk ook zin om daarin aan de slag te gaan. Het effect op daadwerkelijk studiesucces valt overigens toch tegen. Het rendement van studenten die een tussenjaar hebben gedaan is in het eerste jaar van het hoger onderwijs lager dan studenten die direct doorstromen vanaf de middelbare school. Toch biedt zo'n jaar veel jongeren extra tijd en ruimte om goed over hun studiekeuze na te denken of, zoals ze zelf vaak zeggen, 'even een tijdje niet met school bezig te zijn'. Ongeveer 70 procent van de jongeren die een tussenjaar nam, vindt achteraf dat dit ze heeft geholpen bij hun studiekeuze. Tegelijkertijd geeft ongeveer 20 procent van de studenten aan dat het tussenjaar geen enkel effect heeft gehad op hun studiekeuze.[21]

MINDER IMPULSIEF WORDEN

'Ik ben net geslaagd voor mijn vwo-examen en was al bezig me aan te melden bij een opleiding. Maar ik besloot op het laatste moment toch af te zeggen. Het ging me allemaal iets te snel. Deze opleiding was ook in mijn woonplaats en ik weet nog niet of ik wel in deze stad wil studeren. Ik kom hier vandaan en daarom wil ik me misschien wel oriënteren op andere steden in het buitenland.

Het laatste jaar van school was superdruk. Met je ene been sta je in je examenjaar en de andere staat in je toekomst. Wat ga je doen de rest van je leven? Dat is een lastige vraag en brengt druk met zich mee. Als ik na dit jaar weer een jaar ouder ben en minder impulsief, dan is dit tussenjaar het wel waard. Dat in combinatie met bedenken wat ik echt leuk vind is denk ik wel een goeie planning. Ik vind mijn weg wel.' Jesse, 18 jaar

ONGEPLAND TUSSENJAAR

Daarnaast is er nog best een grote groep jongeren die ongepland in een tussenjaar terecht komt. Bijvoorbeeld jongeren die op het volwassenonderwijs terechtkomen omdat ze op één of twee vakken gezakt zijn voor hun eindexamen, zodat ze een paar uur in de week naar school moeten voor deelcertificaten. Of jongeren die nauwelijks over de invulling hebben nagedacht en een jaar later terugkijken op een saaie periode als pizzakoerier, terwijl al hun vrienden enthousiast met een nieuwe studie zijn begonnen.

Een nog grotere groep betreft de jongeren die al vroeg in het eerste studiejaar hun opleiding afbreken; op veel hbo- en wo-opleidingen is dat gemiddeld 30 tot 40 procent van de studenten. Voor de kerst sneuvelen er heel veel eerstejaars omdat ze niet op de goede manier hun studiekeuze hebben gemaakt. Vaak nemen ze een tijdelijke baan, waarmee ze uit het schoolritme raken. De uitdaging is om dan in diezelfde periode te ontdekken wat dan wel bij je past. Vooral als ze geen schoolstructuur meer om zich heen hebben, hebben jongeren een volwassene nodig om af en toe door te vragen over wat hun plannen zijn als het nieuwe collegejaar weer begint.

MET DE OPLEIDING GESTOPT

Jason (18) stopte al na drie maanden met zijn sportopleiding op het mbo: 'Het was helemaal niet wat ik ervan verwacht had. Ik ging daarna werken in een kledingzaak en sparen voor een Interrail-vakantie met vrienden. In die periode kwam ik erachter dat ik alle opleidingen waar ik met mijn vmbo-diploma naar toe kon, niet interessant vond. Dus volgend schooljaar ga ik beginnen met twee jaar volwassenonderwijs om mijn havodiploma te halen. Had ik dat maar eerder bedacht…'

Nova (17) stopte in februari met haar evenementenopleiding: 'Ik vond het totaal niet interessant. Je leerde daar niets. Toen ging ik werken in de keuken bij een brasserie. Eerst stond ik vooral af te wassen, maar na een tijdje mocht ik ook meewerken in de keuken. Dat vond ik geweldig! Nu begin ik in september met een horecaopleiding: ik ga kok worden!'

8.5 Uitvallen en switchen

Voortijdig uitvallen tijdens je opleiding is een verspilling van tijd en energie, voor zowel de student, als voor de opleiding en onze samenleving als geheel. Maar tegelijkertijd is dit nooit helemaal uit te sluiten. Door te doen en te reflecteren leer je wat echt bij je past en bij die inzichten hoort soms een ommezwaai.
Opleidingen hebben er ook een dubbele houding in. Hun financieringsmodel is zo opgebouwd dat ze afhakers liever het eerste jaar zien vertrekken dan vlak vóór de eindstreep. Instellingen hebben dan ook veel inspanningen verricht om het aantal afvallers te verminderen en het studiesucces te verhogen.
Op de universiteiten zien we het meeste rendement. Van de studenten die in 2003 begonnen, haalde nog niet de helft (47,7 procent) de eindstreep binnen vijf jaar; van de lichting uit 2012/2013 behaalt bijna driekwart (72,7 procent) het diploma in die tijd. In het hbo is het studierendement na een jarenlange daling de afgelopen jaren aan het stijgen, maar ligt het met 59,2 procent voor de lichting 2012/2013 een stuk lager.[22] Studenten met een niet-westerse achtergrond en met ouders met een lager opleidingsniveau scoren slechter qua studiesucces.
In de overgang van het voortgezet onderwijs naar het vervolgonderwijs moeten jongeren vaak erg wennen aan de nieuwe context van leren. Ze waren gewend aan een schools systeem waarin heel veel was vastgelegd. Enerzijds is er dan de hoge verwachting dat het nu, op hun nieuwe opleiding, allemaal heel interessant en inspirerend zal zijn. Anderzijds wordt er veel meer zelfwerkzaamheid verwacht. Hierdoor kan een kloof ontstaan met de studievaardigheden die ze op dat moment beheersen. Hoe werk je je in een week door drie boeken heen? Is het voldoende als je de uitleg uit het college snapt, of gaat het erom dat je

het zelf ook kunt toepassen? Hoe onthoud je al die verschillende informatie en wat wordt er op het tentamen gevraagd? De belangrijkste redenen van uitval zijn daarnaast: het maken van een verkeerde studiekeuze, onvoldoende motivatie en het hebben van onjuiste verwachtingen van de opleiding.

ADVIES AAN STUDIEKIEZERS (OP BASIS VAN ONDERZOEK NAAR SUCCESVOLLE STUDENTEN)[23]

- Stel de start van je keuzeproces niet uit. Zoek een coach (dit kan ook de schooldecaan zijn).
- Twijfel je nog? Kies dan bewust om desnoods een jaar iets anders te doen, maar zoek van tevoren een duidelijke invulling.
- Kies met je hart én met je hoofd.
- De beste keuzemotieven zijn: vind ik de studie interessant en past die bij mij? Zijn de beroepsmogelijkheden aantrekkelijk?
- Voel je je echt thuis bij de instelling? Kijk niet alleen naar de opleiding die het dichtste bij is.
- Begin niet aan een opleiding zonder dat je heel veel informatie hebt. Bezoek de voorlichtingsdag en een meeloopdag.
- Zorg dat je met iemand van de toekomstige opleiding een persoonlijk gesprek voert, dat kan ook met een student zijn.
- Onderschat de zwaarte en de intensiteit van de opleiding niet.

Scholieren krijgen vaak een zeer beperkte versie van loopbaanoriëntatie en -begeleiding (LOB) aangeboden. Veel van hen hebben op de middelbare school soms te weinig besef dat het daarbij echt om meer gaat dan alleen een studiekeuze[24]; het bepaalt de richting waarmee ze hun toekomst vorm gaan geven. Ongeveer een kwart van de uitvallers zegt achteraf dat de universiteit of hbo-opleiding betere voorlichting had moeten geven of meer begeleiding in het eerste jaar.[25]

STUDIEKEUZECHECK

Studiekeuze werkt natuurlijk twee kanten op. Onderwijsinstellingen denken dan ook hard na over hoe ze de beste matches kunnen maken tussen hun aanbod en de nieuwe lichting studenten, helemaal voor opleidingen waar een beperkte toegang – numerus fixus – geldt. Om ervoor te zorgen dat zo min mogelijk studenten uitvallen tijdens het eerste jaar van hun opleiding heeft de minister van Onderwijs in 2015 de studiekeuzecheck geïntroduceerd (ook wel de 'matching' genoemd). Een studiekeuzecheck moet toekomstige studenten helpen om te bepalen of een studie bij hun past en overeenkomt met hun verwachtingen. Opleidingen mogen zelf bepalen hoe ze dat selectieproces inrichten. Motivatiebrieven, vragenlijsten, kennismakingsgesprekken en tests zijn veelgebruikte methoden om te selecteren.
Een studiekeuzecheck mondt uit in een advies. Dat advies is meestal vrijblijvend, maar het geeft jongeren een goed beeld van hun kansen om de studie met succes te volgen. Voor de opleidingsinstelling is het een middel om te voorkomen dat studenten zonder enige motivatie aan een opleiding beginnen en daardoor snel uitvallen. In een gesprek wordt ze gevraagd om te vertellen wat ze denken dat de opleiding inhoudt en waarom deze past bij hun talenten. Dit is een realitycheck waardoor veel jongeren zich beter oriënteren op de vervolgopleiding, ook omdat ze vaak ten onrechte denken dat het hierbij gaat om een toelatingsgesprek of zelfs een toelatingsexamen.
Recent promotieonderzoek van de Universiteit Groningen liet zien dat jongeren die hebben deelgenomen aan oriëntatie-activiteiten betere studieresultaten boeken dan degenen die dit niet doen. Proefstuderen heeft de meeste voorspellende waarde voor studiesucces, meer dan doorvragen op motivatie of het laten uitvoeren van vaardigheden- en kennistests. Laat studenten een proeftentamen maken over stof die ze vooraf moeten bestuderen; zo krijgen beide partijen al veel meer inzicht of een keuze een succes kan worden. Als het programma dan ook inspiratie biedt – 'dit is echt iets voor mij' – weten ze dat ze op een goede weg zitten.

EMPOWER TEC: INSPIRATIE NA EEN VERKEERDE STUDIEKEUZE

De Brabantse Fontys Hogescholen hebben sinds augustus 2018 een speciaal flexibel programma voor alle studenten die gedurende het eerste jaar uitvallen, verkeerd hebben gekozen en twijfelen over wat ze nu moeten gaan doen. Of ze nu gestart waren met een journalistieke of een juridische opleiding, of de pabo; ze kunnen allemaal meedoen met een programma in modules van drie weken. Iedere module staat steeds in het teken van een bepaalde challenge, gebaseerd op grote wereldproblemen zoals honger, milieu, armoede of toegankelijk onderwijs (de *Global Goals for Sustainable Development* van de Unesco). Vanuit een technologische invalshoek kijken studenten met een groep naar een bepaald onderwerp. Ze denken bijvoorbeeld na over robotisering, nieuwe infrastructuur of de mogelijkheden van *augmented reality*. Ook twee *field trips* die ze in deze weken maken naar een bedrijf of een laboratorium bieden extra inspiratie.
Het idee achter dit programma is dat iedereen in zijn of haar werkzame leven te maken krijgt met technologische ontwikkelingen. Ook voor een juridisch medewerker of een docent Economie is het handig om te snappen hoe blockchain technologie (waar

bijvoorbeeld de cryptomunten op draaien) werkt. Als studenten die het even niet meer weten en zich verder oriënteren op hun toekomst, kunnen ze dat doen terwijl ze zich meer bewust worden van de rol van technologie, waarbij ze tegelijk aan belangrijke vaardigheden werken die overal van pas zullen komen.

Dit compacte programma is voor studenten die twijfelen. Ze volgen daarom ook een talentenklas om hun onbewuste talenten bewust te maken. 'Waar ben ik goed in?' Ze krijgen gesprekken met een individuele coach en praten veel met peers over hun studiekeuze. Door in een werkgroep zelf ook dingen te maken en uit te proberen, van code schrijven tot het bouwen van een *shitty-robot*, ontdekken ze hoe en wat ze willen leren. Jezelf beter leren kennen, jezelf ontwikkelen tot een ondernemende wereldburger en creativiteit staan centraal in deze modules. Iedere drie weken kunnen uitvallers uit alle studierichtingen instromen in een nieuw cursusblok. Studenten blijven naar school komen en kunnen eventueel meerdere modules stapelen. In dit programma snijdt het mes aan twee kanten: het biedt uitvallers een alternatief om zich opnieuw te oriënteren binnen korte modules, want veel van deze jongeren willen wel iets uitproberen, maar zich niet weer meteen vastleggen voor een langere periode. Daarnaast sluit het heel goed aan op wat de arbeidsmarkt vraagt: flexibele mensen met een brede blik, die niet bang zijn voor technologie.

8.6 De verkeerde keuze bestaat niet

Veel jongeren hebben ergens in hun achterhoofd het onbewuste beeld, dat als ze bij een grote keuze in hun leven, zoals het kiezen voor een studie, een fout maken, ze dan voor altijd hun kans gemist hebben. Dan word je niet meer gelukkig, terwijl al je vrienden wel die leuke baan, dat fijne gezin, dat mooie huis en die snelle auto zullen hebben. In dat onbewuste beeld ligt de kern van veel studiestress. Ook ouders lijken daar soms een stuk in mee te gaan, terwijl iedere volwassene weet dat je weleens een verkeerde keuze kunt maken. Maar nadat je je neus gestoten hebt, kun je gewoon weer verder op een nieuw pad. Omwegen horen nu eenmaal bij het leven.

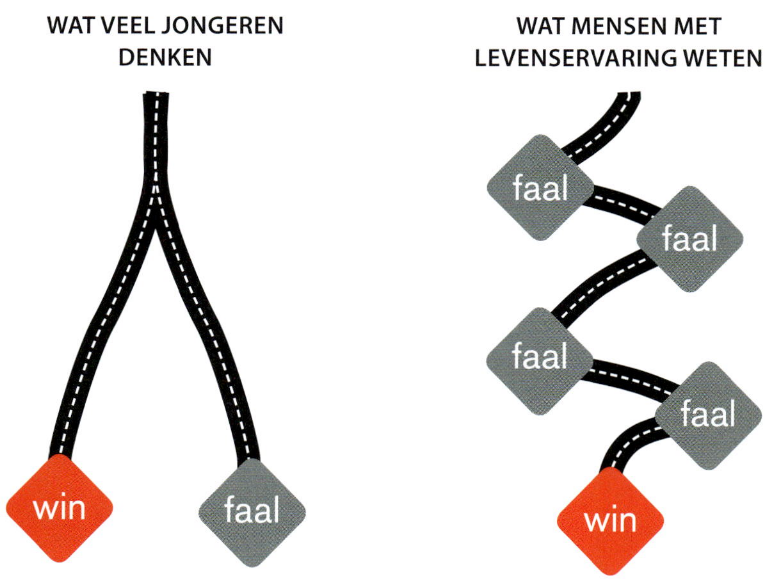

Keuzestress en de angst om verkeerd te kiezen

Een studiekeuze is niet zo definitief als we jongeren soms voorhouden. Natuurlijk is het onhandig om na twee jaar te wisselen van studie en weer opnieuw te beginnen. Natuurlijk zitten er financiële consequenties aan. Maar juist in de periode na de middelbare school is het ook belangrijk om zelf dingen uit te mogen vinden. De ene jongere zal meer experimenteren of meer zoekend zijn en zich mopperend een weg door opleidingen banen. De ander werkt fluitend en heel gericht naar een volgend diploma toe. Die verschillen zijn normaal. Het belangrijkste is om jongeren te behoeden voor omwegen die niet nodig zijn en waar ze ongelukkig van worden; dat ze zich te laat inschrijven voor een opleiding, dat ze depressief op de bank liggen omdat ze een lange periode niets te doen hebben omdat

niemand ze heeft geholpen met een gesprek over hun stip op de horizon.
Niet iedereen gaat verder in de richting waarin hij of zij studeert. Met een opleiding podiumtechniek kun je ook een goede installateur worden en een historicus doet het ook prima als beleidsmedewerker. De hokjes van opleidingen en beroepen zijn niet zo rigide. Het gaat er vaak ook om hóe je iets doet en niet alleen wat je doet. De ondernemende verpleegkundige kan uiteindelijk veel succesvoller zijn dan een volgzame arts.
Studeren is een onderdeel van de zoektocht van jongeren en uiteindelijk weet iedere volwassene dat het leven onvoorspelbaar is. Een studie zal nooit honderd procent bij iemands voorkeuren en keuzes passen. Wisselen, of stoppen, kan altijd. Helpt het je verder? Je leert in ieder geval omgaan met tegenslagen en het maakt uiteindelijk weinig uit of je een jaar ouder of jonger bent als je afstudeert. Het is belangrijker dat er mensen om je heen staan die in periodes van zoeken en twijfelen naar je luisteren.

Sometimes the wrong train takes you to the right station.
(Uit de Indiase film *The Lunchbox*)

NIET OORDELEN

Als we in onderzoeken naar studie- en beroepskeuze jongeren vragen motieven te noemen die zij belangrijk vinden voor hun toekomstige baan, komen de meest uiteenlopende drijfveren op tafel.[27] Van werken met mensen tot veel geld verdienen. Mensen hebben vaak moeite om zonder oordeel naar de motieven van jongeren te kijken. Zeker in onderwijsland vinden professionals intrinsieke en idealistische motieven vaak beter dan extrinsieke zaken. 'Dat is zo'n leerling die alleen maar bezig is met de leaseauto waarin hij straks wil rijden.' Toch is die motivatie net zo legitiem als de droom om aidswezen te gaan helpen in Afrika. De ene kiest voor een economische studie omdat hij later wil gaan ondernemen en een duurzaam bedrijf wil opstarten; een ander wil met dezelfde studie vooral veel geld verdienen. Met beide drijfveren kun je succesvol die opleiding afronden. In de toekomst kunnen jongeren die met verschillende motieven aan een studie beginnen, weleens op ongeveer dezelfde plek uitkomen. Wie zal het zeggen?
Een goede – of foute – keuze bestaat niet, wel een weloverwogen keuze. Daar moeten we jongeren ten volle toe stimuleren. Door ze te inspireren, te prikkelen aan de slag te gaan en échte ervaringen op te doen.
Luister dus actief als je met jongeren in gesprek bent over studiekeuze. Stel open vragen en wees oprecht nieuwsgierig en stel je eigen oordeel uit. Als je als volwassene te veel stuurt en gesloten vragen gaat stellen, is het gevaar al snel dat jij volop aan het woord bent en een jongere steeds minder.

TIPS VOOR SCHOLEN EN OPLEIDINGEN

- **Informeer en inspireer**
  Zorg dat je eerst inspireert door relevante verhalen en ervaringen te bieden, voordat je jongeren overlaadt met informatie over opleidingen. Verdiep je daarom ook in je doelgroep: hoe ver zijn ze op het moment dat je ze ziet in hun oriëntatie en zelfkennis? Waar zitten hun interesses en drijfveren? Waarmee help je ze vervolgens het best?

- **Geef leerlingen de kans om zoveel mogelijk te praten over hun dromen**
  Luister veel, stel kritische vragen, maar laat ze zelf het antwoord ontdekken. Een keuze voor een vervolgstudie is een persoonlijke zoektocht, die volwassenen wel moeten begeleiden, maar niet te veel invullen.

- **Stimuleer echte ervaringen**
  Laat studenten zoveel mogelijk zien, ruiken, proeven aan de opleiding en de studieomgeving. Bied authentieke ervaringen tijdens open dagen, meeloopdagen en proefstuderen en schets daar een goed beeld van de inhoud en de zwaarte van de opleiding.

- **Overschat motivatie niet**
  Veel jongeren en ouders denken dat ze vooral goed moeten nadenken over hun drijfveren en tijdens matchingsdagen en studiekeuzechecks wordt hier ook naar gevraagd. Zolang die echter niet zijn gebaseerd op reële ervaringen hebben ze weinig invloed op studiesucces.

- **Moedig leerlingen aan**
  Om tijdens hun oriëntatieproces voor studie- en beroepskeuze zoveel mogelijk te gaan praten met mensen die het beroep al hebben. Gebruik het netwerk van ouders van leerlingen van de hele school om leerlingen in contact te brengen met beroepen waar ze van dromen, maar niemand in kennen.

- **Een studiekeuze eindigt niet met de eerste dag op een nieuwe opleiding** Juist dan moeten opleidingen tijd stoppen in gesprekken met hun nieuwe studenten. Bijvoorbeeld door iedereen na de eerste twee maanden een gratis gesprek met een studiecoach aan te bieden. Dat kost veel tijd en geld, maar daarmee monitor je potentiële uitvallers, die zich niet spontaan bij een decaan komen melden.

- **Jongeren met een migratieachtergrond of laagopgeleide ouders hebben behoefte aan rolmodellen** In de Nederlandse samenleving en ondersteuning bij het opbouwen van de netwerken die hun ouders vaak niet hebben. Dat kunnen Nederlanders in bepaalde beroepsgroepen zijn, maar ook (en het liefst) voorbeelden van geslaagde migranten voor wie zij respect kunnen hebben Het is belangrijk dat zij ook dit soort personen in hun omgeving zien.

Omar, 16 jaar, 4 vmbo-t te Amsterdam

9. Het puberbrein

op de arbeidsmarkt

De arbeidsmarkt staat de huidige generatie jongeren met open armen op te wachten. In veel sectoren lopen de tekorten op en het gevecht om goede mensen is al een tijdje aan de gang. Tegelijkertijd mopperen werkgevers dat het vervolgonderwijs jongeren onvoldoende voorbereidt op de beroepspraktijk, ze kunnen niet wat bedrijven van ze verwachten en op veel werkplekken is sprake van botsende generaties. Dat begint al bij de stagiairs met een puberbrein. Op het moment dat de meeste jongeren hun studiekeuze maken, hebben ze nog nauwelijks een goed beroepsbeeld. Wat betekent het nu echt om in een bepaalde richting te werken? Dat geldt voor alle sectoren, maar in het bijzonder voor sectoren als zorg en techniek. En dus vragen werkgevers zich af: hoe maak ik mijn sector in vredesnaam interessant voor jongeren die denken aan zwaar, saai of vies werk? En als ik ze dan eenmaal binnen heb, hoe zorg ik dan dat ze mijn bedrijf voldoende opleveren? Inzicht in het puberbrein levert bouwstenen voor antwoorden.

'Ik heb nu voor het eerst een vaste baan, dus echt vijf dagen per week aan de bak. Ik merk dat dit best wel pittig is. Na mijn laatste stage bij een makelaarskantoor, was ik eigenlijk blij dat ik nog een paar maanden terug naar school kon. Ik weet nu hoeveel vrijheid ik toen had. Mijn baas is best wel streng, ik heb de hele tijd het idee dat hij mij niet goed genoeg vindt, dat ik hem teleurstel. Maar hij gaat er gewoon van uit dat ik alles al weet en dat ik alles al kan. Ik vind juist dat ik mijn werk al heel goed doe. Soms raak ik daardoor helemaal de kluts kwijt.' Nina, 22 jaar

9.1 Uitvallen en switchen

Voor alle jongeren komt uiteindelijk het moment dat ze hun laatste tentamens doen, hun laatste stage, hun scriptie afronden of het praktijkexamen afleggen. En dan valt op een dag de schooldeur definitief dicht. De slungelige puber van destijds is een volwassene in de dop geworden. Met – meestal – een diploma op zak betreedt de werknemer van de toekomst de arbeidsmarkt. Een arbeidsmarkt waar men volop op jong talent zit te wachten.

Door vergrijzing en economische groei is de vraag naar starters de laatste tijd sterk toegenomen. De tijd dat je alleen maar ergens aan de bak kwam met vijf jaar werkervaring ligt gelukkig achter ons. Bij een derde van de vacatures wordt momenteel gevraagd naar een kandidaat met minder dan twee jaar werkervaring.[1]
Maar zoals ouders wel eens vervreemd naar hun dochter of zoon kijken, zo kijken ook werkgevers regelmatig met verbazing naar hun nieuwe sollicitanten. Want veel schoolverlaters van nu zitten wezenlijk anders in elkaar dan de dertigers en veertigers die hun bazen worden. Begrippen als uitdaging, afwisseling, ambitie, werkplezier en waardering lijken voor hen een andere betekenis te hebben.
Ook al moeten ze hun eerste project nog afleveren, ze blaken van zelfvertrouwen. Ze zijn dol op uitdaging, maar hebben geen lange adem. Afwisseling is voor hen een doel op zich: zowel in het werk als daarbuiten. Een goede balans tussen werk en privé vinden ze vanzelfsprekend; zo vanzelfsprekend dat werkgevers gaan twijfelen aan hun *commitment*. Vijftig procent van de Nederlandse studenten vindt het heel belangrijk om in hun toekomstige carrière een goede werk-privébalans te bewaken.[2] Toch lopen werk en privé in de praktijk vaak stevig door elkaar. Via smartphone en laptop staan jongeren voortdurend in contact met hun privéleven én met hun collega's. Deze connectie bestaat altijd, ook op momenten dat het qua werk (of juist privé) niet al te goed uitkomt.
Al even onbegrijpelijk vinden veel managers het dat jongeren hun werkplezier meer lijken te halen uit het samenwerken met hun collega's dan uit het behalen van topprestaties. Ook aan status en positie hechten jonge werknemers minder waarde. Daarentegen verwachten ze wel veel erkenning en vanzelfsprekend een goed salaris.
Het maakt de nieuwe werknemer in de ogen van de werkgever tot een vreemde mengelmoes. Zelfverzekerd, maar niet erg ambitieus. Veeleisend, maar ook niet echt statusgevoelig. Het is een compleet nieuwe manier van kijken naar werk. Een baan is ineens onderdeel van een lifestyle.

ONGEMOTIVEERD OF ANDERS GEMOTIVEERD?

'Het is dat ik ze nodig heb voor later, maar anders nam ik weinig jongeren aan. Ze willen geld verdienen, maar niet werken. En ze komen binnen met een air alsof de hele wereld op ze zit te wachten. Zing maar eens een toontje lager, denk ik dan.' **Danny, werkgever, 58 jaar**

Ze lijken volwassen, ze spreken als volwassenen, maar tegelijk zijn jongeren nog niet helemaal volgroeid. Ze kunnen bijvoorbeeld moeilijker tegen kritiek en tegenslag. Dat is ook niet vreemd als je bedenkt dat hun brein nog in ontwikkeling is en dat de emotiegebieden in hun hersenen nog steeds overgestimuleerd zijn. Vaardigheden als reflecteren en analyseren, die nodig zijn om te kunnen relativeren, zijn nog in ontwikkeling.

De kloof met oudere collega's is nog groter doordat de huidige generatie jongeren ook nog eens afwijkt in sociaal-cultureel opzicht. Hierdoor botst hun werkhouding regelmatig met de arbeidscultuur op de gemiddelde werkvloer. Jonge werknemers willen niet jarenlang grote offers brengen om hogerop te komen en zijn er niet op uit indruk te maken op hun baas. Ze zijn sowieso minder gevoelig voor hiërarchie en respect is voor hen meer wederkerig. Ze willen op tijd naar huis, want er is ook nog een privéleven. En ze vragen zich af wat een werkgever voor hén kan betekenen.

'Ze zitten de hele dag te whatssappen en op Instagram', zeggen oudere collega's soms. Door onbegrip wordt wat ze wél kunnen en doen, niet altijd gezien. De sleutel ligt in het leren van hun taal en in het bieden van de juiste uitdagingen. Zijn werkgevers bereid hun communicatieaanpak en hun verwachtingspatroon aan te passen? Dat is de vraag die ze zullen moeten beantwoorden. Werkgevers die zich verdiepen in jongeren en hun leefwereld, gaan zien dat ze zich wel degelijk willen inzetten en bovendien unieke kwaliteiten hebben die van grote waarde zijn voor een bedrijf.

9.2 Wat vinden jongeren belangrijk in werk?

Online vind je vele verhalen over jonge mensen die radicaal andere behoeften hebben in werk, waarmee ze werkgevers soms onbedoeld op de kast jagen. Als we beter kijken zien we dat veel van hun behoeften niet anders zijn dan die van oudere werknemers en andere generaties, maar dat ze er soms net een andere invulling aan geven, ook omdat ze net starten en nog weinig referentiekader hebben.

LOSLATEN OF BEGELEIDEN?

'Het leuke aan deze baan vind ik dat ik mijn creativiteit erin kwijt kan. Maar ik heb niet echt het gevoel dat ik verder kom. Ja, je kunt afdelingshoofd worden, maar daarvan zijn er maar een paar. Dus waar doe ik het allemaal voor? Misschien moet ik eens verder kijken.' John, 23 jaar

Het eerste wat ons opvalt als we met jongeren praten over werk is dat ze duidelijkheid van groot belang vinden. Ze zijn allergisch voor vage doelen en taken. Zeker als ze net beginnen, zijn ze gebaat bij een goede structuur. Ze willen weten wat er van hen verwacht wordt en vragen hierbij om duidelijkheid en structuur.

Begeleiding is het sleutelwoord: niet alleen in de opvoeding en bij studie- en beroepskeuze op school, maar ook bij de eerste stappen op de arbeidsmarkt. Bedrijven die een structuur hebben waarin jongeren met kleine stapjes op de carrièreladder stijgen, doen het bij jongeren veel beter dan bedrijven die dat niet hebben.

Op werkgevers komt het misschien nogal kinderachtig over: een loopbaan opdelen in een groot aantal kleine treetjes omhoog, maar het werkt wel. Van junior assistent naar assistent, naar assistent-teamleider, naar teamleider, naar... Je weet waarvoor je het doet en je weet wat je moet doen voor de volgende stap.

De horizon van jonge werknemers ligt minder ver weg dan werkgevers veronderstellen. De gemiddelde trainee is niet te motiveren met de wetenschap dat al die overuren van de komende vijf jaar uiteindelijk zullen resulteren in die ene (flinke) stap omhoog. Ook voor afgestudeerde hbo'ers en universitaire studenten van rond de 25 jaar is zo'n termijn dikwijls nog te lang. Voor jongere werknemers is zelfs een eindejaarsbonus dikwijls nog te ver weg. Ze willen op korte termijn resultaat ervaren.

LEREN IN CONCRETE STAPPEN

Marjolein Reijs is Director Human Resource bij McDonald's

'De meeste jongeren komen bij ons door toeval en meestal starten ze in een bijbaan. Als ze hier eenmaal werken, waarderen ze de fun, de sfeer maar ook het feit dat wij ze, in een hele gestructureerde omgeving, vaak als eerste baantje hun 'werkvaardigheden' laten opdoen. Werken bij McDonald's kan een bijbaan blijven, maar we bieden werknemers ook interne opleidingstrajecten op mbo 2, 3 en 4 niveau via BBL-trajecten. Dan werk je vier dagen bij een McDonald's-restaurant en ga je één dag naar school. Jongeren blijven bij ons werken en leren dankzij de duidelijkheid die wij hun bieden. Er is een heel concreet stappenplan naar hogere functies. Iedereen begint op hetzelfde niveau en iedereen kan met hetzelfde stappenplan uiteindelijk doorgroeien naar een managementfunctie, ook in een parttime situatie. Dat werkt stimulerend. De stappen zijn klein, je begint bij het begin en je bent al vrij snel in een positie dat je beginnende medewerkers mag begeleiden. En dat is overzichtelijk. Elke stap gaat gepaard met een eisenlijst waar je aan moet voldoen. Van 'Zorg jij voor voldoende voorgeschepte frietjes in relatie tot de gastenstroom?' tot 'Help je je collega's waar nodig?' Wij merken dat jongeren het erg prettig vinden dat zo duidelijk wordt uitgelegd wat ze moeten kunnen voor een bepaalde functie.

Op de werkvloer is veel begeleiding en structuur. Dat is nodig, want je merkt dat wanneer het druk is op de werkvloer en jonge werknemers niet worden opgevangen, ze ook sneller weer vertrekken. Door begeleiders op de werkvloer te hebben, kunnen we jongeren ook goede feedback geven. Je merkt dat ze goed met kritiek om kunnen gaan, mits je ze duidelijk uitlegt waarom je iets vindt. Als je je kritiek goed kunt beargumenteren, accepteren jongeren dit.

Het is spannend om als jongere, in een parttime situatie, door te kunnen groeien naar een functie als crewtrainer, hostess of wellicht een eerste managementrol. Wij bieden ze een gestructureerde aanpak, duidelijke stappen, begeleiding en een overzichtelijk management curriculum dat ze kunnen volgen in ons eigen opleidingscentrum. Hierdoor leren en verkrijgen jongeren 'werkvaardigheden' waar ze de rest van hun leven profijt van hebben, zoals plannen en samenwerken en het geven en krijgen van effectieve feedback.'

AUTONOMIE, UITDAGING EN AFWISSELING

Als je met jongeren doorpraat over de werkinhoud, wordt nog duidelijker dat zij willen worden uitgedaagd op hun niveau. Geef als werkgever je jongste niet de simpelste klusjes omdat ze 'pas net komen kijken'. Ze willen waardevol werk doen en hun tijd niet verkwisten aan taken waar ze het nut niet van inzien. Maar pas ook op dat je ze niet overvraagt.
In promotieonderzoek ontdekte Stephan Corporaal dat zowel jongere als oudere werknemers uitdaging in hun werk belangrijk vinden.[3] Ervaren werknemers associëren uitdaging met complexe taken en het leren van nieuwe zaken. Lastige puzzels kortom, die ze niet in een handomdraai kunnen oplossen. Jonge medewerkers waarderen uitdaging ook

positief, maar geven er een andere invulling aan. Zij vinden het uitdagend als ze in staat zijn om taken te relateren aan hun opleiding en als ze kunnen laten zien waartoe ze in staat zijn. Ook bij de woorden autonomie en afwisseling vond Corporaal een verschil in betekenissen. Bij afwisseling denken jongeren allereerst aan contact met verschillende mensen en het werken op verschillende plekken, in verschillende ruimten en op verschillende afdelingen. Managers denken daarbij eerder aan een afwisseling van taken. Autonomie associëren jonge baanzoekers behalve met vrijheid om hun werkzaamheden zelf in te richten, vooral met vertrouwen en duidelijkheid over de inhoud en verwachtingen van het werk. Het draait om zelfstandigheid, zodat ze in alle vrijheid kunnen werken en het vertrouwen krijgen om het op hun manier te doen. Daarbij willen ze graag precies weten wat ze moeten doen, hoe ze het moeten doen en wat ze moeten opleveren.[4]

Het onderzoek van Corporaal laat zien dat jongeren zeker de eerste weken, maanden en jaren, goed gedijen bij veel duidelijkheid, waarbij het de kunst is om ze nauw te begeleiden, zodat je steeds meer zicht krijgt op hun sterke kanten die enorm van waarde kunnen zijn voor een bedrijf. Jongeren weten vaak veel van technologie en media, zijn expert op de meest uiteenlopende gebieden en zijn vaak sociaal en creatief. In bedrijven en organisaties waar processen, businessmodellen en producten voortdurend veranderen, kan hun innovatiekracht veel bijdragen.

KIJK NAAR GROEIPOTENTIEEL

Marcia Goddard promoveerde als neurowetenschapper rond het thema jongens en autisme, om vervolgens te gaan werken bij uitzendbureau YoungCapital, bemiddelaar in bijbanen en startersfuncties.

'Ik geloof niet in IQ-tests. Die geven een momentopname weer, terwijl we bij YoungCapital juist kijken naar ontwikkelpotentie en de zogenaamde soft skills. Dit is met name relevant omdat veel jonge mensen van zestien tot vierentwintig jaar zich bij ons inschrijven. Op die leeftijd is je brein nog enorm in ontwikkeling. Het gaat om je potentie: waar kan iemand komen? Ik zorg bij YoungCapital daarom voor de neuropsychologische inzichten die daarover gaan.

In gesprek met onze klanten die op zoek zijn naar personeel, en door observaties op de werkvloer brengen we eerst in kaart welke vaardigheden belangrijk zijn voor specifieke functies. Voer je veel telefoongesprekken in een kantoortuin met tientallen bellende collega's om je heen? Dan moet je informatie goed kunnen filteren. Ben je shopper in een groot magazijn? Dan zijn visuospatiële functies, die zorgen voor het verwerken van een waarneming in de ruimte, belangrijk voor ruimtelijk inzicht. Ook kijken we naar de bedrijfscultuur, zodat we kandidaten tevens kunnen matchen op het DNA van de organisatie.

Op onze site vind je diverse wetenschappelijke testjes die jongeren zelf kunnen invullen, zoals de Wisconsin Card Sorting Test die cognitieve flexibiliteit test. Zo leren jongeren zichzelf beter kennen. In de selectieprocedures leggen we onze kandidaten gericht testen voor. Inmiddels hebben 30.000 jongeren testen ingevuld en met die data kunnen we interessante analyses maken. Wie scoort waarop bovengemiddeld? En in hoeverre leidt dat tot een betere selectie van kandidaten?

Het mooie is dat we op deze manier meer jongeren een kans kunnen geven. Denk bijvoorbeeld aan een kandidaat met een opleiding op mbo 2-niveau die reageert op een niveau 4-functie. Als deze kandidaat goed scoort op soft skills en ontwikkelgericht is, als de aanleg er dus is, gaan we graag de discussie aan met een werkgever.

Tegen kandidaten zeggen we: dit is je startpunt, maar niet je eindpunt. In mijn werk is die groeimindset het allerbelangrijkste. En dat zit in kleine dingen: Hoe leer je? Hoe ga je om met fouten maken? Wat doe je als iets anders loopt dan gedacht? Dan hebben we het over soft skills; samenwerken, risico nemen, inlevingsvermogen, intrinsieke motivatie. Dat bepaalt of iemand klaar is voor de arbeidsmarkt. We bieden dan ook e-learning waarmee kandidaten hun soft skills kunnen ontwikkelen.'

Ideeën voor de toekomst heeft Goddard volop: 'We maken nu een game om het invullen van de tests aantrekkelijker te maken. Want voor sommigen is tien minuten tests invullen al lang. En daarnaast wil ik meer samenwerken met universiteiten, zodat we scherp blijven op wat we doen en onze uitkomsten goed kunnen valideren.'

'We gaan ook buiten werk veel met elkaar om. We doen met elkaar mee aan de Cityrun en we gaan vaak met elkaar uit. En de bedrijfsfeesten zijn altijd supergezellig.' Emiel, 20 jaar

VRIENDEN OF WERK?

Vele onderzoeken laten verder zien hoe belangrijk jongeren een goed contact met hun collega's vinden, in combinatie met het feit dat ze graag 'zichzelf willen kunnen zijn'. Het bedrijf is niet alleen een plek waar ze van negen tot vijf werken, maar een plaats waar ze met gelijkgestemden en vrienden samenzijn tot het tijd is de gesprekken buiten de werkplek voort te zetten.

De misvatting is dat er in zo'n sfeer niet gewerkt kan worden. Jongeren kunnen dat juist prima, sterker zelfs: ze presteren meer dan op een 'ouderwetse' werkvloer. Tijd betekent voor hen niet: van negen tot vijf. Tijd heb je vierentwintig uur per dag, zeven dagen per week. Op een moment buiten werktijd met je werk bezig zijn is dus op zich ook geen probleem. Alleen wil je het dan ook wel overdag een keer kunnen inhalen als jou dat goed uitkomt. Want er is nog meer in het leven dan werken. *Get a life!*

9.3 Jonge medewerkers binden en motiveren

Goede jonge werknemers zijn lastig te vinden en nog lastiger te binden. Omdat nieuwe mensen inwerken tijd en geld kost, kan vasthouden slimmer zijn dan medewerkers laten gaan en weer opnieuw moeten zoeken.

Het behoud en het binden van medewerkers staat steeds meer op de agenda. Logisch, want als een werknemer na circa anderhalf jaar rendabel is, dan scheelt het nogal of hij in dat bedrijf daarna gemiddeld twee jaar of vijf jaar blijft.

Hoe verhoog je de loyaliteit van jonge werknemers? We zien hierin verschillen tussen lager en hoger opgeleiden. Mbo'ers zijn gevoelig voor arbeidsvoorwaarden. Ze zoeken vaak veel prikkels en afwisseling, maar tegelijkertijd ook zekerheden om de comfortabele situatie waarin ze zijn opgegroeid, te handhaven. Een mbo'er vergelijkt en kan voor honderd euro zomaar overstappen naar de concurrent. Benchmarken, kijken wat concurrenten bieden, is aan te raden. Daarnaast zijn mbo'ers gewend aan het systeem van 'al doende leert men' en vinden ze interne opleidingen aantrekkelijk.

Hun hogeropgeleide leeftijdgenoten vinden jobhoppen doorgaans interessant vanuit andere beweegredenen: zelfontplooiing, hiërarchie, balans werk/privé, erkenning, betekenisgeving. Dit zijn waarden die hogeropgeleiden in beweging zetten en dat valt vaak

samen met het idee dat ze hun geluk zelf moeten creëren. Om dat te kunnen, moet je ontdekken wie je zelf bent en wat je wel en niet kunt. Zelfontplooiing is daarin heel belangrijk. De meeste jongeren zijn optimistisch over hun persoonlijke toekomst: ze zijn opgegroeid met het motto 'als je maar hard je best doet, kun je alles bereiken'. Daardoor geloven ze sterk in het idee dat zij zelf (ongeacht de kansen op de arbeidsmarkt) hun toekomst kunnen vormgeven. Van de jongeren weet zelfs 87 procent zeker dat ze op een dag waarmaken waar ze nu van dromen.[5] Jonge medewerkers voelen zich daarin dus niet afhankelijk van hun baas, wat ze daardoor soms ook ongrijpbaar maakt.
Aanpassingsvermogen is voor organisaties een voorwaarde voor succes. Een toekomstbestendige organisatie heeft een HR-beleid dat aansluit bij de behoeften van toekomstige medewerkers. Jonge medewerkers zijn een belangrijke motor voor vernieuwing, ze zijn de spil in veranderingsprocessen binnen organisaties, maar hoe kun je jong talent boeien? Hoe geef je als werkgever invulling aan waardevolle relaties met deze groep? En wat is er nodig om de nieuwe generatie duurzaam aan je te binden? Bij bedrijven en organisaties zijn flexibilisering en aanpassing de buzz-woorden. Bij young professionals zijn autonomie en individualisering belangrijke trends.
Werkgevers die meebewegen met behoeften als 'ik wil een paar maanden op reis' of 'ik wil weleens bij een andere afdeling rondkijken hoe het daar gaat' weten jong talent beter vast te houden dan zij die daar niet in meegaan.

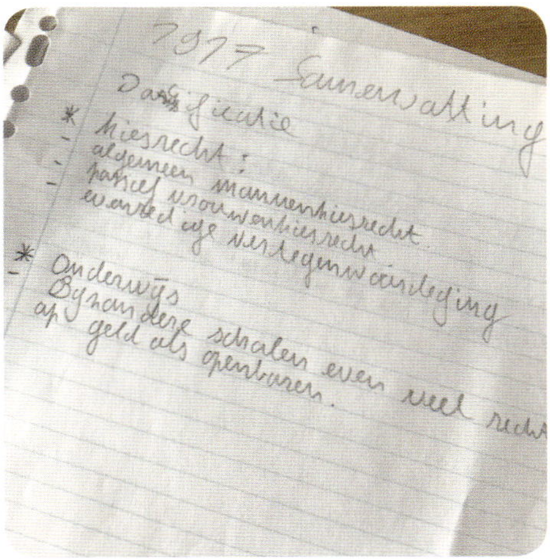

MEEDENKEN

Rene Herremans werkt bij Albert Heijn als Director Employer Branding & Employee Engagement.

'Meer dan de helft van onze medewerkers zijn pubers; we hebben circa 65.000 jongeren met een bijbaan in dienst. Zij komen bij ons werken omdat ze geld willen verdienen, omdat we altijd in de buurt zijn – gemak – en omdat het gezellig is. Dat zijn de 3G's van onze wervingsaanpak. Als ze eenmaal bij ons werken, raken ze na verloop van tijd ook meer geïnteresseerd in de 4ᵉ G: groei.

We vinden het als bedrijf ook belangrijk dat al die jongeren goed functioneren en zich ontwikkelen. Ze ontdekken nieuwe aspecten van zichzelf, zoals het leren omgaan met een baas en met klanten, maar het gaat ook gewoon over op tijd komen. Voor verreweg de meeste jongeren is een bijbaan bij Albert Heijn de eerste kennismaking met het fenomeen werken. Wij vinden het onze verantwoordelijkheid dat je bij ons een aantal basisvaardigheden opdoet waar je in de rest van je werkzame leven profijt van kunt hebben. Een jaar of zes geleden merkten wij een groot verloop: meer dan 60 procent van de jonge mensen vertrok binnen een half jaar tot een jaar. Toen zijn we daar samen met CNV-Jongeren verder ingedoken. Zo ontdekten we dat jongeren het fijn vinden om mee te denken over hun werk. Hoe kun je de vakken sneller vullen? Wat vind je van de kleding? Hoe kunnen we beter werven? Daar hebben zij ideeën over waar wij zelf niet altijd op komen. Natuurlijk stellen wij de kaders, maar binnen dat kader kun je een doel soms heel anders bereiken.

Een eerste resultaat van dit overleg was het teamleidersbegeleidingsplan: via dit plan kregen teamleiders een structuur om hun jonge medewerkers zes keer per jaar te spreken; bij de intake, na een week, einde proeftijd en een aantal gesprekken daarna over wat jongeren nog meer zouden willen doen binnen de winkel. De resultaten zijn positief: het verloop daalt.

Deze aanpak hebben we inmiddels verder doorontwikkeld door samen met medewerkers de hele *employee journey* van de bijbaanmedewerker onder de loep te nemen. Zo hebben we een dashboard ontwikkeld, waarin we in beeld brengen hoe de ontwikkeling en begeleiding verloopt. Samen met medewerkers bedenken en testen we concrete verbeterinitiatieven.

Daarnaast communiceren we met onze medewerkers veel via social media om goed contact met de doelgroep te houden. Als we jongeren vragen om in hun vriendenkring nieuwe collega's te werven, doen ze dat alleen als ze erachter staan en zélf graag bij je werken. Want die vrienden zijn heel belangrijk voor ze. Het werkt als een soort filter. Goed werkgeverschap waarin je ook als bijbaner belangrijk bent en je serieus genomen voelt, is en blijft de basis. Door medewerkers ervaringen te bieden die ze met anderen willen delen, creëer je ambassadeurs.'

WAT VINDEN JONGEREN EEN AANTREKKELIJKE WERKGEVER?

Youngworks heeft een analyse gemaakt van de belangrijkste eigenschappen van de ideale werkgever in de ogen van young professionals.[6] Daarbij wordt een onderscheid gemaakt tussen tijdloze voorwaarden (wat startende professionals altijd al willen) en actuele voorwaarden (wat vooral de huidige generatie belangrijk vindt).

TIJDLOZE VOORWAARDEN

1. **Mijn werkgever maakt vanaf dag één duidelijk wat er van mij verwacht wordt**
   Bied een warm bad: een open en veilige sfeer, persoonlijke begeleiding, acceptatie en waardering. Maak jongeren bekend met de bedrijfscultuur (zo doen wij de dingen hier) en de ongeschreven regels.

2. **Ik zie dat ik elke dag beter word in mijn werk**
   Jonge medewerkers willen groei ervaren om gemotiveerd te blijven: bespreek daarom regelmatig hun vooruitgang, uitdagingen en leerpunten én laat starters zien dat ze van waarde zijn.

3. **Dit is ook mijn organisatie**
   Wees transparant over je missie en drijfveren. Laat jonge medewerkers ervaren wat er gebeurt op de verschillende afdelingen in de organisatie. Maak ze bekend met het product, met de klant en de markt. Ga regelmatig het gesprek aan met je medewerkers over de koers van de organisatie. Young professionals willen zich kunnen identificeren met de organisatie waar ze werken.

4. **Mijn werkgever denkt niet in leeftijd, maar in kennis en ervaring**
   Staar je niet blind op een mogelijke generatiekloof, denk vooral na over verschillen als gevolg van ervaring. Denk niet in leeftijd, maar in werkervaring. Dit helpt je enorm om de behoeften van jonge (en oudere) medewerkers te begrijpen. Jonge en oude professionals hebben vrijwel dezelfde behoeften ten aanzien van werk: uitdaging, ruimte voor ontwikkeling, een goede sfeer, een eerlijke beloning en vrijheid binnen het werk.

ACTUELE VOORWAARDEN

5. **Dankzij mijn werkgever ontdek ik wat ik echt leuk en belangrijk vind in werk**
   Bied starters de ruimte om hun professionele identiteit te ontwikkelen. Laat ze experimenteren met diverse kanten van het werk en reflecteer regelmatig op gemaakte keuzes, ervaringen en prestaties.

6. **Ik bepaal zelf hoe en in welke richting ik mij ontwikkel**
   Geef jongeren de regie over hun eigen ontwikkeling en waarborg een gevoel van autonomie: wijs ze op de bestaande opleidingsmogelijkheden, bied een

ontwikkelpad op maat en geef ruimte aan eigen initiatieven en ideeën. Veel jongeren zijn bij de start van hun carrière sterk op zoek naar zekerheid. Als je dat als werkgever contractueel niet kunt bieden, bied ze dan wel de mogelijkheid om vaardigheden en kennis op te doen waar ze ook op de lange termijn iets aan hebben.

7. **Ik hoef van mijn werkgever niet direct alles goed te doen**
Onderbouwde kritiek is essentieel voor professionele groei, maar besef dat de impact van kritiek een stuk groter is bij onervaren en onzekere jonge medewerkers. Wees als leidinggevende nooit zuinig met feedback, maar breng kritiek wel op een constructieve wijze: wat kan hij/zij de volgende keer anders doen?

8. **Mijn werkgever luistert echt naar me**
Neem jonge medewerkers serieus: bied structurele, maar laagdrempelige mogelijkheden voor inspraak en ga serieus aan de slag met eventuele input. Voorkom onnodige hiërarchische structuren: jongeren hebben geen moeite met leiding, wel met incompetent (autoritair) leiderschap.

9. **Mijn werkgever betrekt me bij digitale innovatie, maar ziet me niet als een wonderkind**
Betrek jonge medewerkers zo vroeg mogelijk bij de implementatie van nieuwe digitale toepassingen. De kans is groot dat ze hier frisse ideeën over hebben en betrokkenheid bij innovatie kan de verbondenheid met het bedrijf vergroten. Jongeren zijn echter onervaren en hebben ook bij digitale innovatie behoefte aan duidelijke kaders en begeleiding. Pas op voor overschatting: beperkte werkervaring maakt het (ondanks hun grote adoptiebereidheid) vaak lastig voor jonge starters om spannende nieuwe digitale toepassingen direct op een effectieve manier op hun werk te betrekken.

10. **Mijn werkgever begrijpt dat werk en privé niet altijd te scheiden zijn**
Voortdurend digitaal contact met vrienden, familie (én collega's) is voor jongvolwassenen zo normaal, dat je hier als werkgever rekening mee moet houden. Jongeren hebben behoefte aan duidelijke richtlijnen voor de omgang met smartphones en social media op de werkvloer: wat wordt er van hen verwacht? Stel duidelijke grenzen, laat zien dat je hun behoefte begrijpt en wees je bewust van de wisselwerking: ze appen misschien met vrienden tijdens werk, maar in hun vrije tijd checken ze waarschijnlijk ook hun werkmail. Wees daarom coulant en probeer bijvoorbeeld 'social mediabreaks' te faciliteren.

9.4 Schaarste op de arbeidsmarkt

De arbeidsmarkt zal de komende jaren steeds sneller veranderen van een aanbodmarkt naar een vraagmarkt. In een aantal sectoren dreigen nu al grote tekorten.

Met de pensionering van de babyboomgeneratie krijgen verschillende sectoren te maken met een grote behoefte aan nieuwe werknemers. Vooral de bouwsector, de zorg, ICT, techniek en het onderwijs worden hard geraakt. Ook moet de komende jaren bijna een derde van de hele populatie ambtenaren worden vervangen. Organisaties voelen een toenemende urgentie om zich voor te bereiden op het binnenhalen van een nieuwe generatie werknemers.
Deze strijd om personeel is door niemand te winnen omdat iedereen in dezelfde, te krappe vijver vist. Er zijn simpelweg te weinig jongeren en de jongeren die er zijn hebben vaak niet de juiste opleiding gedaan. De huidige generatie jongeren zullen we in de toekomst hard nodig hebben om de uitstroom van oudere medewerkers op te vangen. Het zal dus tussen de verschillende sectoren dringen worden.
Jongeren hebben volop keuze, of eerder, keuze te veel. Ze moeten kiezen uit een woud van mogelijkheden. Werkgevers die zich bij studenten willen profileren, moeten meer doen dan het klassieke sponsoren van feesten of sporttoernooien onder studenten. Organisaties die goed weten in te spelen op de eigenschappen van de nieuwe generatie, richten zich op kernwaarden als creativiteit, betekenisgeving en vrijheid. Door aantrekkelijk te zijn kunnen zij genoeg mensen blijven aantrekken en de betere werknemers aan zich binden. Hierdoor kunnen de organisatiedoelen ook op termijn gehaald worden. Daarnaast kunnen ze groeien door met jong talent beter en flexibeler in te spelen op de snelle veranderingen van deze tijd.
Tegelijkertijd zien we een groeiend aantal jonge mensen dat ervoor kiest om als zelfstandige door het werkende leven te gaan. Dan maar geen carrière bij een baas. Ze geloven in hun eigen toegevoegde waarde, in hun eigen kunnen. En alleen werkgevers die hier ook in geloven, kunnen deze ondernemende groep nog voor zich winnen. Eerder lieten we zien dat jongeren meer gericht zijn op zichzelf, zelfbewust, en er heilig van overtuigd zijn dat zij in groepen en organisaties het verschil kunnen maken. Dit is ook een reden dat veel jongeren moeite hebben met werken in grote organisaties en dat verklaart waarschijnlijk ook waarom steeds meer jongeren kiezen voor een toekomst als zzp'er of ondernemer. Sommigen starten daar al op jonge leeftijd mee; 16,7 procent van de 15- tot 25-jarigen is zzp'er. En een derde van de starters haalt zijn of haar hoofdinkomen uit activiteiten als zelfstandige.[7]

'Ik heb een opleiding gedaan als verpleegkundige, maar ik heb ook altijd in het bedrijf van mijn oom meegeholpen als installateur. Dit jaar heb ik me helemaal omgeschoold tot installateur. Daar verdien je bijna twee keer zoveel mee als in de verpleging. Het is wel gek want in beide beroepen staan ze om me te springen.' Roy 22 jaar

EEN MISMATCH?

De tekorten in het onderwijs, de zorg en techniek lopen op. Deze sectoren hebben grote moeite om jongeren binnen te halen en worstelen vaak met een imagoprobleem. Hoewel je met een pabo-opleiding of een technische richting gegarandeerd aan de slag kunt, kiezen nog heel veel jongeren voor opleidingen waarbij het nog maar afwachten is in welke banen ze daarmee terechtkomen. Administratieve en economische opleidingen, liefst met het perspectief om 'manager' te worden, vinden veel jongeren aantrekkelijker, ondanks het feit dat de baanzekerheid hierbij een stuk lager ligt. Starters in de bouw, de installatiebranche of in de zorg verdienen inmiddels vaak beter dan starters in de administratieve sector, die door robotisering ook nog eens sterk krimpt. Dat onderwijsinstellingen hun opleidingsaanbod nog steeds meer afstemmen op de wensen van jongeren dan op de maatschappelijke eisen, maakt de 'mismatch' tussen vraag en aanbod de komende jaren alleen maar groter. Maar hoe maken we als samenleving de sectoren waarin tekorten zijn dan wel interessant voor jongeren? Of liever gezegd: hoe kunnen sectoren die impopulair zijn, hun imagoprobleem doorbreken?

'Scheikunde vind ik echt hartstikke leuk. Maar in de chemie wil ik niet werken. Alles is kaal, glimmend en steriel. Geen plantje te bekennen. Daar heb je het toch niet gezellig met je collega's?' Sascha, 17 jaar

BEELDEN

Het grootste obstakel om tot een goede keuze voor een beroepsrichting te komen, is dat jongeren irrationeel kiezen. Hoe hard we ook manieren bedenken om informatie over arbeidsmarktperspectief beter mee te geven in het afwegingsproces, het lijkt wel of het veel jongeren niet bereikt of geen invloed op ze heeft. Ze kiezen op basis van indrukken, gevoelens, en geruchten. Dat blijkt ook uit onderzoek. De beelden die jongeren hebben, kloppen vaak helemaal niet met de werkelijkheid. Dat merken we regelmatig in gesprekken. Denk aan gemeenten die goede nieuwe gemeenteambtenaren zoeken, ook op mbo-niveau, om tot hun schrik te ontdekken dat jonge potentiële kandidaten denken dat alle ambtenaren minimaal op hbo of academisch niveau functioneren. Dit verklaart ook waarom zo weinig jongeren uiteindelijk echt de techniek in gaan. Meer dan de helft van de jongeren kiest al een natuurprofiel op de havo en het vwo, mede dankzij initiatieven als Technasium en universumscholen. Maar als puntje bij paaltje komt, gaan uit deze groep nog veel jongeren rechten of economie studeren.

Bij de studiekeuze van mbo'ers staat het arbeidsmarktperspectief als keuzemotief op de

derde plaats, na de vraag wat ze leuk vinden en wat ze goed kunnen. Bijna de helft van de mbo'ers laat het arbeidsmarktperspectief meewegen bij hun studiekeuze.[8] Het valt daarbij op dat ouders vooral belangrijk zijn om in beeld te krijgen wat ze leuk vinden en goed kunnen. Als het gaat om een realistisch beeld van de carrièremogelijkheden van bepaalde opleidingen, krijgen jongeren daarentegen weinig ondersteuning uit hun omgeving. Ook decanen en mentoren geven de potentiële mbo'ers hier geen goed beeld van.[9]
Jongeren hebben er veel baat bij om zich beter te oriënteren en verder te kijken dan het eerste jaar van een opleiding. Als ze dat doen lijken ze beter gemotiveerd te zijn en ook eerder te kiezen voor opleidingen met goede perspectieven op werk en inkomen.[10]
Uit onderzoek blijkt ook dat mbo-jongeren die het carrièreperspectief sterk hebben laten meewegen in hun keuze voor een opleiding, na het behalen van hun diploma vaker werk hebben, meer verdienen per uur, vaker op hun niveau werken en tevredener zijn met hun functie of beroep. Ook geven zij aan minder vaak spijt te hebben van hun keuze voor een opleiding.[11]
Hoewel het voor de meeste jongeren in de nabije toekomst weinig problemen zal opleveren een baan te vinden, met of zonder bijscholing, is het niet onverstandig om bij een studiekeuze serieus te kijken in hoeverre het beroepsbeeld ook klopt. En of die baan dan ook klopt met de voorstelling van de jongere op het moment van zijn keuze. Een afgestudeerd archeoloog heeft bijvoorbeeld een grotere kans dat hij later iets anders doet dan waar hij voor is opgeleid dan iemand die elektrotechniek studeert. Dat hoeft niet erg te zijn, maar het is wel zo eerlijk om dat gesprek te voeren voordat je dochter zich vier jaar in de oudheid verdiept. Er is een gerede kans dat zij later toch nog manager van een seniorenflat wordt in plaats van de opgravingsleider op Corfu. Diploma's worden in sommige richtingen steeds minder belangrijk, maar jongeren moeten daarbij wel accepteren dat de weg naar een passende baan door een verwarrend doolhof kan voeren.

ALTIJD UP-TO-DATE ONDERWIJS

Een groot Roc gebruikt voor zijn praktijkuren van de opleiding autotechniek niet langer eigen praktijkruimtes met de al snel gedateerd rakende inventaris, maar de altijd *state of the art* opleidingsgarage van een landelijk netwerk van autodealers. Ze slaan twee vliegen in een klap: het Roc staat niet langer voor de onmogelijke opdracht de inventaris up to date te houden (in een technologisch snel veranderende sector is dat voor een school een volstrekt onhaalbare kaart) en de leerlingen krijgen een realistischer beroepsbeeld.

VROEG BEGINNEN

Een sector die zijn imago wil veranderen, moet al bij jonge kinderen beginnen. Voor basisschoolleerlingen gaat het om algemene beeldvorming: laten zien welke beroepen er zijn en wat (voor spannende dingen) je dan zoal doet. Voor vmbo'ers is daarnaast een meer directe link met hun eigen leven van belang. Door hun eigen praktische vaardigheden en persoonlijke eigenschappen te koppelen aan een beroep, brengen ze de toekomst dichterbij, waardoor de keuze minder gecompliceerd wordt. Voor mbo'ers en hbo'ers is het ook belangrijk om aan anderen te kunnen laten zien wat je doet of waar je aan bijdraagt: zichtbaar resultaat en behaalde successen.

JONGEREN OP DE JACHTWERF

De watersportbranche heeft te maken met vergrijzing en met een personeelsprobleem. Jongeren kiezen steeds minder voor zeilen, windsurfen en recreëren op het water. Veel zestigplussers zetten hun boot te koop en er is een enorme markt in tweedehands boten, waarvoor er te weinig vakmensen zijn om ze te onderhouden. Neem bijvoorbeeld de vacature bij een kleine jachtwerf waar een 21-jarige jongen op reageerde die wel handig was, maar geen specifieke opleiding had gevolgd. Vers bloed, dacht de eigenaar verheugd en nam de jonge sollicitant in dienst. Lekker liep het niet. Twee oudere collega's hadden kritiek op zijn vakmanschap en inzet. Maar de baas wilde zijn jonge medewerker niet kwijt. Op een dag, terwijl de jongen met de eigenaar aan de romp van een zeilschip stond te werken, ging het gesprek over de teruglopende markt in de watersport. 'Maar waarom zijn jullie dan ook niet op Facebook?' vroeg de jongen verbaasd. 'Jullie?' vroeg de baas op zijn beurt. 'Kun jij dat niet voor ons doen?'
De jonge medewerker beloofde er eens naar te kijken en de volgende dag liet hij al enthousiast zien hoe hij een Facebook-profiel had aangemaakt en ook een Instagram-account. 'Daar kijkt toch niemand op', mopperden de andere medewerkers. Op initiatief van de jongen werden tweedehands boten die af en toe op de website van de werf stonden, nu ook op Facebook en Instagram gepost. Binnen een maand beheerde hij de website van het bedrijf en zorgde dat boten actiever aan de man werden gebracht. Twee maanden later organiseerde hij samen met de andere medewerkers een middag op de jachtwerf waarop mensen konden kennismaken met de watersport. Hij zorgde ervoor dat bezoekers ook konden komen *suppen*, een relatief nieuwe watersport, en via social media kwamen daar meer dan tien jongeren op af. Een jaar later waren er regelmatig jongeren op de werf te vinden en kwam er ook een andere twintiger in dienst, die het leuk vond dat het een werf was waar veel gebeurde en waar ook al een leeftijdsgenoot werkte.

RECHTSTREEKS CONTACT LEGGEN

Waar bedrijven lang geleden hun personeel wierven door te vragen of iemand nog een geschikte broer, zus of buurman kende, kan het bestaande personeel een veel krachtiger digitaal netwerk inschakelen. Bedrijven kunnen bij het werven van nieuwe mensen veel meer gebruik maken van (digitale) netwerken van hun eigen jonge werknemers. Voorwaarde is dat ze trots zijn op hun werk en dat hun functie hen bij leeftijdsgenoten status verleent. Door rechtstreeks in contact te treden met de doelgroep, vergaar je veel meer informatie dan via massamediale campagnes. Welke vooroordelen hebben jongeren over het bedrijf? Waar zijn ze met name nieuwsgierig naar? Wat schrikt hen af en wat spreekt hen aan in een baan bij dit bedrijf?

Vooral bij het werven van specifieke groepen, zoals jongeren met een Turkse, Marokkaanse, Surinaamse of Antilliaanse achtergrond, biedt netwerkdenken een grote kans.

MEER BLAUW OP STRAAT?
Een politiekorps dat werkt aan een beter imago organiseert kleinschalige activiteiten waarbij jonge werknemers elk een aantal leeftijdsgenoten (vrienden, broers, zussen) uit hun netwerk uitnodigen. De werknemers treden op als gastheer of -vrouw en laten op een leuke, liefst wat glamourachtige manier zien wat werken bij de politie inhoudt. Op een open dag kunnen alle bezoekers kennismaken met spannende politietaken en samen een case oplossen. De gastheer staat op die manier in de spotlight en krijgt status bij familie en vrienden, het imago van de politie verbetert en de genodigden worden enthousiast gemaakt voor een baan bij de politie. Over dit soort bijeenkomsten gaan jonge mensen snel praten en het zal ook juist zijn uitstraling hebben op mensen die hierover horen, maar er niet bij waren.

9.5 Jongeren met burn-out of aanstellerij?

Veel starters op de arbeidsmarkt krijgen te maken met uitval door een burn-out. De jongste garde werknemers loopt een verhoogd risico om uit te vallen.

Flexibilisering van werk(verbanden) is een grote uitdaging voor jongeren die nog moeten ontdekken waar hun talenten op de werkvloer liggen. In de beginfase van hun carrière zijn ze vooral op zoek naar een veilige, gestructureerde omgeving waarbinnen ze zich tot een echte 'professional' kunnen ontwikkelen. Daarentegen krijgen ze veelal te maken met tijdelijke contracten.

Veel starters hebben nog moeite met het omgaan met professionele tegenslagen. Ze geloven sterk in de maakbaarheid van hun eigen succes en ze geven daardoor ook vooral zichzelf de schuld wanneer er iets misgaat. Een kleine professionele tegenslag kan daarom in het begin van de carrière een opvallend grote deuk opleveren in het zelfvertrouwen. Arbeidsuitval onder jongeren is steeds vaker een gevolg van werkdruk en stress.[13]

Waar 15,9 procent van alle werkende Nederlanders burn-outverschijnselen vertoont, vrouwen iets meer dan mannen, zien we bij de jongste groep werknemers tussen de 25 en 35 jaar dat maar liefst 19,5 procent regelmatig burn-out gerelateerde klachten ervaart en zich meerdere malen per maand of zelfs dagelijks uitgeput voelt door werk.[14] Denk hierbij aan slaap-problematiek, fysieke klachten als hoofd- en spierpijn, geheugenproblematiek, het overmatig ervaren van emoties als verdriet en angst, depressieklachten en concentratiestoornissen.

Een burn-out betekent dat het lichaam mentaal en fysiek niet meer genoeg energie bijtankt. We zien vooral dat de combinatie van een veeleisende baan met een druk sociaal leven veel energie vraagt. Jongeren willen tijd maken voor hun persoonlijke ontwikkeling, de wereld zien, fit zijn en blijven, hobby's, opleidingen, vrienden en een baan. De lat ligt vaak hoog en de agenda is vol. Als je dan ook nog voortdurend onder spanning staat op je werk, kan het punt worden bereikt dat je de dagelijkse bezigheden, zowel in werk als privé, niet meer aankan. Juist de huidige starters op de arbeidsmarkt zijn hier gevoelig voor. Door de digitalisering hebben ze alle mogelijkheden om thuis door te werken, waardoor ontspannen moeilijker wordt. Ook hebben ze vaak te maken met tijdelijke contracten wat veel extra onzekerheid met zich meebrengt.

In discussies met werkgevers horen we regelmatig het argument voorbijkomen dat jongeren 'meer aan zouden moeten kunnen' dan de ouderen op de werkvloer. Dat ze 'niet weten wat hard werken is'[15]. Burn-outs onder millennials zouden aanstellerij zijn, een welvaartsziekte van een verwende generatie met de wereld aan hun voeten.

Veel jongere werknemers krijgen op hun werk te weinig begeleiding en durven daardoor niet goed aan te geven wanneer het ze te veel wordt. Daardoor blijven ze vaak te lang doorwerken met ernstige spanningsklachten. Angst voor ontslag of werkloosheid en een discrepantie tussen wat je écht belangrijk vindt en wat je doet, gecombineerd met stress, kan al voldoende zijn om op den duur opgebrand te raken. En dan is er nog de behoefte aan autonomie. Startende werknemers gaan van een periode van studeren, het maken van hun eigen planning en het uitzetten van hun eigen koers, naar een situatie waarin een leidinggevende hen vertelt wat ze moeten doen, hoe laat, wanneer en vaak ook nog in welke volgorde. Dit gebrek aan autonomie kan zorgen voor een gevoel van 'geleefd worden'. Ook het 'sociale brein' is hierbij een bron van kwelling. Ze willen hun collega's niet teleurstellen en hen niet opzadelen met meer werk wanneer zij zelf hun eigen grenzen aangeven, maar ook vrienden en familie buiten werktijd mogen niet teleurgesteld worden. Zo loopt de agenda al snel (te) vol en is er geen plek om de nodige ontspanning te vinden om fatsoenlijk op te laden voor een nieuwe week. Dan komen de eerste tekenen van een burn-out al om de hoek kijken.

'Wat ik nodig heb van mijn werkgever, zijn niet alleen functioneringsgesprekken, maar ook dat daar tijd en aandacht aan wordt besteed. Zodat het niet snel- snel tussendoor is. Ook wil ik eventuele persoonlijke issues kunnen bespreken met mijn leidinggevende als mijn situatie daarom vraagt.'

Charlotte, 27 jaar

EEN WERKIDENTITEIT ONTWIKKELEN

Werk is belangrijk voor mensen. Zeker jongeren willen zich er graag aan verbinden. Het is een belangrijk onderdeel van hun identiteit. Er is een grote druk om van je passie je werk te maken en je geluk te vinden in een baan. Veel jongeren hebben hoge verwachtingen van hun werk en zijn daardoor bereid om er veel voor over te hebben. Het belangrijkste dat ze daarom moeten leren in een serieuze baan, is wat ze voor zichzelf wel en niet acceptabel vinden: wat is een prettige werk-privé balans? Waar liggen je fysieke en mentale grenzen? Deze normen kunnen voor iedereen, jong of oud, verschillend zijn. Maar juist starters op de arbeidsmarkt durven tijdens deze zoektocht hun grenzen niet goed aan te geven. Dan vinden ze bijvoorbeeld dat ze hun motivatie moeten bewijzen en accepteren te snel extra werk. Daarmee ontstaan de eerste bouwstenen voor een burn-out.

In de eerste fase van hun werkzame leven zijn jongeren nog sterk bezig met het ontwikkelen van hun werkidentiteit en hun imago als professional. Daarin speelt ook *social upward comparison* een rol, het voortdurende vergelijken van jezelf met mensen die 'beter zijn' of het 'beter hebben' dan jij.[16] De uitwerking van die vergelijking verschilt van persoon tot persoon, maar kan uiteindelijk leiden tot minderwaardigheidsgevoelens en depressies.[17]

OMGAAN MET STRESS OP HET WERK

We zien steeds meer openheid in de samenleving om over dit soort onderwerpen te praten. Jonge mensen vertellen in de media over hun burn-out en depressieklachten[18] en op scholen is steeds meer aandacht voor persoonlijke ontwikkeling en verbinding in de klas. Deze trend vertaalt zich geruisloos naar jongeren op de werkvloer, die ook daar behoefte hebben aan persoonlijke ontwikkeling en een open werksfeer inclusief een minder formele band met hun leidinggevende.

Op individueel niveau komt het vaak neer op het leren kennen van en vervolgens (durven) aangeven van zowel je persoonlijke als je professionele grenzen. Dit is voor jongeren nog lastig, omdat ze nog weinig ervaring hebben om hier uitgesproken over te zijn. Maar ook zaken die niks te maken hebben met werk kunnen bijdragen aan een verhoogde kans op een burn-out. Ook relatieproblemen, het overlijden van een familielid of een ernstig ongeluk van een goede vriend kunnen zorgen dat iemand in combinatie met zijn werk niet meer lekker functioneert. Dit kunnen werkgevers natuurlijk nauwelijks beïnvloeden maar organisaties kunnen wel informatie geven over burn-outklachten; wat het is en hoe je het kunt herkennen.

Daarnaast kunnen bedrijven kijken naar de bedrijfscultuur en goed luisteren naar werknemers. Geeft de organisatie ruimte voor autonomie en hoe ervaren medewerkers dat?

Wat is hun behoefte hierin? Het is mede aan de werkgevers om een omgeving te creëren waarin grenzen aangeven de norm is, en waarin de werknemer gezien en gehoord wordt zodat overmatige stress gesignaleerd en besproken kan worden.

STUDENTEN OPLEIDEN VOOR BANEN DIE NIET BESTAAN

Dennis Berkhof, student Software Engineering en mede-oprichter van BIT students:

'Op mijn hbo-opleiding zag ik dat veel studenten zich zaten te vervelen. We kregen les van docenten die tien jaar geleden voor het laatst in het veld hadden gewerkt. Dat is een groot gat met de programmeerrealiteit van nu. In de techscene gaat alles zo snel, voor je het weet, is er in veel talen en codes alweer van alles veranderd. Samen met een andere student, die ik had leren kennen via Linkedin, begon ik in 2016 een bedrijfje voor ICT-studenten en nu werken hier al bijna veertig studenten in ons kantoor in Startup Village. We bieden aan ambitieuze studenten de mogelijkheid om in teams te programmeren voor grote (tech)bedrijven. Inmiddels hebben we innovatieve websites en apps gemaakt voor Nederlandse bedrijven zoals Marktplaats, Heineken, ING, NUON, Philips en De Correspondent, maar ook voor UPS.

Bit Students is een plek waar studenten naast hun studie een of meerdere jaren betaald werken aan echte ICT-opdrachten van grote bedrijven die de eerste ontwikkeling van een idee hier neerleggen. Dat is natuurlijk ultiem praktijkonderwijs. Jongeren voor wie programmeren een tweede natuur is, kunnen beter gaan leren hoe ze professioneel met klanten en andere ondernemers om moeten gaan.

Veel scholen zien het als hun belangrijkste doel om een pakket aan kennis in het hoofd van hun leerlingen te krijgen, zodat ze een diploma halen. Een school zou eigenlijk eerst moeten kijken bij iedere leerling: waar word je enthousiast van? Wat zou je willen leren? En als jongeren dat nog niet weten, moeten ze eerst de kans krijgen om dat te ontdekken, voordat we ze gaan toetsen en voorgeprogrammeerde pakketten kennis door de strot gaan duwen. Op het mbo zitten heel veel studenten die daar alleen maar zitten omdat ze op de havo een paar maanden niet op hebben zitten letten. Die zijn hartstikke slim, maar zijn niet uitgedaagd en zien geen toegevoegde waarde van hun opleiding.

We hebben hier studenten die al vanaf hun tiende programmeren en op hun zolderkamertje moeilijkere dingen doen dan in de ouderwetse systemen waarin zij op het hbo leren programmeren. Ik denk dat het onderwijs achterloopt in hoe ze met deze jongeren omgaan. Onlangs kwam de man langs die het eerste prototype van Uber heeft ontworpen en die de software engineers van Uber aanstuurt, om onze studenten te coachen. Daar wil iedereen van leren.

Het ICT-onderwijs is aan vernieuwing toe. De relatie tussen docent en student, waarbij de een doceert en de ander luistert en kennis in zich opneemt, is verouderd en niet efficiënt in een tijd waarin studenten zichzelf alles kunnen aanleren op het internet. Ze kunnen elkaar coachen, dat is de toekomst.'

9.6 Andere tijden

De jongste generatie boeien en binden, binnen veel organisaties staat het tegenwoordig op de agenda. Dit vraagt bereidheid om te veranderen en meer focus te leggen op zachte kanten zoals interne communicatie, opleidingscultuur en de werksfeer.

De managementposities worden nu vooral bekleed door vijftigers en zestigers uit de generatie X, voor wie loyaliteit en jezelf opwerken belangrijke waarden waren om zelf hogerop te komen. Zij hebben immers ook andere tijden gekend. De generatie na hen kijkt er fundamenteel anders tegenaan. Voor managers is het interessant te leren begrijpen hoe ze de uitstroom van jonge mensen kunnen verlagen, of beter gezegd, de loyaliteit kunnen verhogen.
Een bedrijf kan de jongste generatie werknemers voor langere tijd aan zich binden door hen een gevoel van vrijheid, maar ook structuur en perspectief te bieden. Liever niet een woud met honderd opties, maar gestructureerde, heldere paden als traineeships, roulatiesystemen en opleidingstrajecten. Het sluit allemaal aan bij de wens van jongeren om snel te leren, carrière te maken en erkend te worden in hun individuele mogelijkheden. Zo wordt het bedrijf een plek waar ze langer kunnen blijven (zekerheid), terwijl ze wel verschillende functies kunnen hebben (afwisseling, experimenteren, uitproberen) en carrière kunnen maken (aanzien).
Volgens psycholoog Jan Derksen hebben werkgevers een rol in het temperen van verwachtingen: 'Je moet ze laten merken dat ze welkom zijn, dat ze erbij horen, én dat ze er nog lang niet zijn. De boodschap moet zijn: het zal tien tot twintig jaar duren voor je de top bereikt, je zult het zelf moeten doen, en dat betekent dat je veel beter moet presteren dan je nu doet.'[19]

TIPS VOOR WERKGEVERS

- **Begeleid jongeren intensief**
  Bied ze via *mentoring* veel structuur en feedback zodat ze weten wat je verwacht en ze daarbinnen hun autonomie kunnen zoeken. Jongeren zijn allergisch voor vage doelen en taken.

- **Bied veel zichtbare carrièrestapjes**
  Jongeren zijn ambitieus, ongeduldig en veeleisend. Ze willen snel groeien en zien dat ze vooruitgaan. Bedrijven zijn vaak kwistig met het beloven van trajecten, maar het komt vaak voor dat deze trajecten niet geconcretiseerd worden.

- **Geef concrete feedback**
  Een kritisch geluid hier en daar kan natuurlijk best, mits onderbouwd, maar benadruk vooral ook wat ze goed doen. Veel jongeren zijn onzeker en kunnen directe positieve feedback enorm gebruiken. Denk daarbij aan je mimiek. Jongeren schrijven aan gezichtsuitdrukkingen en opmerkingen sneller een negatieve bedoeling toe. Zo zullen ze een bedenkelijke blik eerder interpreteren als afkeuring.

- **Talentmanagement is voor bedrijven een essentiële competentie om goede werknemers te behouden**
  De basis van het talentmanagement is het afstemmen en ontwikkelen van talenten op een manier die bij de medewerker en bij de organisatiedoelstellingen past. Ga bij jongeren ook op zoek naar aanvullende talenten die oudere werknemers minder beheersen, zoals ICT-vaardigheden.

- **Sfeer is essentieel**
  Besteed veel aandacht aan de onderlinge werkrelaties. Een goede sfeer is onontbeerlijk om jongeren te behouden en hoeft niet debet te zijn aan de prestaties. Werk is voor jongeren een plaats waar ze met gelijkgestemden en vrienden rondhangen tot het tijd is de gesprekken buiten de werkplek voort te zetten. Investeer dus ook in borrels en sportactiviteiten.

- **Vergelijk niet met vroeger**
  De arbeidsmarkt is sterk veranderd. Jongeren steeds vergelijken met de arbeidsmoraal van jonge mensen van pakweg dertig jaar geleden brengt je geen nieuwe inzichten.

- **Leef je in**
  Jongeren kunnen zich nog minder goed verplaatsen in de verschillende afwegingen die een leidinggevende moet maken. Leg daarom uit hoe je tot bepaalde keuzes komt en wat je bedoelt. Jongeren willen waardevol werk doen en hun tijd niet verdoen met taken waar ze het nut niet van inzien.

Mouaad, 17 jaar, 4 havo, Amsterdam

10. Jongeren en de maatschappij

Hoe betrekken we ze erbij?

Hoe zijn jongeren betrokken bij de maatschappij? Doen ze vrijwilligerswerk? Zijn ze geïnteresseerd in politiek of wat er in hun wijk gebeurt? Komen ze in actie tegen onrecht of zamelen ze nog wel eens geld in voor een goed doel? Nauwelijks. Veel jongeren zijn echt wel geïnteresseerd in de opwarming van de aarde of de vluchtelingenproblematiek, maar politiek actief zijn de meesten niet. Bij volwassenen is dat overigens niet anders.
De inspraakmogelijkheden die in de jaren zestig en zeventig hard bevochten zijn, staan nu allemaal in de wet. Zo verankerd zelfs dat iedere overheid jongeren bij van alles en nog wat móet betrekken. De meeste jongeren lopen hier niet echt warm voor. Niet om politiek actief te worden, maar ook niet om mee te praten in de leerlingenraad. Zijn jongeren niet te veel met zichzelf bezig? Of is dat nu juist onderdeel van hun ontwikkelfase? Kan het puberbrein al die maatschappelijke discussies al overzien?

'Ze wilden hier iets voor de jeugd doen. En toen hebben ze gevraagd of ik een paar politici wilde vertellen waarom het hier in de buurt zo saai is. Nou, prima. Ik zing R&B, daar treed ik ook mee op. Ik zou daar heel graag les in willen geven aan 11- en 12-jarige kinderen, gewoon hier in een buurthuis. Maar die politici komen hier zo zitten, met koffie en koekjes. En dan luisteren ze naar je en ze vinden alles leuk wat je zegt, maar daarna zie je ze nooit meer. Er zou zogenaamd iets gedaan worden, maar voor ze het besproken hebben en alle papieren geregeld, ben ik al van school. Beetje jammer van de tijd.'

Ilyas, 15 jaar

10.1 Participatie, omdat het moet?

Wat vinden jongeren ervan? Het is de afgelopen vijftien jaar een gevleugelde vraag geworden. Van de plastic soep in de oceanen tot het cultureel meerjarenplan van hun woongemeente: jongeren mogen tegenwoordig overal iets van vinden. Een combinatie van opvoedingsonzekerheid bij ouders en leraren, de technologische voorsprong van jongeren en een overwaardering van het jong-zijn, leidt ertoe dat we jongeren als de goeroes van de moderne tijd zijn gaan beschouwen. Daarnaast wil iedereen de nieuwe generatie overal aan boord hebben, zodat zij het straks kunnen overnemen en alles blijft draaien zoals het nu doet: het buurthuis, de voetbalclub, het filmfestival.

Zelfs in het Internationale Verdrag van de Rechten van het Kind is vastgelegd dat jongeren het recht hebben mee te praten over zaken die hen aangaan. Overheden op alle niveaus zijn verplicht om jongeren te betrekken bij het maken van hun beleid. De basisgedachte is simpel: jongeren zijn een belangrijke groep in de samenleving en we doen er dus goed aan om een vinger aan de pols te houden over wat jongeren nu precies denken over hun eigen leefomgeving. Daardoor weten overheden beter wat hun behoeften zijn en kunnen hun organisaties klantgerichter en dus effectiever gaan werken. Want veel professionals praten wel over, maar weinig mét jongeren.

Over de wenselijkheid van dit alles zijn volwassenen het altijd snel eens. Door te participeren leren jongeren ook nog eens nieuwe vaardigheden en kunnen ze theoretische kennis toepassen in de praktijk. Hun imago als groep wordt er beter van en de kloof tussen jongeren en de rest van de samenleving verkleint. De meeste jongeren hebben van nature echter geen behoefte om te participeren in organisaties in de vorm die de volwassen wereld hen aanbiedt. De kernvraag is dus hoe we jongeren dan kunnen verleiden en kunnen leren te participeren.

'Ik wil heus wel een led-lamp indraaien, maar verder zegt het klimaat me weinig. Wat kan ik er nou aan doen? Laten die regeringen maar eens met goede plannen komen, die zitten alleen maar te ruziën.' Eva, 15 jaar

OPVOEDEN TOT DEMOCRATISCH BURGER

Wij leven in een democratische samenleving. Deze democratie functioneert zolang mensen de onderliggende waarden onderschrijven en de vaardigheden beheersen die nodig zijn om binnen dat systeem te participeren. Hierbij gaat het om het besef dat mensen van mening verschillen of de vaardigheid je te verplaatsen in de positie van andere mensen en zienswijzen. Democratie is niet gemakkelijk. Het gaat hier niet alleen om het geven van je eigen mening, maar ook om je eigen inzichten af te wegen tegenover die van anderen en

vervolgens concessies te kunnen doen en keuzes te maken. In een democratie lossen we conflicten langs vreedzame weg op.
Een democratie functioneert alleen als alle burgers de spelregels accepteren en hanteren. Ook jongeren moeten zich dit gedachtegoed eigen maken om democratisch burger te worden. De inspraakmogelijkheden en de projecten om hiermee te oefenen zijn er volop. Maar is het puberbrein er ook klaar voor? Het lijkt soms wel alsof we het vanzelfsprekend vinden dat jongeren democratisch burger zijn. Het is echter beter om als uitgangspunt te nemen dat ze ook dit eerst moeten leren. De generaties die zijn opgegroeid in de jaren zeventig en tachtig kregen van hun ouders, die in de opbouwjaren volwassen werden, meer gevoel voor maatschappelijke betrokkenheid en democratisch burgerschap mee. Bij jongeren is dit besef, ook door de toegenomen welvaart, nu veel minder aanwezig. Hoogleraar jeugdbeleid Micha de Winter pleit ervoor dat we jongeren bewust democratische vaardigheden leren. Hij constateert dat niemand zich echt verantwoordelijk voelt voor de opvoeding van jongeren tot democratische burgers. We bieden jongeren volop mogelijkheden te participeren, maar vrijwel niemand stelt zich de vraag in hoeverre ze dit ook al kúnnen. Terwijl het veel complexe vaardigheden vereist om echt mee te kunnen praten over maatschappelijke thema's: abstraheren, je mening vormen, je mening verwoorden, luisteren naar anderen, compromissen sluiten. Als ze nog nooit de ervaring hebben opgedaan dat mensen naar hun mening luisteren en hier iets mee doen, hoe gaan jongeren dan ineens de stap zetten om op hun school of in hun gemeente iets gedaan te krijgen?
Participatie zou iets moeten zijn dat jongeren later op hun cv kunnen zetten, als bewijs van hun kunnen en maatschappelijke betrokkenheid. Democratische ervaringen kunnen ze op tal van plaatsen opdoen: op school, in de buurt, via vrijwilligerswerk, tijdens sociale activiteiten in het kader van maatschappelijke stages of in een sociaal jaar. Hun vorderingen en ervaringen kunnen ze vervolgens vermelden in een persoonlijk portfolio dat een substantiële rol zou kunnen spelen in het cv van jongeren.

HET GEZIN ALS MINIDEMOCRATIE

Micha de Winter wijst het gezin aan als de eerste leerschool voor sociale participatie en een democratische gezindheid. Een autoritatieve manier van opvoeden (liefhebbend, maar duidelijk) geeft kinderen de beste kansen qua sociale empathie en maatschappelijk succes. In hoofdstuk twee zagen we al dat jongeren bij deze opvoedstijl het best gedijen. Maar het dient een breder belang dan alleen dat van het individu, iets wat we in onze individualistische samenleving nogal eens uit het oog verliezen. Democratie kan alleen bestaan als voldoende mensen een middenweg zoeken tussen hun eigen belangen en die van anderen.
Het gezin is een minidemocratie, waar ieder kind voor het eerst oefent met discussies voeren, argumenteren en compromissen sluiten. Veel ouders onderschatten nog wel eens dat hun pubers ze onbewust gebruiken om een afwijkende mening bij uit te proberen. Ook de vaardigheid om consensus te bereiken (een democratische vaardigheid bij uitstek) en de wil om er met elkaar uit te komen, leren jongeren bijvoorbeeld tijdens een verhitte discussie over de vakantiebestemming voor komende zomer of tijdens de onderhandelingen over computertijd of huishoudelijke klusjes. Vanwege de emotionele band tussen ouders en

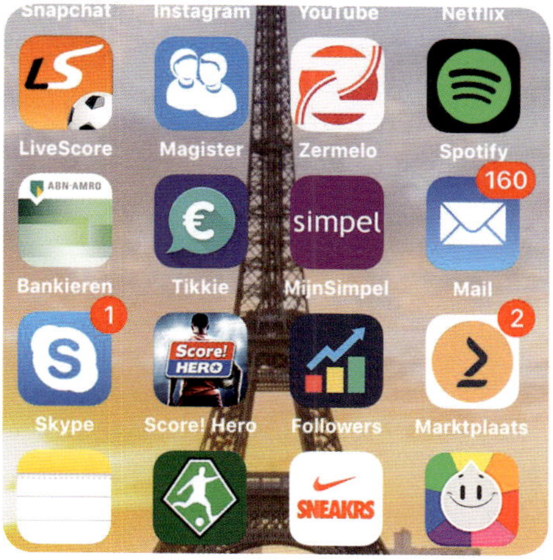

kinderen is het gezin de ideale plek om dit soort vaardigheden in een liefdevolle omgeving te ontwikkelen.

10.2 Hoe betrek je jongeren

Nu jongerenparticipatie een recht is geworden, moeten we voorkomen dat het blijft bij een doel op zichzelf. Meepraten over politiek, meedenken over de maatschappij, een rol innemen als bewuste burger, dit alles vergt bepaalde vaardigheden en kennis. Hoe en waar kunnen we jongeren die democratische vaardigheden dan het beste leren? Wat kunnen we doen om het puberbrein beter voor te bereiden op die maatschappelijke rol?

Veel gemeenten, maar ook provincies en andere organisaties die zich door de wet of hun 'maatschappelijke rol' gedwongen voelen om naar jongeren te luisteren, kunnen dat alleen op een goede manier realiseren door actief op zoek te gaan naar een doorsnee van de jongeren waar het over gaat. En dat moeten ze in een vorm gieten die voor jongeren aantrekkelijk is. Dat is niet gemakkelijk. We lopen de drie vormen langs die overheden nog steeds het meest gebruiken om jongeren te bereiken.

• **Onderwijsprojecten.** Met name de rijksoverheid probeert vaak via het onderwijs leerlingen te bereiken met allerlei maatschappelijke onderwerpen. Soms gaat het niet verder dan voorlichting (over de multiculturele samenleving of over gezondheid), maar dikwijls willen de Haagse departementen hiermee ook debat uitlokken in de klas. Over Europa, over democratie, over tolerantie, over keuzes in de rijksbegroting. Zolang dit soort pakketten goed aansluit bij de behoeften en de vakken van het onderwijs, is daar niets mis mee. Het kan vooral een goede manier zijn om kennis over de samenleving en democratie over te brengen. Aangezien jongeren toch op school zitten, heb je ze dan in ieder geval te pakken. Het enige probleem is dat scholen zich vaak overvraagd voelen door een vol lesprogramma en vele onderwerpen waar ze aandacht aan moeten besteden, waardoor jaarlijks tientallen goed bedoelde lespakketten of -modules op internet na een beperkt gebruik in stilte verdwijnen. Als ze al gebruikt zijn.

• **Participatieprojecten in gemeenten of provincies.** Steeds meer lokale overheden proberen op basis van een concreet project met een groep jongeren uit hun gemeente contact te krijgen om ze één of meer actuele politieke kwesties voor te leggen. Jongeren praten mee in projectgroepen, in debatten of tijdens brainstormsessies. Jongeren gaan zelf op onderzoek om hun mening te vormen, bijvoorbeeld door interviews te houden met leeftijdgenoten, betrokken instanties of volwassenen. Ze maken foto's of filmpjes en brengen zo zelf in beeld hoe bijvoorbeeld een nieuw plein of buurtcentrum moet worden ingericht. Onderwerpen zijn er volop: alleenstaande minderjarige asielzoekers, eenzame ouderen, bevordering van begrip tussen culturen.
De valkuil is voor gemeenten vaak dat ze aan één kant willen weten wat de jongeren beweegt, maar aan de andere kant ook duidelijk sturen om draagvlak te krijgen voor hun eigen agenda. Ook bij debatten met jongeren zetten volwassenen vaak de toon. Politici willen in dialoog met jongeren, liefst zichtbaar voor iedereen. Maar waar politici gloreren, klappen veel jongeren dicht en giechelend en stotterend kunnen ze hun mening niet goed voor het voetlicht krijgen.

• **Vaste structuren: een jongerenraad.** Het is natuurlijk de droom van iedere politicus dat jongeren zichzelf organiseren om hun mening te laten horen. En dan bij voorkeur in een vorm die goed aansluit bij de volwassen vergadercultuur. Bij het uitblijven van zulke spontane jongerenorganisaties, hebben veel gemeenten in het verleden geëxperimenteerd met een jongerenraad of een jongerenparlement; een vaste groep jongeren die wekelijks of maandelijks meedenkt met actuele onderwerpen. Behalve dat zo'n groep bijzonder veel begeleiding vraagt en na één of twee jaar weer lijkt op te drogen omdat de vriendengroep dan uit elkaar valt, is het moeilijk om te komen tot een brede vertegenwoordiging van jongeren. Het zijn dan wel jongeren die meepraten over onderwerpen die hun leeftijdsgroep aangaan, maar ze zijn niet gekozen. Dus als beleidsmakers actief zo'n groep bij elkaar brengen, moeten ze in ieder geval zorgen dat meerdere stemmen vertegenwoordigd zijn. En dat is heel moeilijk. Als ambtenaar ben je vaak al blij dát er jongeren komen.

WIE BEREIK JE EIGENLIJK?

Het ontwikkelen van democratische vaardigheden is een leerproces, maar de meeste jongeren worden daarmee niet direct actief in de samenleving. Dit laat gelijk ook een ander aspect zien van participatie: de ondervertegenwoordiging van bepaalde groepen jongeren. Jongeren zijn onderling erg divers. Jongeren op de havo en het vwo leren vaker debatteren en hun meningen te uiten, terwijl dit in het vmbo veel minder nadruk krijgt. In de hele samenleving zien we een vertekening dat hoger opgeleide mensen actiever participeren in de politiek en maatschappij. Ook bij jongeren zien we dat terug. Mark Bovens, hoogleraar Bestuurskunde, zegt hierover: 'De stem van hogeropgeleiden legt meer gewicht in de schaal bij verkiezingen, ze klinkt veel luider bij allerlei vormen van protest en inspraak, en ze is allesbepalend in Kamer en kabinet. Politicologisch onderzoek uit de Verenigde Staten laat zien dat de ongelijke participatie zich vertaalt in een vertekening van de politieke agenda. Ook in ons land is aannemelijk, maar empirisch lastig te bewijzen, dat de specifieke problemen waar lager opgeleiden mee te maken hebben, minder hoog op de politieke agenda komen doordat de meeste volksvertegenwoordigers en opinieleiders (en hun kinderen) hoog zijn opgeleid. (...) Er is één groep in het bijzonder die steeds onverschilliger tegenover politiek staat en dat zijn laagopgeleide jongeren.' Zo ontstaat ongewild maar structureel een enorme vertekening. Bij jeugdbeleid gaan bijvoorbeeld veel discussies over risicojongeren of allochtone jongeren, terwijl die groep zelf in het debat nog steeds heel vaak is ondervertegenwoordigd. Niet uit onwil, maar omdat ze gewoon lastiger te mobiliseren zijn.

Als je alle jongeren die potentieel mee kunnen praten met de politiek voorstelt binnen een grote piramide, dan bevinden zich in de top zo'n 5 procent politici-in-de-dop, de rasechte vergadertijgers die over van alles meepraten en zich de politieke mores moeiteloos eigen maken. Daaronder zit een laag van 20 procent jongeren die nog redelijk goed te bereiken is mits de thema's en de aanpak hen aanspreken. Voor globalisering of klimaatverandering komen ze niet gauw in beweging, maar voor een gesprek over uitgaansbeleid of over het jongerenwerk in de wijk zijn ze wel te porren. Iets moet vooral een directe relevantie hebben in hun leven. In de brede basis van de piramide bevindt zich circa driekwart van alle jongeren die voor beleidsmakers en politici nauwelijks te bereiken zijn. Hier zitten ook de jongeren tussen om wie het meestal gaat: de vroegtijdig schoolverlaters, de hangjongeren, de buurthuisgebruikers, de lager opgeleide jongeren. Hun motieven blijven structureel onderbelicht.

Veel participatietrajecten grijpen terug op de kleine groep jongeren die van participatie een hobby maakt: de goedgebekte, aangepaste jongeren uit de top van de participatiepiramide. Door hun eigen afstand tot de jongerencultuur zijn bestuurders en beleidsmakers zich ook zelden bewust van mogelijke vertekeningen. Voor hen is een jongere een jongere. Terwijl het voor een wethouder van een gemeente toch essentieel is om na te denken over de representativiteit van zijn gesprekspartners: komt het verzoek voor die skateplek van een brede groep jongeren of van een klein groepje skaters dat goed kan lobbyen?

JONGEREN BETALEN OM MEE TE DOEN?

De meeste jongeren zijn niet vanuit zichzelf gemotiveerd om mee te doen met zogenaamde participatieprojecten. Ze hebben een overvolle agenda. Een middag meepraten over de inrichting van een nieuw buurthuis concurreert met een middagje gamen, shoppen met vriendinnen, zwemmen, huiswerk maken of een bijbaantje. Maar als je weet dat je moet concurreren met al die andere activiteiten, dan moet je de aantrekkelijkheid van je activiteit verhogen. Bijvoorbeeld door ze te betalen voor hun deelname. Dat levert regelmatig veel discussie op. Krijg je dan wel de goede jongeren? Zijn ze dan wel gemotiveerd om een inhoudelijke bijdrage te leveren? En vooral: kun je dat wel maken aangezien participatie een recht is? Uit onze ervaringen van de afgelopen twintig jaar concluderen we dat je juist de jongeren die je er graag bij wilt hebben – niet alleen de hooggemotiveerden of geïnteresseerden – iets meer moet bieden om ze over de drempel te trekken. Aangezien het hier gaat om kwalitatief meedenken en niet om een democratische vertegenwoordiging, is het goed uit te leggen dat je iets betaalt om te zorgen dat je jongeren binnenkrijgt die anders buiten beeld zouden blijven. Het helpt trouwens ook als ze samen met een vriend of vriendin mogen komen.

En áls jongeren dan opdagen, blijken ze vaak positief verrast over hoe leuk het is om ergens over mee te denken. En bovenal: gehoord te worden in hun mening en behoeften. Het is dus de kunst jongeren eerst over te halen om hier tijd voor vrij te maken. En daarbij wil een *incentive*, een kleine vergoeding of een bioscoopbon, in ruil voor hun 'advies' wel helpen. Bovendien communiceer je daarmee dat je hun bijdrage echt serieus neemt: meedenken, zich voorbereiden, eerlijk hun mening geven.

EEN EIGEN INITIATIEF OF AANHAKEN?

Welke vorm kies je om jongeren te bereiken? Voor bestuurders en beleidsmakers is het vaak erg verleidelijk om een eigen project op te zetten om jongeren ergens bij te betrekken: iets met een app, een rap-*battle* over duurzaamheid of een interactieve jongerenconferentie. Maar scoren bij de pers of de achterban is niet hetzelfde als scoren bij jongeren. Om jongeren te bereiken, is het vaak beter om aan te haken bij activiteiten en evenementen die er al zijn. Door inhoud toe te voegen op plekken waar al heel veel jongeren samenkomen, lift je als het ware mee op de interesse voor die activiteiten en kun je ook moeilijk te vertalen onderwerpen bij een lastig te bereiken groep voor het voetlicht brengen. Succesvolle voorbeelden combineren het nuttige met het aangename, zoals aanwezigheid van goede doelenorganisaties op een festival. Door een inhoudelijke boodschap af te wisselen met inspirerende tussendoortjes, houd je de aandacht langer vast. Tien procent is inhoud, 90 procent is vorm.

UIT- OF THUISWEDSTRIJD?

'Kom met ons praten, we willen weten wat jullie ervan vinden!' Bestuurders zeggen het dikwijls met een groots gebaar. Gemakkelijk en vrijblijvend. Maar voor jongeren speelt het politieke spel zich helemaal niet af in de politieke arena. De gemeenteraad of het provinciegebouw zijn niet hun terrein. Wie echt wil weten wat jongeren ervan vinden, zegt: 'Ik kom naar jullie toe om te horen hoe jullie er over denken.' Een miniem verschil met grote

gevolgen. De overheid kan in dit opzicht veel leren van het bedrijfsleven. Jongerenrecruiters en marketeers beseffen heel goed dat zij de informatie bij de jongeren moeten gaan halen. Zij doen hun best om gegevens van jongeren te bemachtigen, kennis te krijgen van de jongerencultuur, om zelf contact te kunnen opnemen. Het is hún belang.
Veel bestuurders en beleidsmakers voelen die urgentie minder. Jongeren staan wel in hun blikveld, maar niet in het midden. De afstand die zij zelf tot jongeren voelen maakt dat bestuurders zelf tegen een drempel oplopen. Ze voelen een onbewuste angst om de wereld van jongeren binnen te gaan en zich te verdiepen in hun cultuur. En dus spelen ze liever thuis dan uit. Zoals een wethouder ooit tegen ons zei: 'Er zijn geen moeilijk bereikbare jongeren; er zijn wel politici en ambtenaren met een slecht netwerk.' Er is, kortom, wederzijds een drempel om met elkaar in contact te treden en volwassenen zullen als eerste die drempel over moeten.

'We gingen een avond meepraten met mensen die in de gemeenteraad zaten. Maar het leek wel of zij zenuwachtiger waren dan wij. Er was een wethouder die ging tegen ons in een soort populair taaltje praten, alsof hij nog nooit een jongere gezien had.' Aysha, 16 jaar

JONGEREN HOEVEN NIET ALTIJD BETROKKEN TE WORDEN

De beslissing om jongeren als doelgroep buiten beeld te laten, is soms volstrekt legitiem. Als jongeren ergens met de haren worden bijgesleept, is dat een garantie voor mislukking en frustratie (aan beide kanten). Er zijn ook onderwerpen waarbij jongeren als doelgroep echt relevant zijn. Daarom is het belangrijk voor overheden en andere organisaties om vooral eerst een duidelijk doel te formuleren. Wil je jongeren informeren, wil je hun mening weten, of mogen ze echt meebeslissen? Dat bepaalt de aanpak en de middelen. Jongeren betrekken heeft pas zin als jongeren iets aan een plan of een proces kunnen toevoegen. Hun mening over hoe je het beste hun leeftijdgenoten kunt bereiken met een nieuwe gezondheidscampagne is minder relevant, omdat professionals daar meer over weten. Soms kun je beter een representatief onderzoek doen, dan jongeren te vragen naar hun mening.

Vooral als jongeren namens andere jongeren gaan praten, dreigt het weleens te ontsporen. Zo maken we zelf vaak mee dat ze dan uitspraken doen in de trant van: 'Ik vind dit zelf geen goed idee, maar ik denk dat veel kinderen in mijn klas dit geweldig zullen vinden.' Ze gedragen zich dan als een soort 'duiders van de jongerencultuur' terwijl we juist op zoek zijn naar hun eigen mening.
Niemand wil beticht worden van regentesk beleid of 'disrespect' voor jongeren en dus krijgt elke campagne een vertaling naar jongeren en moeten jongeren in allerlei werkgroepen vertegenwoordigd zijn. Toch zijn er ook legio onderwerpen waarvoor jongeren niet de meest voor de hand liggende doelgroep of vraagbaak zijn. Er zijn onderwerpen waarvoor de interesse gemiddeld genomen pas ontstaat als iemand ruimschoots de volwassenheid heeft bereikt. Moet je jongeren mee laten praten over een gemeentelijk referendum terwijl ze zelf nog niet eens mogen kiezen? Over de inrichting van het nieuwe stadsdeel aan de overzijde van de rivier, terwijl ze over tien jaar waarschijnlijk al lang ergens anders wonen?
Jongerenparticipatie is nu vaak een proces waarbij kinderen of jongeren worden gevraagd hun meningen te geven omdat ze nu eenmaal jong zijn en er recht op hebben om mee te praten.
De andere kant van de medaille is dat ook nog wel eens vergeten wordt om jongeren als doelgroep te raadplegen als zij de meest belanghebbenden zijn; bij het veranderen van een onderwijsprogramma op het mbo, het opzetten van sportvoorzieningen in een gemeente of een nieuw jongerenprogramma in een museum of bibliotheek.

10.3 Democratie leren op school

Socialisatie vindt voor pubers ook in sterke mate op school plaats. Het ontwikkelen van een democratische gezindheid staat daar echter niet hoog op het overvolle programma. Wel zijn in allerlei kerndoelen of eindtermen aspecten van democratie-educatie verstopt, maar waar moet het daarbij over gaan? Moet de overheid meer sturen op de inhoud van burgerschapsvorming en democratie-educatie?
De school is voor jongeren ook een samenleving in het klein. Kennis leer je via literatuur of media, maar attitudes en vaardigheden ontwikkel je door ervaringen. Voor een deel gaat dit 'vanzelf', door de manier waarop een school als gemeenschap functioneert, de wijze waarop docenten en kinderen met elkaar omgaan. Scholen kunnen zorgen dat ze in de inrichting van hun onderwijs bewust ruimte maken voor proeftuinen van democratie: denk aan het instellen van een leerlingenraad of leerlingenparlement, waarin leerlingen meedenken en meebeslissen over belangrijke zaken die hen aangaan. Maar ook een politieke debatinggroep of schaduwverkiezingen zijn voorbeelden van democratie-educatie.

BURGERSCHAPSONDERWIJS

Het onderwijs heeft er de afgelopen tien jaar veel taken bij gekregen, waaronder ook het bijbrengen van burgerschap aan jongeren. Sinds 2006 zijn middelbare scholen verplicht om aandacht te besteden aan actief burgerschap en sociale integratie. Dat betekent bijvoorbeeld dat belangrijke waarden aan de orde moeten komen en leerlingen leren omgaan met diversiteit. Er is sindsdien een doorlopende discussie over landelijke burgerschapsdoelen. Wat zouden jongeren op dit gebied moeten leren? Scholen zijn nu redelijk vrij in de invulling hiervan: burgerschap kan een apart vak zijn, met gastsprekers over migratie of homoseksualiteit, met discussies in de klas over discriminatie en de verdeling van de welvaart. Soms is burgerschap ondergebracht bij het vak maatschappijleer of geeft een school hier vorm aan door een projectweek te organiseren met excursies naar de voedselbank, een moskee of een politieke organisatie. De uitdaging is om jongeren niet alleen te laten zien hoe de maatschappij in elkaar zit, of ze vooral kennis te geven over de staatsinrichting en ons sociale stelsel. Het gaat bij burgerschap juist ook om vaardigheden als samenwerken en reflecteren. En nog moeilijker: hoe leer je jongeren tolerant zijn of respectvol omgaan met andersdenkenden?

De onderwijsinspectie constateerde in 2016 dat in het burgerschapsonderwijs op veel scholen de samenhang ontbreekt. Er zijn volop goede intenties en initiatieven; maar op de meeste scholen ontbreekt een planmatige aanpak waarin het aanbod uit de verschillende leerjaren en vakgebieden is afgestemd. Docenten zouden samen moeten bepalen hoe ze burgerschapsonderwijs willen vormgeven. Maar dat kan alleen als ze hun leerlingen goed kennen en nagaan wat zij precies leren van de activiteiten rond burgerschapsvorming.

DOELEN VAN DEMOCRATISCHE BURGERSCHAPSVORMING

Om jongeren te leren wat het betekent om in een democratie te leven, moeten we ze:

1. **Een kader** geven waarin jongeren ervaren dat het normaal is dat er meningen, religies, overtuigingen zijn die afwijken van die van hen.
2. **Vaardigheden aanleren** om hun meningen en overtuigingen te uiten en om te gaan met andere overtuigingen, en om problemen op te lossen die ontstaan door verschillende zienswijzen.
3. **Ervaringen meegeven** op micro- en macroniveau: van de klas met haar sociale dynamiek (bijvoorbeeld mediation in de klas door leeftijdgenoten) tot aan inspraakmogelijkheden (de leerlingenraad, meedenken met de gemeenteraad).

Op scholen waar veel leerlingen uit verschillende culturele achtergronden rondlopen, is het voor docenten soms een uitdaging om over bepaalde onderwerpen een open gesprek te voeren met leerlingen. Doordat leerlingen een verschillende culturele en religieuze achtergrond hebben, liggen er vaak veel gevoeligheden op de loer. Over onderwerpen als homoseksualiteit, de politieke situatie in het Midden-Oosten of de geschiedenis van de slavernij hebben jongeren van huis uit heel verschillende kaders mee gekregen. Ze voelen zich persoonlijk betrokken bij onderwerpen waar andere klasgenoten alleen maar een theoretische discussie over voeren. Of ze ervaren dat hun achtergrond of religie niet serieus wordt genomen in discussies over onderwerpen die hieraan raken. Zo kunnen in een klas soms lastige situaties ontstaan, waarbij veel afhangt van de vaardigheden van de docent om hierover rustig het gesprek te kunnen voeren. Het is vooral belangrijk dat jongeren hun mening mogen uiten; ze mogen dingen afwijzen of moeilijk vinden, zolang ze maar respect hebben voor mensen met andere meningen of levenswijzen. Indien een bepaald onderwerp binnen de klas moeilijk bespreekbaar is, dan kan een docent ook eerst het discussiekader bespreken: je mag het met elkaar oneens zijn, maar iedereen laat elkaar uitspreken; iedereen mag zijn of haar verhaal vertellen en bij hoogoplopende emoties wordt een time-out ingelast. Uiteindelijk leren jongeren vooral veel van situaties waarin ze te maken krijgen met andere meningen, hoe lastig dat ook is. Gedurende de puberteit ontwikkelen ze langzaam hun gevoel van empathie voor anderen en dit soort ervaringen, in de context van school, helpen daarbij.

MORELE OORDEELSVORMING

Een voorwaarde om te participeren is dat je je eigen mening kunt vormen, los van die van anderen. Wat is goed, wat is slecht? Wat vind ik daarvan? De onderzoeker Lawrence Kohlberg voerde interessant onderzoek uit door kinderen en jongeren morele dilemma's voor te leggen en hen te vragen wat zij ervan vonden. Kinderen denken vaak zwart-wit over dilemma's. Iets is goed of fout en er is geen tussenweg. Vanaf een jaar of tien, elf beginnen jongeren hun eigen mening te vormen. Zo rond hun veertiende gaan jongeren meer redeneren vanuit sociale relaties: behandel een ander zoals jij zelf ook wenst te worden behandeld. Op wat oudere leeftijd, vanaf ongeveer 25 jaar, gaan mensen daarnaast ook meer redeneren vanuit het maatschappelijk belang: welke verantwoordelijkheden en regels zijn er nodig om een samenleving te laten functioneren?

10.4 Vrijwilligerswerk en maatschappelijke stages

De helft van de jongeren tussen vijftien en vijfentwintig jaar is minstens één keer per jaar als vrijwilliger actief voor een organisatie of vereniging.[3] Het gaat daarbij vooral om sportverenigingen en jeugdorganisaties, denk bijvoorbeeld aan jongeren die als jeugdleiding voor jongere kinderen meewerken binnen kindervakantiespelen, Jong Nederland of Scouting. De groep die zich als vrijwilliger duurzaam inzet voor bejaarden, gehandicapten, of voor natuur- en milieuprojecten is marginaal. Als jongeren al betrokken zijn als vrijwilliger is het vaak incidenteel of in het kader van een eenmalig (school)project. Vrijwilligerswerk wordt vaak beschouwd als een manier waarop mensen zich met elkaar verbinden en bijdragen aan de samenleving. Voor jongeren is het daarnaast ook een manier om kennis te maken met werelden en mensen waar ze in hun directe omgeving niet zo snel mee in contact komen. Ook in hun studie- en beroepsoriëntatie kan vrijwilligerswerk voor jongeren een belangrijke rol spelen; om kennis te maken met verschillende werkvelden of ervaring op te doen in een richting die ze interessant vinden. Mede om deze redenen werd in 2011 de maatschappelijke stage ingevoerd: alle leerlingen uit het voortgezet onderwijs moesten gedurende hun schoolcarrière minimaal dertig uur onbetaald vrijwilligerswerk doen.

Scholen mochten zelf bepalen of deze stage al dan niet onder schooltijd plaatsvond en ook de vorm van de stages was heel verschillend. Het kon gaan om een project op school, waarbij leerlingen bijvoorbeeld eerst een voorlichting kregen over Amnesty International en daarna brieven schreven aan gevangenen. Of leerlingen liepen via bemiddeling door hun gemeente een paar dagen mee in een non-profitorganisatie (denk aan helpen in een klas op een basisschool, koffie serveren in een zorginstelling, of meewerken aan een vrijwilligersorganisatie of een maatschappelijk project van een bedrijf waarbij géén sprake is van een winstoogmerk). Van de instellingen die stageplaatsen aanboden, vroeg dit vaak veel begeleiding. Jongeren liepen maar een paar dagen mee en zodra ze echt iets konden bijdragen, was de stage alweer afgelopen. Regelmatig is gesuggereerd dat de maatschappelijke stage bij leerlingen veel weerstand opriep, maar de meerderheid van de scholieren die zelf zo'n stage hebben gelopen, beoordeelde dit als een waardevolle ervaring.[4]

Al in 2014 werd de verplichte stage weer afgeschaft en verdween voor scholen ook de extra bekostiging. Opvallend is dat in 2015-2016 twee van de drie middelbare scholen de maatschappelijke stage gehandhaafd hebben in het onderwijsprogramma, vaak in het tweede of derde leerjaar.[5] Blijkbaar ondervonden scholen en leerlingen zoveel voordelen, qua beroepsoriëntatie en burgerschapsvorming, dat de baten opwegen tegen de kosten.

MAATSCHAPPELIJKE DIENSTTIJD

In 1997 werd de dienstplicht voor jongens afgeschaft, althans de opkomstplicht, want alle Nederlandse jongens én meisjes ontvangen sindsdien nog steeds rond hun achttiende verjaardag een dienstplichtbrief waarin staat dat de overheid ze in noodsituaties wettelijk kan oproepen voor het leger. Sinds die tijd is er een regelmatig terugkomende discussie over de eventuele introductie van een maatschappelijke diensttijd. In de maximale vorm wilden sommige politieke partijen dat jongeren zich na hun opleiding een jaar lang nuttig zouden maken voor de samenleving. Daarmee zouden ze meer respect krijgen voor bijvoorbeeld beroepen in de zorg of het onderwijs. Maar ook zouden hiermee de personeelstekorten in kwetsbare sectoren enigszins kunnen worden verlicht.

Het kabinet kwam in 2018 met een nieuw plan voor de maatschappelijke diensttijd. Er werden 41 projecten uitgekozen, waarbinnen zo'n 13.000 jongeren op vrijwillige basis aan de slag gaan. Daarbij stond het leren van nieuwe vaardigheden centraal, maar ook de oriëntatie op een vervolgopleiding of loopbaan. Tweede Kamerleden vonden het belangrijk dat er binnen de projecten aandacht was voor sociale cohesie en ontmoeting. Daarnaast moest de maatschappelijke diensttijd ook toegankelijk zijn voor jongeren in kwetsbare posities. Een groep jongeren was betrokken bij de beoordeling van de ingediende plannen, waarbij een belangrijk criterium was dat projecten ook aansloten op de wensen van jongeren. Zo kunnen jongeren aan de slag in de zorg, sport of cultuur, op het platteland en zelfs op zee als lifeguard, trainer of instructeur. Bij een ander project organiseren jongeren overal in het land diners op het platteland zodat jongeren uit de stad en jonge boeren met elkaar in contact komen. De overheid ziet deze projecten als een proef om te kijken hoe deze diensttijd verder vorm kan krijgen.

YOUNG IMPACT: ONTDEKKEN HOE JE ZELF HET VERSCHIL KUNT MAKEN

Patrick Anthonissen, directeur en oprichter van Young Impact

'Hoe zorg je ervoor dat jongeren maatschappelijk betrokken raken en ontdekken welke impact ze kunnen hebben op hun omgeving? Dat was een paar jaar geleden mijn vraag. Inmiddels is Young Impact een snelgroeiende beweging die jongeren stimuleert om na te denken over hun persoonlijke ontwikkeling. Wij proberen ze te laten ontdekken hoe ze met hun talenten in actie kunnen komen om in hun eigen omgeving met sociale projecten en ideeën aan de slag te gaan.

Young Impact biedt programma's voor verschillende groepen jongeren, waarvan het scholenprogramma het grootst is. Per schooljaar doen er nu ongeveer 15.000 leerlingen aan mee, op ongeveer 150 middelbare scholen en Roc's. We beginnen op school steeds met een kick-off en een workshop waarin leerlingen nadenken over waar ze goed in zijn en wat zij zouden kunnen betekenen voor anderen. Vervolgens bedenken ze zelf projecten die ze binnen of buiten schooltijd uitvoeren: ouderen helpen, iets leuks doen met jonge statushouders, een evenement voor gehandicapte kinderen of iets doen voor een dierenasiel. Jongeren ervaren in dit traject hoe ze zelf het verschil kunnen maken met iets waar ze goed in zijn en dat ze vaak tot meer in staat zijn dan ze denken. We

geloven dat iedere jongere een positieve impact kan hebben, daarom doen er ook zo'n vijftig groepen jongeren uit de jeugdhulp mee en jongeren met een beperking.
Aan het eind van ieder jaar is er een groot muzikaal event voor de duizenden jongeren die iets hebben gedaan. Om goede voorbeelden te delen, maar ook als beloning en als feestje voor iedereen die iets heeft gedaan voor anderen. Dit jaar was dat in Ahoy.
Young Impact heeft ook een programma opgezet voor jonge personeelsleden van alle Albert Heijn-filialen. Op een aantal plekken hebben jonge medewerkers en parttimers bedacht hoe ze met de supermarkt iets voor de omgeving kunnen betekenen, om vervolgens een lunch of ontbijt te organiseren voor ouderen of eenzame buurtbewoners.
We proberen nu zoveel mogelijk aan te sluiten bij het idee van de overheid om een maatschappelijke diensttijd voor jongeren in te voeren. Onze grote ambitie is om te zorgen dat uiterlijk in 2025 een miljoen jongeren in actie zijn gekomen. De sleutel van het succes zit in het dóen; zo kunnen jongeren zelf ervaren hoe het is om impact te hebben.' **(www.youngimpact.nl)**

10.5 Jongeren zoeken andere politiek

Hoeveel jongeren kijken nog vol spanning uit naar het moment dat ze na hun achttiende verjaardag eindelijk een keer het rode potlood mogen oppakken voor de gemeenteraad, Provinciale Staten, Europa of de Tweede Kamerverkiezingen? Hoeveel binding voelen ze met de Haagse perikelen? Zijn er veel jongeren actief met politiek bezig? In ieder geval niet in de vorm van flyers uitdelen en posters plakken.
Waar het landelijk opkomstgemiddelde bij Tweede Kamerverkiezingen al decennia rond de 80 procent schommelt, zien we bij de generatie die voor het eerst een stem mag uitbrengen een dalende opkomst. Ging in 2006 nog ruim 80 procent van de jongeren van 18 tot 25 jaar stemmen, bij de laatste Tweede Kamerverkiezingen in 2017 ging nog maar 66 procent naar de stembus.
Stemgedrag van jongeren is van heel veel factoren afhankelijk, maar hun directe omgeving is hierbij vaak essentieel: als hun ouders stemmen, is de kans groter dat zij dat zelf ook doen. Volgens het CBS heeft een op de drie jongeren interesse in politiek. Hoe ouder mensen worden, hoe meer politieke interesse. Het CBS onderzocht dat politieke interesse toeneemt met het vorderen van de leeftijd: 38 procent van de 15- tot 25-jarigen zegt geïnteresseerd te zijn in politiek. Bij de 55- tot 65-jarigen is dat bijvoorbeeld 58 procent.[6] Weinig jongeren proberen zelf de politiek te beïnvloeden. Die politieke desinteresse is niet uniek voor jongeren in Nederland, dit geldt voor jongeren in heel Europa. Jongeren hebben minder politieke kennis dan volwassenen. Het gaat daarbij ook om feitelijke kennis, bijvoorbeeld uit

hoeveel leden de Tweede Kamer bestaat. Ze houden zich soms wel bezig met politieke en maatschappelijke vraagstukken (discussies op een festival, het organiseren van een demonstratie of een actie op school), maar ze noemen dit geen politiek.
Vernieuwingen in de stijl van politiek bedrijven, nieuwe partijen en jonge lijsttrekkers kunnen de traditionele politiek voor jongeren aantrekkelijker maken. Vooral als traditionele partijen in de media een duidelijk verhaal te vertellen hebben. De afgelopen jaren is er veel beweging op dat gebied, waarbij ook het aantal jongeren dat lid wordt van een politieke jongerenorganisatie weer langzaam stijgt. Ook eenmalige programma's rond politieke thema's, bijvoorbeeld op festivals, kunnen op enthousiasme rekenen. In maart 2017 wist GroenLinks-leider Jesse Klaver (die zelf nog geen dertig was toen hij lijsttrekker werd) vijfduizend bezoekers naar de voormalige Heineken Music Hall te krijgen, waaronder vooral veel jongeren. Zelden kwamen er zóveel bezoekers af op een campagnebijeenkomst en liet een politieke partij in Nederland zo'n mediagenieke verkiezingsshow zien.

STRAATPOLITIEK

Ongeveer de helft van de jongeren heeft in de laatste vijf jaar actief iets aan politiek gedaan, waarbij een handtekening zetten ook al meetelt.[7] Filosofe Femke Kaulingfreks onderzoekt de maatschappelijke betrokkenheid van jonge Nederlanders. Ze schreef een boek over een vorm van politieke betrokkenheid die meestal onbelicht blijft en die ze straatpolitiek noemt.[8] Ze beschrijft hoe voor veel jongeren de principes van politieke partijen niet duidelijk zijn omdat politici continu concessies doen. Jongeren hebben het gevoel dat de institutionele politiek niets voor ze kan betekenen. 'Daarom uiten ze hun engagement in de vorm van allerlei verschillende informele vormen van politiek: straatpolitiek. Sommige dingen gebeuren letterlijk op straat – activisme, vluchtelingen die huizen kraken – maar je kunt de straat ook zien als openbare plek waar je je visie met anderen kan delen, zoals het internet. YouTube is een virtuele straat. (...) Neem meiden met een kleur die nu hun kroeskrullen laten groeien en daar op Instagram of YouTube statements over maken. Die vragen: waarom zie je mijn uiterlijk niet op billboards of in modetijdschriften? Dat is iets persoonlijks, maar heeft ook een sterke politieke betekenis. Met dergelijke foto's eisen die meiden hun plek op, komen ze in opstand. Politiek gaat vaak over emancipatie.'[9]
Ook het CBS maakt een onderscheid in conventionele en onconventionele politieke betrokkenheid.[10] Wie naar een bijeenkomst van een politieke partij gaat, reageert via de media of contact heeft met de overheid of met een politicus, is op een traditionele manier politiek actief. Onconventioneel is bij het CBS de deelname aan een actiegroep of demonstratie, meedoen aan een handtekeningenactie of reageren op internet. Jongeren kunnen in deze levensfase opeens gegrepen worden door een onderwerp doordat ze er, bijvoorbeeld via school of de media, mee in contact komen. Ze voelen zich kortstondig betrokken en als er een concrete manier is om er iets mee te doen, komen ze in actie. De ene keer gaat het over de opwarming van de aarde, de andere keer over de ongelijke positie van meisjes in Pakistan of de krapte op de woningmarkt. Jongeren lopen vaak warmer voor een concreet onderwerp dan voor een politieke stroming die overal iets van kan vinden op basis van een ideologie. Ze bepalen eerder hun mening per thema. Dat past ook meer bij de kortetermijn focus van het puberbrein.

DANCE4LIFE: BEWUST LEREN NADENKEN OVER SEKS

Jael van der Heijden, directeur Dance4Life

'Dance4Life werkt samen met jongeren aan het grootste gezondheidsrisico voor jongeren: onveilige seks. Dit doen we door middel van een internationaal lesprogramma, uitgevoerd door jongeren: de Journey4Life. We werken in dit programma met muziek, dans en persoonlijke verhalen om zo echt verbinding met de jongeren te maken. In de eerste plaats richten we ons op jongeren in ontwikkelingslanden, omdat zij op seksueel gebied het meeste risico lopen; van hiv en aids tot tienerzwangerschappen en seksuele intimidatie. Elk jaar worden daar 21 miljoen meisjes onder de achttien ongewenst zwanger. En aids is in Afrika nog steeds de grootste doodsoorzaak onder jongeren. Met dit concept hebben we sinds 2004 al meer dan twee miljoen jongeren bereikt.

In Nederland organiseren we een van de grootste scholenprogramma's van het land: Schools4Life, waarin we jongeren confronteren met de problemen die jongeren in veel landen ondervinden als het gaat om veilige seks. Hier hebben jongeren makkelijker toegang tot informatie over seks dan de meeste van hun leeftijdgenoten in de rest van de wereld. Ze kunnen relatief makkelijk condooms kopen en meisjes hebben toegang tot gratis anticonceptie. Voor jongeren zijn gratis soa-testen beschikbaar en ook een veilige abortus, als dat nodig is. In het verleden lag het accent in ons scholenprogramma vooral op het voorkomen van hiv, maar dat ligt ver bij jongeren vandaan. Door de #metoo-discussie van de laatste jaren, hebben scholen in Nederland meer behoefte om aandacht te besteden aan onderwerpen als seksueel overschrijdend gedrag, sexting en de normen hoe je met elkaar omgaat. Maar hoe maak je dat inhoudelijk echt bespreekbaar? Dance4Life biedt een goede manier om dat gesprek in de klas te voeren, aan de hand van verhalen van jongeren uit landen waar de misstanden veel groter zijn dan hier.

We hebben best geworsteld met de vraag of zo'n programma in Nederland nog echt nodig is, maar we zien elk jaar weer dat we jongeren echt raken en dat docenten enthousiast reageren. Ook in Nederland bestaan taboes en vooroordelen. Zo is homoseksualiteit lang niet door iedereen geaccepteerd en zijn er ook hier veel jongeren die weleens iets tegen hun zin doen.

Het maakt veel indruk als leerlingen horen dat in sommige landen condooms verboden zijn, jonge meisjes sterven door tienerzwangerschappen en onveilige abortus, en seks voor jongeren taboe is of zelfs verboden. Aan de hand van heftige voorbeelden ver weg worden ze zich bewuster van hun eigen keuzes op het gebied van seksualiteit en vinden ze het makkelijker om over dit thema te praten.

Zo kwamen afgelopen jaar twee jonge vrouwelijke studenten uit Pakistan op scholen vertellen hoe ze verkracht zijn en dat niemand in hun land daar iets aan doet. Dat maakt veel indruk. Leerlingen zijn daardoor intensief bezig met de vraag hoe belangrijk het is dat jongeren overal in de wereld hun eigen keuzes kunnen maken als het gaat om seksualiteit. Ze zamelen op creatieve manieren geld in voor Dance4Life, waardoor jongeren ervaren dat ze zelf een verschil kunnen maken. Zo'n project geeft zelfvertrouwen en helpt om ook zelf bewustere keuzes te maken op het gebied van seks.'

(www.dance4life.nl)

MEDIAVAARDIGHEDEN

Participatie in de huidige maatschappij vraagt ook om mediavaardigheden. Iemand kan niet goed in een maatschappij functioneren als hij of zij niet weet hoe hij zich moet informeren. Jongeren zijn, zoals we al zagen, geen informatie-experts maar hebben juist behoefte aan scholing in vaardigheden die nodig zijn om deel te nemen aan de informatiemaatschappij. Ze kunnen nog niet alle informatie kritisch beoordelen en inschatten of iets betrouwbaar is. De discussie over mediawijsheid die we in hoofdstuk 6 hebben belicht, werkt ook door in politieke en maatschappelijke participatie.

Recent onderzoek van het Commissariaat voor de Media laat zien dat jongeren incidenteel nog wel eens een dagblad openslaan, maar dat ze vooral gratis nieuwsitems raadplegen. Jongeren hebben daarbij een duidelijke voorkeur voor snel en kort nieuws zoals dat bijvoorbeeld wordt gebracht op teletekst, de website nu.nl en diverse radiozenders als Q-music, 3FM en Radio 538.[11]

Wat met name opvalt is dat jongeren veel vaker via algoritmen bij nieuwsitems terecht komen. Vijfenveertig procent van hen bekijkt nieuwsitems na meldingen via social media als YouTube en Facebook. Volgens het adagium 'Als het belangrijk is, hoor ik er wel over in mijn omgeving' laten zij zich meer dan oudere leeftijdsgroepen leiden door wat er voorbijkomt aan clickbait, sensationele titels die verleiden om het hele bericht te lezen. Dit verklaart waarschijnlijk ook waarom volgens hetzelfde onderzoek jongeren vaker de indruk hebben dat ze in contact zijn geweest met nepnieuws, variërend van items waarin de feiten verdraaid lijken, tot koppen die lijken op nieuwsartikelen maar uiteindelijk advertenties blijken te zijn.

ROB WIJNBERG (1982), VOORMALIG HOOFDREDACTEUR *NRC.NEXT* EN OPRICHTER VAN DE CORRESPONDENT

'Twintig televisiezenders, drie treinkranten, zes dagbladen, duizend tijdschriften en honderden televisieschermen in bus en tram bombarderen hun publiek non-stop met nieuws, opinies en achtergronden. Bovendien is het meeste ook nog op ons gericht. Aan de jonge mens – met een gat in zijn hand en de duim op de sms-knop – valt immers nog te verdienen. Maar aan lessen informatieverwerking doet onze samenleving niet. Welke school of universiteit leest klassikaal kranten of kijkt in de klas tv? Geen. Niemand gelooft immers dat omgaan met andermans ellende – ook al is het niet 'werkelijk' – geleerd hoeft te worden.

Dus knijpen wij, om niet overspoeld te worden door een golf van wereldproblematiek, onze ogen vaker dicht, wachtend op het moment dat het 'laatste nieuws' zijn letterlijke betekenis eens waarmaakt.'[12]

ONLINE DEMOCRATIE

Jongeren gebruiken veel digitale bronnen, waardoor ze online vrij gemakkelijk informatie en meningen delen en op een informele manier van elkaar leren. Deze vormen van digitale participatie spelen een belangrijke rol bij de persoonlijke ontwikkeling van jongeren. Op veel jongerenfora praten jongeren volop over maatschappelijke thema's.

De mogelijkheden om je online te organiseren en met elkaar (maatschappelijke) discussies aan te gaan, wordt ook wel de participatiecultuur genoemd. Iedereen kan immers zelf meedoen aan allerlei discussies op blogs, fora, sociale netwerken en reactiepagina's of daar met een paar kreten op reageren. Van discussies over nieuwe wetgeving tot het bekendmaken van consumentenmisstanden in een bepaalde branche. De belangrijkste basisvaardigheden om hier goed aan mee te kunnen doen, is dat je begrijpt waar en hoe je online je mening kunt geven; hoe je de reacties en meningen van anderen moet interpreteren. Daarnaast zijn er allerlei regels hoe je op een goede manier met elkaar kunt discussiëren op internet en manieren om aandacht te krijgen voor je eigen standpunt. Met name in de recente Amerikaanse verkiezingen waren jongeren vaak de aanjagers van campagnes waar kandidaten grotendeels digitaal werden gepromoot. In Nederland zien we dat verschijnsel vooralsnog minder.

DE MEESTE VAARDIGHEDEN ZIJN VOOR LATER

Pubers blijven ook pubers. Maar weinig jongeren zullen gepassioneerd discussiëren over de finesses van de staatsinrichting of een geweldige interesse aan de dag leggen voor de voor- en nadelen van diverse kiessystemen. En ook na een verantwoorde democratische opvoeding met geanimeerde politieke discussies bij het avondeten, meldt maar een enkeling zich aan voor de medezeggenschapsraad.

Dat wil niet zeggen dat het nutteloos is kennis en vaardigheden over te dragen. Het puberbrein is een enorme spons die ook informatie voor later opzuigt. Later als hun wereld groter wordt, valt het wellicht op zijn plaats. De democratische ervaringen blijven je bij. Vaardigheden om met elkaar te overleggen en problemen op te lossen, kunnen in grotere en kleinere setting geoefend worden. Zo leren jongeren stap voor stap onderhandelen, compromissen sluiten en het politieke spel begrijpen.

Er zijn vaker ballonnetjes opgelaten om de kiesgerechtigde leeftijd te verlagen. En er zijn vaker initiatieven genomen om een jongerenpartij op te richten, om zo jongeren meer te betrekken bij de politiek. We geloven niet zo in de effectiviteit van dit soort grootschalige ingrepen. Jongeren zijn zo verschillend en nog zo op hun eigen ontwikkeling gericht dat we echt op andere manieren moeten doordringen tot het puberbrein. Pas als je zelf positieve democratische ervaringen hebt opgedaan, ga je geloven dat jouw mening er echt toe doet en ontwikkel je het zelfvertrouwen om die mening ook te uiten. Dat volwassenen best bereid zijn om naar je te luisteren merk je dán pas.

Een extra argument waarom volwassenen vaker naar jongeren zouden moeten luisteren, geeft hersenwetenschapper Eveline Crone: jongeren kunnen relatief goed buiten de geijkte paden denken. 'Hun hersenen laten immers een explorerend vermogen toe dat kan leiden tot nieuwe creatieve inzichten, die in volwassen hersenen soms al zijn geëindigd in een ongewenste tunnelvisie.'[13]

Juist in de adolescentie kan maatschappelijke betrokkenheid ontstaan. In die fase leren jongeren immers het verschil tussen mensen die ze kennen en met wie ze zich verwant voelen (de in-group) en mensen die ze niet persoonlijk kennen (de out-group). Als jongeren zich leren te verbinden met mensen die verder van hen afstaan, zullen ze ook eerder bereid zijn om ze te helpen.

Dit wordt prachtig geïllustreerd in de documentaire *Maatschappijleer* die gaat over Daan, een jonge, beginnende docent maatschappijleer.[14] Na een moeizame start van zijn stageperiode neemt hij na een paar maanden zijn leerlingen mee naar het naastgelegen asielzoekerscentrum. 'Is het misschien leuk om tijdens de les daar een keer te gaan kijken of helpen?', vraagt Daan de klas. 'Vet leuk,' reageert een leerling.
In de praktijk blijkt het bezoek spannend voor beide zijden. 'Ik weet niet zo goed wat ik moet zeggen,' zegt een jongen als een leeftijdgenoot de kamer van zijn familie laat zien. Maar gaandeweg ontdooit de groep. Een paar dagen later tijdens de les vertelt diezelfde leerling aan Daan dat hij die avond een potje gaat voetballen met een groepje asielzoekers. Het begin is gemaakt.

TIPS VOOR POLITICI EN BELEIDSMAKERS

- **Als je jongeren wilt inschakelen, kies dan voor een duidelijk traject met een kop en een staart**
  Langdurige en actieve betrokkenheid willen en kunnen jongeren niet toezeggen. Er gebeurt zoveel in hun leven dat aandacht vraagt: school, werk, vrienden. Wie weet hoe het er een jaar later voor staat? Als je zelf wel regelmatig jongeren wilt spreken, kun je beter een bredere groep geïnteresseerde jongeren samenstellen en daar per keer een selectie uit maken.

- **Wees extreem duidelijk over (on)mogelijkheden**
  'Nee' is ook een antwoord. Een veel beter antwoord dan de radiostilte die jongeren nu vaak ervaren als iets niet doorgaat. Jongeren moeten leren dat democratie meer is dan 'u vraagt, wij draaien'. Wees duidelijk over de termijn van resultaten: als de gemeenteraad besluit tot een nieuw jeugdhonk dan is dat er op zijn vroegst over twee jaar.

- **Jongeren willen best moeite doen om jou de juiste informatie te geven, als je maar duidelijke en open vragen aan ze stelt**
  Verwacht niet dat ze beleidsplannen gaan schrijven of lezen. Hiermee overvraag je de meeste jongeren en de groep die dan overblijft is niet-representatief en vertroebelt je beeld.

- **Vertaal je vragen naar thema's die echt relevant zijn voor jongeren**
  Over besluitvorming in Europa hebben ze misschien nog geen mening, over veiligheid op straat, jongerenhuisvesting, stageplaatsen of vrijetijdsvoorzieningen hebben ze die wel degelijk.

TIPS VOOR GOEDE VRIJWILLIGERS- EN GOEDEDOELENORGANISATIES

- **Bedenk altijd goed waarom je jongeren wilt bereiken**
  Gaat het om ze ergens bij te betrekken en bewust te maken van een bepaald onderwerp? Dat vraagt om een hele andere aanpak dan wanneer je ze als toekomstige donateurs alvast bij je organisatie wilt betrekken.

- **Jongeren komen niet alleen in actie voor het goede doel**
  Ze zoeken ook activiteiten waar ze een sociale component ervaren: samen iets leuks doen met vrienden. Een sponsoractie om geld in te zamelen is vooral interessant omdat ze dan met leeftijdsgenoten bijvoorbeeld een nacht op school gaan slapen of een ander leuk sportief of muzikaal evenement kunnen organiseren.

- **Blijf dicht bij je eigen verhaal**
  Jongeren willen weten waarvoor ze iets doen en wat hun inzet kan bijdragen. Maak dat zo concreet mogelijk. Uiteindelijk is het verhaal niet dat er een leuk festival was of een geweldige dj, maar dat een actie is ondernomen om geld in te zamelen of aandacht te krijgen voor vluchtelingen of het behoud van natuur. Wat voor een organisatie vanzelfsprekend is, weten jongeren vaak helemaal niet. Bedenk dus goed wat je centrale boodschap is en hoe je die op een aantrekkelijke manier aan jongeren vertelt.

- **Jongeren zijn tijdelijk actief**
  Jongeren willen experimenteren, nieuwe dingen ervaren en zijn minder vaak geneigd om zich langere tijd aan een organisatie of een lidmaatschap te verbinden. Geef ruimte, organiseer dingen waar jongeren eenmalig aan mee kunnen doen en volgend jaar eventueel nog een keer, als ze een leuke ervaring hebben gehad.

- **Denk digitaal**
  Jongeren willen af en toe wel iets doen voor een goed doel of als vrijwilliger actief zijn, maar ze zijn ook van het digitale gemak. Zorg dat een organisatie goed zichtbaar is en maak gebruik van de digitale netwerken van jongeren. Niet door alleen je eigen boodschap te zenden, maar juist door jongeren erbij te betrekken zodat ze in hun eigen netwerk enthousiast gaan vertellen over jouw organisatie.

Epiloog:

een positief verhaal over het puberbrein

Waarom zouden we ons nog druk maken over jongeren die 'domme' dingen doen en experimenteren, als we weten dat hun hersenen vanzelf op het niveau komen waarop ze zich verantwoordelijk gaan gedragen? De belangrijkste reden is dat we kinderen moeten helpen om een goede basis te krijgen, zodat ze rond hun twintigste verder kunnen als volwassen en gewetensvolle mensen. Het maakt nu eenmaal een groot verschil of een jongen op zijn 22ste zonder diploma en met een wietverslaving aanklopt bij het UWV, of dat hij zich op die leeftijd met een afgeronde opleiding en een paar kleerscheuren realiseert dat de volwassenen in zijn leven inderdaad gelijk hadden toen ze zo streng waren.

Met dit boek hebben we meer begrip willen creëren voor de wereld van jongeren, door te laten zien welke ontwikkelingen zij doorlopen. Want hoe beter volwassenen jongeren begrijpen, des te beter zij ze kunnen begeleiden.
Puberbrein binnenstebuiten maakt duidelijk dat we meer moeten kijken naar de biologische factoren die het gedrag van jongeren beïnvloeden. Dat geeft ook een fijne relativering: sommige dingen horen erbij en gaan ook weer over. Bijna iedereen heeft vroeger wel eens ruzie gemaakt met zijn ouders, problemen gehad op school, of is te laat en beneveld thuisgekomen na een avondje stappen. Het is met de meesten vanzelf weer goed gekomen. Zo goed, dat velen hun eigen jeugdzonden allang zijn vergeten en zich ook niet meer optimaal kunnen inleven in de jongeren van nu.
Het puberbrein laat zien dat jongeren meer oprechte aandacht en interesse nodig hebben, juist omdat ze zo'n turbulente, maar ook intense en vormende fase doorlopen. We kunnen jongeren stimuleren belangrijke vaardigheden te ontwikkelen en kennis op te doen. We kunnen ze helpen beslissingen te nemen in een veilige context en ze begeleiden wanneer iets bij nader inzien niet helemaal de juiste keuze blijkt te zijn. En we kunnen ze een goed kader bieden waardoor ze niet al op jonge leeftijd beginnen met alcohol, drugs en andere verleidingen.

TIEN JAAR LATER

Toen we tien jaar geleden de eerste versie van dit boek schreven, waren de inzichten in het puberbrein in ontwikkeling nog vrij nieuw. De belangrijkste conclusie leek toen te zijn dat jongeren bepaalde dingen nog niet goed konden omdat hun brein nog niet was uitgerijpt. Inmiddels weten we dat dat verhaal wat subtieler ligt. Met sommige dingen hebben jongeren inderdaad meer moeite; plannen, vooruitkijken, overzicht houden of bepalen welk gedrag het beste bij een bepaalde situatie past. Maar ze zitten ook in de creatiefste periode van hun leven en hun flexibele brein is tot veel meer in staat dan we soms denken. Ze zijn selectief gemotiveerd en, afhankelijk van de context, soms onverwacht volwassen en soms onverwacht heel onvolwassen. En dat gaat nog wel door tot na hun 20ste jaar.
Onderzoekers van de VU voerden onlangs een interessante studie uit naar het puberbrein: ze vroegen 363 Nederlandse jongeren (11 - 18 jaar) en 164 van hun ouders naar hun associaties bij de term 'puberbrein'.[1] Hoewel ouders vaak repten over het groeipotentieel van het brein van hun kinderen, noemden ze veel vaker negatieve associaties (zoals: irritant, lui, experimenteel, eigenwijs, koppig) dan positieve (denk aan: onafhankelijk, verantwoordelijk, aardig, creatief). Ook de tieners zelf associeerden het puberbrein meer met negatieve termen, maar zij wisten wel meer positieve zaken te noemen. Ook vermoedden ze dat bij hun ouders de negatieve beelden zouden domineren.
Het experiment liet nog meer zien: jongeren die het meer eens waren met negatieve statements over het puberbrein, toonden bij een online experiment ook meer risicogedrag. En de groep die meer positieve statements onderschreef, zette meer positieve leerstrategieën in. Zou de negatieve beeldvorming over het puberbrein kunnen leiden tot een selffulfilling prophecy? Interessant als we bedenken dat negatief nieuws over jongeren sowieso meer aandacht krijgt dan positieve berichtgeving. De onderzoekers pleiten er in elk geval voor dat wetenschappers zich meer bewust worden van het belang van *framing* en dat ze op een meer evenwichtige manier gaan communiceren over de hersenontwikkeling van jongeren. Met deze nieuwe versie van ons boek hebben we willen bijdragen aan die nuance.

MEER AANDACHT

Wij hebben er altijd voor gepleit om jongeren veel structuur te geven, omdat ze dat meer nodig hebben dan we vaak denken. Heel veel ouders keken ons tien jaar geleden grijnzend aan als we het daar over hadden. 'O, jullie bedoelen dat pubers eigenlijk rust, reinheid en regelmaat nodig hebben? Dat hebben we al een fase eerder gehoord...' Inmiddels is het veel minder nodig om hier de nadruk op te leggen: in onze maatschappij is de laatste jaren in de opvoeding een heleboel vrijheid-blijheid verdwenen. Niet alleen in wettelijke grenzen voor alcohol en sigaretten en de handhaving daarvan, maar veel opvoeders lijken zich bewuster van hun eigen rol en hun invloed op jongeren. Het is echt zo dat veel pubers hun ouders, bewust of onbewust, als een rolmodel zien. Niet in alles natuurlijk, maar wel als het gaat over normen en waarden. En ook als het gaat over praktische zaken als het plannen van huiswerk of opmerkingen dat ze te lang achter het scherm zitten. Ze handelen daar niet altijd naar, maar ze horen je wel. En later, veel later, als hun frontaalkwab is uitgerijpt en ze met hun ouders nog eens terugkijken op hun jeugd, dan zullen ze vertellen hoe ze het gewaardeerd hebben, al die pogingen om ze op het rechte spoor te houden. En dan vertellen ze ook de verhalen van hun jeugd die je als ouder helemaal niet wilt weten...

Het bieden van meer kaders en structuur begint eigenlijk bij meer aandacht, meer tijd en meer inlevingsvermogen in jongeren. Je eigen identiteit ontwikkelen is een zoektocht. Daarbij kun je oprechte een op een aandacht van volwassenen in je omgeving enorm goed gebruiken. Mits volwassenen ook echt open staan voor wat jongeren te vertellen hebben. Een 16-jarige jongen die we laatst spraken, vatte dit mooi samen: 'Ik begrijp echt wel dat mijn ouders af en toe streng zijn en soms echt niet blij worden van mijn gedrag. Maar ik weet ook dat ze me heel goed begrijpen, dat zij weten dat ik het ook weet als ik iets stoms doe. Sommige dingen hoef je niet uit te spreken, als je elkaar maar wílt begrijpen.'

DE UITZONDERING OF DE REGEL?

In de research voor dit boek viel ons opnieuw op hoeveel aandacht er is voor excessen en problemen rondom jongeren. Met de meeste jongeren in Nederland gaat het gewoon goed! Veel ouders slaken een zucht van verlichting als ze ontdekken dat hun kind niet de enige is die geen overzicht kan houden over zijn huiswerk, af en toe stiekem rookt, onhandig omgaat met een boze docent of veel te veel uren zit te gamen. Op de binnenflap van dit boek bieden we daarom met diverse cijfers wat meer context over Nederlandse jongeren. De meeste jongeren zijn namelijk niet zo uitzonderlijk; ze hebben gewoon allemaal een brein dat nog in ontwikkeling is.

Bedankt!

Bijna tien jaar geleden kwam de eerste versie van dit boek uit. Ons bureau Youngworks bestond toen net tien jaar en de vele voorbeelden en anekdotes komen voort uit projecten die wij gedurende twintig jaar hebben mogen uitvoeren. Het eerste dankwoord gaat dan ook uit naar de vele honderden jongeren die ons en onze collega's de afgelopen jaren in gesprekken en discussies een kijkje in hun leefwereld hebben willen geven, en naar onze klanten die dit mogelijk hebben gemaakt.

Ouders en docenten hebben ons als lezers van dit boek vaak verteld hoeveel ze aan dit boek hebben gehad. Dit moedigde ons aan om *Puberbrein binnenstebuiten* helemaal te herschrijven voor een nieuwe generatie lezers, waarvan de kinderen nu nog in de laatste klassen van de basisschool zitten. Nu, bij het twintigjarig bestaan van ons bureau putten wij uit een nog veel rijkere bron aan voorbeelden en inspiratie.
In 2009 hadden we zelf beide nog kinderen die op de basisschool zaten. Inmiddels hebben ze de meeste jaren middelbare school achter de rug. Dus ja, we kunnen inmiddels volop meepraten over wat het betekent om als ouder soms de plaatsvervangende frontaalkwab van je kind te zijn.

Wij willen alle mensen bedanken die in interviews hun kennis en ervaringen met ons en met de lezers hebben willen delen: Eveline Aendekerk (CPNB), Patrick Anthonissen (Young Impact), Nienke van Atteveldt (Vrije Universiteit), Dennis Berkhof (BITS Students), Fedde Boersma (Scouting Nederland), Eveline Crone (Universiteit Leiden), Jan Derksen (Radboud Universiteit), Jan Kornelis Dijkstra (RU Groningen), Ira van Eelen (Toothcamp), Caroline van Ferneij (Politie Amersfoort), Marcia Goddard (YoungCapital), Berna Güroğlu (Universiteit Leiden), Ninette van Hasselt (Trimbos Instituut), René Herremans (Albert Heijn), Wijnand IJsselstein (TU Eindhoven), Omar Kbiri (Maak), Barbara Linders (Leergeluk), Justine Pardoen (Ouders Online), Marjolein Reijs (McDonald's), Daniël Roos (JINC), Hanneke Roosjen (SOA Aids Nederland), Jean-Paul Selten (UMC Utrecht), Dick Swaab, Jael van der Heijden (Dance4Life), Patti Valkenburg (UvA), Gerda op 't Veld (NOC*NSF). Ook bedanken we alle jongeren en ouders voor hun spontane, eerlijke en soms ook openhartige uitspraken.

Alle foto's die je in dit boek ziet zijn gemaakt door jongeren. Wij vroegen een aantal jongens en meiden om foto's van hun leven te maken. Zo gaven zij letterlijk een kijkje in hun (belevings)wereld. Sterre, Wouter, Loes, Lidewij, Floor, Omar, Sebastiaan, Hiba, Mouaad en Raaf, ontzettend bedankt dat jullie die foto's met ons en de lezers willen delen!

En dan waren er de vele collega's die steeds weer belangstellend vroegen hoe het ermee stond (met ons en met het boek). Zij deelden enthousiast hun expertise met ons. Suzanne Dölle, Joris Schuurman, Rutger van den Berg en James Smith; dank voor jullie bijdragen!

Dank tot slot aan het thuisfront! Een boek schrijf je niet tussen de bedrijven door. Dat het vaak toch avond- en weekendwerk werd, kunnen onze partners en kinderen volmondig beamen. Dank daarom aan het thuisfront! We zijn blij met de steun van onze beider partners, Markus en Sarai, die het een tijdlang met minder aandacht moesten stellen. En we bedanken onze kinderen, Timo en Emil, Zeger en Staas. Bij de eerste editie waren zij nog geen van allen puber, maar de uitspraak van een van de jongens: Ben je weer lekker dingen uit dat k*tboek op mij aan het uitproberen?', laat wel zien dat wij ook dicht bij huis onze inspiratie halen.

Noten

INLEIDING

[1] Carvalho, H. (19-9-2008).
[2] Hersenwetenschapper Eveline Crone spreekt in dat kader van het puberende brein, wat ook aangeeft dat het om een langer proces en niet om een vaststaand gegeven. Crone, E. (2008).
[3] Samen met Motivaction heeft Youngworks een onderzoeksmodel ontwikkeld, waarbij jongeren worden ingedeeld op basis van hun motivaties en drijfveren: YoungMentality. Dit model laat zien dat de waarden die jongeren belangrijk vinden sterk kunnen variëren per persoon en onafhankelijk zijn van de buitenkant, de kleedstijl of sociale of culturele achtergrond.

HOOFDSTUK 1

[1] Dobbs, D. 2011.
[2] Crone, E.A. & Dahl, R.E. (september 2012).
[3] Meer informatie en visuals vind je op www.volwassenworden.nl en op sense.info
[4] Kohnstamm, R. (2002).
[5] Vraag op jouwggd.nl
[6] Dekkers, M. (2002).
[7] Cole, M. & Cole, S.R. (2001).
[8] Kohnstamm, R. (2002).
[9] Smith, K. (17 mei 2018).
[10] Pepers, J. (2015).
[11] Westenberg, P.M. (2008).
[12] Anonieme vraag op het online forum van de Kindertelefoon.
[13] Reany, P. (17 september 2005).
[14] Swaab, D. (2008).
[15] Centiq (2008).

HOOFDSTUK 2

[1] CBS (2016a) en CBS (2016b). Boemerangkinderen keren met name terug na het stuklopen van een relatie, maar de laatste jaren zien we ook dat 1 op de 5 jongeren terugkeert door financiële beweegredenen.
[2] Postman, N. (1982).
[3] Schöttelndreier, 2008; Dasberg, 1975 ; Postman, 1982.
[4] Volgens Europees onderzoek beïnvloedt 52% van de Europese jongeren wat er in het gezin gegeten wordt. En 38% van de tieners beïnvloedt de vakantiebestemming Uit: Van den Bergh, J. & Pallini, K. (2017).
[5] Prins, M. (2008).
[6] Klaver, M.J. (3 juni 2008).
[7] Eyal Ophir, Clifford Nass, and Anthony D. Wagner, 'Cognitive control in media multitaskers' PNAS (August 24, 2009, published ahead of print)
[8] Crone, E. (2008). In hoofdstuk 6 gaan we dieper in op multitasken.
[9] Nussbaum, E. (2007).
[10] Newcom (2018).
[11] Jonkers (2018).
[12] Nibud (2016a).
[13] Pen, H. (10 maart 2007). Crone, E. (2008). Het genoemde experiment is uitgevoerd door Linda van Leijenhorst.
[14] Nibud (2016b).
[15] Nibud (2016a).
[16] Nibud (2016a).
[17] Nibud (2016b).
[18] CBS (2017).
[19] Universiteit van Maastricht (30 mei 2008).
[20] NJI (2014).
[21] Trimbos Instituut & Rivm (2015). Aan het Peilstationsonderzoek doen ruim 10.000 leerlingen uit groep 7 en 8 van het basisonderwijs en uit het voortgezet onderwijs mee. Eind 2015 vond de negende meting plaats.
[22] Nationaal expertisecentrum tabaksontmoediging (2016).
[23] Trimbos Instituut (2015).
[24] Ministerie van VWS (2016).

[25] Crone, E. (2008).

[26] Cijfers over het schooljaar 2015-2016 uit onderzoek van neuropsycholoog Ed de Bruin, die slaaponderzoek doet bij de Universiteit van Amsterdam en de GGD. 'Jij en Je Gezondheid', GGD Amsterdam (2017)

[27] Youngworks (2018).

[28] Deze en andere tips vind je ook op www.chargeyourbrainzzz.nl

[29] Winter, M. de. (2007).

[30] Westenberg, Prof. Dr. P.M. (2008).

[31] Winter, M. de. (2005).

HOOFDSTUK 3

[1] Crone (2018).

[2] Nelis, H. & Y. Van Sark (2014).

[3] Foer, J. (2011).

[4] NTR 2018. *Dream School*, uitzending 12 maart 2018.

[5] Sitskoorn, M. (2007).

[6] Boo, M. de (14 november 2006).

[7] Jolles, J. (2011).

[8] Jensen, F. E. & Nutt, A.E. (2015).

[9] Zie curriculum.nu

[10] Hattie, J. & Yates, G. (2014).

[11] Dit heet het *spacing effect*. Hattie, J. & Yates, G. (2014).

[12] OECD (2016).

[13] Stroet K. (2014).

[14] Crone, E.A. en S. Peters (november 2017).

[15] Hattie, J. & Yates, G (2014).

[16] Vertaling van de auteurs. *'No matter who you are, you can significantly change your intelligence level'* and *'You have a certain amount of intelligence, and you can't really do much to change it.'*

[17] Sisk, V.F. e.a. (2018).

[18] Jensen, F. E. & Nutt, A.E. (2015).

[19] Meijer, J. (12 januari 2015).

[20] Trimbos Instituut, SCP en Universiteit Utrecht (2018).

[21] Vermeulen, M. (17 maart 2018).

[22] Learningscientists.org

[23] Inspectie van het Onderwijs (2016).

[24] Inspectie van het Onderwijs (2016).

[25] Inspectie van het Onderwijs (2018).

[26] NOS (6 april 2015).

[27] CBS (2018).

[28] DUO (2017).

[29] Hattie, J. & Yates, G (2014).

[30] Hattie, J. & Yates, G (2014).

[31] Kennisnet (2017).

[32] De Jong, M & Nelis, H. *Help onze school is gekleurd* (2018)

[33] Zie voor meer tips: De Jong, M & Nelis, H. *Help onze school is gekleurd* (2018)

[34] Blom, S. (30/31 december 2006).

HOOFDSTUK 4

[1] Crone, E. (2008).

[2] Rich Harris, J. (1999).

[3] Crone, E. (2012).

[4] Boyd, D. (2015).

[5] Wrzus, C. (2012).

[6] Prins, M. (2008).

[7] Crone, E. (2012). Het gaat hier om de anterieure cingulate cortex en de insula.

[8] Kohnstamm, R. (2002).

[9] Rutgers en Soa Aids Nederland (2017).

[10] Rutgers en Soa Aids Nederland (2017).

[11] Rutgers (2018).

[12] Citaat van vo-leerlingen, 16 – 17 jaar, in Rutgers (2018).

[13] *Editie NL* (13 november 2017).

[14] Boyd, D. (2007).

[15] Aan de Universiteit van Amsterdam is meer onderzoek gedaan naar het effect van profielensites op jongeren. Patti Valkenburg en Alexander Schouten concludeerden in 2005 een positief effect op het zelfvertrouwen van gebruikers van CU2. Van de 880 gebruikers kreeg 78% uitsluitend of overwegend positieve reacties.

[16] Prins, M. (2008).

[17] Leter, R. (2018).

[18] Trimbos Instituut, SCP en Universiteit Utrecht

(2018).
[19] Gladwell, M. (2002).
[20] Prins, M. (2008).
[21] Park, A. (juni 2004).
[22] Crone, E. (2012).
[23] Jaarbericht Halt Nederland (2012).
[24] Vollebergh, W. (2008).
[25] Trimbos Instituut, SCP en Universiteit Utrecht (2018).
[26] CBS (2018b).
[27] Bauer, Joachim (2008).

HOOFDSTUK 5

[1] Crone, E. (2018).
[2] NOC-NSF (2015).
[3] YoungWorks (2007).
[4] YoungWorks (2008a).
[5] Crone, E. (2012).
[6] Crone, E. (2012).
[7] Crone, E. (2018).
[8] CBS (2018c).
[9] Koch, H. (23 september 2017).
[10] Raad voor Maatschappelijke Ontwikkeling (2008).
[11] YoungWorks (2008c).
[12] Zie www.rhinegroup.nl
[13] WOCD & CBS (2018).
[14] Van der Laan, A. e.a. (2018).
[15] WOCD & CBS (2018).
[16] Ven, van E. & J.P. Selten (2018) en Ven, van E. e.a. 2016.
[17] Bron & meer info: www.ypsilon.org
[18] Rooijen, van M. (2007).
[19] Santen, van H. (18-12-2007).

HOOFDSTUK 6

[1] Kennisnet (2017).
[2] Kennisnet (2017).
[3] Sociaal en Cultureel Planbureau (2016).
[4] Telecompaper (3 december 2017).
[5] NLO (2017).
[6] Sociaal en Cultureel Planbureau (2018).
[7] Sociaal en Cultureel Planbureau (2018).
[8] NewCom (2018).
[9] Swaab, D. (10 juli 2008).
[10] Trimbos Instituut (2016) en Trimbos Instituut, SCP en Universiteit Utrecht (2018).
[11] Universiteit Utrecht (5 april 2016).
[12] Lemmens, J.S. (2010).
[13] Trimbos Instituut (2016).
[14] Trimbos Instituut, SCP en Universiteit Utrecht (2018).
[15] BBC, 2010.
[16] Schouten, 2007, Valkenburg, 2010.
[17] Trimbos Instituut, SCP en Universiteit Utrecht (2018).
[18] Leest, C. Van der (28 maart 2011).
[19] Boyd, D. 2014.
[20] CBS (2015) en CBS (2018).
[21] Broersma, A. (augustus 2018).
[22] Trimbos Instituut, SCP en Universiteit Utrecht (2018).
[23] Crone, E. & E.A. Konijn (2018).
[24] Crone, E. & E.A. Konijn (2018).
[25] Royal Society for Public Health and the Young Health Movement (2017).
[26] Twenge, J. (2018).
[27] Trimbos Instituut, SCP en Universiteit Utrecht (2018).
[28] Beintema, 2009.
[29] Gangwisch e.a., 2010.
[30] Ophir e.a., 2009.
[31] ANP, 2010.
[32] Wensink, H. (8 mei 2008).
[33] Rutgers WPF (2018).
[34] Alpha.One (2017).

HOOFDSTUK 7

[1] Nibud Scholierenonderzoek (2016).
[2] Nibud Studentenonderzoek (2017).
[3] Youngworks, 2016.
[4] Zie www.desocialcode.nl
[5] Dit heet ook wel een Stroop-taak, naar de wetenschapper Stroop die het verschijnsel ontdekte.
[6] Crone, E. (2008).

[7] Media Makkers (2008).
[8] Zie bijvoorbeeld www.uwkindenalcohol.nl en www.uwkindengamen.nl
[9] Draaisma, D. (2008).

HOOFDSTUK 8
[1] Inspectie van het Onderwijs (2018).
[2] Westenberg, M. (28 april 2008).
[3] Crone (2018), p. 83
[4] Idem, p.81
[5] Idem, p.82
[6] RIVM (2018).
[7] Meijers, F., Kuijpers, M. & Bakker, J. (2006).
[8] Kuijpers, M. (2003); Kuijpers, M. & Meijers, F. (2012).
[9] Researchcentrum voor Onderwijs en Arbeidsmarkt (2013).
Het gaat hierbij vooral om beroepen- en arbeidsmarktmobiliteit. Van alle werkenden is eind 2013 6,5 procent in een periode van vijf kwartalen van beroep gewisseld. Onder jongeren tot 35 jaar ligt dit percentage zelfs rond de 10 procent. Een jaar na afstuderen werkt gemiddeld ruim 20 procent van de gediplomeerden van het MBO, HBO en WO buiten de opleidingsrichting.
[10] Marreveld, M. (2006).
[11] Gebaseerd op een model dat in vele vormen wordt gebruikt op websites en in veel populaire literatuur. Er is een duidelijke relatie met ideeën uit NLP. Dit model heeft geen wetenschappelijke basis, maar is een visie op hoe je kunt kijken naar iemands hogere doel in het leven.
[12] Thom Black (1996).
[13] Jeugdmonitor StatLine (2018) – Arbeidsdeelname; jongeren (15 tot 27 jaar).
[14] OnderwijsInnovatieGroep (2013).
[15] Lusse, M. E.a. (2016).
[16] De Jong & Nelis (2018).
[17] OnderwijsInnovatieGroep (2013).
[18] Westenberg, Prof. dr. P.M. (2008).
[19] Westenberg, P.M. (28 april 2008).
[20] Nuffic (juli 2018). Nooit eerder namen zo veel studenten een tussenjaar. Via: https://www.nuffic.nl/nieuws/nooit-eerder-namen-zoveel-studenten-eerst-een-tussenjaar/
[21] ReseachtNed (Juli 2018). Gap Year, buitenlandse contacten en belangstelling voor buitenlandverblijf bij startende ho-studenten. Via: www.nuffic.nl/nieuws/nooit-eerder-namen-zoveel-studenten-eerst-een-tussenjaar/
[22] Inspectie van het Onderwijs (2018).
[23] Startmonitor Researchnet (2018).
[24] LAKS (2018).
[25] Startmonitor Researchnet (2018).
[26] Niessen, A. S. M. (2018).
[27] Zie bijvoorbeeld BètaMentality en het Care Segmentatiemodel.

HOOFDSTUK 9
[1] Monsterboard (31 maart 2016).
[2] Universum, 2016.
[3] Corporaal, S. (2014).
[4] Idem.
[5] Motivaction, 2010. 'Witboek. De grenzeloze generatie op de arbeidsmarkt'
[6] Youngworks 'De nieuwe generatie op de werkvloer' (2018). Whitepaper gebaseerd op een combinatie van fundamentele jongerenkennis met een verkennend onderzoek en deskresearch, aangevuld met de meningen van een verschillende experts: HR- en arbeidsmarktcommunicatie professionals van verschillende bedrijven.
[7] CBS (28 maart 2018).
[8] Researchcentrum Onderwijs en Arbeidsmarkt (ROA Reports, 2017).
[9] Researchcentrum Onderwijs en Arbeidsmarkt (ROA Reports, 2017).
[10] Researchcentrum Onderwijs en Arbeidsmarkt (ROA Reports, 2017).
[11] Researchcentrum Onderwijs en Arbeidsmarkt (ROA Reports, 2017).
[12] YoungWorks, april 2008.
[13] http://www.trouw.nl/tr/nl/4516/Gezondheid/

article/detail/4034677/2015/05/20/Meeste-uitval-arbeidsmarkt-door-psychische-kwaal.dhtml
[14] CBS (2017), Statline: Psychosociale arbeidsbelasting.
[15] NOS (2018). https://nos.nl/artikel/2226202-millennials-generatie-die-niet-weet-wat-hard-werken-is.html?
[16] Chou & Edge (2012). 'They are happier and having better lives than I am': the impact of using Facebook on perceptions of others' lives. Cyberpsychology, Behavior and Social Networking, 15(2), 117-21. https://www.liebertpub.com/doi/10.1089/cyber.2011.0324
[17] Feinstein, B. A., Hershenberg, R., Bhatia, V., Latack, J. A., Meuwly, N., & Davila, J. (2013). Negative social comparison on Facebook and depressive symptoms: Rumination as a mechanism. Psychology of Popular Media Culture, 2(3), 161-170. http://dx.doi.org/10.1037/a0033111
[18] Bijvoorbeeld programma's als *#TrueSelfie* en *JeSuisDepri* op de NPO.
[19] Boland, C. (19 maart 2008).

HOOFDSTUK 10

[1] Bovens, M. (9-12-2006).
[2] Inspectie van het Onderwijs (2016).
[3] CBS (2017), Vrijwilligerswerk: wie doet het?
[4] Onderzoek EenVandaag Jongerenpanel, 22 september 2012.
[5] Inspectie van het Onderwijs (2016b).
[6] CBS (2017e).
[7] CBS (2017e .
[8] Kaulingfreks (2018).
[9] Gestel en Veltman (2018).
[10] CBS (2017e).
[11] Commissariaat voor de Media (2018).
[12] Wijnberg, R. (19-3-2007).
[13] Crone, E. (2018).
[14] Hermanides, L (2016).

EPILOOG

[1] Altikulac, S e.a. 2018.

Bronnen

LITERATUUR

A

Aamodt, S. En Wong, S. (2008). *Het geheim van je brein.* Uitgeverij Kosmos.

Alpha.One (2017). *Het effect van smartphones op de verkeersveiligheid van kinderen tijdens het fietsen.*

B

Bauer, Joachim (2008). *Lob der Schule, Sieben Perspektiven für Schüler, Lehrer und Eltern.* Hamburg: Hoffman und Campe Verlag.

Baumann G. (1999). *The Multicultural Riddle – Rethinking national, ethnic and religious identities.* London: Routledge.

Van den Bergh, J. & Pallini, K. (2017). *Fragile - Is NextGen marketing more chemistry than science?*

Boyd, D. (2007). *Social Network Sites: Definition, History, and Scholarship.* University of Berkeley.

Boyd, D. (2015). *It's complicated. The social lives of networked teens.* Yale University Press.

Bruin, J. de (2005). *Multicultureel drama? Populair Nederlands televisiedrama, jeugd en etniciteit.* Amsterdam: Cramwinckel.

Bruin, K. de (2008). *Ik moest dit even kwijt, 15 jaar brieven aan VPRO's Achterwerk.* Amsterdam: De Bezige Bij.

C

CBS (2015). Paper Jongeren over social media. November 2015 geplaatst op cbs.nl

CBS (2016a). 'Jongeren blijven langer bij ouders thuis.' Nieuwsbericht, 8 juli 2016 geplaatst op www.cbs.nl

CBS (2016b). 'Meer boemerangkinderen.' Nieuwsbericht, 12 mei 2016 geplaatst op www.cbs.nl.

CBS (2017a). StatLine - 'Leefstijl en (preventief) gezondheidsonderzoek.' Gepubliceerd op 19 mei 2017.

CBS (2017b) Statistische Trends - Hans Schmeets en Judit Arends, 'Vrijwilligerswerk: wie doet het?' December 2017.

CBS (2017c) Statistische Trends - Hans Schmeets, 'Politieke betrokkenheid in Nederland.' December 2017.

CBS (2017d) 'Jaarrapport 2017' Landelijke Jeugdmonitor, 2017.

CBS (2018a). 'Jongvolwassenen vaker verslaafd aan sociale media.' Nieuwsbericht, 17 mei 2018 geplaatst op cbs.nl

CBS (2018b). 'Slachtofferschap delicten: StatLine-', 1 maart 2018.

CBS (2018c). 'Veiligheidsmonitor 2017.'

CBS (2018d). Jeugdmonitor StatLine – 'Arbeidsdeelname; jongeren (15 tot 27 jaar).'

Cole, M. & Cole, S.R. (2001). *The development of children.* 4th ed. New York: Worth Publishers.

Commissariaat voor de Media (2018). 'Mediamonitor 2018. Mediabedrijven en mediamarkten.' Reuters Institute.

Corporaal, S (2014). 'Gezocht: duidelijkheid, structuur en ontwikkeling. Aantrekkelijke banen en organisatie voor de nieuwe generatie baanzoekers.' Open Universiteit.

Crone, E. (2018). *Het puberende brein. Over de ontwikkeling van de hersenen in de unieke periode van de adolescentie.* Geheel herziene en uitgebreide editie. Amsterdam: Uitgeverij Prometheus.

Crone, E. (2012). *Het sociale brein van de puber.* Amsterdam: Uitgeverij Bert Bakker.

D

Dasberg, L. (1994), *Grootbrengen door kleinhouden als historisch verschijnsel.* 14e druk (1e druk 1975). Amsterdam: Boom.

DUO (2017). 'Onderzoek gebruik sociale media en omgang met smartphones in het voortgezet onderwijs.'

Dekkers, M. (2002). *De Larf.* Amsterdam: Pandora Pockets / Contact.

Draaisma, D. (2008). *De Heimweefabriek.* Groningen: Historische Uitgeverij.

F

Foer, J. (2011). *Het geheugenpaleis. De vergeten kunst van het onthouden.* Uitgeverij de Bezige Bij.

G

Gerwen, M. Van, e.a. (2017). *Neuromythen in het mbo. Een vragenlijstonderzoek naar acht veel voorkomende neuromythen.* ECBO.

Gladwell, M. (2002) The Tipping Point. *How little things can make a big difference.* Londen: Little, Brown Book Group.

H

Hall, S. (1990). 'Cultural identity and Diaspora.' *In: J. Rutherford, Editor, Identity: community, culture, difference (pp. 222 – 237).* Londen: Lawrence and Wishart.

Hattie, J. & Yates, G (2014). *Visible learning and the science of how we learn.* Routledge

HBO Raad (6 juni 2008). *Eerste studiejaar bottleneck voor hbo-studenten.* Persbericht op www.hboraad.nl.

Hersenstichting Nederland (2008). *Puberhersenen in ontwikkeling.*

I

Inspectie van het Onderwijs (2018a). 'De Staat van het Onderwijs.' Onderwijsverslag 2016/2017.

Inspectie van het Onderwijs (2018b), In-en doorstroommonitor 2007- 2018, *Toegang van studenten in het hoger onderwijs: wie wel en wie niet?* (Utrecht, 2018)

Inspectie van het Onderwijs (2016a). 'De Staat van het Onderwijs.' Onderwijsverslag 2014/2015.

Inspectie van het Onderwijs (2016b). 'Burgerschap op school. Een beschrijving van burgerschapsonderwijs en de maatschappelijke stage.'

J

Jensen, F. E. & Nutt, A.E. (2015). *The teenage brain. A neuroscientist's survival guide to raising adolescents and young adults.* HarperCollins Publishers.

Jolles, J. (2011), *Ellis en het verbreinen. Over hersenen, gedrag & educatie.* Neuropsych Publishers.

Jong, de, Machteld & Nelis, Huub (2018), *Help, onze school is gekleurd! De toekomst begint in het onderwijs.* Amsterdam: Nijgh & Van Ditmar

K

Kaulingfreks, Femke, *Straatpolitiek. Op zoek naar nieuw engagement.* Boom uitgevers (Amsterdam, 2017)

Kennisnet (2017). 'Monitor Jeugd en Media 2017.'

Kohnstamm, R. (2002), *Kleine Ontwikkelingspsychologie Deel II: de schoolleeftijd.* 3e druk. Houten/Diegem: Bohn Stafleu Van Loghem.

Kohnstamm, R. (2002), *Kleine Ontwikkelingspsychologie Deel III: de adolescentie.* 3e druk. Houten/Diegem: Bohn Stafleu Van Loghem.

L **LAKS (2017).** 'LAKS-monitor 2017.' Landelijk Aktiecomité Scholieren, Utrecht.

LAKS (2018). 'LAKS-monitor 2018.' Landelijk Aktiecomité Scholieren, Utrecht.

Lemmens, J.S. (2010). *Causes and consequences of pathological gaming.* Amsterdam: School of Communication Research.

Lusse, M. E.a. (2016). *Startversie Handreiking Ouderbetrokkenheid bij studiekeuze en loopbaanoriëntatie.* Hogeschool Rotterdam.

M **Meer, R. van der & Dudink, A. (1998).** *Het Hersenpakket.* Amsterdam: Van der Meer PHPC.

Ministerie van VWS (2016). 'Belangrijkste feiten en trends alcohol 2016.'

N **Nationaal expertisecentrum tabaksontmoediging (2016).** 'Factsheet, de relatie tussen roken en de hersenontwikkeling van jongeren.'

Nelis, Huub & Van Sark, Yvonne (2016), *Motivatie binnenstebuiten. Het geheim achter gemotiveerde pubers, enthousiaste leerlingen en gedreven studenten.* Utrecht: Kosmos Uitgevers.

Nelis, Huub & Van Sark, Yvonne (2015), *Talent binnenstebuiten. Daag jongeren uit met hun talenten aan de slag te gaan.* Utrecht: Kosmos Uitgevers.

Newcom (2018). 'Nationale Social Media Onderzoek 2018.' Januari 2018.

Nibud (2016a). 'Nibud Scholierenonderzoek 2016.'

Nibud (2016b). 'Financiële opvoeding & het financiële gedrag als volwassene,' maart 2016.

Nibud (2008). 'Financieel gedrag van jongeren. Achtergronden & invloeden.' www.nibud.nl.

Niessen, A. S. M. (2018). *New rules, new tools: Predicting academic achievement in college admissions.* Rijksuniversiteit Groningen.

NJI (2014). 'Toename van eetstoornissen bij kinderen en jongeren.' Via www.nji.nl

NJI (2018). 'Cijfers over jeugd en opvoeding. Pesten: slachtoffers.' Via www.nji.nl

NLO (2017). *MWG* 'Update Mediabereiksonderzoeken.' 21 November 2017

NOC*NSF (2015). 'Factsheet Binden en behouden jongeren voor de sport'.

O **OECD (2016).** Netherlands 2016, 'Foundations for the future. Reviews of National Policies for Education.'

Onderwijs Innovatie Groep (2013). *Scholieren eisen tijd en begeleiding voor hun loopbaan. Onderzoek naar gebruik, waardering, impact en behoefte aan LOB onder scholieren en studenten.* Onderzoek in opdracht van LAKS en OCW.

P **Postman, N. (1982).** *The disappearance of childhood.* New York: Vintage Books.

Prins, M. (2008). *De deugd van tegenwoordig, een onderzoek naar jongeren en hun grenzen.* Nijmegen: Radboud Universiteit Nijmegen.

R

Raad voor Maatschappelijke Ontwikkeling (2008). *Tussen flaneren en schofferen. Een constructieve aanpak van het fenomeen hangjongeren.* Amsterdam: Uitgeverij SWP.

Radboud Universiteit Nijmegen (24 april 2008). *Volksgezondheidsprijs voor Haske van der Vorst.* Persbericht op www.ru.nl.

Researchcentrum Onderwijs en Arbeidsmarkt (2017). *De rol van arbeidsmarktinformatie in de opleidingskeuze van mbo'ers.* ROA Reports; 009. Maastricht

Researchcentrum Onderwijs en Arbeidsmarkt (november 2007). 'De arbeidsmarkt naar opleiding en beroep tot 2012.' Maastricht.

Rich Harris, J. (1999). *'The Nurture Assumption. Why Children Turn Out the Way They Do.'* New York: Free Press.

RIVM (2018). 'Volksgezondheid Toekomst Verkenning.' Te raadplegen via www.vtv2018.nl

Royal Society for Public Health (RSPH) and the Young Health Movement, *#StatusOfMind Social media and young people's mental health and wellbeing,* (London, 2017).

Rutgers en Soa Aids Nederland (2017). *Seks onder je 25e. Seksuele gezondheid van jongeren in Nederland anno 2017.* Uitgeverij Eburon.

Rutgers (2018). *"Ze weten wel wat ze moeten typen, maar niet wat ze moeten zeggen." Verklaringen voor een latere seksuele start.* Utrecht, maart 2018.

S

Santen, H. van (18 december 2007). *Allochtonenwijk heilzaam voor psyche; Migranten hebben hogere kans op schizofrenie, maar alleen in autochtone wijk.* In: NRC Handelsblad.

Schouten, A. (2007). *Proefschrift Adolescents' Online Self-Disclosure and Self-Presentation.* Amsterdam: Universiteit van Amsterdam.

Seidl, C. (2007). *Schöne junge Welt. Warum wir nicht mehr älter werden.* München. Goldmann Verlag.

Sitskoorn, M. (2007). *Het maakbare brein. Gebruik je hersens en word wie je wilt zijn.* Amsterdam: Uitgeverij Bert Bakker.

Sociaal Cultureel Planbureau (2016). 'Media: Tijd in kaart.'

Sociaal Cultureel Planbureau (2018). 'Lees: Tijd! Lezen in Nederland.'

Steinberg, L. (2004). *The 10 basic principles of good parenting.* New York: Simon & Schuster.

Stroet, K. (2014). *Studying motivation in classrooms: effect of teachers' practices on early adolescents' motivation,* Rijksuniversiteit Groningen.

T

Trimbos Instituut (2015). 'Peilstationsonderzoek 2015.' Te vinden via trimbos.nl

Trimbos Instituut (2016), L. van Leeuwen, F.X. Goossens, 'Preventie van problematisch gamen: The next level.'

Trimbos Instituut, SCP en Universiteit Utrecht (2018). 'Gezondheid en welzijn van jongeren in Nederland.' HBSC 2017.

Twenge, Jean, M., iGen, *Why today's super-connected kids are growing up less rebellious, more tolerant, less happy--and completely unprepared for adulthood--and what that means for the rest of us,* Atria Books. 2018

U **Universiteit Leiden (5 februari 2008).** *Studiekeuze komt te vroeg.* Persbericht bij diesoratie P.M. Westenberg. Leiden: Universiteit Leiden.

Universiteit van Maastricht (30 mei 2008). *Obesitas niet veroorzaakt door minder beweging.* Wetenschappelijke publicatie Maastricht en Aberdeen. Persbericht op www.unimaas.nl.

V **Vollebergh, W. (2008).** *De tijd van je leven. Jeugd in veranderende culturele contexten.* Oratie Utrecht: Universiteit Utrecht.

W **Westenberg, Prof. Dr. P.M. (2008),** *De Jeugd van Tegenwoordig!* (diesoratie). Leiden: Universiteit Leiden.

Winter, M. de. (2007) 'Opvoeding, onderwijs en jeugdbeleid in het algemeen belang: de noodzaak van een democratisch-pedagogisch offensief'. In: P.A. H. van Lieshout, M.S.S. van der Meij en J.C.I. de Pree (red.), (2007) *Bouwstenen voor betrokken jeugdbeleid,* Amsterdam: Amsterdam University Press. P. 248 -263.

WODC & CBS (2018). *Monitor Jeugdcriminaliteit 2017.* 'Ontwikkelingen in de geregistreerde jeugdcriminaliteit in de jaren 2000 tot 2017.' Te downloaden via www.wodc.nl

Y **Youngworks (2007).** *TeamBrabant: jongeren over musea in Brabant, Highlightsverslag van een Trendspotronde.* Amsterdam: Youngworks.

Youngworks (2008a). *Hoe wordt de bieb weer hot?.* Amsterdam: Youngworks.

Youngworks (2008b). *Let's talk about Money.* Amsterdam: Youngworks.

Youngworks (2008c). *Jong in de Baarsjes, verslag van een exploratief onderzoek.* Amsterdam: Youngworks.

Youngworks (2008d). *Communicatie-advies Otib. Jongerencommunicatie m.b.t. electrotechniek.* Amsterdam: YoungWorks.

Youngworks (2016). *Voedingsreclame gericht op kinderen.* Overall rapportage.

Youngworks (2017) *Visie Jongeren & werk.* whitepaper, september 2017.

Youngworks (2018). *Pubergedrag en (on)gezonde keuzes. Rapportage kwalitatief onderzoek onder jongeren en ouders.* Onderzoek in opdracht van de Hersenstichting. Maart 2018.

Youngworks (2018b) *Ze weten gewoon niet wat hard werken is. Waarom juist jonge werknemers vaak in een burn-out terechtkomen én wat jij als werkgever daartegen kunt doen.* Whitepaper, september 2018

ARTIKELEN:

A **Altikulac, S e.a. 2018.** 'The Teenage Brain: Public Perceptions of Neurocognitive Development during Adolescence.' In: *Journal of Cognitive Neuroscience 2018,* Aug 29 1-21.

B **Blom, S. (30/31 december 2006).** 'Tussen oud en nieuw. Ziehe: jongeren willen dat school anders is dan hun zelfwereld.' In: *NRC Handelsblad.*

Boland, C. (19 maart 2008). *'Jan Derksen: "Nederland koploper in narcisme."* Verschenen in *Intermediair.*

Bondstein, J. (2008). 'Generation Netzkind.' Uit: *Der Spiegel.*

Boo, M. de (14 november 2006). 'Verstand komt met de jaren.' In: *NRC Handelsblad.*

Borght, A. van der (1 juni 2008). *Prethormonen.* Via website www.goedgevoel.be

Bovens, M. (9-12-2006). 'De groeiende kloof in de diploma-democratie. In: *NRC Handelsblad.*

Broersma, A. (augustus 2018). 'Smartphonesmart.' In: *Kijk!*

Bruin, Ellen de (17 februari 2007). 'Laat ze geloven dat intelligentie groeit, dan leren ze beter.' In: *NRC Handelsblad.*

C **Carvalho, H. (19-9-2008).** 'Ik wil een moeder zijn voor mijn publiek.' In: *NRC Handelsblad.*

CBS (28 maart 2018). *Startende zzp'er is steeds jonger.* Nieuwsbericht op cbs.nl

Centiq (20 oktober 2008). *Jongerenonderzoeken.* Persbericht via www.wijzeringeldzaken.nl

Crone, E.A. en S. Peters (november 2017), 'Increased Striatal Activity in Adolescence Benefits Learning.' In: *Nature Communications*, November 2017.

Crone, E.A. & E.A. Konijn (2018). *Media use and brain development during adolescence.* In: Nature Communications (2018) 9:588.

D **Dobbs, D (oktober 2011).** 'Puberbrein.' In: *National Geographic*

Ebisch, B. (12 maart 2008). 'Gsm aan oor, pc op schoot.' In: *Spits.*

G **Gestel, van, M. en Veltman, I. (5 februari 2018)** *Interview KRO-NCRV Branpunt met Femke Kaulingfreks over maatschappelijke betrokkenheid van jongeren.* In: https://brandpuntplus.kro-ncrv.nl/brandpuntplus/femke-kaulingfreks-straatpolitiek

J **Jonker, A. (24 februari 2018).** *Lees dit niet op je smartphone.* In: Volkskrant Magazine.

K **Kamerman, S. (23 oktober 2007).** 'Wie we stom vinden en wie juist leuk is'. In *NRC Handelsblad.*

Koch, H (23 september 2017). 'Buurtoverlast neemt af, mogelijk door toename computerende jongeren.' In: *Trouw.*

Koelewijn, J. en Twillert, van M. (13 juni 2008). 'Pa is erg betrokken, maar "het is zijn leven"' In: *NRC Handelsblad.*

Van der Laan, A e.a. (2018). 'De daling in jeugddelinquentie: minder risico, meer bescherming?' In: *Tijdschrift voor Criminologie*, Aflevering 1, 2018.

L **Leest, C. Van der (28 maart 2011).** 'Over de zin en onzin van sociale media.' In: *Psychologie Magazine.*

Leter, R. (5 maart 2018). 'Liever online contact dan face-to-face: wat doet dat met jongeren?' In: *Vrij Nederland.*

M **Marreveld, M. (2006).** 'Kiezen is een kwestie van leren van ervaringen.' In: *Didaktief*, nr. 4. Meer info op www.frans-meijers.nl.

Meijer, J (12 januari 2015). 'Latere schooltijden zinloos voor pubers.' In: *NRC Handelsblad.*

Monsterboard (31 maart 2016). *Forse stijging in vraag naar starters op de arbeidsmarkt.* Nieuwsbericht op monsterboard.nl

N **Navis, J. (27 november 2007).** 'Seks: niet clips, maar vrienden hitsen op.' In: *Spits.*

NOS (6 april 2015). *Scholen omarmen smartphone tegen wil en dank.* Op: nos.nl

NRC Handelsblad (28 april 2008). 'Jonge hersens raken sneller verslaafd.' Gepubliceerd in maart 2008 in: *Behavioral Neuroscience*.

Nuffic (5 september 2018). *Nooit eerder namen zo veel studenten een tussenjaar.* Nieuwsbericht op www.nuffic.nl.

Nussbaum, E. (2007). 'Say Everything.' In: *New York Magazine*.

P **Pen, H. (10 maart 2007).** 'Puberbrein kan niet plannen.' In: *Het Parool*.

Pepers, J (2015). *Testosteron heeft ook bij vrouwen effect op hersenen en gedrag.* Op: universiteitleiden.nl

Polman, J. (27 november 2007). 'Tieners kwistig met privé-gegevens op web.' In: *Spits*.

R **Reany, P. (17 september 2005).** 'Onderzoek: pubers hebben minder sociaal vermogen.' *Leeuwarder Courant*.

Rooijen, van M. (2007). 'Uitsluiting maakt ziek.' In: *Maandblad PSY, over geestelijke gezondheid.* 2e uitgave 2007.

S **Santen, H. van (18 december 2007).** 'Allochtonenwijk heilzaam voor psyche; Migranten hebben hogere kans op schizofrenie, maar alleen in autochtone wijk.' In: *NRC Handelsblad*.

Schöttelndreier, M. (2008) 'De jeugd valt altijd tegen.' In: *Oog*, pp.21-23.

Smith, K. (17 mei 2018). 'Seks, drugs en risicoanalyse.' In: EOS.

Sisk, V.F. e.a. (2018). 'To What Extent and Under Which Circumstances Are Growth Mind-Sets Important to Academic Achievement? Two Meta-Analyses.' In: *Psychological Science*, 2018.

Swaab, D. (14 juni 2008). 'Oorlog in de zomer.' In: *NRC Handelsblad*.

T **Telecompaper (3 december 2017).** *Vier miljoen Nederlanders hebben Netflix op hun mobieltje.*

Toonen, A. (29 mei 2008). 'Kind blij met strenge, lieve ouders.' In: *NRC Handelsblad*.

Twenge, J.M. e.a. (2018). 'Increases in depressive symptoms, suicide-related outcomes, and suicides among U.S. Adolescents after 2010 and links to increased new media screen time.' In: *Clinical psychological science 2018*, Vol 6 (1) 3-17.

U **Universiteit Utrecht (5 april 2016).** *Bijna 10 procent van gamende jongens is gameverslaafd.* Nieuwsbericht op uu.nl https://www.uu.nl/nieuws/bijna-10-procent-van-gamende-jongens-is-gameverslaafd

V **Ven, van der E. e.a. (2016).** 'Evidence of an excessive gender gap in the risk of psychotic disorder among North African immigrants in Europe: a systematic review and meta-analysis.' In: *Social Psychiatry Psychiatric Epidemiology*, 2016: 51: 1603-1613.

Ven, van der E. & J-P Selten (2018). 'Migrant and ethnic minority status as risk indicators for schixophrenia: new findings.' In: *Current Opinion Psychiatry*, 2018, 31: 231-236.

Verdegaal, E. (26 april 2008). 'Jeugdzondes.' In: *NRC Handelsblad*.

Vermeer, O. (3 juli 2008). 'Is het niet beter om wat minder beslissingen onbewust te nemen?' Een interview met Ap Dijksterhuis in: *NRC Handelsblad*.

Vermeulen, M (17 maart 2018). 'Hoger en hoger zul je in het onderwijs.' In: *de Volkskrant.*

W **Wensink, H. (8 mei 2008).** 'Dilemma's bij pikante webfoto.' In: *NRC Handelsblad.*

Westenberg, P.M. (28 april 2008). 'Laat studenten pas na een jaar flexibel studeren definitieve studiekeuze maken.' In: *NRC Handelsblad.*

Wijnberg, R. (19-2-2007). 'Boeiuh is ons toverwoord, chilluh onze hobby.' In: *NRC Handelsblad.*

Wrzus, C. (2012). 'Social network changes and life events across the life span: A meta analysis.' In: *Psychological Bulletin*, 2012.

WEBSITES:

www.chargeyourbrainzzz.nl

www.hersenstichting.nl

www.hiphopinjesmoel.nl

www.jellejolles.nl

www.learningscientist.org

www.mediamakkers.nl

www.mediawijsheid.nl

www.nienkebeintema.nl/puberbrein.htm
Interview met Amerikaanse hersenonderzoeker Jay Giedd.

www.rhinegroup.nl

www.ypsilon.org

RADIOPROGRAMMA'S:

Hoe? Zo! – Aflevering Puberbrein (met Eveline Crone) van 6-6-2007 (via www.radiocast.nl).
Winter, M. de. (2005). Op www.dolcevita.kro.nl/audioarchief/uitzendingen2005.

TV-PROGRAMMA'S:

Dream School, van Astrid Bussink, uitzending 12 maart 2018, KRO-NCRV.

Hermanides, L, *Maatschappijleer.* (2016).

Editie NL, *Onderzoek: jongeren over #MeToo,* 13 november 2017.

Luister, uitzending 29 april 2018

Paul Rosenmöller en... 11 juni 2005, IKON TV.

Tegenlicht. *Ik en het web,* uitzending 29 oktober 2007.

OVERIG:

Bos, Wouter van den (2008). *Adolescentenbrein onder de loep.* Presentatie voor de Nationale Denktank, augustus 2008.

Swaab, Dick (2008). *Het Puberbrein.* Persoonlijke aantekeningen / interview.

INTERESSANTE SITES

Hier vind je een aantal interessante sites, gerubriceerd naar onderwerp:

Hersenen van jongeren
www.hersenstichting.nl – *Algemene informatie over hersenen en specifieker over puberhersenen.* Bestel hier online de brochure 'Puberhersenen in ontwikkeling'.

www.brainanddevelopmentlab.nl - *Hier delen onderzoekers van het Brain & Development Lab van de Universiteit Leiden nieuws en publicaties, voortkomend uit de onderzoeken die ze doen.*

www.juniorhersenen.nl – *Site van het Brain & Development Lab van de Universiteit Leiden, met algemene informatie over hersenen en over het hersenonderzoek dat zij verrichten onder* kinderen en jongeren, gericht op jongeren.

www.hersenenenleren.nl – *Informatieve site over de relatie tussen de hersenen en het vermogen om te leren, van het Centrum Brein & Leren van het Instituut Hersenen & Gedrag van de Universiteit Maastricht, waaraan hoogleraar Jelle Jolles verbonden is.*

www.kijkinjebrein.nl - *Een site over de hersenontwikkeling van jongeren, speciaal ontwikkeld voor jongeren.*

Opvoeding

www.ouders.nl – *Grootste ouder-community van Nederland, met veel artikelen en een goedbezocht forum.*

Gezondheid

www.sense.info – *Jongerensite met allerlei informatie over seksuele gezondheid, zoals soa/aids, anticonceptie en seksualiteit.*

www.uwkindenalcohol.nl – *Site van het Trimbos Instituut over effecten van alcohol op jongeren, met links naar andere themasites over roken, blowen, gamen en seks.*

Mediawijsheid

www.mijnkindonline.nl – *Site van Kennisnet over jeugd en digitale media, met tips naar onderzoeken, publicaties en lesmateriaal.*

www.mediarakkers.nl – *Informatie over mediawijsheid voor ouders, kinderen en jongeren en docenten.*

Jongerenmarketing en reclame

www.kidsenjongeren.nl – *Site over het jaarlijkse kids- en jongerenmarketingcongres, met diverse blogs.*

www.youngworks.nl – *Site van Youngworks, bureau voor jongerencommunicatie.*

Jongerensites

Een virtuele tour langs enkele jongerensites

www.scholieren.com - *Begonnen als community waar scholieren elkaar ondersteunen met boekverslagen en werkstukken en uitgegroeid tot website waar dagelijks nieuwe content verschijnt die scholieren ondersteunt bij school en studiekeuze.*

ondertussen.nl – *Site die jongeren aan het denken wil zetten, door middel van inspirerende, motiverende, herkenbare en verklarende verhalen, variërend van actuele onderwerpen tot persoonlijke ontwikkeling.*

Motivatie binnenstebuiten

Hoe maak je jongeren enthousiast en hoe krijg je ze in beweging?

Hoe raken jongeren gemotiveerd om iets te willen en te bereiken? De een lijkt niets te willen, de ander wil juist van alles tegelijk en kan maar niet kiezen. Jongeren zijn onderling heel verschillend. De vraag wat iemand motiveert, is dus ook heel persoonlijk. In *Motivatie binnenstebuiten* gaan bestsellerauteurs Huub Nelis en Yvonne van Sark op zoek naar de werking van motivatie.

Motivatie binnenstebuiten
Uitgeverij Kosmos
ISBN 978 90 215 5638 3
€ 22,50

Talent binnenstebuiten

Daag jongeren uit met hun talenten aan de slag te gaan.

Talent binnenstebuiten is een zoektocht naar de manier waarop wij omgaan met talenten. Thuis, op school en op de stageplek. Hoe werkt talentontwikkeling? Hoe kan iemand zijn of haar potentieel echt leren benutten? Je kunt je talent op veel verschillende manieren ontwikkelen: in de wetenschap, sport, kunst, muziek en ondernemen, maar ook op sociaal, creatief en sociaal gebied.

Talent binnenstebuiten is een boek vol prikkelende verhalen, hardnekkige mythes en bewezen feiten over talentontwikkeling, geïllustreerd met concrete voorbeelden en interviews met topsporters, wetenschappers, docenten en natuurlijk jongeren zelf.

Talent binnenstebuiten
ISBN 978 90 215 6043 4
Uitgeverij Kosmos
€ 22,50

YOUNGWORKS

WE KNOW HOW YOUNG WORKS

Youngworks is al meer dan twintig jaar jongerenexpert op het gebied van onderzoek, strategie en communicatie. We spreken dagelijks met jongeren en volgen wat ze bezighoudt, boeit en beweegt. Zo brengen we trends en jongerencultuur in kaart, inspireren en trainen we organisaties en ontwikkelen we marketingstrategieën en concepten. Met als doel een verandering te creëren waarmee merken en organisaties jongeren werkelijk helpen om betere keuzes te maken of om hun leven simpelweg leuker te maken.

WIE DE JEUGD BEGRIJPT, BEGRIJPT DE TOEKOMST

Het jongerenbrein is grillig, maar niet ongrijpbaar. Het jongerenbrein is interessant en fascinerend. Het is snel, veranderlijk, dynamisch. Je hoeft jongeren niks te vertellen. Dan horen ze je misschien wel, maar luisteren doen ze niet. Ons belangrijkste advies in je relatie met jongeren: neem hen serieus. Zoek hen op, stap in hun wereld, ga mee in hun manier van denken. Alleen dan kun je hen begrijpen en bereiken. En met een relevant verhaal, blijken ze verrassend open te staan voor wat hun wereld kan verrijken.

ONZE OVERTUIGING

Wat professionals, organisaties en merken aan jongeren vertellen en meegeven, heeft invloed op hoe zij hun toekomst zien. Wat ze daarin belangrijk vinden, wat ze willen bereiken en hoe ze dat proberen waar te maken. Wij willen jongeren niet alleen begrijpen en beïnvloeden, maar onze klanten ook inspireren en helpen om een positieve impact te realiseren op het leven van jongeren.

YOUNGWORKS. SERIOUS ABOUT YOUNG PEOPLE

Voor meer informatie of contact: www.youngworks.nl

Register